JN194043

図 5 高利貸 (usurer) と悪魔

金銭欲 (avaritia) は怠惰 (acedia) と同じく「7 つの大罪」のひとつである．この絵は悪魔が高利貸をそそのかす場面である．中世の教会は，金を貸して利益を生むことは神が創造した「時間」への冒涜と考えた．悪魔の 1 匹は青色で塗られている．(Additional Manuscript 28162, f.9v, British Library 所蔵 (『Medieval Monsters』p. 85 より引用))

(a)

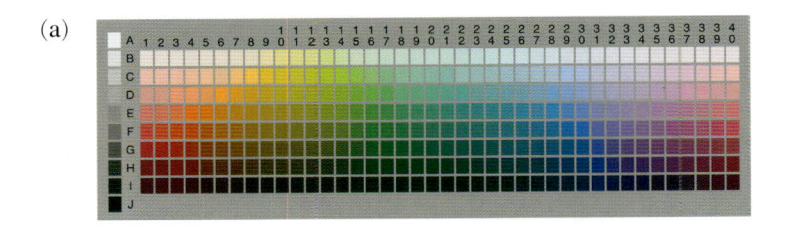

(b)

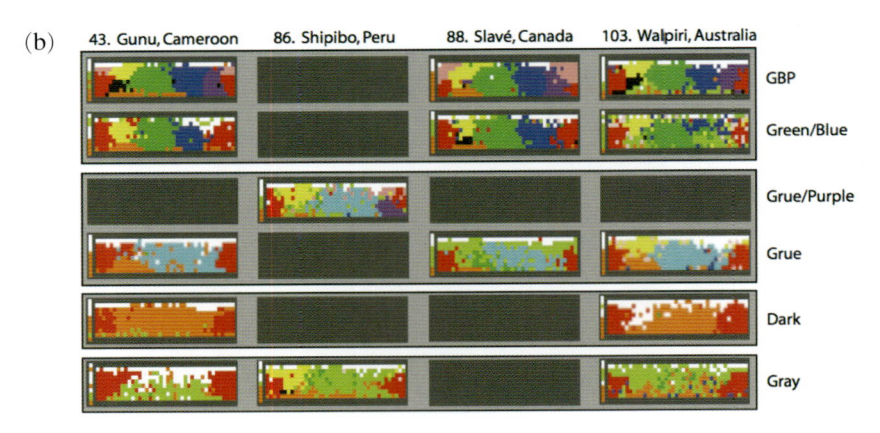

図1. (a) WCS（Kay et al.（2009））で用いられた色票を並べた図．横方向が色相（マンセル表色系のヒュー；hue），縦方向が明度（同バリュー；value）を表している．(b) 4つの言語におけるモチーフ（Lindsey and Brown（2009））．横方向が言語の違い，縦方向が導出されたモチーフ．最上段（GBP: green, blue, purple）は基本11色名を持つ言語の話者と同じモチーフ．Green/Blue のモチーフは青と緑は区別するが紫がない．Grue/Purple は紫は区別するが，青と緑を混同（grue）．Grue は青と緑を大半とするカテゴリーのみが存在．Dark および Gray は明色と暗色の区別しか持たないモチーフ．

コーパスからわかる
言語変化・変異と
言語理論 2

小川芳樹

[編]

開拓社

は　し　が　き

　ノーム・チョムスキーが言語学を，脳に備わる言語知識の研究として位置づけたときから，理論言語学は，物理学のように数学が応用される自然科学の一分野，心理学や神経科学などのようにヒトの脳を研究対象とする認知科学の一分野として位置づけられることになった．経験主義のピアジェと合理主義のチョムスキーの論戦は，チョムスキーに軍配が上がった．そして，ヒトの言語知識の中に遺伝的・生得的に備わったものがあるとする生成文法の仮説と，その仮説を検証するための実験としての内省的容認性判断によって，統語構造の階層性，移動の局所性，語彙範疇と機能範疇の区別，語彙概念構造と統語構造の対応関係など，その基本的仮説を支持する言語事実や証拠が数多く発見され蓄積されてきた．にもかかわらず，言語知識の生得性を追求する生成文法理論の妥当性については，いまだに賛否両論が続いている．その理由はいくつかあるだろうが，中でも折り合いをつけるのが最も厄介な問題は，自然言語には，「時間とともに（容易に）変化する側面」と「（容易には）変化しない側面」の両方が渾然一体となって存在するにもかかわらず，その中からどの側面を取り出して，生得的な言語知識とするか，という問題であろう．我々の言語獲得能力や言語運用能力の背後にあるとされる「生得的で均質的な言語知識」の解明，または，それを記述する「単純で啓発的な文法（simple and revealing grammar）」の構築という生成文法の究極的目標（Chomsky（1957）*Syntactic Structures*, p. 11）の達成をその中心的課題とするのは良いだろう．そして，「生得的で均質的な言語知識」は，極力，単純で美しいほうがよいだろう．このため，生成文法は，過去 60 年間，より単純でより美しい理論を追求してきた．しかし，理論の単純化を目指せば目指すほど，それは，自然言語が全体として持つ複雑さや，変化しやすさや，変異の多さという別の側面（しかも，それらのほうが，均質性や普遍性よりも，言語の特徴としては格段に目立つ）を無視する非現実的な態度のようにも見える．それでも，変化しない側面だけでも十分に複雑なのだから，言語の共時的な特徴を解明することこそが普遍文法研究の本質だ，と果たして言えるかどうかは，生成文法の立場で 30 年近く統語論研究を行ってきた筆者でさえ，自信がない．むしろ，言語が漸進的に変化するときの変化の仕方の法則性や，可変域の幅を同定できれば，そこにも，統語構造や普遍文法の本質が隠れている，という可能性はないだろうか．

　生物学者である池田清彦氏によれば，科学は真理を目指すのではなく「同一性」を目指す営みであって，変化する自然現象を，変化しない同一性（言葉）で記述することこそが科学的営みのすべてだ，という（池田清彦（1998）『構造主義科学論の冒険』，講談社学術文庫）．この池田氏の言葉を引用しつつ，山本貴光・吉川浩満（2004）『心脳問題』（朝日出版社）は，次のように述べている．「科学の記述は一般性を備えています．（中略）誰が実験しても妥当であることが確認できるような（一般的であるような）同一性として科学が選ぶのは，物質の同一性と，物質どうしの関係の同一性です」（p. 222）．こうして見ると，言語が本質的に持っている流動性を理論的に説明しようとする試みは，自然科学の態度とは基本的に相容れないようにも見える．

　しかし，言語変化や変異の特徴の中に，これまで見つかっていない一般性や法則性が発見されるとしたらどうであろうか．実際，近年では，「文法化」の特徴が通言語的にかなりの点で共通していることがわかってきている．また，自然科学とは同一性の追求であると要約できる上記の見解は，従来の要素還元主義的科学には当てはまるものではあるが，科学と工学の進歩によって，この価値観が変化しつつあるとしたらどうであろうか．実際，生成統語論が模範としてきた物理学も，天上界とミクロの世界で起きる自然現象の中に見いだされる同一不変の法則だけを追求してきたわけではない．21 世紀になる頃からは，相対性理論と量子力学だけでは捉えられないような，気象現象や物質科学の周縁制御のような混沌とした自然現象の解明に，正面から取り組むべきであるとの問題意識が高まってきているようである（蔵本由紀（2016 [2003]）『新しい自然学——非線形科学の可能性——』，ちくま学芸新書）．そこに，コンピュータの計算力の向上とダイナミカル・システム理論という数学理論の発展も重なり，21 世紀の物理学は，新たな時代を迎えているという（丹羽敏雄（1999）『数学は世界を解明できるか——カオスと予定調和——』，中公新書）．同様のことは，ヒトゲノムが解読されて以降の生物学にも言える．そこでは，ゲノム解読技術の向上と，コンピュータ技術の向上に裏打ちされたビッグデータ科学の興隆がめざましく，従来の自然科学が基盤としていた要素還元主義的なアプローチに加えて，全体論的なアプローチも重要であるという提言が，2014 年に日本学術会議の専門部会でなされるまでに至っている．このように，自然科学のどの分野でも，程度の差こそあれ，単純な法則により説明可能な現象だけでなく，複雑で一見無秩序な自然界の現象の中に定量的に見いだされるパターンや相関性の発見をも科学の対象として含めるような新たな科学理論の構築が起こり始めているのである．そして，生成文法理論のもとでも，チョムスキーを中心とする極小主義プログラムの研究者が，言語知識の脳科学的・生物学的基盤の解

明や言語進化の問題に取り組んでいる一方で，言語変化・変異の現象や言語変化の論理的問題を中心に取り扱うという意味で，生物言語学としての極小主義プログラムとは一線を画する生成文法統語論のさまざまな支流もいくつも登場し始めている．また，大規模コーパスの出現と統計学の進歩により，変化や変異の現象を定量的に分析した研究も，20年前よりは格段に増えてきている．言語学も自然科学の一分野であるならば，それが自然科学の他分野の進展に影響を受けるのは，当然の成り行きであるとも言えよう（これに関するより詳細な内容は，第1章の拙論「科学・技術の進歩と理論言語学 —— 言語変化研究の現状と課題 —— 」を参照）．

　以上は，筆者がその研究の軸足を置く生成文法理論の視点から言語変化・変異の理論的研究の現状を俯瞰したものだが，言語変化・変異の現象については，言うまでもなく，社会言語学や歴史言語学や比較言語学など，生成文法とは一線を画する言語学のもとでは，はるかに長い研究の歴史があり，量的には何倍も多い研究成果が蓄積され続けている．そのような中で，生成文法統語論の研究者の間でも，それらの非生成文法系の言語理論の中で発見されてきた事実や知見を共有し，その動向に学ぶことで，統語変化・言語変異の現象が起きるメカニズムを，既存の理論と最新技術の融合により解明しようとする人たちが，徐々にではあるが，増えつつあるように見える．この流れが加速し，やがて，生成文法研究者も言語変化の問題に関心を寄せているということが内外に認められるようになれば，これまで生成文法理論を，言語（の漸進的）変化を説明できない理論だとか，言語運用（の結果としての言語表現）には関心がない理論だと誤解して批判してきた研究者の中にも，賛同者は現れてくるのではないだろうか．

　本論文集への寄稿者の大半が参画している「言語変化・変異研究ユニット」は，まさに，そのような研究上の学際性の追求に賛同する言語学または関連領域の研究者が，それぞれの専門分野の観点から，言語変化・変異のメカニズムの解明という共通の研究テーマに取り組むべく結集されたユニットである．その研究ユニットの結成から4年目の2016年11月に，2016年9月までの3年間の活動実績の一環として，それまでに開催した2回のワークショップの講師と5回の公開講演会の講師を中心に，25組27名にご寄稿いただき，『コーパスからわかる言語変化・変異と言語理論』（以下，『第1弾』）を開拓社から刊行していただいたが，今回は，2016年9月から2019年3月までの3年間に開催した3回のワークショップの講師と5回の公開講演会の講師を中心に，20組24名にご寄稿いただいて，『第2弾』としての本書を，同社から刊行していただける運びとなった．

　近年，筆者が国際学会に参加するたびに感じるのは，言語知識についての仮説を検証する目的での学際的（分野横断的）な研究や，言語変化・変異の現象についての定量的研究が，世界中のトレンドになり，しかも，年々活発になってきている，ということである．そして，その研究の多くに，コーパスや，それに類する大規模言語データや，そのデータの分析手法としての統計学や数理モデルが，重要な役割を果たすようになってきている．また，物理学者でもある酒井邦嘉氏の研究チームが，医学者と連携し，fMRI と統計学を駆使して，左脳の左下前頭回に文法中枢を特定したという最近の研究成果については，酒井（2019）『チョムスキーと言語脳科学』（インターナショナル新書）に詳しい．こうした学界の状況は，脳内の言語知識の解明や言語獲得のメカニズムの解明を目指す理論言語学が，本来的に学際性を持った研究分野であることや，定量的研究とも整合する研究分野であることを示している．この論文集『第 2 弾』への寄稿者も，その約半数は生成文法の研究者であるが，残りの半数は，形態論，音韻論，認知意味論，動的文法理論，社会言語学，用法基盤言語学，実験心理学などを専門とする研究者であり，いずれの立場の著者も，その多くが，コーパスや統計学をデータの収集や仮説の検証に利用しているだけでなく，今回の論文集には，言語学者と実験心理学者の共同研究で得られた研究成果も複数収録されている．本書を通して，こうした言語変化・変異研究の最新動向をご理解いただけるならば幸いであり，本書が，言語変化・変異の現象そのものや，それに関する理論的研究への関心が高まる契機となるならば，編者としては望外の喜びである．

　最後に，『第 1 弾』と同様，本書の出版に際しても，企画から刊行に至るまで温かいご支援をいただいた開拓社の川田賢氏に，心より感謝したい．

　2019 年 8 月

小川　芳樹

目　　次

Part III　方言研究・言語類型論とコーパス

Part IV　言語獲得とコーパス

Part V　色の認知・色名の発達にかんする通時的変化

科学・技術の進歩と理論言語学
―― 言語変化研究の現状と課題 ――

小川　芳樹

「日進月歩」という言葉がある．特に，「日進月歩の科学技術」などと使われるように，科学技術の世界は，特に第 1 次産業革命以降，めまぐるしく進歩してきた．「コーパス（corpus）」という言葉も，本来は「記録された発話」とか「テキストの集積・言語資料」の意味で使われる用語だったが，[1] いま，第 4 次産業革命とも言われる急速なデジタル技術向上の流れの中で，「インターネットの中に収録され公開されている，言語表現の電子化されたデータベース」という意味で使われることが普通になり，その中身も種類も，めまぐるしく多様化しつつある．個別言語の母語話者によって書かれた新聞・雑誌・小説などの刊行物を中心に収録した「書き言葉コーパス」(Corpus of Contemporary American English (COCA)，「現代日本語書き言葉均衡コーパス（BCCWJ）」など)，ニュース報道の言葉や日常会話などを中心に収録した「話し言葉コーパス」，言語の通時的変化の過程を定量的に調べることができる「歴史コーパス」(「日本語歴史コーパス（CHJ)」，Penn-Helsinki Parsed Corpus of Middle English Second edition (PPCMEII)，Corpus of Historical American English (COHA)，Early English Books Online (EEBO) など)，言語獲得途上の幼児の発話を収録した Child Language Date Exchange System (CHILDES)，第二言語学習者の言い間違いを中心に収録した「学習者コーパス」などがその代表例である．科学と科学技術の進展のおかげで，数十年前であれば，限られた種類の百科事典に当たるか，専門家を訪ねるか，自ら調べ歩くことによってしか得ることができなかった様々な種類の言語データを，今日，我々は，ツールとしてのコーパスを使いこなす一定のノウハウと，当該言語を読むリテラシーさえ持ち合わせていれば，容易に入手することが可能になっている．Google や Google Books や「国会会議録検索システム」なども，本来の用途を超えて，

---

[1] Collins COBUILD English Dictionary の定義による．本書でも，この広義の意味で「コーパス」という用語を用いる．その理由については，小川・長野・菊地 (2016) を参照．

コーパスとしての利用が可能である．当然，そういったコーパスを活用して言語研究を行う「コーパス言語学」という領域が確立し，既存の複数の理論言語学に横串を刺すような形で，その影響力を年々増してきている．そして，その影響力の大きさによって，現代言語学を取り巻く認知科学の諸分野には，Noam Chomsky が 1955 年にアメリカ構造主義言語学を否定して生成文法を提唱し，言語学の研究対象を，それまでの習慣の体系としての言語から，知識の体系としての文法へと転換し（郡司（1989）），言語学を自然科学の一分野として位置付け，第一次認知革命を引き起こしたときにも匹敵するような大きな変革の波がいま押し寄せている．その波とは，ビッグデータ科学（Big-Data Science）という波である（Cukier and Mayer-Schoenberger（2013））．実際，コーパスという現代工学の産物が広く普及し始めた 2000 年前後を境に，同じ理論言語学の中でも，認知言語学（Baker, Fillmore and Lowe（1998）），構文文法（Goldberg（1995）），生成語彙論（Pustejovsky et al.（2005）），機能文法（Bybee（2015））などの非生成文法系の学派は，コーパスを積極的に活用しようと努める方向に明確に舵を切り，その一部には，自然言語処理の研究者たちとの積極的な共同研究体制を組んで，研究を進めているものもある（cf. 乾（2010））．

そもそも，「言語学」は，科学の領域での人間の活動の記録が残るのと同じくらいの古い歴史を持つと言われる（Cullicover and Nowak（2003: 4））．古くは，紀元前 4 世紀のインドに Pāṇini というサンスクリット文法学者が活躍したことが知られている．紀元前 350 年頃に活躍した Aristotélēs も，その著作『オルガノン』や『形而上学』の中で言語の本質についての重要な記述をいくつも残している．1660 年には，Antoine Arnauld と Claude Lancelot が，「文法とは，単純に，精神活動の一部であって，精神活動とは普遍的なものである．すなわち，文法は普遍的である」とする『ポールロワイヤル文法』を提唱した．1870 年代後半には，ライプツィヒ大学を中心とする研究者集団である青年文法学派が，印欧語比較言語学の基礎を築いた．Ferdinand de Saussure は，1900 年代初頭の有名な講義の中で，言語をその社会的側面（ラング）と個人的側面（パロール）に分け，通時言語学と共時言語学の区別も行った．かように，数多くの著名な言語学者や哲学者が連綿と名を連ねる言語学史の延長線上で，Noam Chomsky は，1950 年代半ばに「生成文法理論」を提案し，言語学を，言語表現の研究から知識の体系としての文法の研究へと大きく転換させたのである．これは，コペルニクス的転回にも匹敵する発想の転換だと高く評価されてしかるべきだと思う．

一方で，西洋における近代科学の本格的な発展は 17 世紀からだといわれて

いるが，大学に理工系学部が定着したのは 19 世紀になってからである．「科学者」を意味する scientist という語は，イギリスはリービッヒの実験研究教育が軌道に乗った 1830 年代に英国で生まれた比較的新しいことばで，しかも，当初は，「自然科学ばかりに夢中になっている人」「科学オタク」という皮肉の意味合いを含んだことばであった（隠岐（2018））．しかし，ここ 100 年余りでノーベル賞級の研究成果が継続的に輩出され，その成果が科学技術の進歩と庶民の生活水準の向上にもたらしたことにより，scientist という語は，「自然科学者」とほぼ同義の肯定的なことばとして定着した（cf. 馬場（2000））．まさに，20 世紀は，自然科学と数学の発展に彩られた 100 年であったと言える．自然科学の発展の歴史とは，私たちが関心をもつ自然現象を徹底的に観測し，その現象の法則性を数学的に記述するとともに，複数の現象を統一的な不変法則で説明できる単純でエレガントな理論体系を構築してきた歴史であった．さらに，理論が予測するもの（例えば，天体の運動）と実際の観測結果が一致しないときにも，それが理論の誤りを示すのではなく，理論上は存在が予測されたがまだ見つかっていなかったもの（例えば，天王星のような惑星）を，観測技術の向上により発見することで，逆に数学的理論の正しさが証明されるといった成果にも助けられ，20 世紀半ばには物理学全盛の時代が到来していた（cf. 丹羽（1999））．そして，Chomsky が言語学を自然科学として位置づけたのも，そのような自然科学と数学の発展という大きな流れの中においてであり，生成文法理論は，その提唱から 60 年の間に具体的な理論的枠組みは数度のパラダイムシフトを経てきたものの，その間，一貫して変わらないのは，物理学のそれと同様に単純でエレガントな仮説群と自然科学の仮説を検証する際に一般に用いられる方法論（理想化，要素還元論，実験と数学的論証など）を用いて，言語知識の普遍性と多様性の解明を目指している，ということである．その上で，Chomsky は，現代言語学の状況を，まだ物理学のレベルには到達していないものの，原子構造がわかる前の化学のレベルには到達している，と述べたこともある（郡司（1989），Baker（2001））．[2]

　ところが，ここ 50 年の間に，理論言語学が見習ってきた自然科学の方がその様相を劇的に変えてきた．まず，自然科学の産物の一つである工学の延長線上に，コンピュータが発達し，インターネットが普及し，それとともに，「ビッグデータ科学」が登場した．Galileo Galilei の落体の法則の発見以来，自然科学の中で確立していた方法論とは，「ある現象がなぜ生じるか」という問いを発し，その問いを説明するための仮説を立て，それを実験と論理に基づいて検

---

[2] 物理学者が生成文法を高く評価しつつ解説する書籍に，酒井（2002, 2019）がある．

証し，現象を引き起こす根源的理由を物質とその運動法則に還元するという「要素還元論的アプローチ」であった．これに対して，ビッグデータ科学が発するのは「ある現象がなぜ生じるか」という問いではなく「ある現象がどのように生じるか」であり，その主な目的とは，大規模に集積したデータをもとに，複数の現象の間の相関性やパターンを見つけ出す，という全体論的なアプローチである．

(1) Using great volumes of information in this way requires three profound changes in how we approach data.

    a. The first is to collect and use a lot of data rather than settle for small amount of samples, as statisticians have done for well over a century.

    b. The second is to shed our preference for highly curated and prestine data and instead accept messiness: in an increasing number of situations, a bit of inaccuracy can be tolerated, because the benefits of using vastly more data of variable quality outweigh the costs of using smaller amounts of very exact data.

    c. Third, in many instances, we will need to give up our quest to discover the cause of things, in return for accepting correlations.

    […]

    Big data helps answer what, not why, and often that's good enough.

    (Cukier and Mayer-Schoenberger（2013: 29））

　その一方で，Chomsky は当初から一貫して，言語学を，人の言語能力やその獲得について我々が抱く「なぜ？」に答える自然科学の一分野と位置付け，自然科学の手法で，言語知識についての仮説を提唱し，その妥当性を論理と実験を用いて検証することを目指している．近代自然科学の基礎に実験と数学的論証の結合があるとするならば，生成文法理論における実験は内省（introspection）であり，数学的論証に対応するのが仮説演繹法による論証である．また，言語獲得の瞬時モデルや母語話者集団の均質性などの理想化を行うのも，物体の移動や落下の法則を解明する際の物理学が行う，摩擦や空気抵抗がないとする理想化と類似している．このように物理学との方法論的相似性を追求する理論言語学に，(1b) の意味での「乱雑さを受け入れる（accept messiness)」余地はない．したがって，Chomsky が，コーパス言語学（や，それを包摂するビッグデータ科学）を否定したくなるのは，当然である．以下は，Józeef Andor とのインタビューで，コーパス言語学の数十年の発展を踏まえて，「コーパス

準拠型研究（corpus-based linguistic description and theorizing）」に対する意見を求められたときの Chomsky の回答の一部を引用したものであるが，ほとんど怒りや軽蔑にも近いニュアンスが感じ取れる．

(2) "Corpus linguistics doesn't mean anything. It's like saying suppose a physicist decides, suppose physics and chemistry decide that instead of relying on experiments, what they're going to do is take videotapes of things happening in the world and they'll collect huge videotapes of everything that's happening and from that maybe they'll come up with some generalizations or insights. Well, you know, sciences don't do this. … "　　　　　(Andor (2004: 97))

　しかし，この Chomsky の信念とは裏腹に，コンピュータ処理の高速化，インターネットの普及と，その後の人工知能（AI）の急速な発達は，否応なく科学のありよう自体を変え，その変革の中で，「自然科学」と「ビッグデータ科学」が並び立つようになり，まさに言語学がその一分野であると Chomsky が主張するところの生物学の領域でさえも，ビッグデータを踏まえた「全体論的なアプローチ」と，従来からある「要素還元的なアプローチ」の両方が同等に重要であるとの提言がなされるようになってきている（日本学術会議（2014: ii–iv））．そのような自然科学界全体の変容の中で，言語知識の性質やその獲得・生得性を解明しようとするならば，言語学者は，隣接領域である心理学・哲学・人類学・神経科学・人工知能といった諸分野の研究者たちと手を組んでその最先端の知見を共有するだけでなく，方法論的にも，従来から行われている要素還元的なアプローチだけでなく，「コーパス準拠型研究」や，場合によっては，「コーパス駆動型研究」さえも併用することで，[3] 前者のアプローチでは未解決のまま残っている問題に取り組もうとする努力が必要になってくるであろう（cf. Fillmore（1992））．特に，言語変化のメカニズムを研究しようとすれば，その際には，母語話者の内省による実験ができないのであるから，それに代わる言語運用の結果としての書き言葉や話し言葉を記録し収録したコーパスを活用するという作業が，必要不可欠になってくる．もちろん，I 言語の研究は，言語変化をその対象から切り離す（統語構造は変化しないものと仮定する）ことでコーパス言語学を否定し続けるということも論理的には可能だが，統語構造とて変化することが通言語的に決して稀ではないという事実を踏まえ

---

[3] 「コーパス準拠型研究」と「コーパス駆動型研究」の違いについては，石川（2008: 69）を参照．

ると，このような「問題の棚上げ」「過度の理想化」は，「科学的な知のあり方の健全さ」にもかかわる問題を孕んでいる．実際，理論言語学がその方法論において模範としてきた物理学の分野でも，このような問題意識から新たな学問分野を構築する動きが起こり始めている．

　以下は，物理学者である蔵本由紀氏の著書『新しい自然学──非線形科学の可能性──』の中の一節である．先述した意味での理論言語学と物理学のアナロジーを考えると，物理学者自身が，20世紀の物理学のありようについて苦言を呈する以下の一節は理論言語学者にも示唆的であるので，やや長くなるが引用したい．

(3)　科学描写というものは基本的に自然の中に見出される同一不変なものを基軸とする描写であった．同一不変性が高度であればあるほど，それを発見したときのインパクトも大きい．したがって，あまりに個別的なものは科学描写としての意味が薄い．だとすれば，ミクロからマクロへ，記述のレベルを引き上げるごとに研究は細分化され，科学描写のインパクトは必然的に弱まることになる．［中略］物理学には「これ以上の多様性には関わりあいたくない」という秘められた姿勢があるのではないだろうか．高度な不変性をもつ自然法則の発見こそ物理学の物理学たるゆえんだ，という意識が常にある．個別性に甘んじることは物理学の誇りが許さない．物質科学の周縁制御などは考えただけでも気の遠くなるような現象世界の話に思える．このような意識が，物理学を物質物理のレベルにとどめようとする圧力として働いた可能性は高い．

　　しかし，実際にはこのような考えを突き崩す要因を物理学はその内にもっている … 　　　　　　　　　　（蔵本 (2016 [2003]: 75–76)）

物理学の世界でも，天上界とミクロの世界の物理現象の基本法則については，1930年頃までに完成していた相対性理論と量子力学がその99.9%を説明し尽くしたと言われることがあるが (p. 29)，それは基本法則の部分のみであって，自然界で起きる複雑な物理現象（特に，蔵本氏が「周縁制御の原理」と呼ぶもの）のほとんどは，何一つ説明されずに残っており，これらの現象を扱おうとする物理学者のマインドの変化が必要であるという．その上で，彼は，それを可能にするような非線形科学の一種としての「新たな自然学」を提唱するのである．[4]

---

[4] 非線形系とは，あるプロセスが進行すればそれによって生じる事態がそのプロセスの進行

　実際，物理学の領域では，上記のような提案がなされるよりも 120 年以上も前，電磁気学を提唱した James Maxwell が 1877 年の著書『物質と運動』の中ですでに，気象現象のような「開いたシステム（開放系）」の中で起きている現象を予測するには，数値解析の過程での初期値のわずかな違いが大きな誤差を生む可能性がある，という主旨の記述をしており，のちに「ダイナミカル・システム理論」とか「カオス理論」と呼ばれることになるものの出現を予言していた（cf. 蔵本（2003 [2016]: 139））．「カオス」とは，決定論的なシステムが生み出す不確定的な現象のことである．従来，不確定性は，原子レベルを支配する量子力学の世界や，きわめて多数の要素が複雑に絡み合うシステムに特有の現象と考えられていたが，カオスは，少数の要素からなるシステムでも，さほど複雑でもないシステムでも，初期値鋭敏性として，普遍的に現れる現象であることが確認されはじめた．このため，「ダイナミカル・システム理論」は，コンピュータが大規模な計算を高速で行えるようになってきた 1960 年代以降，いわゆる「ニュートン力学」が確立した自然界に対する「物質的・原子論的世界観」と「決定論的世界観」を内部から打ち破る可能性を持つ科学の新たな理論として，さまざまな自然現象や社会現象に応用されるようになってきている（丹羽（1999））．[5]

　「ダイナミカル・システム」とは，時間の経過とともに変化するシステムを意味しているので（岡林（2008: 3-4）），これを言語獲得や言語変化の研究に応用する試みが現れるとしても不思議ではない．実際，この考え方を言語変化に応用するものとして，Niyogi and Berwick（1997）は，言語習得に関する「ダイナミカル・システム理論」を提唱している．この理論は，「進化集団生物学（evolutionary population biology）」を駆動するのと同じ非線形科学の数理モデルのもとで，言語変化の説明を試みるものである．彼らの提案は，言語変化は言語習得やその際の誤学習（mislearning）によって駆動されるというものだが，[6] この数理モデルのもとでは，その場合の言語変化は，多くの言語変化

を促進したり阻害したりするような，フィードバック機構を内蔵するシステムのことである（同 95 頁）．蔵本（2016）を筆者に紹介してくださった中山俊秀氏に感謝したい．

　[5] 岡林（2008）によれば，ゲシュタルト心理学者のケーラー（W. Köhler）は，「心的現象と生理的現象は本質的には相似のものであり，その過程の生起は同型的である．したがって，一方から他方を推定することが可能である」と考え，これを「心理物理的同型論（isomorphism）」と呼んだ．これを踏まえて，オーストリアの生物学者であるベルタランフィ（L. von Berta-lanffy）が，物理学と生物学を統合する「一般システム理論（GST）」を提唱し，自然や世界，社会や機械のさまざまな現象や仕組みを，同じ「システム」という概念でとらえる提案を行ったという．注 10 も参照．

　[6] 数理モデルではないが，Niyogi and Berwick（1997）の言語変化についての考え方と近い

のモデルにおいてしばしば前提とされるロジスティック S 字曲線（Ellegård (1953), Kroch (1990)）ではなく，「指数関数的な発達 (exponential growth)」を予測する場合もある，という．

(4)　Dynamic envelopes are often logistic, but not always. We note that in some alternative models of language change the logistic shape has sometimes been *assumed* as a starting point, see e.g., Kroch (1990). However, Kroch concedes that "unlike in the population biology case, no mechanism of change has been proposed from which the logistic form can be deduced". On the contrary, we propose that language learning (or mislearning due to misconvergence) could be the engine driving language change. The nature of evolutionary behavior *need not* be logistic. Rather, it arises from more fundamental assumptions about the grammatical theory, acquisition algorithm, and sentence distributions. Sometimes the trajectories are S-shaped (often associated with logistic growth); but sometimes not …. 　　　　　(Niyogi and Berwick (1997: 715))

このような理論を提案する彼らの問題意識の中で特に重要なのは，おそらく，次の 2 点であろう．1 つは，言語が世代を超えてうまく獲得され引き継がれていく限りにおいて，言語は変化しないはずであるのに，なぜか言語は変化する，というパラドックス（いわゆる「言語変化の論理的問題」(Clark and Roberts (1993)）を解きたいという問題意識である．実際，彼らの数理モデル

ものとして，kroch (1990) の differential misunderstanding model と，Cournane (2015, 2016, 2017) の Child Innovator Analysis (CIA) がある．生成文法の立場から言語変化を説明しようとする仮説の 1 つである CIA は，言語獲得の際に幼児や子供が産み出す（大人の）文法を逸脱した表現や刷新表現 (innovation) が軌道修正されることなく大人の世代にも受け入れられていった結果をのちの時代に振り返ると，あのとき言語変化が起きていたと判断できる，言語変化とはそういうものだ，と考える．一方，「誤学習」の蓄積による言語変化の仮説には，Yang (2002: 372-376) による反論もある．Yang は，幼児が「誤学習」を起こす可能性は極めて低い上に，言語変化は個人レベルで起きるというよりも集団として起きるという事実を，「誤学習」に基づく言語変化の理論は説明できないという．しかし，「誤学習 (mislearning)」という呼称には語弊があるかもしれないが，言語の内在的特性（統語と意味・音声の一対一対応性の欠如など）により，同一の文字列に対して子世代が親世代とは微妙に異なる構造分析を行うことは常にありうると思われる．その場合，子世代は親世代よりも単純な（経済的な）構造の獲得につながるという原理は，複数の研究者によって指摘されている（Kiparsky (1968) と Harada (1971) の 'simplicity', Andersen (1973) の 'evolutive change', Clark and Clark (1993) の 'elegance condition', Anderssen and Westergaard (2010) の 'economy' など).

によれば，子世代が親世代の文法（target grammar）を獲得する際に，親世代と完全に同じ文法を獲得しない子世代がわずか10％生じるだけで，次世代にとっての母語集団には複数の文法の混在が生じ，それらの変化が20世代ほど繰り返され蓄積されていくだけで，言語は，初期状態とは真逆の性質を持つものにさえ変化し得るという（p. 699）.[7] 第2に，彼らは，言語話者集団の調和のとれた特性の中に見られる変化（change in the ensemble property of language population）を説明するために言語変化研究の基盤を「進化集団生物学」に置き，その変化の様相をダイナミカル・システム理論で説明しようとしている．このことからして，彼らが言語を，開放系の中で環境からの影響によって常に変化しつつも混沌には陥らない，自己組織化されたシステムだとみなしていることは明らかである.[8] この2点目は，システムとしての言語に，遺伝的な要因としての普遍文法が含まれるかどうかの問題とは直交する別々の問題なので，後者については別の慎重な議論が必要ではあるが,[9] 言語が変化しつつも無限に多様化することなく，パラメータ統語論で規定される構造的多様性の枠内に収まっていることからして，普遍文法と有限個のパラメータによる変異を仮定する生成文法の方が，言語変化を本能と社会的・文化的要因に帰する理論よりは，合理性が高いように見える.[10]

　さて，ここで，本筋であるコーパスについての話題に戻したい．Chomskyが，言語機能（language faculty）についての仮説である生成文法理論を，規則の体系から原理とパラメータの体系へ，ひいては，極小主義プログラムへと転換させていった背景に，コンピュータの計算力の向上に裏付けされた，物理

---

[7] 親世代と同じ文法が子世代に引き継がれる割合（transmission probability）を90％としたとき，例えば，[＋V2] 言語を話す人口と [－V2] 言語を話す人口はほぼ11世代ほどで入れ替わり，20世代ほどで完全に逆転するという．詳細は，Niyogi and Berwick (1997: 710) を参照.

[8] 化学の世界では，これを「散逸構造」という（Nicolis and Progogin (1977)）.

[9] Bybee (2015: 261-263) は，彼女が提案する「用法基盤モデル」のもとで，言語を，人々の本能や社会的要請に根ざした行動が蓄積した結果，自然と出来上がる，都市と同じような複雑適応系（complex adaptive system）と考えており，子どもが言語を学習するのは，ある文化の中でどのように人間になるかを学習しているにすぎない（they are learning how to be a human being in a certain culture）と考える．これも一種のダイナミカル・システム理論であるかもしれないが，提案されているのは数理モデルではないことに注意が必要である.

[10] 丹羽 (1999: 85, 115, 167) によれば，ダイナミカル・システム理論は，気象現象のみならず，水の対流現象などの物理現象や，化学反応による生成物の濃度の時間的変動などの化学現象から，人口変動や動物の個体数の周期的変動などの社会現象や，フラクタル図形などの数理現象に至るまでのありとあらゆる現象の説明に応用され始めているという．実際，このような数理モデルで言語変化の現象を説明する試みについては，Niyogi and Berwick (1997) 以外にも，Yang (2002) と Culicover and Nowak (2003) がある．また，「ダイナミカル・システム理論」を心理学に応用する試みについては，岡林 (2008) を参照.

10

学や生物学の領域での前述のような進展が影響を与えたのか否かについて，Chomsky 自身が何らかの発言を行っているかどうかを筆者は寡聞にして知らないが，少なくとも，コーパス言語学に対する Chomsky の考え方が，1960年代の生成文法の黎明期と，1980年代の全盛期と，2000年代以降の成熟期で，微妙に変わってきたことは確かである．Chomsky が生成文法を提唱した1955年頃，当時のコーパスを全否定したことは有名な話であるが，少なくとも，Chomsky (1981) で，「規則の体系」から「原理とパラメータのアプローチ」へと舵を切ってからしばらくの間，彼は，コーパスに対して，さほど否定的ではなかったと思わせる一節がある．例えば，Chomsky (1986) は，(5) のように，言語変化や言語変異や言語獲得の研究から，個別言語の知識（＝I 言語）に関する知見が得られる可能性を認めている．ここで，少なくとも，言語変化や言語獲得に関するデータは，主にコーパスを通して得られるものなのであるから，当時の Chomsky は，(2) で述べるほど過激に「コーパス準拠型研究」を否定してはいなかったはずだと類推できる．

(5)　In principle, evidence concerning the character of the I-language and initial state could come from many different sources apart from judgments concerning the form and meaning of expressions: perceptual experiments, the study of acquisition and deficit or of partially invented languages such as creoles, or of literary usage or language change, neurology, biochemistry, and so on. [...] As in the case of any inquiry into some aspect of the physical world, there is no way of delimiting the kinds of evidence that might, in principle, proved relevant.　　　　(Chomsky (1986: 36-37))

Chomsky が 1986 年当時にこのように述べたのには，もっともな理由がある．自然言語の普遍性と多様性の両方を原理的に説明する理論を構築しようとするとき，何よりも，世界の言語の様相がどうなっているのかを知らなくてはならない．実際，「原理とパラメータのアプローチ」の登場以前から，言語学の歴史は，言語変化と変異の研究の歴史であったと言っても過言ではない．「今日の形態論は昨日の統語論である（Today's morphology is yesterday's syntax.)」という Talmy Givón の格言（Givón (1971)) や，「絶えざる流動の姿こそ言語というものの天真の相である．ちょうど，流れるとも見えない大川の面を見るようなのが言語の永遠の姿である」という金田一京助の言葉（金田一 (1976: 77)) にも含意されるように，言語は長い年月の間に，音も形態も意味も，元の状態を容易に再建できないほど変化させてきた．そして，世界に

は4千とも8千とも言われる数の言語があり，それぞれが，微妙に，あるいは，大きく異なる文法的特徴を示すという事実は，文法（統語）についてさえも，それらの起源となる言語が，異なる時代に枝分かれし，それぞれが異なる速度で変化してきた過程の存在を示唆する．実際，1980年代以降は，かつてないほど盛んに，言語変化と変異の問題が言語学のあらゆる分野で論じられ始めた．Chomsky (1981) 以降の「原理とパラメータのアプローチ」による比較統語論の研究成果が明らかになってきたのと相並んで，認知言語学の中でも，Meillet (1912) の観察に端を発する「文法化 (grammaticalization)」の研究が盛んになり，言語変化には，意味の抽象化，主観化，漂白化に代表される意味変化の一方向性や，語彙化や接辞化などに代表される形態的変化の通言語的傾向があることが，徐々に明らかにされてきた (Heine et al. (1991), Traugott and Heine (1991), Bybee et al. (1994), Traugott and Trousdale (2013), Barðdal et al. (2015))．しかし，言語変化の複雑さや言語調査の困難さなどが相まって，それらの言語変化の特徴を包括的に説明できる法則は，いまだに見つかっていない．統語構造についても，それ自体が内的要因（親世代の文法と，エレガンス条件 (elegance condition) や単純化 (simplification) により得られた子世代の文法との微妙な乖離など）により変化し得ると仮定する立場 (Harada (1971), Clark and Roberts (1993)) と，その変化を言語接触や頻度変化などの外的要因に帰する立場 (Kroch (2001), Lightfoot (1999)) が混在し，生成統語論の中でさえも，異なる陣営の間での活発な議論が続いている．また，Andersen (1973) は，少なくとも音韻変化に関しては，自然発生的な変化 (evolutive change) と外的環境に合わせるための変化 (adaptive change) の両方が相互作用しながら言語変化が進行する，と主張している (p. 789)．いずれにせよ，共時的に多様な言語が，共通の祖語から長い年月をかけて枝分かれして生じた語族関係は，比較法 (comparative method) による再建 (reconstruction) の努力の結果として，1980年代でも，かなりの程度に明らかになっていた．それゆえに，どのように文法は変化するのかという問いや，文法の変異がどれほどの多様性を持っているのかといった問いは，「原理とパラメータのアプローチ」を提唱し，その記述的妥当性と説明的妥当性の双方を確認しようとしていた当時の Chomsky にとっては，最も強い関心事の一つであったに違いないのである．

　ところが，Chomsky は，1993年に「極小主義プログラム (minimalist program)」を導入して以降，生成統語論の目標を，(A) 自然言語の文法知識の普遍性を生み出す生物学的基盤の解明に絞り込んだように見える．これは，物理学で喩えれば，線形代数のみによって解明できる物理現象の基本法則の解明の

みにその目標を絞り込むべきか，数値解析が必要になる非線形系の現象もその研究対象とすべきかの議論の果てに，前者に対象を絞り込んだようなものである．しかし，物理学の領域では21世紀以降，むしろ逆方向の動きが広まりつつあることは，(3) や脚注10で述べた通りである．これと同様に，極小主義プログラムの導入以降も，生成統語論の研究者集団の総体としては，1980年代に大きく花開いたパラメータ統語論による言語変化・変異の研究という統語論の本質とも言える課題は，今でも大きな関心事であり続けている．このため，生成文法の研究者の中には，上記 (A) の重要な目標を追求する一派が一定数いるだけでなく，(B) 自然言語の多様性を生み出すパラメータの性質の解明，(C) 幼児が母語を，乏しい証拠をもとに，短期間に，しかも均質的に獲得できる仕組みの解明というテーマを追求する研究者も，かなりの数存在し続けている．また，(D) 言語が変化する以上，子世代が親世代と異なるパラメータの値を獲得しなければならないが，親世代の発話を入力として，なぜ，親世代と異なるパラメータの値が獲得できるのか，という問いが発せられた．これは，先述の「言語変化の論理的問題」を生成統語論の用語で述べ直したものであるが，これについても，Niyogi and Berwick (1997)，Lightfoot (1999, 2018)，Yang (2002)，Culicover and Nowak (2003)，Roberts (2007)，Lightfoot and Westergaard (2008)，Cournane (2015, 2016, 2017)，Snyder (2017) のように，生成文法理論の枠組みと用語の中で，何らかの答えを与えようとする研究者は少なくない．

このうち，Chomsky をはじめとして，(A) の問い，すなわち，科学の大道とも言える，「この世界に潜む同一不変な構造」の解明のみを追求する研究者にとっては，コーパスから得られる証拠はほとんどないといってもよいだろう．したがって，Chomsky 自身も (2) のような発言を行うのだろうが，少なくとも (C)，(D) の謎を解明しようとする研究者たちにとって，幼児発話コーパスや歴史コーパスは不可欠な道具であるし，(B) の課題に取り組む上でも多言語話者のコーパスや方言のコーパスなどは有用であろう．したがって，冒頭で述べたような利用可能性の高い無料コーパスが普及しつつある中で，生成文法研究者の間でも，コーパスを活用して言語変化や言語獲得の諸問題の解決を目指す研究者の割合は徐々に増えつつあるように見える．統語構造の獲得の研究については，Stromswold (1996)，Snyder (2007, 2017)，杉崎 (2015)，Westergaard (2014)，Cournane (2015, 2016, 2017) といった研究者たちによる定量的研究がこれを示しており，統語変化の研究についても，Roberts (1985, 1993)，Yang (2002)，Walkden (2009)，Rinke and Elsig (2010)，南部 (2007)，Nambu (2014)，Ogawa (2018) といった研究者による定量的

研究がこれを示している．また，Stromswold（1996）は統語的知識の獲得の研究について，Rinke and Elsig（2010）は統語構造の通時的変化の研究について，それぞれ以下のように，コーパスを用いた定量的研究の意義を強調している．[11]

(6) In the 1980s the widespread availability of inexpensive computers and optical scanners made it possible to put into computer-readable format the transcripts of children's spontaneous speech collected by these and other researchers (see MacWhinney and Snow 1985 for a description of the Child Language Data Exchange System or CHILDES). The availability of computer-readable transcripts has greatly increased the number of researchers who use children's spontaneous speech data to refine or test theories about the acquisition of syntax. (Stromswold (1996: 23))

---

[11] 一定の母語話者集団の中での特定の言語表現の頻度の変化が言語変化を引き起こすというのは，おそらく，言語変化の研究に携わるすべての研究者がまず最初に考える可能性であろう（Roberts（1985），Clark and Roberts（1993），Lightfoot（1979, 1991, 1999），Yang（2002））．頻度の重要性については，Kroch（2001: 722）も認め，次のように述べている．

(i) There is no doubt, however, that human beings, like other animals, track the frequencies of events in their environment, including the frequency of linguistic events.

ただし，Kroch は，頻度変化を言語変化の直接の原因とする Lightfoot の主張には疑義を呈しており，言語変化の要因としては，複数の方言の母語話者の直接接触のシナリオ（direct contact scenario）を主張している（ibid.: 725）．頻度変化を直接証拠とするか否かで 2 人の立場には不一致があるものの，これらはいずれも，外的な要因による言語変化を主張している点で差はない．一方，Kiparsky（1968），Harada（1971），Clark and Roberts（1993）のように，言語獲得者が構造に関する複数の選択肢の中から「より単純な」構造を選択しようとするという内在的性質が，親世代と子世代のわずかな文法変化を引き起こすと考える立場もある．また，Niyogi and Berwich（1997）が主張するのは，内的要因か外的要因かにかかわらず，言語が親世代から子世代に 100％正確に継承（transmit）されないときに生じる言語変化についての，自然界の動的な物理現象全般を説明しようとする数理モデルを使った変化のシナリオである．このように，変化する現象を説明しようとする理論は，静的な（または静的であるとの理想化を踏まえて）現象を説明するための理論には必要のない変数が複数必要となり，その分，複雑さが増すため，現時点で，統語変化について提案されている複数の仮説の間の優劣をつけるのは容易ではない．しかし，このことにより，理論言語学で，言語を変化しないシステムだと仮定する理想化を行ったり，言語変化そのものを説明対象から外すことが，I 言語やパラメータの本質的な解明につながらないということは，蔵本（2003 [2016]）が物理学について論じていること（＝(3)）と通底する．むしろ，変化が進行中の現象を説明する上で，あたかも変化が起きていないかのような理想化を行うことには，無用の混乱や，相矛盾する複数の仮説が乱立する危険性が否めない．これに関する議論は，Lightfoot（2018），Ogawa（2018）を参照．

(7)　　The problem is that the textual sources are not compiled in order to investigate our research question, but usually consist of what is handed down to us accidentally. […] And, in addition, these data reflect in the first place *language use* and not grammatical knowledge.

　　We nevertheless think that, to a certain extent, generalizations about the grammar generating the actual utterances can be obtained on the basis of textual sources. In our view, this is only possible with recourse to quantitative evidence. Therefore, quantitative corpus studies are absolutely indispensable in diachronic syntax.

(Rinke and Elsig (2010: 2557))

そして，このことは，統語構造の普遍性と多様性の解明を，必ずしも生物言語学の一分野として追求するのではなく，それとは別の独自の視点で追求しようとする流れを，複数生み出している．実際，1970 年代までは生成文法理論の研究者であった Ronald W. Langacker や Joan Bybee（＝Joan Hooper）や Joan Bresnan や Ivan Sag らが，それぞれ異なる時期に Chomsky の生成文法統語論を離れて，認知言語学や用法基盤言語学や語彙機能文法主辞駆動句構造文法といった独自の言語理論を立ち上げてきたように，極小主義統語論が登場した 1990 年代以降も，生成統語論は，Chomsky が主導する生物言語学としての極小主義プログラムとは必ずしも一体化しない複数の学派に分かれつつ，それぞれの理念に従って発展しつつあるのである．

　しかし，生成文法理論の研究者の間で，言語研究の対象をめぐっていま起きつつあるこの枝分かれは，非生成文法系の言語学者の間には，驚くほど知られていないように見える．特に，ヨーロッパの比較言語学・類型論や歴史言語学の伝統と生成文法を融合させるような比較統語論研究や史的統語論研究が，ヨーロッパ言語の母語話者でもある Luigi Rizzi や Guglielmo Cinque の「カートグラフィー（cartography）」，Richard Kayne の「ミクロパラメータ統語論（microparametric syntax）」，Anthony Kroch の「恒速度仮説（constant rate hypothesis）」と「統語的再分析（syntactic reanalysis）」，David Lightfoot や Marit Westergaard の「ミクロキュー分析（micro-cue analysis）」といった形で，1990 年代から今日までに，それぞれに大きな成果を挙げてきているのだが，このような生成文法の新たな潮流が一定の支持を集め，研究を深めているという事実は，生成文法の外側にいる言語変化の研究者の間では，ほとんど知られていないようである．例えば，用法基盤言語学の研究者である Joan Bybee は，

その最近の著書（Bybee（2015））の中で，それらの知見を一切踏まえることなく，生成文法のパラメータ統語論（parametric syntax）のことを，言語変化の漸進性（gradualness）を説明できない誤った理論であるとして一蹴している（pp. 241-248）．この反論は，1つのパラメータの値の変更が数多くの言語現象に同時に影響を及ぼすべきだという考え方のもとで提唱された「マクロパラメータ統語論（macroparametric syntax）」に対しては成り立つかもしれないが，[12] パラメータの所在が機能範疇に限定され（Borer（1984）），その形態統語素性に付随するパラメータの値の違いが言語間の差異を生むと考えられるようになって以降の「ミクロパラメータ統語論」や「ミクロキュー分析」に対しては全く成り立たないし，ダイナミカル・システム理論などの数理モデルを取り込んだ Niyogi and Berwick（1997）や Yang（2002）などのパラメータ統語論に対しても当てはまらない．しかるに，生成文法のパラメータ統語論を言語変化の漸進性と整合しない理論だと一括して批判すれば，不毛の学問的対立を煽るだけである．

　「ミクロパラメータ統語論」とは，地理的に近接する方言や同一の語族（または語群）に属し類型論上の近さをもつ言語の間の微妙な変異の比較を通じて，言語間変異を生み出す上で相関関係のある現象とそうでない現象を峻別することでパラメータの本質を解明しようとする生成統語論の一分野であるが（Kayne（2000, 2005, 2010），Biberauer and Roberts（2012），Barbiers（2013），Rizzi（2017），Stowell and Massam（2017）），この考え方は，共時的な空間に分布する言語どうしのミクロな変異（micro-variations）と段階性（gradability）を時間軸上の変化の漸進性（gradualness）にシフトすれば，そのまま言語の通時的変化についての「ミクロパラメータ統語論」として応用できることは，Kayne（2000: 7）の以下の記述（8a）からも明らかである．これは，Bybee（2015: 8）が述べている（8b）と，その趣旨においては同じことではなかろうか．

---

[12] パラメータ統語論の黎明期に，「マクロパラメータ統語論」という用語はなかったが，Chomsky（1981）の Head Parameter, Hale（1983）の Nonconfigurationality Parameter, Baker（1996）の Polysynthesis Parameter, Snyder（2001）の Compounding Parameter, Huang（2005）の Analyticity Parameter などは，定義上，マクロパラメータに相当する．その後，Kayne（2000）が「ミクロパラメータ統語論」を提唱した頃から，それと区別するための用語として，これは使われるようになってきている．もちろん，現時点でも，「マクロパラメータ統語論」が，共時的な言語変異を説明する理論として完全に否定されているわけではない．しかし，その経験的な問題点については，Barbier（2013），Rizzi（2017）も参照．

(8) a. It is also clear that the study of minimal syntactic variation is bound to provide crucial evidence bearing on questions of dia-chronic syntax (which involves the study of minimally different stages in the evolution of the syntax of a language).

(Kayne (2000: 7))

　　b. In languages with and without written histories, ongoing changes create variation, and the study of this variation can also provide excellent evidence about how change occurs. (Bybee (2015: 8))

　「ミクロキュー分析」とは，言語獲得の途上で起きる微妙な言語変化や，数十年から 100 年といった短期間で起きる言語変化の各段階の統語的特徴が普遍文法の中にあらかじめ選択肢として含まれているとする（極小主義とは相容れない）生成統語論であり，実際，Lightfoot and Westergaard (2007) は，その趣旨を以下のように述べている (cf. Westergaard (2014), Snyder (2017)).

(9) 　If parameters and cues are of a smaller scale than has previously been thought, then one will not say, for example, that a V2 lan-guage changes into a non-V2 language from one generation to the next, […] On the other hand, it is also not necessary to argue that change is always gradual, spanning several hundred years. On our view, change may affect one (micro-) cue at a time, a series of smaller scale bumps, giving the impression that there is gradual change over centuries. 　　(Lightfoot and Westergaard (2007: 411))

　実際，生成文法の研究者の間で，方言やレジスターごとの使用法のミクロな変異の存在や，短い期間での統語的変化を説明するという意味でのミクロパラメータ統語論の研究手法にもとづく言語変化・変異の研究は，いまや，世界中で年々活性化しつつある (cf. Roeper (1999), Longobardi and Guardiano (2009), 保坂 (2014, 2018), Stowell and Massam (2016), Mathieu and Truswell (2017), Karimi and Palmarini (2017), Snyder (2017), Ogawa (2014a, 2014b, 2018) など). 中でも，David Lightfoot は，"Nothing in syntax makes sense except in the light of change" と題する 2018 年の論文の中で，「いかなる二人の幼児も，その言語獲得の過程で全く同じ一次言語資料 (PLD) に接することはないのだから，自然言語の統語部門には常に変化の可能性があり，常に新しい I 言語が生じる可能性がある」という主張を展開している．まさしく，「通時的ミクロパラメータ統語論」である．

(10) In amorphous E-language, variation is endemic, and it does not come in the structured form of variation in I-language: no two people experience the same E-language and, in particular, no two children experience the same PLD [= Primary Linguistic Data]. Since E-language varies so much, there are always possibilities for new I-languages to be triggered.　　　　　(Lightfoot (2018: 237))

　そもそも，同一言語の中でも通時的に文法は漸進的な変化を遂げてきたという事実を説明することや，「言語変化の論理的問題」を解決することを目的に掲げる場合，値が二値的であるマクロパラメータの値の変化によって，SOV言語とSVO言語のように文法的特性が真逆である言語が，ある親世代と子世代の間で突然生じたものと仮定することはできない（それでは，親子のコミュニケーションは立ち行かなくなるだろう）．そうではなく，言語変化とは，言語接触などの外的要因と言語に内在する特質の相互作用によって，個別の言語が，数あるミクロパラメータの値（または，選択すべきミクロキュー）を段階的に少しずつ変化させながら，数世代をかけて緩やかに変化してきた結果であると言わねばならない．[13] 20世紀の生成文法のもとでは，そうした事実に配慮したパラメータ統語論を構築することができるほど十分に，機能範疇の統語論が完成されていなかったが，Rizzi/Cinque のカートグラフィーや Kayne のミクロパラメータ統語論が提唱され始めて以降は，上記のような問いを検証可能な理論的枠組みに載せることが可能となりつつあることもあって，生成文法に基づく統語変化・変異の研究は，かつてないほど盛んになってきているように見える．

　ただし，ある特定の言語現象の頻度がコーパス上で増加，または，減少しつつあるとして，そのような頻度変化それ自体が，ミクロパラメータの値を徐々に変化させる原因なのか，別の（内的な）理由により変化したことの結果であ

---

　[13] ただし，すべての統語変化が漸進的な変化であると主張しているわけではない．例えば，小川 (2019) は，以下の (ia, b) のような最小対のうち，(ia) の構文は平安時代から存在したが，(ib) の構文は明治時代になって突然出現した名詞的繋辞構文であると主張している．
　(i) a.　あの山は高さが 2000m だ／2000m ある．
　　　b.　あの山は 2000m の高さだ／2000m の高さがある．
また，新国・和田・小菅・小川（本書）は，(iia, b) のような構文が，やはり，明治時代になって突然出現し増加しはじめた形式名詞の文法化による構文であると主張している．
　(ii) a.　明日，事務所には太郎 {が／*の} いることになっている．（予定）
　　　b.　君 {が／*の} 来たところで，この問題は解決しない．（譲歩）
これらの構文を誘発した言語接触のような原因事象は特定できないことから，構文化や文法化による統語変化は，突然変異のようにいつでも起き得ると考えるべきである．

るのかについては，決してコンセンサスが得られているわけではない．統語変化についても，例えば，Lightfoot (1991, 1999) は，特定の変化する現象が，使われる特定の文タイプの頻度の変化によって引き起こされるという仮説を，「原理とパラメータの理論」の枠組みで提唱しているが，言語変化は，頻度変化とは関係なく内的な（例えば，経済性を満たすという）理由で起きるという仮説（cf. Haspelmath (2008), Hawkins (2011)）も，統語論の仮説としてアプリオリに否定されるものではないし（注19を参照），頻度を間接的要因としつつも言語接触により生じた，二言語変種使い分け（diglossia）を行う話者の出現こそが言語変化の要因かもしれない（Roeper (1999), Kroch (2001))．これらのいずれが正しい仮説であるかを検証するのは，今後の課題とすべき段階である．

　また，同じコーパス上のデータをもとに頻度変化を言語変化の証拠として扱う場合でも，書き言葉と話し言葉は同一視できないかもしれないという問題提起や，[14] コーパスに収録されたデータ（E言語の一種）の上での変化と，それらのE言語を生み出す言語知識の体系としてのI言語の変化を，直接結びつけることはできないのではないか，という反論もありうる．しかし，そもそも，母語話者の内省による容認性判断も，それが直接I言語の状態を反映しているわけではなく，言語運用の結果であることに注意したい．[15] そして，もし，コーパス上での特定の構文の頻度の上昇に比例する形で，当該構文の容認性が，若い世代ほど向上したり，あるいは逆に，コーパス上の頻度の減少に比例する形で，当該構文の容認性が若い世代ほど低下するといった変化に統計的な有意性が見られるとか，話し言葉コーパスと書き言葉コーパスによる統語変

---

[14] この理由により，Kroch (2001: 725) は，以下のように，統語変化の研究は，現在使われている言語の話し言葉を用いて行うべきであると述べている．

　(i)　Given the strong possibility that textual data do not give evidence for the process of language change in a vernacular, there is a real need for the study of syntactic innovations in living languages, using sociolinguistic methods to observe unreflecting speech.

たしかに，古い時代の書き言葉を収録したコーパスには，代表性の問題や「データの粗悪さの問題（Bad Data Problem）」が付きまとうことも否めない．ただし，注16を参照．

[15] これに関するChomsky (1986: 36) の記述を以下に引用しておく．

　(i)　In practice, we tend to operate on the assumption, or pretense, that these informant judgments give us "direct evidence" as to the structure of the I-language, but, of course, this is only a tentative and inexact working hypothesis, and any skilled practioner [sic] has at his or her disposal an armory of techniques to help compensate for the errors introduced. In general, informant judgments do not reflect the structure of the language directly; ...

化の調査結果が同じ結論に至るとしたら，コーパス上の頻度変化も，内省による容認性判断の世代間差も，言語変化を裏付ける同等に重要な証拠とみなすべき合理的な理由がある.[16]

　関連する問題として，我々大人は，（言い間違いの問題を脇に置くとしても，）果たして，自分自身の I 言語によって生成されうる文法的な文<u>のみ</u>を生成しているのか，という問題がある．というのも，我々は，言語使用環境における個々の言語表現の使用頻度に，無意識に影響を受けているということがよくある．例えば，自分たちの言語使用環境での使用頻度が少ない構文よりも多い構文をより好んで使うようになる傾向があることは否めないし，また，言語変化の途上で，古い時代の構文と比較的新しい構文とがほぼ同じ意味と機能をもって使われるような状況（重層化：layering）が起きているとしたら，我々は，無意識のうちに複数の言語を使い分ける二言語話者（bilingual）になってしまっている可能性もある（cf. Bybee（2015）).[17] また，言語変化が進行中の母語話者集団の中では，刷新的な日常語（innovative vernacular）と保守的な書き言葉（conservative literary language）の間の統語的な二言語変種使い分け（syntactic diglossia）が生じているという可能性もある（Kroch（2001）).結果として，親世代はその新しい表現を，自分自身が獲得した文法からは逸脱したものとして使っている場合でも，子世代（言語獲得中の幼児）からすれば，その表現が，親世代の文法に従った発話であるのか刷新表現なのかを区別する術はない．そのような一次言語資料の中に含まれる 2 種類以上の文法が競合する結果として，子世代が親世代とは微妙に異なる文法を母語として獲得する，

---

[16] 実際，新国・和田・小川（2017），Ogawa, Niikuni and Wada（2018）は，Ogawa（2018）が書き言葉コーパス上での頻度減少を確認した日本語の「主格属格交替」を伴う各構文について，数百人規模で主格主語文と属格主語文の容認性を比較する質問調査を行った結果，若い世代ほど属格主語文の容認性を低いと判断するような有意な世代間差を確認している．また，この書き言葉コーパス上での頻度減少は，南部（2007, 2014）が話し言葉コーパスをもとに行った同様の調査の結果とも符合している．その詳細については，南部（2007），Nambu（2014），小川（本書），新国・和田・小菅・小川（本書）も参照．また，言語表現の頻度の多少とその容認性・文法性判断の高低の間に統計的に有意な相関があるとの主張については，Bader and Häussler（2010）も参照．

[17] 実際，Bybee（2015: 11）は，若い世代のアメリカ英語話者の間でますます多く使われ始めている，性差に関係なく二人称複数を指す you guys という代名詞の用法について，「くだけた表現であるので私はあまり好きではないけれど，あまりに多くの人が使うので，自分も使うようになってきている（I don't particularly like *you guys* because it seems very informal and also because it seems inappropriate for female addressees. However, I end up using it anyway, just because so many other people use it.)」と認めている．

ということは常に起こり得る（Yang (2002), Lightfoot (2018)).[18] また，親
世代の発話の構造が一義的に分析できない場合に，複数ある選択肢の中から単
純な方の構造分析を選択するという意味での「経済性の原理」や，それに類す
る別の推論や誤分析が働く結果として文法が変化する可能性も否定できない
（Kiparsky (1968), Harada (1971), Andersen (1973), Niyogi and Berwick
(1997), Haspelmath (2008), Hawkins (2011), Westergaard (2014), Snyder
(2017)).[19] また，子世代が統語構造の獲得の際に，何らかの理由によって，
親世代が持っているのとは異なる文法的特徴をもつ構造を，刷新表現として作
り出す可能性もある（Cournane (2017), Snyder (2017), Lightfoot (2018)），
もし，いずれかの理由で，親世代と子世代が微妙に異なる文法をもつようにな
り，その微妙な変化の蓄積によって言語変化が漸進的に進行していくとすれ
ば，たとえ隣接する2世代の間の変化はわずかなものであっても，その結果
の蓄積が，百年も経てば，かなり顕著な文法レベルの変化（すなわち，マクロ
パラメータの値が変化したかのように異なる2つの言語）となって現れる可能
性は十分にある．しかも，その変化の際には，統語構造とは独立に生じる言語
の形態的・音韻的特徴の微妙な変化や，刷新表現の頻度の微妙な変化などが，

---

[18] 幼児の言語獲得の際の一次言語資料となりうるデータについて，Lightfoot (1991) は主
節の情報のみを幼児は利用するという仮説（いわゆる "degree 0 learner" の仮説）を提唱して
いる．これは，古英語（OE）から中英語（ME）にかけての SOV 言語から SVO 言語への変
化の証拠になったのが12世紀のテキストの中に見られる主節での動詞末尾現象の劇的な衰退
であるという事実などに基づく．しかし，この観察については反論もあり，例えば，Pintzuk
(1993) は，同時代に起きた OE での SVO 語順の漸進的な増加は主節内でも従属節内でも等
しい割合で起きた，という観察をしている．言語変化が従属節と主節で異なる進行の仕方をす
ることは珍しくないが，これと関連しては，Bybee (2002) が，従属節であること自体が言語
変化に保守的であると述べているのに対して，南部・佐野（本書）は，日本語の「が／を」交
替の増加という進行中の変化が従属節から先に始まっているというコーパス調査の結果を提示
することで，Bybee (2002) の主張に疑義を呈している．また，Ogawa (2018, 本書) が日本
語でのミクロパラメータの値の通時的変化の実例として論じている「属格主語構文」は，従属
節でのみ起きる現象であることからしても，従属節内で起きる統語変化がミクロパラメータの
値の変更のための肯定証拠とならないという Lightfoot の仮説は，強すぎると思われる.
[19] Haspelmath (2008: 214) は，'economy' as the most important motivation of change:
"[Diachronic] changes are motivated by economy, i.e., by the innovating speakers' desire to
speak economically. This is not a synchronic grammatical constraint, or even a more gen-
eral cognitive constraint. It is simply a constraint on any rational behavior"と述べている.
また，Narrog (2017: 164–165) によれば，"Hawkins (2011, p. 225) ... views grammars as
'adaptive systems', and change driven by efficiency and ease of processing, Thus, for
Hawkins, efficiency and ease of processing are the cause of language change and grammati-
calization." とある．いずれも，言語は，経済性や効率性の観点から変化していくと主張する
ものであり，言語変化の内的要因説の一例である．

言語獲得を行う幼児にとって利用可能な言語学的証拠となることで、統語構造が変化していく可能性がある。[20] このような作業仮説に立って「言語変化の論理的問題」の解決を目指すならば、(Kroch (2001: 725) の主張とは反するが、) 現在進行中の（話し言葉だけでなく）書き言葉の変化をもとに統語構造の変化やミクロパラメータの値の変化を論じることも、十分妥当性のある主張だと言えるはずである。[21]

レジスターごとの言語使用の違いや、数十年から 100 年といった短期間で起きる言語変化の研究といえば、1980 年頃までは、社会言語学・変異理論の研究者たち (Labov (1969)、Cedergren and Sankoff (1974)) による研究のほうがはるかに精力的であり、そこでは、言語を変化させる社会的要因が主に研究されていた。一方、1980 年代までの生成文法でこのような微妙な変異や変化が言語学的証拠とみなされにくかったのは、生成文法はその名のとおり、言い間違いなどをせず均質的であると理想化された母語話者各集団の中の個人の言語知

---

[20] よく知られたものので言えば、英語の通時的変化の中で、形態格による主語と目的語の区別の消失と連動して起きた自由語順現象の消失などがある。これは、共時的にも、格標示する接尾辞を失ったオランダ語では VP 内での語順は固定されているのに対して、まだ格標示による与格と対格の区別がないドイツ語では VP 内での自由語順が許されるといった変異が見られることからも、妥当性の高い形態論と統語論の関連現象であると言える (Kroch (2001))。ただし、Kiparsky (1996) が指摘するように、豊かな格システムがあるにもかかわらず、かなり厳密な SVO 語順をもつアイスランド語のような言語もあることから、両者の関連性は間接的なものであるかもしれない。

[21] 注 12 も参照。別例としては、もともと、英語の歴史上、二人称単数と二人称複数の代名詞は、thou/thee/thy と ye/you/your といういう形で区別があったのが、現代英語になって、you/your で単複同形で用いられるようになったことが知られている。しかし、COHA によれば、Wouldst thou betray me? (1844: FIC) / I can not thank thee! (1812: FIC) のように使うことができた thou/thee の頻度が 19 世紀以降、減少の一途をたどるのと入れ替わるように、二人称複数を表現するのに特化した you guys、you folks、you lot、youse などの変異形が生まれているのだが、中でも、thou の頻度が 1810 年代に使われ始めなくて以降、2000 年代にかけて 90 年間で、に減少したことがわかる。中でも、you guys は、1910 年代に単調増加している。さらに、その頻度が 62 倍にも単調増加している COCA において、モニターコーパスである COCA によれば、1990-1994 年と 2015-2017 年の比較では 170 倍の増加となっている you guys の頻度は 3 倍以上に単調増加しており、1910 年代と 2015-2017 年の比較では 170 倍の増加となっている (2019/4/13 の検索結果)。また、every に束縛される複数形の束縛代名詞（いわゆる singular their）を含む (i) のように、Snyder (2017: 238) によれば、現代の若者の間では広く使われるようになってきていることでいるという。実際、COCA で見ても、1990-1994 年から 2015-2017 年にかけて、every [nm*] [v*] his/her [nm*] という文字列の頻度は減少傾向にあるのに対して、every [nm*] [v*] their [nm*] という文字列の頻度は 3.5 倍に単調増加している (2019/4/13 の検索結果).
　　　　　　　　　　　　　　　　　　　　　　　　　　　　　（COCA; 2011; SPOK）. 注 17

(i) I think every candidate has their challenges.

これらの例は、代名詞の文法が、30～100 年程度の間に劇的に変化し得ることを示す. 注 17 も参照.

識を研究対象としていることや，普遍文法の解明を主目的とすることもあっ
て，言語の（特に）統語構造を容易に変化するものと仮定しにくかったという
のが大きな理由である．生成文法と社会言語学の乖離を生んだこの問題は，
Kroch（2001）の以下の概説によく表されている．しかし，その生成文法の中
でも，1980年代以降，統語構造の漸進的変化の研究が行われ始めたことを，
Kroch（2001）は同じ段落で認めている．

(11)　Other quantitative studies show a similar, roughly "S-shaped" curve
of change.　Before the rise of generative grammar, this sort of
gradualness was taken for granted. Syntactic change, once, actuat-
ed, was conceived primarily as a slow drift in usage frequencies,
which occasionally led to the loss of some linguistic forms.　New
forms, whether they entered the language as innovations or borrow-
ings, would normally affect the language only marginally at the
outset and then, if adopted by the speech community, would spread
and rise in frequency.　With the advent of generative grammar, this
way of thinking about change immediately became problematic.
To begin with, generative theory, being a theory of grammatical
well-formedness, is concerned with what forms are possible in nat-
ural language rather than how often they are used.　Usage frequen-
cies might reflect stylistic preferences or psycholinguistic process-
ing effects but they had no place in grammatical theory.　The
gradualness of change, therefore, fell outside the domain of interest
in early generative discussions.　More recently, however, it has
been recognized that gradualness poses something of a challenge to
the theory of grammar because it characterizes not only shifts in
stylistic preferences but also the diffusion of changes in syntactic
parameter settings.　For examples, Roberts (1985) and Kroch
(1989b) have argued …　　　　　　　　(Kroch (2001: 719-720))

実際には，1980年代以前にも，Kiparsky（1968），Harada（1971），Light-
foot（1979）などのように，個別言語に進行中の統語的変化や，用例数の通時
的変化が顕著であった現象を取り上げ，それらをその当時の生成統語論の枠組
みで説明しようとした研究は，あるにはあった．また，Goldberg（1995）が
構文文法を提唱するよりもはるか前から，言語の構文に見られるさまざまなバ
リエーションを，基本形から変種へと多層的に発達し，段階的に変化しうる動

的なシステムとして捉える試みは，梶田優氏の「動的文法理論」の枠組みの中で行われてきた（cf. Kajita (1977, 1997)，梶田 (1984, 1985)）．ただ，近年では，コンピュータ・シミュレーションの高速化と，ダイナミカル・システム理論の進展と，コーパスの大規模化・インターネットの普及と，統計学の進歩に助けられる形で，Niyogi and Berwick (1997)，Yang (2002)，Culicaver and Nowak (2003)，Rinke and Elsig (2010)，Nambu (2014)，Ogawa, Niikuni and Wada (2017, 2018a, b) などのように，頻度変化と統語変化の関係を統計的に証明したり，数理モデルで言語変化を説明する議論も可能になってきている，ということが 1980 年代と大きく異なるだけである．

　いずれにせよ，言語変化の漸進性や，その結果として生じる言語の共時的多様性をその説明対象として射程に入れた上での生成統語論は十分可能であるし，そのような生成統語論は，社会言語学・機能文法・認知言語学・歴史語用論などと，少なくとも，その目標においては，異なるところはほとんどないと言える（cf. Roeper (1999)）．また，言語現象の中に，それが意味的な問題なのか統語的な問題なのかをアプリオリに決めることができるものは少ない．その意味では，Kayne / Barbier の「ミクロパラメータ統語論」や，Cinque / Rizzi の「カートグラフィー」や，Lightfoot / Westergaard の「ミクロキュー分析」は，問題意識を共有する限りにおいては，Traugott and Trousdale (2013) の「構文化（constructionalization）」の理論や Barðdal et al. (2015) の「通時的構文文法（diachronic construction grammar）」とも協同して問題解決にあたることができる相補的な理論となり得る可能性もある．

　酒井（2019: 16）は，生成文法理論が非生成文法系の研究者に批判されたり，誤解されることで無用の軋轢を生んでいる原因の中で，Chomsky が「文系」の世界に「理系」の発想を徹底して持ち込んだことが大きいのではないか，と述べている．しかし，少なくとも言語変化・変異という複雑で難解な現象を研究対象として共有する限りにおいては，文系と理系の研究者が協力して問題の解明に向かうような学際的な共同研究体制が出来上がることが期待される．また，言語変化についての有意義な仮説を提示するためには，「頻度」が言語獲得に及ぼすメカニズムについての，何らかの検証可能なモデルが早急に確立される必要があるだろう（cf. Ambridge (2010)）．いずれにせよ，言語変化のダイナミズムは，共同研究体制の中でしか解明できないように思われる．[22] そもそも，紀元前から続いてきた言語学は，人間の「心」という直視できない領域

---

[22] Weinreich et al. (1968) は，言語変化の問題は，the problem of actuation, constraints, transition, embedding, evaluation の 5 つの下位問題に分けることができると論じている．

を対象とするという意味で，本来的に学際的な研究がふさわしい研究領域である．現代でも，心理学者・社会学者と言語学者との共同研究はいつでも可能であるし，場合によっては，数学者・計算科学者・脳科学者・動物行動学者・進化生物学者などとの共同研究も，しかるべき研究環境さえ整えば，あとは，研究者個人の問題意識の持ち方次第で，急速に進歩する可能性も秘めている研究領域だと思われる．[23]

*　　　*　　　*　　　*　　　*

　本書は，2016 年 11 月に刊行された『コーパスからわかる言語変化・変異と言語理論』（以下，『第 1 弾』）の続編（以下，『第 2 弾』）である．この『第 1 弾』は，筆者が 2013 年 2 月に，所属する東北大学大学院情報科学研究科に立ち上げた「言語変化・変異研究ユニット」（以下，「研究ユニット」）の 2016 年 9 月までの 3 年間の活動実績の一環として，それまでに開催した 2 回のワークショップの講師と 5 回の公開講演会の講師を中心に，25 組 27 名にご寄稿いただいて刊行の運びとなった．「研究ユニット」は，上記の理念と目標を共有する，生成統語論・史的統語論・形態統語論・形態論・音韻論・歴史言語学・社会言語学・方言研究・言語類型論・言語獲得・心理学・自然言語処理などの研究分野の研究者が，言語変化や言語変異に関する事実を，コーパス（ここで，「コーパス」とは，大規模に集積された言語データベースの意味である．注 1 を参照）を用いて発掘し，その成果をもって言語の普遍的特性の解明や，それを目指す個別言語理論の進展に寄与しようとするバーチャルなユニットである．当初 16 名でスタートした研究ユニットは，2016 年度からの第 2 期には 30 名に増員し，2019 年の今年には 7 年目に突入した．今年度からは再びメンバーを刷新して 41 名に増員し，第 3 期に入っているが，本書は，『第 1 弾』に続いて，2016 年から 2019 年までの 3 年間に開催した 3 回のワークショップの講師と 5 回の公開講演会の講師を中心に，20 組 24 名にご寄稿いただいて，このたびも，『第 1 弾』と同様，またはそれ以上の多種多様な領域からの論考を収録する論文集が刊行できる運びとなった．[24]

---

[23] 言語進化については，計算言語学者の Robert Berwick と Noam Chomsky による共著，Berwick and Chomsky (2015) を参照．動物行動学者による言語の研究としては，鳥のさえずりと人の言語能力との関係を調べている岡ノ谷 (2016) なども，重要な学際的研究の 1 つとして挙げられる．

[24] 「言語変化・変異研究ユニット」の最近の成果物としては，注 16 の引用文献，また，小川・長野・菊地（編著）(2016) に加えて，Bybee (2015) を 14 名で分担翻訳した小川・柴﨑（監訳）(2019) と，筆者がその長女の 0 歳 9 ヶ月から 6 歳 2 ヶ月までの発話（約 344,000 文字分）を CHILDES から公開している Ogawa (2019) があるので，ぜひ活用していただきたい．

　以下では，本書に寄稿された各論文の内容を極めて簡潔に紹介するので，読者には，各自の興味に応じて，読み進めていただきたい.
　まず，本書は，全体で，5つのパートからなる.

　　Part I：　　英語の構文変化とコーパス（9編）
　　Part II：　　日本語の構文変化とコーパス（5編）
　　Part III：　　方言研究・言語類型論とコーパス（3編）
　　Part IV：　　言語獲得とコーパス（1編）
　　Part V：　　色の認知・色名の発達にかんする通時的変化（2編）

　このうち，「Part I：英語の構文変化とコーパス」では，古英語から中英語，近代英語を経て現代英語に至る英語の1200年以上の歴史の中で起きた（または，起きつつある），さまざまな変化を取り上げた論考を9編収めている.
　秋元論文は，Locke（1690）に含まれる epistemic phrase（I think／I believe など）の使用法を網羅的に調査し，そこで確認された用法を，同じくイギリス人哲学者 Hume（1741-42）と Russell（1930）の後期近代英語，現代英語の作品と比べることで，どのような特徴があるかを示した上で，epistemic phrase の現代での使用法が Locke を境に盛んに使われ出したとか，Traugott（1989）が提唱している non-epistemic から epistemic への主観的発達も Lock の時代に起きたとする Wierzbicka（2006）の言説に異論を唱えたものである.
　大室論文は，通常の統語構造の規則だけを用いたのでは形式と意味の乖離が避けられないような，The fact is,／Fact is, タイプの文副詞，He smiled what I thought was a cynical smile. などの独立関係節を含む同族目的語構文，I'd rather her come to me. のタイプの特殊構文に代表される，量的には稀だが確実に存在する英語の構文に対して，その特徴をコーパス調査に基づいて示すとともに，その発達過程について，Kajita（1983）の「動的文法理論」の立場からの説明を試みたものである.
　田中論文は，初期英語における多重話題化の可能性について，先行研究の不備を指摘し，Rizzi（1997）のカートグラフィーに基づいた対案を提示した上で，英語の通時的変化の過程において，当初は単文内に複数存在した機能範疇 TopicP のうちの1つが消失したと主張するものである.
　柳論文は，古英語非西サクソン方言における否定的不定辞 nænig の分布を主として YCOE を用いて調査し，否定辞 ne と共起しない文では「nænig―動詞」語順が義務的であったが，否定辞 ne または ne の動詞縮約形を含む文（いわゆる「否定呼応」の構文）では「nænig―動詞」語順と「動詞―nænig」語順がともに可能であった」という記述的一般化を導くとともに，この古英語の特

徴が，中英語にかけてどのように変化したかを論じたものである．

縄田論文は，英語で V not 型否定文が do not V 型否定文へと置き換わった 16 世紀半ばに，パラメター再設定による「V-to-T 移動の消失」（下方推移）の圧力と，内容語から機能語への漸進的変化としての動詞から助動詞への文法化（上方推移）の圧力が個々の動詞にかかったとき，それぞれの動詞に表れた影響の違いとその理由を明らかにすることを目指している．特に，動詞移動の消失という変化に抵抗し，後期近代英語まで V not 型否定文が用いられ続けた，know, doubt などの一部の動詞の「残留動詞移動」とよばれる現象と，動詞移動消失の圧力に文法化が十分に抵抗し，現代英語において助動詞的な用法を確立した need, dare の振る舞いの違いを詳細に調べることで，両者に起きた逆方向の変化が，コントロール補文の選択可能性という特徴に帰せられると論じている．

杉浦論文：本論文は，非対格動詞または受動態の過去分詞が名詞を後位修飾する縮約関係節の内部構造について，その通時的に変化した部分と変化していない部分の違いを明らかにした論考である．筆者は，まず，受動過去分詞縮約関係節については，古英語期と中英語期を経て現代英語に至るまで一貫して，TP までの投射をもつことを，さまざまな副詞との共起の例から示した上で，その内部での V-to-T 移動が古英語から中英語期に消失したと論じている．一方，非対格動詞縮約関係節については，出来事を含意しない点で TP 構造を持たない VP であって，古英語期には存在せず，中英語期に出現した時点では vP 構造を持っていたが，現代英語では，状態を含意する VP 構造に変化した，と論じている．

三上論文は，英語における場所構文に関して，現代英語においては特殊構文としての位置付けを持つのに対し，古・初期中英語においてはそのような特殊性を持たなかったことを示す事実を提示するとともに，その変化が極小主義の枠組みにおける素性継承のパラメータの値の変化によって捉えられることを論じたものである．

柴﨑論文は，年代の表記法が，アメリカ英語では，1950 〜 60 年代を境に，1950's のようなアポストロフィありの表記から 1960s のようなアポストロフィなしの表記に変化したこと，また，イギリス英語でも 1940 〜 50 年代を境に，同様の変化が起きたことを，コーパスの精密な調査から明らかにした論考である．

金澤論文は，N が coffee などの飲み物を表すときに，元来，a cup of hot N という（一杯の量を強調する）用法しかなかったのが，19 世紀半ば以降，a hot cup of N という，形式と意味のずれを伴い，飲み物の熱い状態を強調す

る用法も可能となった事実に対して，構文化に基づく説明を提案した上で，当該名詞句が生じる統語環境（構文）の通時的変化についても，興味深い事実を指摘している．

「Part II：日本語の構文変化とコーパス」では，平安時代から明治時代を経て現代に至る日本語の 1000 年以上の歴史の中で起きた，さまざまな変化を取り上げた論考を 5 編集めている．

竝木論文は，1988 年頃から使われ始めたとされる「リンスインシャンプー」という複合語の特殊性について，著者自身の先行研究等も踏まえながら解説した上で，この複合語が他の複合語と異なる点や，その通時的発達の過程，「リンスインシャンプー」と「リンス入りシャンプー」の構造を区別すべき理由等について論じている．

岸本論文は，日本語の「動詞＋動詞」の連鎖をもつ複雑述語の V2 の中に，語彙動詞（lexical verb）の範疇としての特性を保持したまま機能動詞（functional verb）への脱語彙化を起こしているものと，動詞としての性質も失って脱範疇化しているもの（「V＋過ぎる」など）があると論じている．このうち，前者については，上昇タイプの V2 に対して脱語彙化が起り，コントロールタイプの V2 では脱語彙化が起こらないことを，可能動詞との共起可能性という新たな統語テストを提案することにより論証している．

小川論文は，Harada (1971)，南部（2007）が行った調査をより包括的かつ大規模に行うことにより，日本語の「主格属格交替」が，過去 120 年間で全体的に頻度を減らしているだけでなく，特に，節内の機能範疇のうち上位にあるもの（CP > TP > vP > VP）ほど，属格主語と共起しにくくなっていることを明らかにした上で，この記述的一般化を，属格主語文の統語サイズが，CP から VP/AP へと縮約しつつあるとの主張により説明している．

新国・和田・小菅・小川論文は，前述の小川論文（および，Ogawa (2018)）で明らかにされたことのうち，特に，形式名詞「はず」の補文に焦点を絞り，その内部での属格主語を若い世代ほど容認しにくくなりつつあること，また，この変化が，属格主語文の統語サイズの縮約とは独立の理由で進行しつつあることを，20 ～ 29 歳，30 ～ 39 歳，40 ～ 49 歳，50 ～ 59 歳，60 ～ 69 歳の五つの年齢区分でそれぞれ 80 名，合計 400 名に対して行った容認性質問調査の結果をもとに示している．その上で，「はず」を含む形式名詞類の全般的特徴として，過去 100 年間で TP/CP 領域の機能範疇への文法化が起きつつあると論じている．本論文は，言語学者と実験心理学者の共同研究の成果である．

南部・佐野論文は，日本語の状態述部において「健は焼き鳥 {が／を} 食べ

たい／食べられる」のように直接目的語が「が」でも「を」でも標示される「「が／を」交替」の現象を取り上げ，既存のコーパスから得られたデータを用いて，変異理論（variation theory, variationist sociolinguistics）の視点からその使用状況を定量的に分析するとともに現在進行中の言語変化の可能性について論じている．コーパス調査の結果は，全体としては「が」目的語の使用について進行中の変化を確認できなかったものの，語彙述部の「を」目的語の出現は，従来の言語変化の通説（Bybee（2002））に反して，主節よりも従属節内で先に始まっていることを示している，と論じている．本論文も，心理学者と社会言語学者の共同研究の成果である．

　「Part III：方言研究・言語類型論とコーパス」では，日本語の方言と標準語を比較した論考2編と，ミクロ・ポリネシア諸語の中の複数の言語を比較した論考1編の計3編を収めている．

　村杉論文は，伊那方言の文末詞「づら」の分布や統語的特徴を標準語の「だろう」や「わ」の分布や統語的特徴と比較することで，その統語的位置をカートグラフィーで提案されるCP内の機能範疇階層の中に特定しようと試みた論考である．主にインフォーマント調査で得られたデータを網羅的に提示しており，記述的に優れているだけでなく，危機的な状況にある方言を後世に残すという意味でも非常に重要な文献である．

　新沼論文は，岩手県大船渡市と陸前高田市を中心とした地域で話されている「ケセン語」における「（ら）がす」型動詞の同接尾辞の意味が，「自分の意図とは無関係にある出来事が引き起こされてしまう」であると主張した上で，この「（ら）がす」型動詞の構文と，イタリア語，ドイツ語，ギリシア語など，多くのインド・ヨーロッパ語族の言語で斜格使役者構文（oblique causer construction, OCC）と呼ばれる構文に対する統一的分析を提案している．また，ケセン語の「（ら）がす」型動詞と現代日本語の「カス」型動詞（「冷やかす」など）との異同や，その平安時代の用法との比較も行っている．

　西山論文は，「（英語の seem のような）繰り上げ述語（raising predicates）は複文構造を持つ」という生成文法の基本的な仮説が，東インドネシアの2つの言語（ラマホロト語とムナ語）においても成り立つことを，ラマホロト語では再述代名詞（resumptive pronoun）を証拠として，ムナ語では一致（agreement）を証拠として論じたものである．

　これまで言語の記述的側面に重きが置かれてきた方言研究において，非常に興味深い言語事実を他の言語（方言）と比較対照させたりしながら，特定の言語理論に基づき説明を与えようとする試み自体があまり多くなかったと思われ

る．その点，村杉論文と新沼論文と西山論文は，方言調査や現地の文法学者の記述などから得られた知見を理論言語学の発展に積極的に寄与させようとしている点で，ミクロパラメータ統語論を実際の言語現象に当てはめる研究であり，その意味で，非常に重要な意義があると考えられる．

「Part IV：言語獲得とコーパス」では，普遍文法に属する原理の妥当性を，英語の幼児発話コーパスの収録データをもとに実証した論考 1 編を含む．

杉崎・黒上論文は，英語を母語として獲得中の幼児の発話の中に含まれる 3 人称単数主語と助動詞 do の一致の誤りが，否定文では全体の半数近く見られるのに対して，VP 削除の環境では 1 割未満しか含まれないという有意差があることを，CHILDES データベースの調査と検定の結果から示し，この結果をもとに，「VP 削除のさいには主語と T の一致が必要である」とする Lobeck (1995)，Saito and Murasugi (1990) の認可条件が UG の属性を反映したものであると主張している．

「Part V：色の認知・色名の発達にかんする通時的変化」は，2018 年 3 月に「研究ユニット」の主催で開催した『色を表す語彙の創発・変化・変異：認知言語学と実験心理学の視点から』という題目での公開講演会の講師 2 名の講演内容を論文化したものである．

新谷論文は，英語にある blue devils という表現が，抽象的な〈気のふさぎ・憂鬱〉の意味を持つ理由と，フランス語で「青」の色語彙を使った同様の言い回しが存在しない理由について，古代から中世までの西洋における色彩の秩序や，英語史における blue という色の認識のされ方の歴史の詳細も踏まえつつ，認識主体が自分たちを包囲する文化・社会的環境と共振することで意味を創発させるという認知意味論の観点から，その解明を試みた論考である．ゲルマン祖語の *blēwa も，[25] 黒，灰色，鉛色，青白い色，暗い青などに関連する包括色彩語（macro-color term）であったことや，古代から中世までのイギリスにおいても，「青色」を他の色と明確に区別する語彙はなかったこと，当時の「青」は悪魔や不安と結びつく色であったことなどを，文献調査とコーパス調査をもとに明らかにしている．

栗木論文は，「言語／文化の成熟に伴って，色語彙は増加していく傾向にある」という色名に関する通言語的一般化を支持する議論として，日本語の古典

---

[25] ＊印は，この語彙が，実在したことが確かめられているものではなく，比較言語学の手法により再建（reconstruction）されたものであることを示す．

の調査と，筆者が専門とする認知心理学・心理物理学の実験手法を用いて，日本語が，青と緑を区別しない「グルー（grue）」カテゴリーの色語彙を持っていた万葉集の時代から，青と緑が別の色名として定着した江戸時代，成熟した主要言語に共通すると主張されている 11 の基本色名を持つに至った時代を経て，現在は，1 人あたりの色名の使用数が平均で 17.7 色名になるまで増加していることを実証的に示した論考である．また，ヒトの乳幼児に対して近赤外分光法を用いた脳活動の計測を行った実験の結果や，マカクサルの下側頭皮質で発見された神経細胞が，ヒトと酷似した色カテゴリー選択性をもつことを確認した実験の結果として，ヒトの色カテゴリーの獲得は言語由来ではなく，神経細胞レベルで行われるが，個々の色カテゴリー（の束）に対してどのような色名を与えるかは文化の発達度に依存する，という知見も提示している．

　このように，新谷論文と栗木論文は，色名の変遷と通時的発達に関する研究であり，片や英語，片や日本語という違いにもかかわらず，いずれも，「青」が，古代・上代から中世までは色語彙として未分化であり，色カテゴリーの属性としても現代のそれとはかなり違っていたことを，片や認知言語学と歴史言語学，片や認知心理学と心理物理学という異なる分野の見地からアプローチしたという意味で，併せて読むことで，とても興味深い 2 編となっている．

＊　　　＊　　　＊　　　＊　　　＊

　以上のように，本書の次章以降に収録された 20 編の論文は，何らかの形で言語変化・変異の現象を扱うものではあるが，その著者が基盤とする理論においても，その著者が採用する研究手法においても，実に多様であるだけでなく，その論文のうちいくつかは，分野の違う研究者同士の共同研究によってはじめて得られた成果をまとめたものである．また，生成文法を基盤とする理論研究の中でも，フィールドワークや，記述が乏しい言語の母語話者へのインフォーマントチェックを続けた結果として得られた記述的一般化を説明しようとする研究も含まれる．また，本書の読者は，その研究対象とする言語が，英語やフランス語やラマホロト語やムナ語など，世界中の多様な言語を比較したり，日本語や英語の古い時代の特徴と現代の特徴を比較するような研究も含まれることに気づくであろう．本書は，すべてが日本人によって日本語で書かれた研究書であるが，同様の学際的な研究や，多言語比較の研究は，いまや，世界中のトレンドになっており，その研究の多くに，コーパスや，それに類する大規模言語データの集積が重要な役割を果たすようになってきているということを，本書を契機にご理解いただければ幸いであるし，本書を契機に，言語変化・変異に関する理論的研究への関心が高まるならば，望外の喜びである．

参考文献
(収録論文紹介で引用されているものは除く)

Ambridge, Ben (2010) "Book Review: Insa Gülzow & Natalia Gagalina (eds.) *Frequency Effects in Language Acquisition: Defining the Limits of Frequency as an Explanatory Concept*. Berlin: Mouton de Gruyter, 2007," *Journal of Child Language* 37, 453–475.

Andersen, Henning (1973) "Abductive and Deductive Change," *Language* 49(4), 765–793.

Anderssen, Merete and Marit Westergaard (2010) "Frequency and Economy in the Acquisition of Variable Word Order," *Lingua* 120, 2569–2588.

Andor, Józseef (2004) "The Master and His Performance: An Interview with Noam Chomsky," *Intercultural Pragmatics* 1, 93–111.

馬場錬成 (2000)『ノーベル賞の 100 年』中公新書，東京．

Bader, Markus and Jana Häussler (2010) "Toward a Model of Grammaticality Judgments," *Journal of Linguistics* 46, 273–330.

Baker, Collin F., Charles J. Fillmore and John B. Lowe (1998) "The Berkeley FrameNet Project," COLING/ACL.

Baker, Mark C. (1996) *The Polysynthesis Parameter*, Oxford University Press, New York.

Baker, Mark C. (2001) *The Atoms of Language: The Mind's Hidden Rules of Grammar*, Basic Books, New York.［郡司隆男（訳）『言語のレシピ――多様性に潜む普遍性をもとめて』岩波現代文庫，東京.］

Barbiers, Sied (2013) "Microsyntactic Variation," *The Cambridge Handbook of Generative Syntax*, ed. by Marcel den Dikken, 899–926, Cambridge University Press, Cambridge.

Barðdal, Jóhanna, Elena Smirnova, Lotte Sommerer and Spike Gildea (2015) *Diachronic Construction Grammar*, John Benjamins, Amsterdam/Philadelphia.

Berwick, Robert C. and Noam Chomsky (2015) *Why Only Us: Language and Evolution*, MIT Press, Cambridge, MA.

Biberauer, Theresa and Ian Roberts (2012) "Towards a Parameter Hierarchy for Auxiliaries: Diachronic Considerations," *Cambridge Occasional Papers in Linguistics* 6, 267–294.

Borer, Hagit (1984) *Parametric syntax*, Foris, Dordrecht.

Bybee, Joan, Revere Perkins and William Pagliuca (1994) *The Evolution of Grammar: Tense, Aspect, and Modality in the Languages of the World*, University of Chicago Press, Chicago.

Bybee, Joan (2002) "Main Clauses are Innovative, Subordinate Clauses are Conservative," *Complex Sentences in Grammar and Discourse*, ed. by Joan L. Bybee and

32

Michael Noonan, 1-17, John Benjamins, Amsterdam / Philadelphia.

Bybee, Joan (2015) *Language Change*, Cambridge University Press, Cambridge. [小川芳樹・柴﨑礼士郎 (監訳) (2019)『言語はどのように変化するのか』開拓社，東京.]

Cedergren, Henrietta J. and David Sankoff (1974) "Variable Rules: Performance as a Statistical Reflection of Competence," *Language* 50(2), 333-355.

Chomsky, Noam (1965) *Aspects of the Theory of Syntax*, MIT Press, Cambridge, MA.

Chomsky, Noam (1981) *Lectures on Government and Binding*, Foris, Dordrecht.

Chomsky, Noam (1986) *Knowledge of Language: Its Nature, Origin and Use*, Praeger, New York.

Chomsky, Noam (1995) *The Minimalist Program of Linguistic Theory*, MIT Press, Cambridge, MA.

Chomsky, Noam (2005) "Three Factors in Language Design," *Linguistic Inquiry* 36, 1-22.

Chomsky, Noam (2017) "Notes on Parameters," *Linguistic Analysis* 41, 475-479.

Clark, Robin and Ian Roberts (1993) "A Computational Approach to Language Learnability and Language Change," *Linguistic Inquiry* 24, 299-345.

Cournane, Ailís (2015) *Modal Development: Input-divergent L1 Acquisition in the Direction of Diachronic Reanalysis*, Doctoral dissertation, University of Toronto.

Cournane, Ailís (2016) "On How to Link Child Functional Omission to Upward Reanalysis," *Toronto Working Papers in Linguistics* 37, 1-19.

Cournane, Ailís (2017) "In Defence of the Child Innovator," *Macro-change and Micro-Change in Diachronic Syntax*, ed. by Éric Mathieu and Robert Truswell, 10-24, Oxford University Press, Oxford.

Cukier, Kenneth and Viktor Mayer-Schoenberger (2013) "The Rise of Big Data: How It's Changing the Way We Think about the World," *Foreign Affairs*, Volume 93(3), 28-40.

Culicover, Peter and Andrezej Nowak (2003) *Dynamical Grammar: Minimalist, Acquisition, and Change*, Oxford University Press, Oxford.

Ellegård, Alvar (1953) *The Auxiliary Do: the Establishment and Regulation of Its Use in English*, Almqvist & Wiksell, Stockholm.

Fillmore, Charles (1992) "'Corpus Linguistics' or 'Computer-aided Armchair Linguistics'," *Directions in Corpus Linguistics: Proceedings from a 1991 Nobel Symposium on Corpus Linguistics*, 35-60, Mouton de Gruyter, Dordrecht.

Givón, Talmy (1971) "Historical Syntax and Synchronic Morphology: An Archeological Field Trip," *CLS* 7, 294-415.

Goldberg, Adele (1995) *Constructions: A Construction Grammar Approach to Argument Structure*, University of Chicago Press, Chicago.

郡司隆男 (1989)「言語を処理する脳 — 言語学からみた脳 —」『物性研究』53(2), 211-215, 京都大学.

Hale, Kenneth (1983) "Warlpiri and the Grammar of Nonconfigurational Languages,"

Natural Language and Linguistic Theory 1, 5-49.

Harada, Shin-ichi（1971）*Ga-No* Conversion and Idiolectal Variation in Japanese. *Gengo Kenkyu* 60, 25-38.

Harada, Shin-ichi（1976）"*Ga-No* Conversion Revisited," *Gengo Kenkyu* 70, 23-38.

Haspelmath, Martin（2008）"Creating Economical Morphosyntactic Patterns in Language Change," *Linguistic Universals and Language Change*, ed. by Jeff Good, 185-214, Oxford University Press, Oxford.

Hawkins, John（2011）"Processing Efficiency and Complexity in Typological Patterns," *The Oxford Handbook of Linguistic Typology*, ed. by Jae Jung Song, 206-226, Oxford University Press, Oxford.

Heine, Bernd, Ulrike Claudi and Friederike Hunnemeyer（1991）*Grammaticalization: A Conceptual Framework*, University of Chicago Press, Chicago.

保坂道雄（2014）『文法化する英語』開拓社，東京.

保坂道雄（2018）「言語変化のメカニズム」『歴史言語学』，服部義弘・児馬修（編），170-188，朝倉書店，東京.

Huang, C.-T. James（2005）"Syntactic Analyticity and the Other End of the Parameter," Lecture notes, LSA, 2005 Summer Institute, MIT and Harvard University.

隠岐さや香（2018）『文系と理系はなぜ分かれたのか』星海社，東京.

乾健太郎（2010）「コーパスへの意味的注釈の重層的付与」ms.，東北大学.

石川慎一郎（2008）『英語コーパスと言語教育』大修館書店，東京.

Kajita, Masaru（1977）"Towards a Dynamic Model of Syntax," *Studies in English Linguistics* 5, 44-76.

梶田優（1984）「英語教育と今後の生成文法」『言語普遍性と英語の統語・意味構造に関する研究』，宇賀治正朋（編），60-87，東京学芸大学.

梶田優（1985）「文法の拡張――基本形から変種へ――」『英語教育』4 月号，38-40.

Kajita, Masaru（1997）"Some Foundational Postulates for the Dynamic Theories of Language," *Studies in English Linguistics*: *A Festschrift for Akira Ota on the Occasion of His Eightieth Birthday*, ed. by Masatomo Ukaji, Toshio Nakao, Masaru Kajita and Shuji Chiba, 378-393, Taishukan, Tokyo.

Karimi, Simin and Massimo Piatteli Palmarini（2017）"Introduction to the Special Issue on Parameters," *Linguistic Analysis* 41, 141-158.

Kayne, Richard（2000）*Parameters and Universals*, Oxford University Press, New York.

Kayne, Richard（2005）*Movement and Silence*, Oxford University Press, New York.

Kayne, Richard（2010）*Comparisons and Contrasts*, Oxford University Press, New York.

金田一京助（1976）『日本語の変遷』講談社学術文庫，東京.

Kiparsky, Paul（1968）"Linguistic Universals and Linguistic Change," *Universals in Language*, ed. by Emmon Bach and Robert Thomas Harms, 171-202, Holt, Rinehart & Winston of Canada Ltd.

34

Kiparsky, Paul (1996) "The Shift to Head-initial VP in Germanic," *Studies in Comparative Germanic Syntax, Volume 2*, ed. by Samuel D. Epstein, Höskuldur Thráinsson and Steve Peter, 140-179, Kluwer, Dordrecht.

Kroch, Anthony S. (1990) "Reflexes of Grammar in Patterns of Language Change," *Language Variation and Change* 1, 199-244.

Kroch, Anthony S. (2001) "Syntactic Change," The *Handbook of Contemporary Syntactic Theory*, ed. by Mark Baltin and Chris Collins, 699-729, Blackwell, Dordrecht.

蔵本由紀（2016 [2003]）『新しい自然学――非線形科学の可能性――』ちくま学芸新書, 東京.

Labov, William (1969) "Contraction, Deletion and Inherent Variability of the English Copula," *Language* 45(4), 715-762.

Lightfoot, David (1979) *Principles of Diachronic Syntax*, Cambridge University Press, Cambridge.

Lightfoot, David (1991) *How to Set Parameters: Arguments from Language Change*, MIT Press, Cambridge, MA.

Lightfoot, David (1999) *The Development of Language: Acquisition, Change, and Evolution*, Blackwell, Malden, MA.

Lightfoot, David (2018) "Nothing in Syntax Makes Sense except in the Light of Change," *Language, Syntax, and the Natural Sciences*, ed. by Ángel J. Gallego and Roger Martin, 224-240, Cambridge University Press, Cambridge.

Lightfoot, David and Marit Westergaard (2007) "Language Acquisition and Language Change: Inter-relationships," *Language and Linguistics Compass* 1, 396-415.

Longobardi, Giuseppe and Cristina Guardiano (2009) "Evidence for Syntax as a Signal of Historical Relatedness," *Lingua* 119, 1679-1706.

Mathieu, Éric and Robert Truswell, eds. (2017) *Micro-Change and Macro-change in Diachronic Syntax*, Oxford University Press, Oxford.

McWhinney, Brian and Catherin Snow (1990) "The Child Language Data Exchange System: An Update," *Journal of Child Language* 17, 457-472.

Meillet, Antoine (1912) "L'evolution des forms grammaticales," *Scientia* (*Rivista di Scienza*) 6 (vol. 12), 125-166. [松本明子（編訳）『いかにして言語は変わるか――アントワーヌ・メイエ文法化論集――』の中に訳文あり.]

南部智史（2007）「定量的分析に基づく「が／の」交替再考」『言語研究』131, 115-149.

Nambu, Satoshi (2014) *On the Use of Case Particles in Japanese: Corpus and Experimental Study*, Doctoral dissertation, Osaka University.

Narrog, Heiko (2017) "Typology and Grammaticalization," *The Cambridge Handbook of Linguistic Typology*, ed. by Alexandra Y. Aikhenvald and R. M. W. Dixon, 153-177, Cambridge University Press, Cambridge.

Nicolis, Gregoire and Ilya Prigogine (1977) *Self-organization in Nonequilibrium Systems*, John Wiley & Sons, New York.

日本学術会議 基礎生物学委員会・統合生物学委員会・農学委員会・基礎医学委員会・薬学委員会・情報学委員会合同 バイオインフォマティクス分科会報告書，2014 年 9 月 17 日.

新国佳祐・和田裕一・小川芳樹 （2017）「容認性の世代間差が示す言語変化の様相：主格属格交替の場合」『認知科学』24(3)，395-409.

丹羽敏雄（1999）『数学は世界を解明できるか――カオスと予定調和――』中公新書，東京.

Niyogi, Partha and Robert C. Berwick (1997) "Evolutionary Consequences of Language Learning," *Linguistics and Philosophy* 20(2), 697-719.

Ogawa, Yoshiki (2014a) "Grammaticalization of *Near* from Adjective to Preposition via Head-Movement, Gradability Declination and Structural Reanalysis," *Interdisciplinary Information Sciences* 20(2), 189-215.

Ogawa, Yoshiki (2014b) "Diachronic Demorphologization and Constructionalization of Compounds from the Perspective of Distributed Morphology and Cartography," *Interdisciplinary Information Sciences* 20(2), 121-161.

Ogawa, Yoshiki (2018) "Diachronic Syntactic Change and Language Acquisition: A View from Nominative/Genitive Conversion in Japanese," *Interdisciplinary Information Sciences* 24(2), 91-179.

小川芳樹（2019）「日本語の名詞的繋辞構文の通時的変化と共時的変異」『レキシコン研究の新たなアプローチ』，岸本秀樹・影山太郎（編），81-111，くろしお出版，東京.

Ogawa, Yoshiki (2019) *Ogawa Corpus*, TalkBank, Pittsburgh, PA. doi: 10.21415/T5H314.

小川芳樹・長野明子・菊地朗（2016）「概観――言語変化・変異の研究とコーパス」『コーパスからわかる言語変化・変異と言語理論』，小川芳樹・長野明子・菊地朗（編），1-28，開拓社，東京.

Ogawa, Yoshiki, Keiyu Niikuni and Yuichi Wada (2018) "Syntactic Gradience between Finite Clauses and Small Clauses: Evidence from a Diachronic Change in Genitive Subject Clauses in Japanese," presented at STAS 2018, University of Pavia, Italy.

岡林春雄（2008）『心理学におけるダイナミカルシステム理論』金子書房，東京.

岡ノ谷一夫（2016）『さえずり言語起源論　新版 小鳥の歌からヒトの言葉へ（岩波科学ライブラリー 176）』岩波書店，東京.

Pintzuk, Susan (1993) "Verb Seconding in Old English: Verb Movement to Infl," *The Linguistic Review* 10, 5-25.

Pustejovsky, James, Adam Meyers, Martha Palmer and Massimo Poesio (2005) "Merging PropBank, NomBank, TimeBank, Penn Discourse Treebank and Coreference," Workshop on Frontiers in Corpus Annotation II.

Rinke, Esther and Martin Elsig (2010) "Quantitative Evidence and Diachronic Syntax," *Lingua* 120, 2557-2568.

Rizzi, Luigi (2017) "On the Format and Locus of Parameters: The Role of Morphosyntactic Features," *Linguistic Analysis* 41, 159-192.

Roberts, Ian G. (1985) "Agreement Parameters and the Development of English Modal Auxiliaries," *Natural Language and Linguistic Theory* 3, 21-58.

Roberts, Ian G. (2007) *Diachronic Syntax*, Oxford University Press, Oxford.

Roeper, Thomas (1999) "Universal Bilingualism," *Bilingualism: Language and Cognition* 2(3), 169-186.

酒井邦嘉 (2002)『言語の脳科学——脳はどのようにことばを生みだすか』中公新書, 東京.

酒井邦嘉 (2019)『チョムスキーと言語脳科学』インターナショナル新書, 東京.

Snyder, William (2001) "On the Nature of Syntactic Variation: Evidence from Complex Predicates and Complex Word Formation," *Language* 77, 324-342.

Snyder, William (2007) *Child Language: The Parametric Approach*, Oxford University Press, Oxford.

Snyder, William (2017) "On the Child's Role in Syntactic Change," *Perspectives on the Architecture and Acquisition of Syntax: Essays in Honor of R. Amritavalli*, ed. by Gautam Sengupta, Shruti Sircar, Madhavi Gayathri Raman and Rahul Balusu, 235-242, Springer, Dordrecht.

Stowell, Tim and Diane Massam (2017) "Introducing Register Variation and Syntactic Theory," *Linguistic Variation* 17, 149-156.

Stromswold, Karin (1996) "Analyzing Children's Spontaneous Speech," *Methods for Accessing Children's Syntax*, ed. by Jill De Villier, Cecile McKee and Helen Smith Cairns, 23-53, MIT Press, Cambridge, MA.

杉崎鉱司 (2015)『はじめての言語獲得：普遍文法に基づくアプローチ』岩波書店, 東京.

Traugott, Elizabeth Closs and Bernd Heine (1991) *Approaches to Grammaticalization, Volume 1*, John Benjamins, Amsterdam.

Traugott, Elizabeth Closs and Graeme Trousdale (2013) *Constructionalization and Constructional Changes*, Oxford University Press, Oxford.

Walkden, George (2009) *Syntactic Reconstruction and Proto-Germanic*, Oxford University Press, Oxford.

Weinreich, Uriel, William Lavov and Terrence Kaufman (1968) "Empirical Foundation for a Theory of Language Change," *Directions for Historical Linguistics: A Symposium*, ed. by Winfred P. Lehmann and Yavov Malkiel, 95-195, University of Texas Press, Austin.

Westergaard, Marit (2014) "Linguistic Variation and Micro-cues in First Language Acquisition," *Linguistic Variation* 143, 26-45.

Yang, Charles D. (2002) "Grammar Competition and Language Change," *Syntactic Effects of Morphological Change*, ed. by David W. Lightfoot, 367-380, Oxford University Press, Oxford.

Part I

英語の構文変化とコーパス

多重話題化と英語史における機能範疇の消失*

田中 智之

名古屋大学

1. はじめに

Gelderen (1993) の先駆的研究を契機として，英語史における様々な統語変化に関して，機能範疇の出現という観点から活発な議論がなされており，機能範疇 C, T, D, Asp(ect), Pred(ication) などが出現したと主張されている．これまでの研究で提案されている機能範疇の出現の事例は，2 つのタイプに大別することができる．1 つ目はいわゆる文法化 (grammaticalization) であり，すでに存在する要素が語彙範疇から機能範疇，機能範疇からより高い位置を占める機能範疇，あるいは機能範疇の指定部から主要部へと再分析される事例である．具体的には，法助動詞の V から T への再分析 (Roberts and Roussou (2003))，指示詞の N から D への再分析 (Osawa (2003))，完了の have の v から Asp への再分析 (Gelderen (2004))，補文標識の CP 指定部から C への再分析 (Gelderen (2011)) などが提案されている．2 つ目は既存の要素の文法化ではなく，全く新たな機能範疇が出現する事例であり，形態変化を駆動因とする Pred の出現 (Tanaka and Yokogoshi (2010)) などが挙げられる．

以上のように，英語史において機能範疇が出現したとする多くの研究があるが，これは近年目覚ましい成果を上げている統語地図作成 (syntactic cartography) と呼ばれる研究プロジェクトの基本方針に反するように思われる．Rizzi (1997), Cinque (1999) を皮切りとするこのプロジェクトでは，節を構成する vP から CP 領域にかけて豊かな機能範疇の階層構造が存在することが，共時的言語研究を通じて明らかにされている．その階層構造は意味解釈への入力となるため，一般に機能範疇の種類や配列順序は普遍的であると仮定さ

* 本論文は日本英文学会第 89 回大会シンポジア（2017 年 5 月 21 日，於静岡大学）における口頭発表の一部に加筆・修正を加えたものである．また，本論文は科学研究費助成事業（基盤研究 (C) 課題番号 17K02808）の研究成果の一部である．

れている（Cinque and Rizzi（2008））.

　ここでは，英語史における機能範疇の出現に関する上述の研究成果に鑑みて，機能範疇の普遍性を否定する立場を採用するが，そのような立場をとった場合に生じるもう1つの可能性，すなわち機能範疇の消失を提案している英語の通時的研究は，私の知る限りほとんどない．数少ないそのような研究のうち，Tanaka（2000）はTP領域における機能範疇の消失という観点から，他動詞虚辞構文（transitive expletive construction）の歴史的発達を説明している．また，Tanaka（2017）は「目的語・動詞」語順の消失が，vP領域の左周縁部における機能範疇の消失と密接に関係していると主張している.[1]

　本論文では，多重話題化（multiple topicalization），すなわち複数の話題要素が前置される現象の歴史的発達を取り上げ，機能範疇の消失がCP領域の左周縁部においても起こったと主張する．多重話題化は英語の通時的研究においてほとんど注目されておらず，その歴史的発達の全体像が明らかでないため，歴史コーパスを用いた（射程が狭いものではあるが）調査を行うことにより，言語事実の発掘という経験的領域における貢献も目指している.

2.　CP領域の左周縁部と多重話題化

　CPの左周縁部は統語地図作成の研究において最も活発に議論されている領域であり，Rizziの一連の研究において（Rizzi（1997, 2004）など参照），CP領域は発話力に関するForce, 話題に関するTop(ic)，焦点に関するFoc(us)，定形性に関するFin(iteness) からなり，以下のような階層構造をなすことが提案されている．（* の付いた機能範疇は繰り返し可能であることを示す.）

　　(1)　… Force … Top* … Foc … Top* … Fin …　(cf. Rizzi（1997: 297））

　(1)において，本論文に関係するForceとFinの間の領域の階層構造は，主にイタリア語の言語事実に基づいて考案されたものである．（2）に見られるように，イタリア語では複数の話題要素が文頭に生起することができるため，複数のTopが投射されることが可能であると考えられる．Rizzi（1997）は前置された付加詞（ここではdomani 'tommorow'）を話題要素として扱っているが，前置された付加詞が前置された項とは異なる振る舞いを示すことを彼自身も認めており，Haegeman（2006）などでも両者の違いが指摘されているの

---

　[1] 小川（本書）は，日本語における主格属格交替の歴史的発達について，機能範疇の消失を含む構造の縮小という観点から論じている.

で，ここでは前置された項のみを考察の対象とする．（話題要素は太字で示されている．）

(2) **Il libro**, **a Giannni**, domani, glielo darò senz'altro.
'The book, to Gianni, tomorrow, I'll give it to him for sure'

(ibid.: 290)

さらに，以下に示されるように，イタリア語において話題要素は焦点要素に先行することも後続することもできるので，Top が Foc の上位と下位に投射されるとする (1) の構造が支持される．（焦点要素は大文字で示されている．）

(3) a. Credo che **a Gianni**, QUESTO, domani, gli dovremmo dire.
'I believe that to Gianni, THIS, tomorrow, we should say'

(ibid.: 295)

b. Credo che QUESTO, **a Gianni**, domani, gli dovremmo dire.
'I believe that THIS, to Gianni, tomorrow, we should say'

(ibid.: 296)

次に，現代英語に目を向けると，イタリア語とは異なり，(4a) のように一般に項の多重話題化は容認されない．[2] 一方，(4b) のように前置された2つ目の項が焦点として解釈されるならば，「話題要素・焦点要素」という語順で容認可能となる．

(4) a. ***This book**, **to Robin**, I gave.
b. **This book** to ROBIN I gave. (Culicover (1991: 33))

(4) を含む現代英語の言語事実に基づき，Maeda (2014) は (5) のような CP 領域の構造を提案し，現代英語ではイタリア語とは異なり，上位の Top のみが存在し，下位の Top は利用不可能であると述べている．これが正しければ，Top という随意的に投射される機能範疇ではあるが，その利用可能性に関し

---

[2] 前置された1つ目の項が談話連結 (D-linking) されている (Radford (2018))，前置された2つの項の間に大きなイントネーションの切れ目がある (Culicover (1996)) などの条件が整えば，現代英語において多重話題化の容認可能性が向上するという観察もある．この問題は今後の課題とするが，これら2つの条件は前置された2つの項が別々の CP 構造に属していることを示唆しているかもしれない．具体的には，例えば Ott (2014) の左方転移に関する分析を問題となる多重話題化に拡張し，2つの CP 構造において話題化が適用され，一方の構造において話題要素以外が削除された後，談話レベルで2つの構造が合体されると分析できるかもしれない．

て共時的な言語変異が存在することになる．

(5)　… Force … Top … Foc … Fin …　　　　　　　(cf. Maeda（2014: 20））

3.　多重話題化の歴史的発達

　以上の議論を念頭に置いて，英語史における多重話題化の歴史的発達について考察するが，まずは果たして初期英語に多重話題化が存在したのかが問題となる．Koopman（1997, 1998）はその可能性に言及した数少ない通時的研究であり，以下のような例を挙げて，古英語において多重話題化が存在したと主張している．しかし，引用されているほとんどの例は，(6a) のように複数の付加詞が前置されているものである．(6b) における文頭の him は項である可能性もあるが，前置されている他の要素は付加詞である．

(6) a.　**þa　siþþan**　　gesohton þa　hlafordas Romane
　　　　then afterwards sought　the lords　　the Romans
　　　　'then afterwards the Lords sought the Romans'
　　　　　　　　　　　　　　　　　(Or 87.23 / Koopman（1997: 308））

　　b.　**Him　sona　of　heofena　mihte**　com　unasecgendlic
　　　　to him at once from of-heavens might　came unspeakable
　　　　myrhð, engla sum, mid　blisse …
　　　　joy,　angel some with bliss
　　　　'There came to him at once by the might of heaven unspeakable
　　　　joy, an angel, with bliss …'　　　　　　　(ByrM 150.22 / ibid.)

上で述べたように，項と付加詞の前置は異なる振る舞いを示すことが知られており，現代英語においても，(7) のように複数の付加詞が前置されることは可能であり，さらに，(8) のように項と付加詞の前置の組み合わせは許される．

(7)　Bill knew that **maybe this year**, **on all the beaches**, people will be
　　dancing to your music.　　　　　　　　　　(Ernst（2001: 408））
(8) a.　**Around Christmas**, **this book**, you should buy.
　　b.　**This book**, **around Christmas**, you should buy.
　　　　　　　　　　　　　　　　　　　　　(Rizzi（1997: 331））

　したがって，初期英語においてイタリア語のような多重話題化が可能であったことを実証するためには，複数の項が前置されている例を調査する必要があ

る．そこで，今回は準備的な調査として，The York-Toronto-Helsinki Parsed
Corpus of Old English Prose (Taylor, Warner, Pintzuk, and Beths (2003);
YCOE), The Penn-Helsinki Parsed Corpus of Middle English, Second Edi-
tion (Kroch and Taylor (2000); PPCME2), The Penn-Helsinki Parsed Cor-
pus of Early Modern English (Kroch, Santorini, and Delfs (2005);
PPCEME) を用いて，二重目的語構文における 2 つの目的語が顕在的主語の
前に現われている例を検索した．PPCEME には例が見られなかったため，表
1 には YCOE と PPCME2 の調査結果として，多重話題化の 50 万語あたりの
頻度が示されている．[3]

表1：二重目的語構文における多重話題化

EOE	LOE	M1	M2	M3	M4
41.5	17.2	12.2	13.6	14.4	0

前置されているのが DP 目的語，代名詞目的語のいずれかによって，4 通り
の組み合わせが可能であるが，それぞれの例文を (9)–(12) に挙げる．興味深い
ことに，(10), (12) において代名詞目的語が 2 つ目の要素として現れているの
で，前置されている 2 つ目の要素は焦点ではなく話題として機能していると
考えられる．さらに，(11), (12) では前置された 2 つの目的語の間に動詞や
副詞が介在しているので，2 つの目的語が同じ Top の多重指定部を占める可
能性，および上位または下位の Top が反復している可能性は低いと思われる．
したがって，初期英語ではイタリア語と同様に，上位と下位両方の Top が存
在し，それぞれの指定部を利用した多重話題化が可能であったと分析される．

(9)   DP 目的語—DP 目的語
      And **Petre þæne ealdorscipe** he ærest betæhte
      and Peter the   eldership   he first showed
      'and he first showed the eldership to Peter'

                                          (cowulf,WHom_17:28.1382)

---

[3] YCOE と PPCME2 の時代区分は，O1 (–850), O2 (850–950), O3 (950–1050), O4
(1050–1150), M1 (1150–1250), M2 (1250–1350), M3 (1350–1420), M4 (1420–1500)
である．O1 と O2 を初期古英語 (E(arly) OE), O3 と O4 を後期古英語 (L(ate) OE) とし
て統合している．M1 の韻文テクスト The Ormulum は調査対象から外したが，そのデータを
含めると M1 の数値は 36.8 となる．

（10）　DP 目的語―代名詞目的語

þæt ece　　　　**lif us** forgifð God

the　everlasting life us gives　God

'God gives us the everlasting life'

（cocathom2,ÆCHom_II,_36.1:270.93.6093）

（11）　代名詞目的語―DP 目的語

Hire forbead þa　　**þone forðgang**　　seo sceomu to þære

her　forbid　then the　　forth-going the　shame　to the

cyrichalgung,

church-consecration

'then, the shame prohibited her from going to the consecration of

the church'　　　　　（cogregdC,GD_1_[C]:10.72.15.809）

（12）　代名詞目的語―代名詞目的語

&　**him** swiðe **þæt** his freond beweredon

and him　much　that　his friend　restrained

'his friend tried much to restrain him from doing that'

（cobede,Bede_4:27.356.26.3595）

　表 1 に戻って頻度の変化を見てみると，EOE から LOE にかけて大幅に減少し，LOE から M1 にかけて若干減少した後は，M3 までほぼ一定の頻度を保っているように見える．しかし，各時期の例文を検証すると，古英語では (9)-(12) に見られるすべての組み合わせが観察されるが，中英語では (9) のような 2 つの DP 目的語が前置されている例は見られない．さらに，M3 における 14 例中 12 例が同じラテン語の原典を翻訳した 2 つのテクストに集中しており，しかも，そのうち 11 例が (13) に例示される，直接目的語である指示代名詞と間接目的語である人称代名詞が前置され，同じ「教える」という意味の動詞が用いられている固定表現である．したがって，多重話題化は中英語に入ると頻度とバリエーションにおいて衰退し，最終的には後期中英語，M3 を最後に消失したと結論付けられる．

（13）　**þat vs** techeþ　þe　spirit of drede of god;

that us teaches the spirit of dread of god

（CMEDVERN,247.318）

4.　英語史における機能範疇の消失

　以上の調査から明らかとなった多重話題化の歴史的発達，特に後期中英語におけるその消失について，CP 領域の左周縁部における機能範疇の消失と関連付けて説明する．その際，機能範疇の設定に関する指針として，Thráinsson (1996) の提案を採用する．Thráinsson によれば，以下のように肯定証拠がある機能範疇のみを設定することができ，ある機能範疇が設定されるためには，形態的または統語的証拠が必要である．具体的には，機能範疇により照合されるべき形態，特に動詞屈折が存在するか，移動により機能範疇，およびその指定部が何らかの要素によって占められるならば，言語獲得中の子供は当該の機能範疇を設定することができる．

(14)　Assume only those functional categories that you have evidence for.
　　　　　　　　　　　　　　　　　　　　　(Thráinsson (1996: 261))

ここで問題となる CP 領域における Top については，それに関連する動詞屈折は存在せず，またそれが動詞移動の最終着地点になるとは考えにくいので，その設定に必要な肯定証拠は指定部に何らかの要素が存在する構造である．以下では，(i) 話題要素により導かれる主節における主語位置の非対称性，(ii) 代名詞目的語の特異な分布，という 2 つの現象が当該の肯定証拠となるが，これらの現象が衰退したことにより，後期中英語に下位の Top が消失したと主張する．

　まず，主語位置の非対称性について考察する．Kemenade (1987) の研究以降，古英語と初期中英語の主節は現代ゲルマン語と類似した語順パターンを示すが，話題要素により導かれる主節では主語の種類により定形動詞の位置が異なることが観察されている．具体例を見ると，(15) のように主語が DP である場合には，定形動詞がそれに先行する V2 語順になるのに対して，興味深いことに，(16) のように主語が代名詞である場合には，定形動詞がそれに後続する V3 語順となる．(定形動詞は囲み線，主語は下線で示されている．)

(15)　話題要素—定形動詞—DP 主語 (V2)
　　　　Maran cyððe ⌈habbað⌉ englas to Gode þonne men
　　　　more　affinity　have　angels to God　than　men
　　　　'angels have more affinity to God than men'
　　　　　　　　　　　　　(AHTh, I, 10, 3 / Kemenade (1987: 17))

(16)　話題要素―代名詞主語―定形動詞（V3）

ðas　þing　we　habbað　be　　　him gewritene
these things　we　have　　about him written

'these things we have written about him'

(PC 1087, 143/ibid.: 110)

　先行研究において主語位置の非対称性に関する様々な分析が提案されてきたが，ここでは Nawata（2009）に従って，（17）の節構造，および関係する要素の統語位置を仮定する．（17）において重要なのは，DP 主語が [Spec, TP] を占めるのに対し，代名詞主語がそれよりも高い位置，すなわち CP 領域における下位の [Spec, TopP] を占めるということである．話題要素により導かれる主節において定形動詞が Fin まで移動すると仮定すると，定形動詞は [Spec, TP] を占める DP 主語には先行するが，下位の [Spec, TopP] を占める代名詞主語には後続するという上記の事実が説明される．この分析が正しいとすると，古英語と初期中英語に見られる主語位置の非対称性，特に代名詞主語が DP 主語とは異なる分布を示すという事実は，下位の Top を設定するための肯定証拠となる．

(17)　古英語・初期中英語

[$_{TopP}$ **topic** Top [$_{FocP}$ Foc [$_{TopP}$ pronoun Top [$_{FinP}$ Fin [$_{TP}$ DP subject
T vP]]]]]
(cf. Nawata (2009: 259))

　次に，その後の歴史的発達を見てみると，（18）のように後期中英語には V2 語順が衰退し，話題要素により導かれる主節において，定形動詞が DP 主語に後続するようになり，主語位置の非対称性は消失した．

(18)　話題要素―DP 主語―定形動詞（V3）

þat land　Brut　ʒaf　to Albanac his sone,
that land　Brut　gave　to Albanac his son　　（CMBRUT3,12.315）

V2 語順の衰退には 2 つの要因が関与していると考えられる．第一に，Nawata（2009），Haeberli and Ihsane（2016）によれば，後期中英語に V-to-Fin 移動が衰退し，定形動詞の移動先が T となった．第二に，Haeberli and Ihsane はこの時期に DP 主語と代名詞主語の分布の違いがなくなり，どちらも [Spec, TP] を占めるようになったと主張している．特に 2 つ目の要因が重要であり，この主語位置の変化に関してはいくつかの提案があるが，ここでは Kemenade（1987）などの伝統的な分析に従って，後期中英語に代名詞が接語あるいは弱

代名詞としての位置付けを失った結果，DP 主語と同じく [Spec, TP] に生じ
るようになったと仮定する．[4] 以上の議論が正しければ，後期中英語の節構造
および関係する要素の統語位置は (19) のようになる．ここでは，以下の肯定
証拠の消失に関する議論を踏まえ，下位の Top は統語構造上に存在しないと
仮定する．

(19)　後期中英語
　　　$[_{TopP}$ **topic** Top $[_{FocP}$ Foc $[_{FinP}$ Fin $[_{TP}$ subject $\boxed{T}$ vP]]]]

(cf. Nawata (2009: 273))

　最後に，下位の Top の肯定証拠であるもう 1 つの現象，すなわち代名詞目
的語の特異な分布も同じ時期に消失したことが報告されている．Kemenade
(1987) は古英語と初期中英語における代名詞目的語が接語であり，代名詞主
語と同様に CP 領域に現れることを観察している．具体例を見てみると，話題
要素により導かれる主節の例である (20a) では，代名詞目的語が話題要素と
定形動詞の間に現れ，DP 主語に先行している．これは上で見た (10) と同じ
語順であり，多重話題化として分析される．一方，従属節の例である (20b)
では，代名詞目的語が補文標識の直後にあり，DP 主語に先行している．ここ
での分析に従えば，これらの例における代名詞目的語も下位の [Spec, TopP]
を占めていることになるが，Kemenade によれば，代名詞が後期中英語に接
語としての位置付けを失った結果，(20) のような代名詞目的語の分布も消失
した．

(20) a.　Fela　spella　**him** sædon þa Beormas, …
　　　　　many stories him told　the Permians
　　　　　'the Permians told him many stories'

(Oros, 14, 27 / Kemenade (1987: 130))

　　　b.　þæt **him** his fiend　wæren æfterfylgende
　　　　　that him his enemies were　following
　　　　　'that his enemies were chasing him'　　　(Oros, 48, 12 / ibid.)

---

[4] 主語位置の非対称性の消失に関していくつかの代案が提案されている．Nawata (2009,
2016) は動詞屈折の衰退によりファイ素性を担う機能範疇が変化し，それに連動して主語位
置も変化したと主張している．また，Haeberli and Ihsane (2016) は一旦 2 つの主語位置の区
別が不明瞭になると，経済性の理由により代名詞主語が [Spec, TP] よりも上位に移動しなく
なったと論じている．

　以上の議論から，下位の Top の肯定証拠となる，その指定部が何らかの要素によって占められている構造，すなわち主語位置の非対称性と代名詞目的語の特異な分布が後期中英語に消失した結果，もはや下位の Top が設定されなくなった．これにより，現代英語と同様に上位の Top のみが利用可能となったため，多重話題化が消失したと説明される．[5,6]

---

　[5]（17）の節構造を多重話題化に適用した場合に，関係する要素の語順が正しく予測されるかを検証する必要がある．例えば，DP 主語を伴う多重話題化では，2 つの話題要素と DP 主語の間に定形動詞が現れるはずであるが，この予測は（10），（20a）の事実と合致するのに対し，定形動詞が DP 主語に後続する（12）の語順を捉えることができない．しかし，（12）が等位節であることに注目すると，古英語の等位節では定形動詞が文末に現れることが頻繁にあったため（Fischer, et al.（2000）），定形動詞が T に留まることによりこのような語順になると分析される．一方，代名詞主語を伴う等位節である（9）も同様の語順を示すが，代名詞主語が下位の [Spec, TopP] を占めるとすると，2 つ目の話題要素と位置が競合してしまう．この問題については，2 つの話題要素が上位の Top の多重指定部を占めると仮定するか，代名詞主語が強代名詞として [Spec, TP] に留まっていると仮定することにより解決されるであろう（古英語に強代名詞用法が存在した証拠については，Koopman（1998），Miyashita（2013）を参照）．また，（11）において定形動詞が 2 つの話題要素の間に現れているが，定形動詞がFin よりも上位の機能範疇に移動している可能性がある．Rizzi（2004）は前置された付加詞を収容する投射として Mod(ifier) P を仮定しているが，（11）における þa 'then' がその指定部を占めるとすると，定形動詞は少なくとも ModP よりも上位に移動していることになる（別の可能性については注 6 を参照）．この例はラテン語から翻訳されたテクストに収録されており，かつ匿名の査読者が指摘するように，別の写本の対応する箇所では多重話題化になっていないことから，ラテン語や写本版の影響も考慮する必要がある．本論文の調査データには上記以外の語順パターンも見られるので，多重話題化における語順の詳細な分析は今後の課題としたい．

　[6]注 5 で示唆したように，Top が多重指定部を持つことが許されるならば，（9），（10），（20a）では 2 つの話題要素が同じ Top の多重指定部を占めているという分析も可能となる．また，匿名の査読者は（11）における 2 つ目の話題要素が TP 領域にある可能性を示唆し，そのような構造は 1 つの TopP のみを用いて派生されるため，経済性の概念にも合致すると述べている（Roberts and Roussou（2003），Gelderen（2004））．（注 5 における分析とは異なるが）Ke-menade（2011）は þa/þonne 'then' が談話標識であり，代名詞主語を収容する機能範疇とDP 主語を収容する機能範疇（ここでの分析では，それぞれ TopP と TP）の間にある機能範疇の指定部を占めると主張している．これが正しいとすると，（11）の 2 つ目の話題要素は þaに後続しているので，TP 領域に生じている可能性がある．ここで採用している統語地図作成のアプローチとの両立は難しいかもしれないが，Chomsky（2015）などにおける自由併合のシステムを援用することにより，話題要素が TP 領域にも移動可能であるとする分析を探求すべきかもしれない．本論文では，主語位置の非対称性と代名詞目的語の特異な分布という肯定証拠がある限り，上位と下位両方の TopP を用いた派生が可能であると考えているが，残る（12）のような 2 つの話題要素の間に付加詞が介在するタイプの例以外に，2 つの TopP が利用されていることを明確に示す多重話題化の例がどの程度観察されるのかを検証する必要がある．また，古英語と初期中英語に複数の Top を設定した場合に，それぞれの Top の役割分担を言語事実に基づき綿密に観察するという方向性も考えられるが（Bianchi and Frascarelli（2010）），今後の検討課題としたい．

5.　結語

本論文では，二重目的語構文における2つの目的語が前置されている現象について調査することにより，多重話題化は古英語において生産的であったが，中英語になると衰退し，最終的には後期中英語に消失したことを明らかにした．そして，CP 領域における下位の Top の肯定証拠，すなわち主語位置の非対称性と代名詞目的語の特異な分布が後期中英語に消失した結果，上位の Top のみが利用可能な現代英語と同じ CP 構造となり，多重話題化が消失したと主張した．

参考文献

Bianchi, Valentina and Mara Frascarelli (2010) "Is Topic a Root Phenomenon?" *Iberia* 2, 43-88.

Chomsky, Noam (2015) "Problems of Projection: Extensions," *Structures, Strategies and Beyond: Studies in Honour of Adriana Belletti*, ed. by Elisa Di Domenico, Cornelia Hamann, and Simona Matteini, 3-16, John Benjamins, Amsterdam.

Cinque, Guglielmo (1999) *Adverbs and Functional Heads: A Cross-Linguistic Perspective*, Oxford University Press, Oxford.

Cinque, Guglielmo and Luigi Rizzi (2008) "The Cartography of Syntactic Structures," *CISCL Working Papers in Linguistics* 2, 43-58.

Culicover, Peter (1991) "Topicalization, Inversion, and Complementizers in English," ms., Ohio State University.

Culicover, Peter (1996) "On Distingushing A'-Movements," *Linguistic Inquiry* 27, 445-463.

Ernst, Thomas (2002) *The Syntax of Adjuncts*, Cambridge University Press, Cambridge.

Fischer, Olga, Ans van Kemenade, Willem Koopman, and Wim van der Wurff (2000) *The Syntax of Early English*, Cambridge University Press, Cambridge.

Gelderen, Elly van (1993) *The Rise of Functional Categories*, John Benjamins, Amsterdam.

Gelderen, Elly van (2004) *Grammaticalization as Economy*, John Benjamins, Amsterdam.

Gelderen, Elly van (2011) *The Linguistic Cycle: Language Change and the Language Faculty*, Oxford University Press, Oxford.

Haeberli, Eric and Tabea Ihsane (2016) "Revisiting the Loss of Verb Movement in the History of English," *Natural Language and Linguistic Theory* 34, 497-542.

Haegeman, Liliane (2006) "Conditionals, Factives and the Left Periphery," *Lingua* 116, 1651–1669.

Kemenade, Ans van (1987) *Syntactic Case and Morphological Case in the History of English*, Foris, Dordrecht.

Kemenade, Ans van (2011) "Secondary Negation and Information Structure Organization in the History of English," *The Evolution of Negation: Beyond the Jespersen Cycle*, ed. by Pierre Larrivée and Richard Ingham, 77–113, Mouton de Gruyter, Berlin.

Koopman, Willem (1997) "Topicalization in Old English and its Effects: Some Remarks," *Language History and Linguistic Modelling: A Festschrift for Jacek Fisiak on his 60th Birthday*, ed. by Raymond Hickey and Stanisław Puppel, 307–321, Mouton de Gruyter, Berlin.

Koopman, Willem (1998) "Inversion after Single and Multiple Topics in Old English," *Advances in English Historical Linguistics*, ed. by Jacek Fisiak and Marcin Krygier, 135–149, Mouton de Gruyter, Berlin.

Maeda, Masako (2014) *Derivational Feature-based Relativized Minimality*, Kyushu University Press, Fukuoka.

Miyashita, Harumasa (2013) *Historical Change in the Formal Licensing Conditions of Personal Pronominal Objects in English: A View from Intra-syntactically Driven Language Change*, Doctoral dissertation, University of Tokyo.

Nawata, Hiroyuki (2009) "Clausal Structure and Inflectional Paradigm: The Case of V2 in the History of English," *English Linguistics* 26, 247–283.

縄田裕幸 (2016)「英語主語位置の通時的下方推移分析」『コーパスからわかる言語変化・変異と言語理論』, 小川芳樹・長野明子・菊地朗 (編), 107–123, 開拓社, 東京.

小川芳樹 (本書)「属格主語文の通時的縮約とミクロパラメータ統語論」

Osawa, Fuyo (2003) "Syntactic Parallels between Ontogeny and Phylogeny," *Lingua* 113, 3–47.

Ott, Dennis (2014) "An Ellipsis Approach to Contrastive Left-dislocation," *Linguistic Inquiry* 45, 269–303.

Radford, Andrew (2018) *Colloquial English: Structure and Variation*, Cambridge University Press, Cambridge.

Rizzi, Luigi (1997) "The Fine Structure of the Left Periphery," *Elements of Grammar*, ed. by Liliane Haegeman, 281–337, Kluwer, Dordrecht.

Rizzi, Luigi (2004) "Locality and Left Periphery," *Structures and Beyond: The Cartography of Syntactic Structures, Volume 3*, ed. by Adriana Belletti, 223–251, Oxford University Press, Oxford.

Roberts, Ian and Anna Roussou (2003) *Syntactic Change: A Minimalist Approach to Grammaticalization*, Cambridge University Press, Cambridge.

Tanaka, Tomoyuki (2000) "On the Development of Transitive Expletive Constructions in the History of English," *Lingua* 110, 473–495.

Tanaka, Tomoyuki (2017) "Object Movement and Left Periphery in the History of English," *JELS* 34, 193–199.

Tanaka, Tomoyuki and Azusa Yokogoshi (2010) "The Rise of a Functional Category in Small Clauses," *Studia Linguistica* 64, 239–270.

Thráinsson, Höskuldur (1996) "On the (Non-)Universality of Functional Categories," *Minimal Ideas: Syntactic Studies in the Minimalist Program*, ed. by Werner Abraham, Samuel Epstein, Höskuldur Thráinsson, and Jan-Wouter Zwart, 253–281, John Benjamins, Amsterdam.

Visser, Frederik Theodoor (1963–1973) *An Historical Syntax of the English Language*, 4 vols., E.J. Brill, Leiden.

コーパス

Kroch, Anthony, Beatrice Santorini, and Lauren Delfs (2005) *The Penn-Helsinki Parsed Corpus of Early Modern English* (PPCEME), University of Pennsylvania, Philadelphia.

Kroch, Anthony and Ann Taylor (2000) *The Penn-Helsinki Parsed Corpus of Middle English*, Second Edition (PPCME2), University of Pennsylvania, Philadelphia.

Taylor, Ann, Anthony Warner, Susan Pintzuk, and Frank Beths (2003) *The York-Toronto-Helsinki Parsed Corpus of Old English Prose* (YCOE), University of York, York.

古英語における否定的不定辞 nænig の分布と否定呼応*

柳　朋宏

中部大学

1.　はじめに

　英語の歴史の中で，古英語（1150 年以前）・中英語（1150 年から 1500 年）
では，否定要素が複数生起し否定を意味する「否定呼応（negative concord）」
とよばれる現象が観察された.[1] 現代英語（1900 年以降）では非文法的あるい
は非標準的とされる用法である．古英語の例を（1）に挙げる．この例では否
定辞 ne に加えて，否定的不定辞（negative indefinite）の nanne 'no, none' が
用いられているが，否定の意味は相殺されず，文全体でも否定の解釈となる.[2]

> （1）　þæt heo **nanne** æfter hyre *ne*　forlete.
>
> 　　　that she none　　after her　NEG leave-3psg-SUBJUNC
>
> 　　　'that she should leave none behind after her'
>
> 　　　　　　　　　　　　　（*Martyrology* 210, 27 / Ingham（2006: 241））

（1）のような否定呼応は古英語では義務的なものではなく，同じ作品中であっ
ても，（2）のように単独の否定要素 næfre 'never' のみが生起し，否定辞 ne

---

　* 本稿の執筆にあたり，貴重なご助言をくださった 2 名の査読者にここで感謝の意を申し
述べたい．また，本研究の一部は科学研究費助成事業（基盤研究（C）課題番号 16K02784）と
中部大学特別研究費 A（19L02A）の助成を受けたものである．

　[1] この時代区分は本研究で使用した歴史コーパスでの区分に則したものである．古英語と中
英語の区切りはノルマン人によるイングランド征服の年代に合わせて 1100 年とすることがあ
る．英語の始まりについては，ゲルマン人がブリテン島にやってきた年代に合わせて 450 年
とする立場や，当時の英語で書かれた現存する最古の文献の年代に合わせて 700 年とする立
場などがある．

　[2] 例文中，否定的不定辞は太字で，否定辞 ne と ne の動詞縮約形は斜体字で，それぞれ示
す．また必要な場合は，目的語には下線を，語彙動詞には囲み線を，それぞれ付く．ne の逐
語訳については，便宜上，動詞の前で単独使用されている場合と動詞と縮約されている場合に
は NEG とした．

が生起しないこともある.

(2)　þæt he **næfre** godes geleafan forlete.
　　　that he never God's belief　　give up-3psg-SUBJUNC
　　　'that he should never give up believing in God'
　　　　　　　　　　　　　　(*Martyrology* 34, 5 / Ingham (2006: 241))

　通時的にみると，（1）に示した否定呼応は古英語・中英語では頻繁に用いられていたが，近代英語（1500 年から 1900 年）で減少し，標準現代英語では否定呼応は一般的に用いられない．しかしながら現代英語においても，方言によっては否定呼応を許すことがある（Blanchette (2016)）．ただしそのような方言であっても，主語が否定的不定辞の場合と目的語が否定的不定辞の場合とでは容認性と解釈に対比がみられる．（3）の例で比べてみよう．

(3)　a.　**Nobody** didn't eat.　　　　　　(Blanchette (2016: 41))
　　　b.　John didn't eat **nothing**.　　　　(Blanchette (2016: 41))

Blanchette (2016) によれば，（3a）のような主語（nobody）による否定呼応は，（3b）のような目的語（nothing）による否定呼応よりもずっと稀な表現である．また否定呼応を用いない英語母語話者にとっては，（3a）のような文は二重否定（double negation）の解釈（肯定の解釈）となり，否定呼応の解釈（否定の解釈）とは一般にならない．これに対して（3b）のような文では否定呼応の解釈が基本である．こうした否定的不定辞の主語と目的語の対比は，any に代表される否定極性項目（negative polarity item）を含む文において観察される対比に類似している．

(4)　a.　*Anybody didn't eat.　　　　　　(Blanchette (2016: 42))
　　　b.　John didn't eat anything.　　　　(Blanchette (2016: 41))

（4）に示したとおり，否定文において，否定極性項目は（4a）のように主語位置には生起しないが，（4b）のように目的語位置には生起可能である.
　主語と目的語の対比は古英語における否定呼応においてもあてはまる（cf. Ingham (2006)）．そこで，本稿では否定的不定辞 nænig 'not-any' を含む目的語に焦点をあて，否定辞 ne の有無と語彙動詞との相対語順との関連性について論じる（nænig 'not-any' については 2.2 節参照）．議論の対象となる現象は次の 2 つである．(i) 否定辞 ne が用いられない場合は，（5）のように否定的不定辞 nænig 'not-any' を含む目的語は語彙動詞に先行する語順のみ観察される.

(5)　and cwædon, þæt heo **nænigne** incan 　 to him 「wiston」
　　　and said 　　　 that they not-any 　 offense to him 　 know
　　　'and said that they had no rancorous feeling towards him'

　　　　　　　　　　　　　　　　　　　　　　　　(Bede 4 25.348.6)

一方，(ii) 否定辞 ne が用いられる場合は，(6) と (7) の対比が示すように，否定的不定辞 nænig を含む目的語は (6) のように語彙動詞に先行することも (7) のように後続することも可能である．(6) では否定辞 ne と hæfde 'had' の縮約形 næfde 'NEG-had' が用いられている．

(6)　and þæt cyþde 　 swutollice þæt he **næfre nænige** godcunde
　　　and that showed plainly 　　 that he never 　 not-any god-like
　　　englas 「*næfde*」 　 buton hundlice englas.
　　　angels NEG-had but 　　 dog-like angels
　　　'and he plainly showed that he never had any god-like angels, but dog-like angels' 　　　　(LS 32 (PeterandPaul[BlHom 15]) 181.186)

(7)　and *ne* 　 「bideþ」 he æt us **nænig** oþor edlean
　　　and NEG asks 　 he at us not-any other recompense
　　　'and he asks of us no other recompense'

　　　　　　　　　　　　　　　　　　　　(HomU 19 (BlHom 8) 103.115)

本論では，(5)–(7) のような否定辞を含む目的語と語彙動詞の分布の違いは否定的不定辞 nænig の機能の違いに起因すると提案する．具体的には，古英語の nænig 'not-any' は，否定辞 ne あるいは ne と動詞の縮約形（以下 ne 縮約形とよぶ）を含む文では「数量詞」として機能し，そのような否定辞を含まない文では，「否定要素」として機能していたと主張する．

今回の準備的調査のために使用したコーパスは The York-Toronto-Helsinki Parsed Corpus of Old English Prose（YCOE; Taylor et al. (2003)）と The Penn-Helsinki Parsed Corpus of Middle English Prose, 2nd edition, release 4（PPCME2; Kroch and Taylor (2000)）である．しかしながら，PPCME2 には本論が対象とする目的語に否定的不定辞（nani, naniȝ）を含む用例は 2 例のみだったため，YCOE から得られた用例を中心に議論する．[3]

---

[3] PPCME2 から得られた例は以下のものである．
(i) a.　Forr ȝho *ne* 　 seȝȝde itt **naniȝ** 　　 mann
　　　 for 　 she NEG said 　 it 　 not-any man
　　　 'for she didn't say it to any man' 　　　　(?1200 *Orm* I 83.2465)

2.　古英語・中英語における方言間の差異

2.1.　古英語・中英語の方言区分

　本節では以下の議論で重要となる古英語・中英語の方言区分とその対応関係について概観する．古英語は，ノーサンブリア方言（Northumbrian），マーシア方言（Mercian），ケント方言（Kentish），西サクソン方言（West Saxon）の4方言に分類される．このうちノーサンブリア方言とマーシア方言を合わせてアングリア方言（Anglian）と呼ぶこともある．一方，中英語は5つの方言に分類される．北部方言（Northern），西中部方言（West Midland），東中部方言（East Midland），南東部方言（South Eastern），南部方言（Southern）の5つである．西中部方言と東中部方言は，それぞれ南北に分けられ，北西中部方言（Northwest Midland）・南西中部方言（Southwest Midland）と北東中部方言（Northeast Midland）・南東中部方言（Southeast Midland）に下位区分されることもある．古英語の方言と中英語の方言との関係はおおよそ表1のようにまとめることができる．古英語のマーシア方言は中英語では西中部方言と東中部方言に二分される．また，古英語の方言と中英語の方言の地理的分布を示したものが，それぞれ図1と図2である．

表 1. 古英語と中英語の対応関係

古英語		中英語
アングリア方言	ノーサンブリア方言	北部方言
	マーシア方言	西中部方言
		東中部方言
ケント方言		南東部方言
西サクソン方言		南部方言

　古英語で書かれた文献は，そのほとんどが西サクソン方言のものである．これは8世紀から10世紀にかけてイングランドを襲撃したデーン人（ヴァイキング）が原因だと考えられている．彼らはアングリア方言で書かれた多くの書物を破棄したのである．そのような状況の中，デーン人を撃退し，イングランドでの教育を復興したのがアルフレッド大王（Alfred the Great）である．ア

---

　b.　*Ne*　birrþ　þe　shendenn　**nani**　　mann
　　　NEG　befits　thee　disgrace　not-any　man
　　　'it doesn't befit thee to disgrace any man'　　　　　　　(?1200 *Orm* I 216.6248)

ルフレッド大王は西サクソン方言で *The Anglo-Saxon Chronicle* を編纂し，ラテン語で書かれた書物を西サクソン方言に翻訳させた．そのため，西サクソン方言で書かれた文献が多く残っているのである．また，デーン人は故郷に帰ることなく，イングランド北東部に定住することになる．そのため，北部方言や東中部方言は，彼らの言語である古ノルド語（Old Norse）の影響を強く受けていると言われている

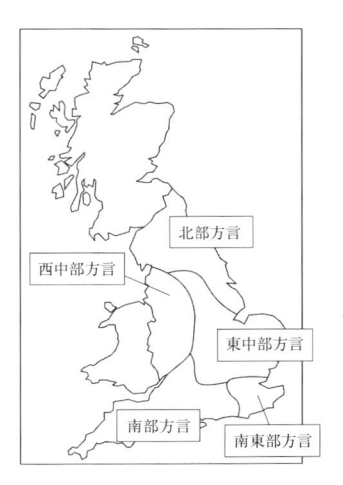

図 1. 古英語の方言　　　　　　　図 2. 中英語の方言

　古英語期は 950 年を境に，初期古英語と後期古英語に分けることができる．当時標準英語が確立していたわけではないが，後期古英語では西サクソン方言が実質的な標準英語として機能しており，西サクソン方言のみで作品が書かれている．一方初期古英語では西サクソン方言で書かれた作品のほか，部分的にアングリア方言を含む作品も現存する．そこで本稿では，古英語で書かれた作品の方言を「西サクソン方言」と西サクソン方言以外の方言も含まれる「非西サクソン方言」に区分する．

　非西サクソン方言に分類される代表的な作品には，ラテン語からの翻訳である，Bede's *Ecclesiastical History of the English People* と Gregory's *Dialogues*（写本 C），そして *Blickling Homilies* がある．今回のコーパス調査はこの 3 作品を中心に行った．一方，ラテン語からの翻訳である Gregory's *Dialogues* には，西サクソン方言で書かれた写本 H がある．[4]

---

[4] 写本間における表現の違いは例文（10）を参照．また，写本間の相違に関する詳細な比較は

2.2.　否定的不定辞 **nænig** と **nan** の歴史

　本節では否定的不定辞 nænig 'not any' と nan 'no, none' の語源と方言間の差異を概観する．まず語源に関して，nænig は否定辞 ne と否定極性項目 ænig 'any' が融合したものである．また，ænig は数詞 an 'an, one' に形容詞語尾の -ig が付加したものである．*The Oxford English Dictionary*（第 3 版）(OED3) によれば，初出例は初期古英語期（c725 年）である．[5]　(8) ではラテン語 nullo の訳語として用いられている．

> (8)　*Nullo, negotio,* **naenge**, earbeðe.
>
> 　　　not-any pains
>
> 　　　(*Corpus Gloss.* (1890) 83 / 2 / OED3 s.v. †*nany* A.)

(8) はラテン語グロッサリーからの引用である．このような辞書的な例ではない文中での使用例は，OED3 によれば，(9) が初出例（805 年）である．

> (9)　[Þæt] **nænig**　mon ... on **nænig**　oðre　halfe oncærrende sie.
>
> 　　　that　not-any man　in not-any other half　changing　be
>
> 　'(that) no man ... shall make any change in any other half'
>
> 　　　(*Charter* 34 in *O.E. Texts* 442 / OED3 s.v. †*nany*)

(9) は形容詞としての用法だが，代名詞としての用法（単独用法）は (10) が初出例（c1000 年）として挙げられている．

> (10)　**Nænegum** þuhte　dæg on þonce,　gif sio dimme niht　ær
>
> 　　　not-any　　seemed day a　pleasure if　the dim　night before
>
> 　　　ofer eldum egesan *ne*　brohte.
>
> 　　　over men　fear　NEG brought
>
> 　'The day would not seem a pleasure to anyone if the dark night had not previously brought fear among men.'
>
> 　　　(*Metres of Boethius* (partly from transcript of damaged MS) xii. 15 / OED3 s.v. †*nany* B.)

　nany（< nænig）は初期中英語においても使用されていたが，OED3 によれば，代名詞用法は 1225 年頃が，形容詞用法は 1450 年頃が最後の例とされて

Yerkes (1977, 1982, 1986), Mökkönen (2012) などを参照.
[5] OED3 では初出時期が eOE（初期古英語）という表記になっているが，OED2 では c725 年と記されている．

いる．両用法を含めた最後の例を（11）に挙げる．この例では，neany 'not any' と noon 'no' との交替が示されている．

(11)　That ever yt mot　wel　cheve　　Unto the crown of mery
　　　that　ever it　must well　succeed into　the crown of merry
　　　Yngland.. That **neany**　enmys [c1450 *Rome* **noon** enemys] ytt
　　　England　that　not-any enemies　　　　　　　no　　enemies it
　　　greve.
　　　arose
　　　'that it must ever succeed well intothe crown of merry England;
　　　that it arose no enemies'
　　　(?a1450 *Siege Calais* (Galba) in T. Wright *Polit. Poems & Songs*
　　　(1861) II. 156 (*MED*) / OED3 s.v. †*nany* A.)

このように否定的不定辞 nænig は，遅くとも 15 世紀後半には（少なくとも標準英語では）廃れた．[6] 次節でみるように，古英語における否定的不定辞 nænig の使用には，方言による違いが観察されている．この語は，西サクソン方言では用いられておらず，非西サクソン方言に偏っている（Mitchell (1985: §§ 436-441)）．

　一方，現代英語の否定的不定辞である no（形容詞）と none（代名詞）の語源は nan 'no, none' である．この nan は否定辞 ne と数詞 an が融合したものである．古英語の nan 'no, none' は，nænig と同じように形容詞としても代名詞としても用いられていた．形容詞としての nan は 1200 年頃から子音の前では na となり，その後，現代英語と同じ no が出現する．中英語期における nan と na の使い分けは，現代英語の an と a の使い分けと同じである．この頃は所有形容詞の myn 'mine' と my 'my' や thyn 'thine' と thy 'thy' も同じように使い分けられていた．つまり，後続する要素の語頭音が母音か /h/ の音の場合は -n で終わる語が用いられ，/h/ を除く子音の場合は -n を伴わない語形が用いられた．語源的には，それぞれの組み合わせの -n で終わる語が基本形である（宇賀治 (2000: 172, 187)）.[7]

---

　[6] OED3 の記述には *Dictionary of American Regional English* の見出し語として *nainy* 'not any' が挙げられており，アメリカの方言で使用されていることが示唆されている．

　[7] 基本形であった myn 'mine' と thyn 'thine' は代名詞として，派生形である my 'my' と thy 'thy' は形容詞として，それぞれ分化したのと同じく，古英語の nan 'no, none' は，基本形は代名詞の none に，派生形は形容詞の no にそれぞれ発達した．

　一方，an と a については代名詞と形容詞には分化せず，両者とも不定代名詞に発達した．

否定的不定辞 nan 'no, none' の初出例は OED3 によれば 835 年の代名詞用
法である.

(12)   gif þæt gesele … ðæt ðer   ðeara   **nan**   *ne*   sie ðe   londes
        if   that grants   that there of-those none   NEG   be that   land's
        weorðe sie.
        worth   be
        'if it grants … that there be none of them who are land-worthy'
                            (*Charter* 41 in *O.E. Texts* 448 / OED3 s.v. *none* A.)

この nan は, 前述の nænig とは意味的に競合する部分があり, 古英語訳の
Gregory's *Dialogues* では, 写本により両者が交替している箇所がある.[8]

(13) a.   efne swa swa seo ea   in hire **nænigne** wætres stream hæfde
           even as   the river in it   not-any   water's current had
                                            (GD 1 (C) 2.15.30)
     b.   efne swilce seo ea   on hyre *næfde*   **nænne** wæteres stream
           even as   the river in it   NEG-had none   water's   current
                                            (GD 1 (H) 2.15.27)

'even as the river had no water current in it'

写本の年代は, 写本 C が 1060 年-1080 年, 写本 H が 1020 年-1040 年であ
る (YCOE). Yerkes の一連の研究によれば, 写本 C は Wærferth 司教による
翻訳の写本であり, 写本 H は Wærferth 司教の翻訳をラテン語に近い翻訳に
変更したものである (写本 C と写本 H とラテン語との対比については Yerkes
(1977: 131), Yerkes (1982: 9-10), Mönkkönen (2012: 417-419) を参照).
写本 C (13a) は年代的に新しく, 非西サクソン方言に分類される一方, 写本
H (13b) は年代的に古く, 西サクソン方言に分類される. 語彙の面では,
(13a) の nænig は非西サクソン方言に特有の語であり, (13b) の nænne 'none'
は方言に関係なく広く使用されている.

また, 別の派生形である one が数詞と代名詞として発達した.

[8] (13) の対比で注目すべきは, (13a) では否定的不定辞単独で否定の意味を表しているの
に対し, (13b) では否定的不定辞と否定辞 ne (文中では縮約形 næfde 'NEG-had') を用いた
否定呼応で否定の意味を表している点である.

2.3.　ne 縮約形における方言間の差異

　前節では方言間における語彙の違いを取り上げた．本節では ne 縮約形の有無における方言間の差異について概観する．古英語・初期中英語の否定は ne を用いて表されていた．この ne は定形動詞の直前に置かれることが多く，その定形動詞が母音もしくは /h/, /w/ の音で始まる場合，縮約を起こすことがあった．古英語において，このような縮約を起こす動詞は，現代英語の助動詞にほぼ対応している（Hogg（2002: 95））．

(14)　a.　Ac he *nyste* [= ne wyste] hwæt þæs　soþes wæs
　　　　　but he NEG-know　　　　what of-the trueth was
　　　　　'But he didn't know how true that was'

　　　b.　*Næfde* [= ne hæfde] he þeah　ma　ðonne twentig hryðera
　　　　　NEG-had　　　　he though more than　twenty cows
　　　　　'He didn't have, however, more than twenty cows'

　　　c.　Ac heora tal　*næs* [= ne wæs] na　of rihtwisnysse ac　of
　　　　　but their　tale NEG-was　　　none of truth　　　but of
　　　　　niðe
　　　　　evil
　　　　　'But their story wasn't at all of truth but of evil'

（Hogg（2002: 95））

　古英語の作品における否定辞 ne と動詞の縮約の有無を調査した Levin（1958）によれば，西サクソン方言では ne 縮約形を用いることがほとんどである一方，アングリア方言（マーシア方言・ノーサンブリア方言）では非縮約形も自由に用いられている．[9] Levin の調査結果は表 2 の通りである．

表 2. 古英語の方言間における動詞縮約の有無

	contracted	uncontracted
West Saxon	306	9
Mercian	127	56
Northumbrian	66	43

（Levin（1958: 495））

---

[9] Levin（1958）で使用された作品は，西サクソン方言の Gregory's *Pastoral Care* と *Orosius* と *West Saxon Gospel of Saint Matthew*，マーシア方言の *Rushworth Gospel* と *Vespasian Psalter and Hymns*，ノーサンブリア方言の *Lindisfarne Gospel* と *Durham Ritual* である．

表2から，ある作品で，多少動詞の非縮約形が用いられていても，ne 縮約形が多数用いられていれば，それは西サクソン方言で書かれており，そのような傾向がなければアングリア方言（本論の分類では非西サクソン方言）で書かれたものだと判断することができる．また中英語では，西サクソン方言はおおよそ西中部方言もしくは南部方言が該当し，アングリア方言は東中部方言もしくは北部方言が該当する（Levin (1958: 495))．[10]

このことに関して今回の調査では ne 縮約形は 14 例であった．一方，非縮約形「ne＋動詞」の組み合わせで用いられていたのは 27 例であった．その中で habbað 'have' のみが ne 縮約形 nabbað 'NEG-have' として使用可能な動詞である．このことは非縮約形がほとんど用いられていないことを意味し，Levin (1958) の分類に従えば，西サクソン方言的な特徴を示しているといえる．今回の調査の目的は非西サクソン方言特有の否定的不定辞である nænig の分布を示すことであるが，動詞の形態は西サクソン方言的であることが示唆されている．非縮約形と ne 縮約形の例を (15) と (16) にそれぞれ示す．

(15)　and we swa syndon on þyssum middangearde swa we her
　　　 and we as　 are　 in this 　 middle-earth　 as 　we here
　　　 nænig eðel 　　*ne* 　habbað
　　　 not-any property NEG have
　　　 'and as we are in this middle-earth as we do not have any home-
　　　 land here'　　　　　　　　　　　　(HomS 36 (ScraggVerc 11) 46)

(16)　þa 　 þe *nabbað* 　ne *nyton* 　　**nænige** gewislice cunnunge
　　　 those that NEG-have nor NEG-know not-any certain 　 probation
　　　 'those who do not have or know any certain probation'
　　　　　　　　　　　　　　　　　　　　(GDPref and 4 (C) 1.261.6)

(15) では非縮約形の ne habbað 'not have' が用いられており，(16) では ne 縮約形の nabbað 'NEG-have' と nyton 'NEG-know' が用いられている．

---

[10]　古英語・中英語の方言分布については，2.1 節を参照．

3.　動詞と目的語の相対語順と否定呼応

3.1.　古英語の場合

　本節では Ingham（2006）による否定呼応に関する分析を概観する．彼は，否定文における否定辞 ne 'not' の有無（上記（1）と（2）を参照）に関連して，言語を義務的否定呼応と非義務的否定呼応に分類し，古英語においては方言による違いが存在することを主張している．彼によれば，後期古英語期における標準語といわれている西サクソン方言では義務的否定呼応が観察される一方，非西サクソン方言では否定呼応は義務的ではない．非西サクソン方言では，（2）で示したように，否定辞 ne を伴わない場合もある．

　ne 以外の否定要素が定形動詞に後続する場合，単独の否定辞 ne が定形動詞とともに用いられるか，ne 縮約形が用いられる．一方，否定要素が動詞に先行する場合，定形動詞の前で否定辞 ne が省略されることがある．（17）は否定要素が ne 縮約形に後続している例，（18）は否定要素が定形動詞に先行し，否定辞 ne を伴わない例である．

(17)　*Nes*　　**nefre** in his muðe　nympðe Crist
　　　　NEG-was never in his mouth except　Christ
　　　　'He always spoke of Christ'　　（*St. Chad* 239 / Ingham（2006: 245））

(18)　þet　he **nenge** þinga　þone biscopdom forletan sceolde
　　　　that he no　　things the　bishopdom give-up ought to
　　　　'that he by no means ought to give up the bishopdom'
　　　　　　　　　　　　　　　　　（*St. Chad* 25 / Ingham（2006: 245））

このような対比について Ingham（2006）が調査した結果，西サクソン方言では，否定要素 nan 'no, none', næfre 'never', nænig 'not any' のいずれかが定形動詞に先行する場合，全体の 2.6% で否定辞 ne が脱落していた．一方非西サクソン方言では，同じ統語環境で全体の 61.5% で ne が省略されていた．

　また彼は上記 3 種の否定要素のうち，否定辞 ne の省略は nænig が動詞に先行する場合に顕著に現れることを示した（表 3 を参照）．一方，nan, næfre, nænig が動詞に後続する場合，否定辞 ne の省略は観察されていない．

表 3. 否定的不定辞が動詞に先行する場合の ne の有無[11]

		WS		non-WS	
		N	%	N	%
nan / næfre	+ne	220	98.2	23	50.0
	–ne	4	1.8	23	50.0
total		**224**	**100.0**	**46**	**100.0**
nænig	+ne	5	71.4	24	31.6
	–ne	2	28.6	52	68.4
total		**7**	**100.0**	**76**	**100.0**

(Ingham (2006: 248) に基づき作成)

さらに表3からわかるように，西サクソン方言では非西サクソン方言に比べ，ne の省略自体が稀である．非西サクソン方言における nan 'no' あるいは nænig 'not-any' を含む従属節の例を以下に示す．

(19) a. þæt he **nane** þinga him ⎡andwerdan⎤ wolde
　　　 that he no　 things to-him answer　　 would
　　　 'that he would in no wise answer'

(Wærferth 122, 16 / Ingham (2006: 249))[12]

　　b. þæt we tomorʒen **nænig** færld　*ne*　⎡þurhteoð⎤
　　　 that we tomorrow no　　 journey NEG carry out
　　　 'that we shall carry out no journey tomorrow'

(Wærferth 38, 22 / Ingham (2006: 249))

(19a) が ne が省略された例，(19b) が ne が用いられている例である．また，主語・動詞倒置が生じている場合 ne が常に現れるが，主語・動詞倒置が生じていない節では ne が現れない場合もある．(20a) に ne を伴わない例を，(20b) に ne を伴った例を示す．

(20) a. Nu　ic on his cæstre **nane** ⎡fand⎤
　　　 now I　in his city　 none　found
　　　 'Now I found none in his city'

(Wærferth 75, 12 / Ingham (2006: 250))

---

[11] 表中 WS は西サクソン方言，non-WS は非西サクソン方言をそれぞれ意味する．
[12] 出典の Wærferth は Gregory's *Dialogues* 写本 C (GD (C)) のことである．

b. He mid **nænge** þara　　wita　　*ne*　mihte hire geþoht
　 he with none　of-those tortures NEG could her　mind
　 oncierran
　 overcome

'With none of these tortures could he make her change her mind'

(*Martyrology* 114, 26 / Ingham (2006: 250))

　従属節の例（19）と主節の例（20）が示すように，否定的不定辞を含む文における否定辞 ne の有無は節タイプには影響されない．ただし，主語と定形動詞が倒置している否定文では，否定辞 ne が常に現れる．

3.2.　中英語の場合

　次に中英語に関して，*The Peterborough Chronicle*（PC）の 1132 年から 1154 年の記述（Final Continuation）における否定的不定辞と否定辞 ne の共起について行った調査では，古英語と同様の分布が観察された（Ingham（2006: 251–257））．つまり，否定的不定辞が定形動詞に先行する場合，ne は省略されることがある一方，否定的不定辞が後続する場合，ne は義務的である．

(21) a.　And hi　　**nan** helpe *ne*　　hæfden
　　　　and they no　 help　NEG had
　　　　'and they had no help'　　　　(PC 1140, 53 / Ingham (2006: 252))

　　 b.　þat he **neure** mare sculde　cumen
　　　　that he never　more schould come
　　　　'that he would never come again'

　　　　　　　　　　　　　　　　(PC 1140, 45 / Ingham (2006: 252))

(22)　It *ne*　forstod　**naht**
　　　it NEG　availed　nothing
　　　'it availed nothing'　　　　　(PC 1140, 37 / Ingham (2006: 252))

　Ingham はさらに，14 世紀から 15 世紀の資料に基づき，5 つの方言間での否定呼応の有無について調査している．ただし，中英語の方言間における否定呼応の状況は，同時期に書かれた散文資料が均一でないため，韻文資料も用いており，その調査結果をまとめたものが表 4 である．[13] 表中の NI は否定的不

---

[13] 使用された作品は以下のとおりである．北部方言は *Northumbrian Psalter*（c1325）と *Cursor Mundi*（a1400），東中部方言は *Genesis and Exodus*（a1325）と *Bestiary*（a1300）と *Lay of Havelok the Dane*（a1300），南西中部方言は Laȝamon's *Brut* Otho ms.（c1300）と

定辞（negative indefinite）のことである．また，スラッシュの右側の数値は
NI の総数を，左側の数値は ne を含む用例数である．

表 4. 中英語方言間における否定的不定辞を含む文中での ne の使用

	動詞先行 NI		動詞後続 NI	
	N	%	N	%
北部方言	1/24	4.2	1/45	2.2
東中部方言	16/27	59.3	31/40	77.5
南西中部方言	26/32	81.3	32/32	100.0
ケント方言	22/34	64.7	23/25	92.0
南部／南西部方言	55/55	100.0	74/75	98.7

(Ingham（2006: 266）に基づき作成)

　表 4 が示すように，北部地域では，否定的不定辞が用いられている文におい
て否定辞 ne はほとんど併用されていない．否定的不定辞が動詞に先行する場
合で 4.2％，動詞に後続する場合で 2.2％である．それとは対照的に，中部地
域から南部地域にかけては，同じ統語環境における否定辞 ne の使用は半数以
上を占めている．否定的不定辞が動詞に先行する場合で約 60％-100％，後続
する場合で約 80％-100％である．
　古英語との連続性からみれば，西サクソン方言は表 4 の南部／南西部方言
にほぼ対応する．西サクソン方言では，否定的不定辞が定形動詞に先行する場
合（表 3 参照）も後続する場合も否定辞 ne が基本的に用いられており，南部
／南西部方言の状況に一致する．一方非西サクソン方言はアングリア方言もし
くはマーシア方言が中心であり，表 3 の北部方言と東中部方言がほぼ対応す
る．中英語の北部方言については否定呼応がほとんど消失している．東中部方
言では，否定的不定辞が動詞に先行する場合は古英語の状況とあまり変わらな
い．しかしながら，否定的不定辞が動詞に後続する場合は，古英語では義務的
であったが，中英語では否定辞の使用が減少している．[14]

Anonymous Short English Metrical Chronicle（a1325），ケント方言〔本論の呼称では南東部
方言〕は *Poems of William of Shoreham*（c1350），南部／南西部方言は *King Horn*（c1300）
と *South English Legendary*（a1325）と *Chronicles of Robert of Gloucester*（c1400）である．
　[14] Ingham（2006）による中英語に関する調査では nænig に対応する語（nani, naniʒ など）は
見つかっていない．上述のように，OED3 における nænig の最後の例は 1450 年であり，*The
Middle English Dictionary*（オンライン版）においても示されているように，nænig（MED
s.v. *nani*）が使用されている作品はかなり限られている．PPCME2 においても nani/nanig が
使用されていたのは *Ormulum*（6 例）と *Lambeth Homilies*（1 例）のみであった．
　PPCME2 は総語数およそ 120 万語ほどの比較的小規模なコーパスである．*Ormulum* では

　本節で概観したように，Ingham（2006）では，否定辞 ne の有無と否定的不定辞（nan, næfre, nænig）との生起関係について論じられている．しかしながら，用例の収集は対象作品の一部にとどまっており，調査が網羅的ではない．そこで次節では電子コーパスの利点を生かし，YCOE を用いて網羅的に調査した結果について考察する．ただし，調査対象とした否定的不定辞は nænig のみであり，この否定的不定辞を含む対格目的語の分布について論じる.[15] また語順を決定する要因の 1 つが節の種類であるが，Ingham（2006）によれば，否定的不定辞の分布は主節・従属節・等位節といった節の種類には影響しないので，本調査では節を区別していない．

4.　対格の否定的不定辞 **nænig** の分布

　YCOE で調査した結果，nænig を含む対格目的語は全体で 73 例だったのに対し，nænig を含む主格主語の例は全体で 205 例であった．このことから nænig は，主に主語（主格）で用いられることがわかる．対格の例を（23）に，主格の例を（24）にそれぞれ示す．

(23)　Hu　mæg þis　þus　geweorþan, forþon þe ic **nænigne** wer　*ne*
　　　how　may　this　thus　become　　　because　I　not-any　man　NEG
　　　ongeat ?
　　　knew
　　　'How may this be, seeing that I have known no men?'
　　　　　　　　　　　　　　　　　　　　　　　　(HomU 18（BlHom 1）72.76)

---

nani, naniʒ が使用され，*Lambeth Homilies* では neng が用いられている．前者は Q[uantifier] と標識付けされているが，後者は NEG[ation] の標識が付けられており，検索する際には注意が必要である．

　[15]　まずはじめに，CorpusSearch 2 の lexicon 機能を使い，nænig の変異形の一覧を作成した．一覧に含まれた語形は（i）のとおりである．

　　　(i)　nægnigne, \$nænegu, nænegum, nænge, Nænge, nænges, nængum, nænig, \$Nænig, Nænig, nænige, næniges, nænigne, \$nænigne, nænigo, nænigra, nænigre, nænigu, nænigum, nænine, nænygum, nanegum, nang, naniges, nenegum, nenge, nenig, neniggra, nenigne

語形に付けられた \$ は修正を加えたことを意味している．検索対象となる否定的不定辞は YCOE では NEG＋Q と標識付けされているので，作成した一覧にある語形が，NEG＋Q^A（対格）や NEG＋Q^N（主格）のように格情報を含む標識に支配されている例を取り出した．

(24)　Siððan of þære tide **nænig** Sceotta　　cyninga *ne*　dorste
　　　　since　of the　time not-any of-Scottish kings　NEG dare
　　　　wið Angelþeode　　to gefeohte cuman oð ðysne andweardan
　　　　with English people to fight　　come　to this　　present
　　　　dæg.
　　　　day
　　　　'From that time on no king of the Scots ventured to meet the Eng-
　　　　lish in battle, up to this present day.'　　　　　　(Bede 1 18.92.24)

　同義語である nan 'no, none' は YCOE のサブコーパスで広く使用されているのとは対照的に，nænig 'not any' の使用は一部のサブコーパスに限定されていた．Mitchell (1985: §§ 436-441) でも指摘されているように，nænig はアングリア方言で使用されており，特に後期古英語期の標準語である西サクソン方言ではほとんど使用されていない．[16] YCOE を用いた調査においても，主に使用されていた作品は，Gregory's *Dialogues*, Bede's *Ecclesiastical History of the English People*, *Blickling Homilies* であり，上述の通り，これらは一部アングリア方言で書かれたものである．[17]

　次に目的語と動詞の語順について考察する．比較的語順が自由であった古英語では，目的語は動詞に先行することも後続することも可能であった．(25)，(26)，(27) に肯定目的語 (positive object)，量化目的語 (quantified object)，否定目的語 (negative object) の例を示す．(25)–(27) の (a) の例は「目的語―動詞」語順の例，(25)–(27) の (b) の例は「動詞―目的語」語順の例である．(Pintzuk and Taylor (2006), Ringe and Taylor (2014), Taylor and

---

[16] Ingham (2006: 259n7) で Sisam (1953) の指摘を引用しているように，初期西サクソン方言による作品 (*Ine's Laws*) においては nænig がおそらく使われていた．当時はマーシア方言が事実上書き言葉の標準語として機能しており，その影響があったからだと考えられる．YCOE を調査した結果においても法律分野のテキストには極少数だが nænig が使われていた．

　(i)　Gif Wilisc mon hæbbe hide londes, his wer　　bið CXX scillinga; gif he
　　　　if　Welsh man has　hide of land his wergeld is　120　shillings if　he
　　　　þonne healfes hæbbe, LXXX scillinga; gif he **nænig** hæbbe, LX scillinga.
　　　　then　half　has　80　shillings, if　he none　has　60 shillings
　　　　'If a Welshman has a hide of land, his wergeld shall be 120 shillings. If, however,
　　　　he has half, 80 shillings; if he has none, 60 shillings'　　　(LawIne 32.86)
Ine's Laws のほか西サクソン方言に分類される *Benedictine Rule* や *The Anglo-Saxon Chronicle* などにも 1 例から 3 例使用されていた．

[17] ほかには *Vercelli Homilies* と *Martyrology* も nænig の使用頻度は高かったが，対格形の頻度は 10 例未満であった．

Pintzuk（2011）など参照）.

(25) a. Ac he sceal þa sacfullan ⌐gesibbian⌐
　　　　but he must the quarrelsome reconcile
　　　　'But he must reconcile the quarrelsome'
　　　　　　　　（ÆLet 2（Wulfstan 1）188 / Pintzuk Taylor（2006: 249））

　　 b. Se wolde ⌐gelytlian⌐ þone lyfigendan hælend
　　　　he would diminish the living lord
　　　　'He would diminish the living lord'
　　　　　　　　（ÆLet 2（Wulfstan 1）55 / Pintzuk Taylor（2006: 249））

(26) a. hu heo ana mihte ealle þa gewytan ⌐awægan⌐ mid aðe
　　　　how she alone could all the sages deceive with oath
　　　　'how she alone could deceive all the sages with an oath'
　　　　　　　　（ÆLS（Eugenia 223 / Pintzuk and Taylor（2006: 258）））

　　 b. þe hæfde ⌐geinnod⌐ ealle þas halgan
　　　　who had lodged all these saints
　　　　'who had lodged all the saints'
　　　　　　　　（ÆLS（Sebastian）382 / Pintzuk and Taylor（2006: 258）））

(27) a. þæt he *ne* mæge **nan** god ⌐don⌐
　　　　that he NEG can no good do
　　　　'that he can do no good'
　　　　（ÆLS（Memory of Saints）295 / Pintzuk and Taylor（2006: 258））

　　 b. ðæt he *nolde* ⌐habban⌐ **nane** gemodsumnesse wið da
　　　　that he NEG-would have no agreement with the
　　　　yfelan
　　　　wicked
　　　　'that he would have no agreement with the wicked'
　　　　　　　　（CP 46.353.2 / Pintzuk and Taylor（2006: 258））

古英語における動詞と目的語の相対語順について調査した Pintzuk and Taylor
（2006: 259）によれば，目的語の種類により「目的語―動詞」語順の割合が異
なっている．彼女らの調査結果の一部を表 5 に示す．

表 5. 古英語における目的語の種類の違いによる「目的語―動詞」語順の割合

	肯定目的語		量化目的語		否定目的語	
	N	%	N	%	N	%
950 年以前	1,416	56.7	178	63.5	49	91.8
950 年以降	2,310	50.4	179	56.4	83	78.3
古英語全体	3,726	52.8	357	59.9	132	83.3

(Pintzuk and Taylor (2006: 255, 273, 274) に基づき作成)

表 5 からわかるとおり，(25) に挙げたような肯定目的語では「目的語―動詞」語順と「動詞―目的語」語順はほぼ均衡しているのに対し，(27) に挙げたような否定目的語では「目的語―動詞」語順を好む傾向にある．その中間的割合を示しているのが (26) に挙げた量化目的語の語順である．

　それでは nænig を含む目的語の場合はどうだろうか．YCEO に基づいた調査結果をまとめたものが表 6 である．Ingham (2006) で指摘されているように，否定辞 ne の有無が動詞・目的語語順の選択に影響を与えているため，否定辞の有無に分けて，集計を行った．

表 6. nænig を含む目的語の「目的語―動詞」語順の割合

+ ne		− ne		合計	
N	%	N	%	N	%
26/40	65.0	21/21	100.0	47/61	77.0

nænig を含む目的語は「否定目的語」ではあるが，否定辞 ne の有無によりその分布は異なることが表 6 からわかる．否定辞 ne の有無を無視すれば，nænig 目的語は「目的語―動詞」語順をやや好む結果となった．

　しかしながら，否定辞 ne の有無を考慮すれば，ne が生起する場合は「目的語―動詞」語順は 65.0％となり，表 5 の「否定目的語」の分布ではなく「量化目的語」の分布に近い結果となった．古英語全体でみた場合，量化目的語は59.9％で「目的語―動詞」語順が観察されるのに対し，否定目的語は 83.3％である．これに対して，ne が生起しない場合は例外なく「目的語―動詞」語順となり表 5 の「否定目的語」の分布に近い結果となった．古英語全体でみた場合，83.3％が「目的語―動詞」語順であった．それぞれの具体例を (28)–(30) に示す．

(28)　and þæt cyþde　swutollice þæt he never nænige godcunde
　　　and that showed plainly　　that he never not-any god-like
　　　englas _næfde_　buton hundlice englas.
　　　angels NEG-had　but　dog-like angels
　　　'and he plainly showed that he never had any god-like angels, but
　　　dog-like angels'　　　　　　（LS 32 (PeterandPaul[BlHom 15]) 181.186)[18]

(29)　and _ne_ ｜bideþ｜ he æt us nænig oþor edlean
　　　and NEG asks　he at us not-any other recompense
　　　'and he asks of us no other recompense'
　　　　　　　　　　　　　　　　　　　　　（HomU 19 (BlHom 8) 103.115)

(30)　and cwædon, þæt heo **nænigne** incan　to him ｜wiston｜
　　　and said　　　that they not-any　offense to him know
　　　'and said that they had no rancorous feeling towards him'
　　　　　　　　　　　　　　　　　　　　　　　　　　　（Bede 4 25.348.6)

(28) は ne を伴う「目的語—動詞」語順の例、(29) は ne を伴う「動詞—目的語」語順の例、(30) は ne を伴わない「目的語—動詞」語順の例である。(28) では ne と hæfde 'had' の ne 縮約形 næfde 'NEG-had' が用いられており、(29) では単独の ne が用いられている。

Pintzuk and Taylor (2006) の調査とは統語環境が異なることに加え、nænig 目的語の絶対数が少ないため、決定的なことははいえないが、今回の調査結果は、目的語の種類に加え、否定辞 ne の存在が目的語と動詞の相対語順に影響している可能性を示唆している。これに対する要因の1つは「動詞—目的語」語順における否定辞 ne の義務性である。Ingham (2006) でも指摘されているように、否定的不定辞が動詞に後続する場合、否定辞 ne は義務的に現れる。

別の要因は否定呼応における否定的不定辞の性質である。否定呼応では、否定要素の数に関係なく「否定」の解釈が1つになる。この解釈が否定的不定辞 ne により得られるものだとすれば、ne 以外の否定要素は冗長的な存在であり、文全体の解釈には影響しないことになる。言い換えれば、否定表現を含む目的語が使用されていても、解釈上は量化目的語と同等であると捉えると同じである。で

---

[18] 宇賀治 (2000: 316) によれば、否定呼応文において否定要素が繰り返される位置は、その文に含まれる複数の否定の不定辞の最初のものから順次後続する不定辞に受け継がれていく。たとえば、否定辞のあとに2つの不定辞があった場合、1番目の不定辞を飛び越えて、2番目の不定辞で否定辞を繰り返すことはできない。ちょうど単一否定文において、不定辞（あるいは否定極性項目）が否定辞に先行することが許されないのと同じである（(4a) を参照）。

の結果，nænig 目的語の分布が Pintzuk and Taylor（2006）の調査における否定目的語よりも，量化目的語に近い分布を示したと捉えることができる．[19]

　別の可能性は否定的不定辞 nænig の語構成に関係している．前述の通り，nænig は否定辞 ne と否定極性項目 ænig が融合したものである．Pintzuk and Taylor（2006）の集計では ænig は数量詞に含まれているため，その派生語である nænig も量化目的語に近い分布を示していると考えられる．[20]

　最後に作品間の違いについてふれておこう．前述のとおり，対格の否定的不定辞 nænig の使用は Bede's *Ecclesiastical History of the English People*（Bede），Gregory's *Dialogues*（GD（C）），*Blickling Homilies*（BlHom）にほぼ限られていた．これら 3 作品における，3 種類の語順（(25)-(27)）の分布は表 7 に示すとおりである．

表 7．3 作品における動詞・目的語の語順と否定辞の有無

	OV [+ne]		VO [+ne]		OV [-ne]		合計	
	N	%	N	%	N	%	N	%
Bede	0	0.0	1	8.3	11	91.7	12	100.0
GD（C）	10	45.5	7	31.8	5	22.7	22	100.0
BlHom	6	60.0	2	20.0	2	20.0	10	100.0

　表 7 から，Bede's *Ecclesiastical History of the English People* は否定辞 ne を伴わない「目的語―動詞」語順が好まれる一方，*Blickling Homilies* では否定辞 ne を伴う「目的語―動詞」語順を使用する傾向がうかがえる．一方，Gregory's *Dialogues* では否定辞 ne を伴う「目的語―動詞」語順が優勢であるが，「動詞―目的語」語順も比較的用いられている．また，動詞と目的語の語順に関係なく，否定辞の使用という点では，Bede's *Ecclesiastical History of the English People* ではほぼ使用されないが，残り 2 つの作品では否定辞の使用頻度がかなり高い．

---

[19] 否定呼応における否定要素の解釈に関しては，Blanchette（2015, 2016）とそこで示されている文献を参照のこと．このような要素は否定呼応でのみ生起するという点から，「否定極性項目（negative polarity item）」に対して，「否定呼応項目（negative concord item）」と呼ぶことができる．

[20] Pintzuk and Taylor（2006: 258）では中英語の量化目的語（quantified object）の例として(i) を挙げている．

　　(i)　ȝef ȝe　habbeð ani god　|don|
　　　　if　you have　any good done
　　　　'if you have done any good'

（CMANCRIW,I.76.310/Pintzuk and Taylor（2006: 258））

5.　結論

　本論では YCOE を用いて，否定的不定辞 nænig を含む対格目的語の方言間の差異について調査した．nænig は Ingham（2006），Mitchell（1985）などで指摘されているように，非西サクソン方言でよく使用されていることを示した．

　また動詞と目的語の語順に関して，Pintzuk and Taylor（2006）では，否定目的語の場合には「目的語―動詞」語順がほぼ義務的であることが指摘されているが，今回の調査では異なる結果となった．つまり，否定的不定辞 nænig を含む目的語は，否定辞 ne を伴う文では，「目的語―動詞」語順が義務的であったが，否定辞 ne あるいは ne 縮約形を伴わない文では，Pintzuk and Taylor（2006）で示された量化目的語の分布に近い結果となった．このような分布の違いは，nænig が ne を含む文では数量詞として機能する一方，ne を含まない文では否定要素として機能していることに起因すると示唆した．

　今回は準備的調査として nænig のみを調査対象としたが，今後は否定的不定辞 nan についても調査を行い，本論で示した nænig の「二重性」が nan にもあてはまるのか，nænig と nan の競合，nænig が中英語期で衰退した要因について論じる予定である．また，査読者から指摘を受けた否定辞 ne や否定的不定辞を含む統語構造についても今後の研究課題としたい．

参考文献

Blanchette, Frances（2015）*English Negative Concord, Negative Polarity, and Double Negation*, Doctoral dissertation, City University of New York.

Blanchette, Frances（2016）"Subject-Object Asymmetries in English Sentences with Two Negatives," *University of Pennsylvania Working Papers in Linguistics* 22, 40–50.

Hogg, Richard（2002）*An Introduction to Old English*, Edinburgh University Press, Edinburgh.

Ingham, Richard（2006）"On Two Negative Concord Dialects in Early English," *Language Variation and Change* 18, 241–266.

Levin, Samuel R.（1958）"Negative Contraction: An Old and Middle English Dialect Criterion," *Journal of English and Germanic Philology* 57, 492–501.

Mitchell, Bruce（1985）*Old English Syntax*, 2 vols., Clarendon Press, Oxford.

Mönkkönen, Ilkka（2012）"Negators in Adverbial Phrases Indicating Time and Place in Old English Prose with Special Reference to Litotes," *Neuphilologische Mitteilungen* 113, 403–432.

Pintzuk, Susan and Ann Taylor (2006) "The Loss of OV Order in the History of English," *The Handbook of the History of English*, ed. by Ans van Kemenade and Bettelou Los, 249–278, Blackwell, Malden, MA.

Ringe, Don and Ann Taylor (2014) *The Development of Old English*, Oxford University Press, Oxford.

Sisam, Kenneth (1953) *Studies in the History of Old English Literature*, Oxford University Press, Oxford.

Taylor, Ann and Susan Pintzuk (2011) "The Interaction of Syntactic Change and Information Status Effects in the Change from OV to VO in English," *Catalan Journal of Linguistics* 10, 71–94.

宇賀治正朋 (2000)『英語史』開拓社，東京.

Yerkes, David (1977) "The Text of the Canterbury Fragment of Werferth's Translation of Gregory's *Dialogues* and its Relation to the Other Manuscripts," *Anglo-Saxon England* 6, 121–135.

Yerkes, David (1982) *Syntax and Style in Old English: A Comparison of the Two Versions of Wærferth's Translation of Gregory's Dialogues*, Center for Medieval & Early Renaissance Studies, Binghamton, NY.

Yerkes, David (1986) "The Translation of Gregory's *Dialogues* and Its Revision: Textual History, Provenance, Authorship," *Studies in Earlier Old English Prose*, ed. by Paul E. Szarmach, 335–343, State Universiyt of New York Press, Albany.

コーパス

Kroch, Anthony and Ann Taylor (2000) The Penn-Helsinki Parsed Corpus of Middle English, Second edition (release 4), University of Pennsylvania, Philadelphia. [PPCME2]

Taylor, Ann, Anthony Warrer, Susan Pintzuk, and Frank Beths (2003) The York-Toronto-Helsinki Parsed Corpus of Old English Prose. University of York, York. [YCOE]

辞　書

The Oxford English Dictionary (1989) 2nd ed. on CD-ROM, version 4.0 (2009). Clarendon Press, Oxford. [OED2]

The Oxford English Dictionary Online. <http://www.oed.com> [OED3]

言語変化におけるパラメーター変化と文法化の競合
—— 英語の動詞移動消失と助動詞化を例に ——*

縄田　裕幸

島根大学

1.　はじめに

　生成文法の枠組みで言語変化を分析する際の重要な概念として「パラメーター (parameter)」と「文法化 (grammaticalization)」をあげることができる．パラメーターは，もともと原理・媒介変数理論 (Principles and Parameters (P&P) Theory: Chomsky (1981)) において共時的な言語変異を記述するとともに，言語習得に関するプラトンの問題（ヒトはなぜ限られた言語資料から個別言語を獲得できるのか）を解決するために導入された概念である．すなわち，言語の多様性が普遍文法 (Universal Grammar: UG) に組み込まれたパラメーター値の変異に由来し，母語の習得が有限個のパラメーターの値を設定する作業であると仮定することで，標準理論 (Standard Theory: Chomsky (1965)) で問題となった言語理論の記述的妥当性と説明的妥当性の緊張関係を乗り越えようとしたのである．この概念装置の「発明」が 1980 年代以降における比較統語論研究の隆盛を導いたことはよく知られているが，このことは同時に生成文法による言語変化研究を生み出す契機ともなった．なぜなら言語の通時的変化は世代をまたがるパラメーター変異とみなされ，言語獲得の際に子供が親世代と異なるパラメーター値を選択することで変化が生じると考えられるからである．

　他方で文法化は，内容語が機能語に変化するという言語変化の一般的傾向を捉えるために歴史言語学において用いられてきた概念であり，Meillet (1951 [1912]) に端を発する．ただし理論言語学で注目を集めるようになったのはやはり 1980 年代以降であり，そのきっかけとなったのが Lehmann (1995 [1982])

---

　* 本稿は 2016 年 9 月 8 日に東北大学情報科学研究科で開催されたワークショップ「内省判断では得られない言語変化・変異の事実と言語理論」における発表を発展させたものである．有益な助言をいただいたワークショップ参加者に感謝申し上げる．また，本稿の複数の査読者からは内容と形式の両面について貴重な指摘をいただいた．この場を借りて感謝申し上げる．なお，本研究は JSPS 科研費 (17K02812) の助成を受けている．

や Hopper and Traugott（2003 [1993]）による研究であった．それらは意味論あるいは語用論を基盤としていたため，1980 年代から 90 年代にかけての言語変化研究では，きわめて大雑把にいえば統語変化をパラメーターによって分析し，意味変化を文法化によって分析する傾向があった．しかし 2000 年代に入ると極小主義（Minimalist Program: Chomsky（1995））で文法化を扱った Roberts and Roussou（2003）や Gelderen（2004）などが登場し，統語変化の分野でも文法化を主題とした研究が次々と発表されるようになってきている．多くの生成文法研究者は文法化もパラメーター変化の一種であると考えており，その場合には「文法化」という独立したメカニズムが仮定されているわけではない．しかし以下に述べるようにパラメーター変化と文法化では異なる特徴が観察されるため，本稿では両者を区別して論じることにする．[1]

　通時的な統語変化におけるパラメーター再設定と文法化の特徴を対比させると，前者が「瞬時的」かつ「大域的」であり，後者が「漸次的」かつ「局所的」であるといえよう．P&P モデルで提案された主要部パラメーターや空主語パラメーターは，基本語順の違いや義務的主語の必要性など，言語の類型的特徴を大域的に捉えようとしたものであった．本稿で具体的事例として取り上げるのは英語史における動詞移動の存否である．Ellegård（1953）による助動詞 do の発達研究が明らかにしたように，英語では 16 世紀中ごろに V not 型否定文が do not V 型否定文へと置き換わった．V not 型否定文は動詞が屈折辞 T(ense) に主要部移動することで派生されることから，当該の変化は「V-to-T 移動の消失」として分析される（Pollock（1989），Vikner（1997），Rohrbacher（1999），Koeneman and Zeijlstra（2014），Haeberli and Ihsane（2016）など）．英語史上の限られた時期にほとんどの動詞が否定文で do の支えを必要とするようになったという意味で，これはパラメーター再設定による言語変化の典型例といえる．

　他方で，文法化はもともと個別語彙項目の漸次的変化を捉えようとする概念である．文法化のクライン（cline of grammaticalization）として知られる「内容語から機能語へ」「客観的意味から主観的意味へ」といった一般的傾向はいずれも連続的な変化を表しており，また同一範疇に属する複数の語が変化の異なる段階にあることも珍しくない．例として助動詞の発達をとり上げよう．英語の助動詞はその多くが本動詞から変化した．たとえば法助動詞 can は本来 "to know" を表す本動詞であったが，そこから「能力」を表す根源的法助動詞の用法が発達し，さらに「可能性」を表す認識様態法助動詞としても用いられ

---

[1] 縄田（2005）は，パラメーター変化が統語部門での変化であるのに対して，文法化は音韻部門の現象であると論じている．

るようになった（中尾（1972））．動詞移動の消失と異なり，その変化は古英語から近代英語の長期間にわたっていた．また同様の変化は may や must など他の助動詞でも生じたが，その時期と速度は個別の語彙項目で異なっていた．変化が漸次的でかつ語彙項目ごとに生じていたという点で，英語史における助動詞の発達は文法化の典型的な事例といえよう．

　動詞移動の消失と助動詞化は，統語構造内での変化の方向性という点でも対比をなす．前者はかつて T まで主要部移動していた V が動詞句内に留まるようになった変化であり，句構造上の「下方推移」である．その様子を図示すると（1）のようになる（ 囲み は変化後の動詞の位置を表す）．

（1）　パラメーター変化（動詞移動の消失）
　　　$[_{TP}$ 主語 T not/Adv $[_{VP}$ V …]] $\Longrightarrow$ $[_{TP}$ 主語 T not/Adv $[_{VP}$ $\boxed{V}$ …]]

それに対して助動詞化は，主要部移動で上昇していた動詞が上位の機能範疇に直接基底生成されるようになる変化であり，句構造内の「上方推移」である．たとえば，Roberts and Roussou（2003）は法助動詞の発達を（2）のように分析している．

（2）　文法化（助動詞化）
　　　$[_{TP}$ 主語 T_1 $[_{VP}$ V_1 $[_{TP}$ T_2 $[_{VP}$ V_2 …]]]] $\Longrightarrow$ $[_{TP}$ 主語 $\boxed{T_1}$ $[_{VP}$ V_2 …]]

前法助動詞は複文構造の上位節において V-to-T 移動していたが，T_1 に基底生成されるようになった結果，V_1 と T_2 が消失して単一節構造への通時的な再構造化（restructuring）が起こった．

　本稿の目的は，歴史上のある時期に特定の統語的環境に対してパラメーター再設定の圧力と文法化をうながす圧力がともにかかった場合，どのような要因によって一方が選択されるのかを考察し，言語変化における両者の関係を明らかにすることである．上でパラメーター再設定による統語変化として動詞移動の消失を挙げたが，know，doubt などの一部の動詞（以下 know 類動詞）はこの変化に抵抗し，後期近代英語まで V not 型否定文を用い続けた．この「残留動詞移動」とよばれる現象に対して，縄田（2017）は文法化による分析を試みている．それによれば，（1）に示される下方推移のパラメーター変化が起こった際に，一部の動詞が（2）のような上方推移の文法化によって抵抗することで残留動詞移動が生じた．しかし最終的にはパラメーター再設定の圧力が文法化のそれを上回り，know 類動詞の否定文も do not V 語順へと収斂していった．

　他方，同じような状況において動詞移動消失の圧力に文法化が十分に抵抗し，現代英語において助動詞的な用法を確立した事例もある．need と dare を用いた否定文と疑問文には，(3) のような本動詞用法と (4) のような助動詞用法が並存している (Huddleston and Pullum (2002: 110))．

(3)　a.　Does he need / dare to tell her?
　　　b.　He does not need / dare to tell her.
(4)　a.　Need / Dare he tell her?
　　　b.　He needn't / daren't tell her.

疑問文 (4a) では need / dare が主語と倒置し，否定文 (4b) では need / dare が否定辞 not に先行している．これらはいずれも can や may などの法助動詞と共通する振る舞いである．他方で，肯定平叙文では need / dare には原形不定詞ではなく to 不定詞が後続しなければならない．

(5)　a.　He needs / dares to tell her.
　　　b.　*He need / dare tell her.

したがって，need / dare は疑問文と否定文では助動詞としての性質をあわせもつ一方で，肯定平叙文では本動詞用法のみが許されることになる．以下では，完全に助動詞化していないという意味で (4) の need / dare を半助動詞 (semi-auxiliary) とよぼう．

　動詞移動の消失に抵抗する助動詞化はどのように生じるのか．また，なぜ need と dare が半助動詞としての用法を確立できたのに対して know はついに助動詞化をなしえなかったか．この問いに答えるため，まず 2 節では本動詞から法助動詞へといたる文法化のクラインに対応する統語構造を提案するとともに，本稿の仮説を提示する．その上で 3 節では，後期近代英語以降の know 類動詞と need / dare の使用状況を The Penn Parsed Corpus of Modern British English, 2nd edition (PPCMBE2) の調査によって明らかにし，それに基づく分析を提示する．さらに 4 節では，なぜ need / dare が疑問文と否定文でのみ助動詞的な振る舞いを示すのかを Richards (2010) による「必異性 (Distinctness)」の概念によって説明する．最後に 5 節はまとめである．

2. 提案

上で提起した問題に答えるため，本稿では（6）に示す助動詞の階層構造を仮定する．

(6)
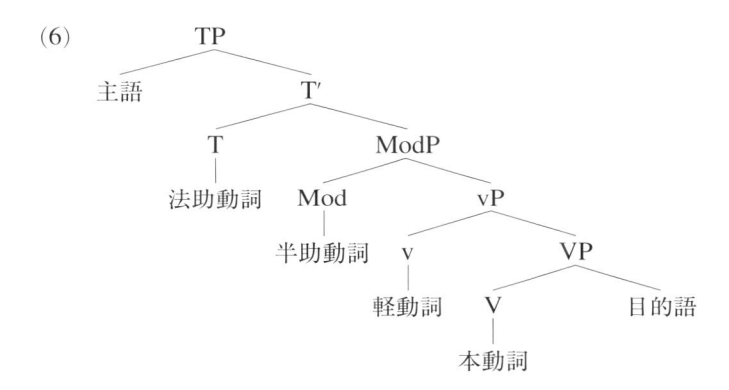

Roberts（1985）および Kume（2009, 2011）は，本動詞が助動詞へと文法化する際に軽動詞の段階を経ることがあると論じている．本稿ではこのクラインをさらに細分化し，半助動詞を法助動詞と軽動詞の間に位置づけることを提案する．また，半助動詞は T の下位にある機能範疇 Mod(ality) を，軽動詞は VP シェル構造の上位主要部 v を，それぞれ占めていると仮定する．（6）の構造は，V から T へと上位の主要部にいくにしたがって文法化が進行していることを表している．

この構造に基づき，know 類動詞と need/dare の通時的発達に関して次の2つの仮説を立てる．(i) know 類動詞は後期近代英語期に軽動詞 v としての用法を発達させたが，最終的にこの用法は消失した．(ii) need/dare は本動詞に加えて半助動詞としての用法を発達させ，現代英語では両者が並存している．次節ではコーパス調査によってこれらの仮説の記述的妥当性を検証するとともに，なぜ know 類動詞と need/dare が異なる発達経路をたどったのかを考察する．

3. コーパスに基づく分析

本節では PPCMBE2 の調査によって後期近代英語における know 類動詞と need/dare の使用状況を明らかにし，これらの動詞を含む文の構造と派生の分析を行うとともに，文法化を促進した要因について考察する．

3.1.　know 類動詞[2]

　縄田（2017）は後期近代英語で動詞移動の消失に抵抗した know, believe, doubt, care の 4 つの動詞について，疑問文での主語との相対語順ならびに否定文での否定辞 not との相対語順を PPCMBE2 で調査している．その結果をまとめたのが表 1 である．V > subj. と V > not はこれらの動詞が主語や否定辞に先行する語順を示し，do > subj. と do > not は動詞が元位置に留まっている語順である．

表 1：　後期近代英語における know 類動詞の疑問文と否定文での相対語順

	V > subj.		do > subj.		V > not		do > not	
know	10	（4%）	258	（96%）	264	（32%）	557	（68%）
believe	3	（8%）	33	（92%）	36	（36%）	65	（64%）
doubt	0	（0%）	3	（100%）	35	（53%）	31	（47%）
care	1	（33%）	2	（67%）	16	（26%）	46	（74%）

（縄田（2017: 72）：一部改変）

ここから，この時代の know 類動詞は疑問文で主語と倒置する力はほぼ失っていたが，否定文で not に先行する力を依然として維持していたことがわかる．他の動詞はすでに do などの助動詞によって否定文を作るのが一般的であったことから，これら 4 つの動詞が英語全体の動詞移動の消失に「抵抗」しているようにみえる．

　このような know 類動詞のふるまいは非常に奇妙である．なぜなら動詞移動の消失のようなパラメーター変化は当該範疇に属するすべての項目に影響をおよぼし，ある特定の語彙項目だけがその効果を免れることはないからである（第 1 節の議論を参照）．たとえば，wh 移動に関して疑問詞 what と who は顕在的に移動するが where は移動しないというような事態は考えにくい．そこで，縄田（2017）は know 類動詞がパラメーター変化としての動詞移動消失を受けながら，同時に（7a）から（7b）への構造的再分析を経て文法化されたと提案している．

---

[2]　本節は縄田（2017）に基づいている．初期近代英語以降の know 類動詞の動詞移動の消失に関するより詳細な議論はそちらを参照されたい．

(7)　know 類動詞の再分析

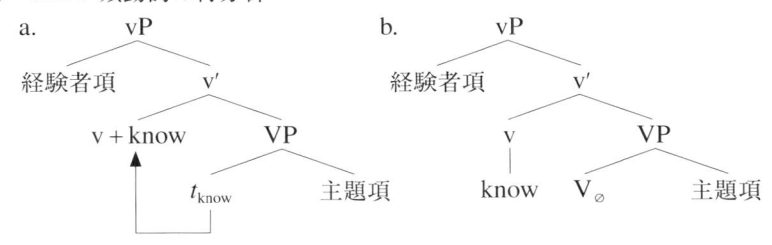

他の動詞と同様，know 類動詞ももともと V として基底生成されて軽動詞 v に主要部移動していたが，文法化によって know それ自体が軽動詞であるとみなされるようになり，v に直接挿入されるようになった．この場合 V は音形をもたない動詞として存在する．

　know などが（7b）のように v として再分析されると，vP と VP を構造上分裂させて扱うことができるようになる．言い換えると，V と複合体を形成する義務を免れた v は併合対象の選択制限が緩くなったのである．そこで，再分析後の否定文においては，vP が NegP の上位に基底生成される（8）の構造が利用可能であったと仮定しよう．

(8)　軽動詞の否定文構造

$[_{CP}$ ∅ $[_{TP}$ He t_T $[_{vP}$ know-s $[_{NegP}$ not $[_{VP}$ V$_{\varnothing}$ her name]]]]]

この分析が正しければ，know 類動詞は動詞移動を経ることなく V not 語順を派生できたことになる．また文法化の過程においては，旧来の用法と新しい用法が共時的に両立することが知られている（Bybee（2015））．後期近代英語の know 類動詞は軽動詞としての用法と本動詞としての用法が混在しており，後者を含む文では他の本動詞と同じように助動詞を用いて否定文が作られた．これが表 1 の「do＞not 語順」に反映している．

　他方で，本動詞と同様に軽動詞は主語・（助）動詞倒置を生じさせる T-to-C 移動の対象にならないので，疑問文で主語に先行することはなかった．したがって，他に助動詞を含まない文では（9）のように do 支持の適用を受けた．

(9)　軽動詞の疑問文構造

$[_{CP}$ Does $[_{TP}$ he t_T $[_{vP}$ know $[_{VP}$ V$_{\varnothing}$ her name]]]]

これにより，know 類動詞が後期近代英語において疑問文で主語と倒置する力

をほぼ失っていたことが導かれる.

では，(7) の文法化を促進した要因は何だったのであろうか．文法化を進行させる要因の一つとして「主観化」がある．もともと客観的事実を述べるのに用いられた動詞が，徐々に話者の主観的認識を表すようになるという現象である．know 類動詞はいずれも主語の認識や思考・感情を表すので，主語が一人称の場合に主観化を受けやすいという特徴がある．縄田 (2017) は表1でとりわけ高い頻度で残留動詞移動を示した doubt をとり上げて doubt not 語順とdo not doubt 語順が主語の人称ごとにどのように分布していたかを調査し，表2の結果を報告している．

表2： 後期近代英語における doubt 否定文の人称分布（生起数）

	一人称	二人称	三人称	不明	計
doubt not	31	1	3	0	35
do not doubt	17	2	10	2	31

（縄田 (2017: 76)）

他者の心理状態を客観的に記述する三人称主語では do not doubt が優勢であるのに対し，話者の心理を主観的に表す一人称主語では doubt not が好まれることがわかる．このことは，doubt の一人称用法で主観化が進行していたことを示している.[3]

しかし know 類動詞の軽動詞用法は19世紀中にほぼ消失し，最終的に否定文の語順は他の一般動詞と同じく do not V 型に統一された．旧来型の V not語順を動詞の文法化によって維持しようとする動きがパラメーター変化による

---

[3] 査読者が指摘するように，後期近代英語では know 類動詞だけでなく，発話動詞 say や移動動詞 come なども残留動詞移動を示した．経験者項をとらないこれらの動詞に対しては主観化に基づく分析は適用できない．これらの動詞の扱いは本稿の考察の範囲を越えるが，興味深い事実として，say や come は現代英語でも他の動詞にみられない特異なふるまいをすることを指摘しておきたい.

(i) a. "I'm hungry," *said John*.

　　 b. I'll *come get* you when it's time.

say は (ia) のように，引用句に後続する位置で主語と倒置する引用句倒置 (quotative inversion) を起こす．また come は，主にアメリカ英語で (1b) のように原形動詞をしたがえて「…しに来る．行く」の意味を表すことができる．Collins (1997) は引用句倒置では定形動詞が V-to-T 移動をしていると論じている．また本稿4節での分析にしたがえば，(1b) の構文で come と get は異なる転送領域 (transfer domain) に属していなければならず，やはり come が通常の定形動詞よりも構造上高い位置にあることを示唆している．後期近代英語における say とcome の残留動詞移動を分析する際には，上記の現代英語の特性も考慮する必要があるだろう.

do not V 語順の圧力に屈した要因のひとつとして，使用頻度の差があげられよう．Bybee（2003）は使用頻度が文法化におよぼす影響を指摘し，頻繁に用いられる表現ほど意味の漂白が起きやすいと述べている．表1からわかるとおり，後期近代英語では know 類動詞全体として do not V 語順の方が優勢であり，軽動詞用法の頻度は本動詞に比べて低かった．この頻度の差が，最終的な V not 語順の消失につながったと思われる．

　また，know 類動詞の補部構造も助動詞への再分析を促すのに適したものではなかった．表3は肯定平叙文で know と doubt のとる補部のタイプを今回新たに調査した結果である．[4]

表3: 後期近代英語における know 類動詞の肯定平叙文での補部（生起数）

	to 不定詞	定形節	名詞句	計
know	36	1023	857	1916
doubt	1	40	21	62

第1節で述べたとおり，本動詞が助動詞へと文法化される過程では複文構造 $[_{TP}$ 主語 T_1 $[_{VP}$ V_1 $[_{TP}$ T_2 $[_{VP}$ V_2 ...]]]] が単文構造 $[_{TP}$ 主語 T_1 $[_{VP}$ V_2 ...]] へと再構造化される．このとき，V_1 が助動詞化すると同時に V_2 が主節の本動詞になることが重要である．そのため，V_1 はその補部として不定詞節をしたがえる必要があるが，know 類動詞はその条件を満たしていない．表3では know の to 不定詞補部が 36 例あるものの，そのうち 23 例は know＋目的語＋to 不定詞のパターンであり，これらは単文構造への再分析の入力とはなりえない．これは know と doubt だけでなく believe や care にも共通する性質である．したがって know 類動詞は（7b）のように軽動詞までは文法化されたものの，それ以上の助動詞化を経ることはなかった．

3.2. need と dare

　know 類動詞と比較するため，need と dare についても疑問文での主語との相対語順と否定文での否定辞 not との相対語順を PPCMBE2 で調査した．その結果をまとめたのが表4である．

---

[4] ここでは定形動詞が助動詞化される際の補部の影響を調べるため，現在形または過去形の know と doubt のみを検索の対象とした．したがって，表3には Bill is known to have broken the promise. のような受け身文は含まれていない．査読者より，受け身の be known to が複文構造から単文構造に再構造化された可能性はないかという趣旨のコメントをいただいたが，その検証については今後の課題としたい．

表4：後期近代英語における need / dare の疑問文と否定文での相対語順

	V > subj.		do > subj.		V > not		do > not	
need	11	（85%）	2	（15%）	134	（98%）	3	（2%）
dare	14	（82%）	3	（18%）	47	（82%）	10	（18%）

know 類動詞と異なり，need / dare では疑問文における倒置語順と否定文における V not 語順がともに優勢であったことがわかる．ここから，need / dare は know 類動詞よりもさらに文法化が進んだ段階にあったと思われる．そこでこれらの動詞が（10a）から（10b）へと再分析されたと仮定しよう．

（10）　need / dare の再分析

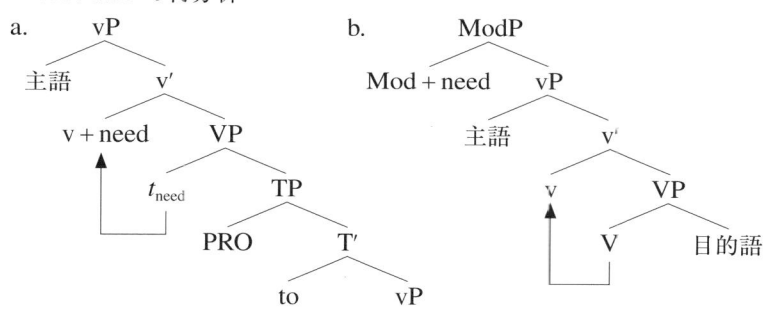

法助動詞の文法化（1 節（2）を参照）と同じように，不定詞をしたがえる複文構造が単文構造へと再構造化されている．ただし，再分析後の位置は法助動詞の T ではなくそれよりも下位にある機能範疇 Mod である．つまり need / dare は know 類動詞よりは文法化が進んでいたが法助動詞ほどは文法化しなかったということである．[5]

　この提案に基づけば，need / dare の V not 否定文と疑問文の構造はそれぞれ（11），（12）のように表される．

（11）　半助動詞の否定文構造
$[_{CP} \oslash [_{TP} \text{He T} [_{ModP} \text{need} [_{NegP} \text{not} [_{vP} \text{tell her}]]]]]$

---

[5] 査読者が指摘するように，この再分析には need / dare の統語位置の変化に加えて，項構造の変化もともなっている．すなわち，表層の主語は（10a）では need / dare の外項であるが，（10b）では本動詞の外項であり，need / dare は項構造を失っている．理論的には，両者の中間段階として need / dare が内項のみをとる繰り上げ動詞だった段階が存在していた可能性があるが，今回の調査からそれを裏付ける証拠は得られなかった．

（12）　半助動詞の疑問文構造

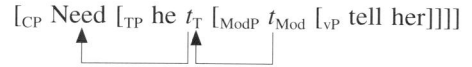

$[_{\text{CP}}$ Need $[_{\text{TP}}$ he t_{T} $[_{\text{ModP}}$ t_{Mod} $[_{\text{vP}}$ tell her$]]]]$

節の基本構造を大きく CP 領域，TP 領域，VP 領域に区分すると，機能範疇 Mod は TP 領域に含まれる（Cinque (1999)）．否定を表す NegP が TP 領域よりも下位に位置するとすれば，（11）のような基底構造での V not 語順が得られる．また，TP 領域に出現する助動詞のうち階層上もっとも上位にあるものが主語・助動詞倒置を受けるとすれば，半助動詞 need/dare は疑問文で C 位置まで上昇して（12）のような構造が派生されることになる．[6]

　次に need/dare が文法化した要因について，3.1 節にならって「頻度」「主観化」「補部構造」の 3 つの観点から考えてみよう．まず頻度に関しては表 4 から明らかなように，need/dare とも語のトークン数としては know より少ないものの，構文タイプとしては主語や否定辞に先行する助動詞的な語順が優勢である．とりわけ，否定文における need not 語順が do not need 語順よりも圧倒的に優勢である点が目を引く．

　また，need と dare は主語にとっての必要性や行為に対する態度（あえて…する）を表しており，know 類動詞と同様に主語が一人称の場合に主観化を受けやすい．主観化の効果を検証するために，dare を取り上げて dare not 語順と do not dare 語順が主語の人称ごとにどのように分布していたかを調査すると，表 5 のような結果が得られた．

---

[6] need/dare の助動詞用法では主語との形態的一致が生じない．また，他の法助動詞と共起することもできない．

　(i)　a. *Needs/Dares he tell her?
　　　b. *He needs not/dares not tell her.
　　　c. *Will he need/dare not tell her?
　　　d. *He will need/dare not tell her.

これらの事実は，（11）および（12）の構造において T が音形をもたないことを示唆している．本稿では紙幅の都合上この問題に立ち入ることはできないが，さしあたり (ii) のような音韻部門の語彙挿入規則により，T がゼロ形として具現化されると仮定しておく．

　(ii)　T $\Leftrightarrow$ ∅ / ＿＿ + need, dare

また He need not tell her を It is not necessary to tell her とパラフレーズできることから，否定文において not は need よりも広い作用域をもつことがわかる（Radford (2016: 277))．この点についてもやはり暫定的ではあるが，非顕在統語部門において not が T に付加して need を c 統御すると仮定しよう．

　(iii)　$[_{\text{CP}}$ ∅ $[_{\text{TP}}$ He not + T $[_{\text{ModP}}$ need $[_{\text{NegP}}$ t_{Neg} $[_{\text{vP}}$ tell her$]]]]]$

半助動詞に関するこれらの現象のより詳細な分析については今後の課題としておく．

表5：後期近代英語における dare 否定文の人称分布（生起数）

	一人称	二人称	三人称	不明	計
dare not	21	3	19	4	47
do not dare	2	0	7	1	10

do not dare のサンプル数がそれほど多くはないので断定できないものの，dare not が一人称主語で好まれる傾向を見てとることができる．つまり dare not に現れる半助動詞の方が do not dare における本動詞よりも主観化が進行しているといえる．

　さらに，補部構造の点でも need/dare は助動詞化の必要条件を満たしている．表6は肯定平叙文で need と dare がとった補部のタイプを調査した結果である．

表6：後期近代英語における need/dare の肯定平叙文での補部（生起数）

	to 不定詞	定形節	名詞句	計
need	10	1	56	67
dare	22	0	1	23

know 類動詞と異なり，need/dare は to 不定詞を補部として選択することができる．これが（10）の再分析の入力となり，need/dare の助動詞化を促したと考えられる．興味深いことに，後期近代英語では本動詞の dare が原形不定詞を補部に選択することがあった．PPCMBE2 からの用例を（13）に挙げる．

(13) a. I remember the fellow said this morning he did not *dare go* to an hotel.　　　　　　　　　　　　　(BROUGH-1867-2, 22.946)

　　 b. and while Mr. Arnott looked at her with a wish of enquiry he did not *dare express*　　　　　(BURNEY-1782-2, 1, 138.564)

　　 c. and their enemies and detractors will believe, or at least insist, that they do not *dare disclose* their own share in the transaction.　　　　　　　　　　　　　　　　(GREVILLE-1855-2, 1, 258.207)

これらの例ではいずれも do を用いて否定文が作られており，dare が助動詞化されていないことがわかる．同時に不定詞標識 to が脱落していることから，その構造は次のように表される．

(14)　[$_{NegP}$ not [$_{vP}$ dare [$_{VP}$ t_V [$_{TP}$ PRO T [$_{vP}$ go to an hotel]]]]]

ここから音形をもたない TP が消失し，さらに埋め込まれた vP が主節動詞句として解釈されると，dare は上方に押し出されるように Mod として再分析される．（13）の例は，dare の文法化の途上にある橋渡し的な構文といえよう．

4.　半助動詞と必異性条件

　最後に残された問題は，なぜ need/dare が肯定平叙文で義務的に to 不定詞補部を選択するのかである．この問いに対して本稿では Richards（2010）の必異性条件によって説明を与えるが，まずその前提となるフェイズ（phase）と転送領域の概念を整理しておこう．フェイズは統語構造を構築する際の基本単位であり，Chomsky（2000）以降の標準的枠組みでは vP と CP がフェイズを構成すると仮定されている．[7] また，フェイズ主要部の補部は転送領域となり，フェイズが完成した段階で音韻部門と解釈部門へと統語構造の情報が転送される．

　どの範疇がフェイズを構成するかについてはさまざまな提案がなされているが，そのひとつに Chomsky（2015）によって提唱されたフェイズ性（phasehood）の概念がある．それによれば，フェイズ主要部である C または v から T または V へと素性が継承されることにより，T と V にも潜在的にフェイズ主要部となりうる能力が備わる．そして何らかの理由により C や v が不可視になると T や V でフェイズ性が活性化し，これらがフェイズ主要部となる．[8] Hosono（2018）はこの提案をさらに推し進め，C/v が不可視であるかどうかにかかわらず，T/V に継承されたフェイズ性は T/V 指定部に別の XP が併合することで活性化されると論じている．ここでは Hosono（2018）の提案を採用し，（15）のように仮定しよう．

　（15）　T および V の補部が転送領域をなす．

半助動詞の議論に関連するのは主として T の補部であり，具体的には ModP または vP が転送領域をなす．

　半助動詞の範疇についても若干の修正を加えておく．2 節では半助動詞が Mod 主要部を占めていると提案したが，より正確な構造として，動詞 need/

---

[7] Chomsky（2000）などでは強フェイズを v*P，弱フェイズを vP と表記して区別しているが，以下では両者を区別せずに vP と表記する．

[8] Chomsky（2015）は C が不可視になる例として，音形をもたない C が削除される場合と T が C に主要部移動で併合する場合を挙げている．

dare に機能範疇 Mod が接辞化した（16）を仮定しよう．

(16) $[_{\text{Mod}^0}\ [_{\text{v}}\ \text{need/dare}]\ \text{Mod}]$

このような構造を仮定すると，本動詞としての need/dare と半助動詞としての need/dare を別個の語彙項目として設ける必要がない点に注意されたい．V がそのまま句構造に導入されると本動詞となり，Mod が接辞化すると半助動詞となる．言い換えると，need と dare の文法化は，Mod の接辞化を随意的に許すようになることで生じたのである．

　最後の理論的仮定が，Richards（2010）による必異性条件である．これは次のように定式化される．

(17)   必異性条件
　　　 線形語順陳述（linearization statement）$<a，a>$ が形成されると，
　　　 派生は破綻する．　　　　　　　　　　（Richards（2010: 5）：筆者訳）

これは，統語構造が音韻部門に写像されて線形化される際に，同一の範疇 a に属する要素が連続してはならないことを述べたものである．本稿では詳しく立ち入る余裕はないが，Richards（2010）はこの条件に基づいて類型的に多様な言語の広範な現象を説明しており，汎用性の高い条件である．

　以上の仮定をふまえて，半助動詞を含む構造の線形化プロセスを確認していこう．（18）は否定文 He need not tell her（＝(4b)）の構造である．以下，need を含む転送領域を 編み掛け で示し，当該の領域に含まれる語彙項目の線形語順を ＜山形括弧＞ で囲んで表す．

(18) $[_{\text{CP}}\ \varnothing\ [_{\text{TP}}\ \text{He T}\ [_{\text{ModP}}\ \text{need}\ [_{\text{NegP}}\ \text{not}\ [_{\text{vP}}\ \text{tell}\ [_{\text{VP}}\ t_{\text{v}}\ [_{\text{DP}}\ \text{her}]]]]]]]$
　　　　　　　　　　　　　　　　　　　　　　　　　　　　　　＜V, Neg, V＞

need と tell はともに V であるが（(16) 参照），両者の間に否定辞 Neg が介在しているため（17）の必異性条件に抵触しない．ところが，肯定平叙文 *He need tell her（＝(5b)）では問題が生じる．

(19) $[_{\text{CP}}\ \varnothing\ [_{\text{TP}}\ \text{He T}\ [_{\text{ModP}}\ \text{need}\ [_{\text{vP}}\ \text{tell}\ [_{\text{VP}}\ t_{\text{v}}\ [_{\text{DP}}\ \text{her}]]]]]]$　　　　　＊＜V, V＞

ここでは単一の転送領域の中で need と tell が連続しており，必異性条件が禁じる線形語順 $<a，a>$ が生じている．そこで，感覚運動インターフェイスで派生が破綻するのを回避するため，肯定平叙文では本動詞を用いた He needs to tell her（＝(5a)）が用いられる．

(20) [_CP ∅ [_TP He T [_vP need [_VP t_v [_TP to [_vP tell [_VP t_v her]]]]]]]   <V, T>

この複文構造では need と tell は異なる転送領域に属するため，必異性条件の違反は生じない．このように，半助動詞 need/dare が機能範疇 Mod に位置すると仮定することで，これらの要素が肯定平叙文で現れないことを正しく予測することができる．[9]

5. まとめ

以上の議論から，本稿で言及した動詞および助動詞類の句構造上の位置とそれらが示す統語的特性をまとめると表7のようになる．

表7: 動詞および助動詞類の統語位置と統語的特性

	統語位置	否定文での否定辞後続語順	疑問文での主語との倒置	肯定平叙文での原形不定詞
法助動詞	T	◯	◯	◯
半助動詞	Mod	◯	◯	×
軽動詞	v	◯	×	×
本動詞	V + v	×	×	×

この表の上の行にあるものほど，句構造で上位にある，より文法化が進んだ要素である．否定文での否定辞後続語順は，v より上の機能的主要部を占める法助動詞・半助動詞・軽動詞で可能である．また疑問文での主語との倒置は，TP 領域に含まれる法助動詞と半助動詞に適用される．そして肯定平叙文で原形不定詞をとるのは，原形不定詞と同じ転送領域に含まれない法助動詞に限られる．このように，本稿の提案によって本動詞から法助動詞へといたる段階的な統語的特性の変化を捉えることができる．

また，know 類動詞，dare, need の文法化にどのような要因が関わっていたかをまとめたのが表8である．

---

[9] 疑問文 Need he tell her?（=(4a)）の構造は (i) のように表される．

　(i) [_CP Need [_TP he t_T [_ModP t_Mod [_vP tell [_VP t_v her]]]]]   <V, DP>

この場合，最上位の CP と TP が need を含む転送領域となる．need と tell は別個の転送領域に属するため，必異性条件の違反は生じない．また，dare が原形不定詞を選択する本文 (13) のような構文では転送領域は (ii) のようになる．

　(ii) [_NegP not [_vP dare [_VP t_v [_TP T [_vP go to an hotel]]]]]   <Neg, V>

主節の動詞 dare と原形不定詞は線的には隣接しているが異なる転送領域に属するため，やはり必異性条件の違反は生じない．

表8: 文法化の諸要因と動詞タイプの関係

	主観化	不定詞補部	頻度効果
know 類動詞	+	−	−
need/dare	+	+	+

know 類動詞と need/dare はもともと経験者項主語の認識・思考や行為への態度，あるいは必要性を表していた．いずれも一人称主語の場合に主観化が生じやすく，文法化が生じる意味的条件を満たしている．他方で，need/dare が助動詞化の統語的条件である不定詞補部を選択することができたのに対し，know 類動詞はその条件を満たしていなかった．また頻度効果に関しても，need/dare で V not 語順の頻度が高かったのに対し，know 類動詞は do not V 語順の方が優勢であった．

　最後に，文法化の諸要因とパラメーター変化の相互作用について推測を述べて本稿を閉じる．表8にあげた3つの要因のうち文法化の最初の推進力となったのは意味的要因，すなわち話者による主観化であったと思われる．know 類動詞と need/dare はこの要因を備えていたため，語彙的意味内容が漂白されて句構造の上方への推移，すなわち文法化が生じた．しかし不定詞補部を選択しなかった know 類動詞は軽動詞用法に留まり，それ以上文法化することがなかった．軽動詞用法は頻度的にも本動詞用法を上回ることがなかったため，最終的には衰退していった．他方で，文法化の構造的条件も兼ね備えていた need/dare は半助動詞まで文法化し，その用法の頻度が疑問文と否定文で本動詞用法を上回った．数の上で多数派となることで，さらに文法化の偏流 (drift) が加速したことであろう．もし動詞移動が生産的であった中英語期にこの変化が生じていれば，ひょっとしたら need/dare は法助動詞の仲間入りをしていたかもしれない．しかし，動詞移動パラメーターの変化によって本動詞が T まで上昇しなくなっていた後期近代英語では，need/dare の T 要素への再分析を妨げる強い圧力がかかっていたはずである．このような文法化とパラメーター変化の競合の結果，need/dare は半助動詞として現代英語に残ったものと考えられる．[10]

---

[10] 査読者が指摘するように，現代英語で need/dare と似た振る舞いをする動詞として matter がある．この動詞は形式主語をともなって that 節や wh 節をとる場合に，It does not matter that/whether ... 構文と It matters not that/wheher ... 構文をともに許容する．助動詞 do を用いない後者では，matter が助動詞化しているようにみえる．

　(i) It *matters not* whether the waters are calm or stormy.   (2011 *Distant*: COCA)
このような話し手の判断を表す matter の用法は，本文で示した文法化の3要因のうち「主観

参考文献

Bybee, Joan (2003) "Mechanisms of Change in Grammaticization: The Role of Fre-
quency," *The Handbook of Historical Linguistics*, ed. by Brian D. Joseph and
Richard D. Janda, 602–623, Blackwell, Malden.

Bybee, Joan (2015) *Language Change*, Cambridge University Press, Cambridge.

Chomsky, Noam (1965) *Aspects of the Theory of Syntax*, MIT Press, Cambridge, MA.

Chomsky, Noam (1981) *Lectures on Government and Binding*, Foris, Dordrecht.

Chomsky, Noam (1995) *The Minimalist Program*, MIT Press, Cambridge, MA.

Chomsky, Noam (2000) "Minimalist Inquiries: The Framework," *Step by Step: Essays
on Minimalist Syntax in Honor of Howard Lasnik*, ed. by Roger Martin, David
Michaels and Juan Uriagereka, 89–155, MIT Press, Cambridge, MA.

Chomsky, Noam (2015) "Problems of Projection: Extensions," *Structures, Strategies
and Beyond: Studies in Honour of Adriana Belletti*, ed. by Elisa Di Domenico,
Cornelia Hamann and Simona Matteini, 3–16, John Benjamins, Amsterdam.

Cinque, Guglielmo (1999) *Adverbs and Functional Heads: A Cross-Linguistic Per-
spective*, Oxford University Press, Oxford.

Collins, Chris (1997) *Local Economy*, MIT Press, Cambridge, MA.

Ellegård, Alvar (1953) *The Auxiliary Do: The Establishment and Regulation of Its
Use in English*, Almquist & Wiksell, Stockholm.

Gelderen, Elly van (2004) *Grammaticalization as Economy*, John Benjamins, Amster-
dam.

Haeberli, Eric and Tabea Ihsane (2016) "Revisiting the Loss of Verb Movement in the
History of English," *Natural Language and Linguistic Theory* 34, 497–542.

Hopper, Paul J. and Elizabeth Closs Traugott (2003) *Grammaticalization*, 2nd ed.,
Cambridge University Press, Cambridge.

Hosono, Mayumi (2018) "Verb Movement in Narrow Syntax," To appear in *Studia
Linguistica*.

Huddleston, Rodney and Geoffrey K. Pullum (2002) *The Cambridge Grammar of the
English Language*, Cambridge University Press, Cambridge.

Koeneman, Olaf and Hedde Zeijlstra (2014) "The Rich Agreement Hypothesis Reha-

---

化」を満たすものの，使用頻度がきわめて低いことと補部に定形節をとることから，他の２つ
の要因はクリアしない．したがって本稿の分析の反例となる可能性があるが，注意したいの
は，肯定文における matter がしばしば程度表現をともなって現れる点である．

　(ii)　It matters {a lot / (so) much / little} whether John comes or not.

この例に照らして考えると，(i) の用法では not が否定辞ではなく「まったくない」を表す程
度表現の一種として例外的に副詞として用いられているとみなすことができる．そうすると，
(i) の matter は動詞句内に留まっており，need / dare の助動詞化とは異なる現象ということ
になる．

bilitated," *Linguistic Inquiry* 45, 571-615.

Kume, Yusuke (2009) "On Double Verb Constructions in English: With Special Reference to Grammaticalization," *English Linguistics* 26, 132-149.

Kume, Yusuke (2011) "On the Complement Structures and Grammaticalization of *See* as a Light Verb," *English Linguistics* 28, 206-221.

Lehmann, Cristian (1995) *Thoughts on Grammaticalization*, 2nd ed., Lincom Europa, Münich.

Meillet, Antoine (1951) "L'évolution des Forms Grammaticales," *Linguistique Historique et Linguistique Générale*, Tome I, ed. by Antoine Meillet, 130-148, Klincksieck, Paris.

中尾俊夫 (1972)『英語史 II』大修館，東京.

縄田裕幸 (2005)「分散形態論による文法化の分析 ── 法助動詞の発達を中心に ──」『文法化 ── 新たな展開 ──』，秋元実治・保坂道雄（編），75-108，英潮社，東京.

縄田裕幸 (2017)「後期近代英語における残留動詞移動と know 類動詞の文法化」『島根大学教育学部紀要』51, 69-79.

Pollock, Jean-Yves (1989) "Verb Movement, Universal Grammar, and the Structure of IP," *Linguistic Inquiry* 20, 365-424.

Radford, Andrew (2016) *Analysing English Sentences*, 2nd ed., Cambridge University Press, Cambridge.

Richards, Norvin (2010) *Uttering Trees*, MIT Press, Cambridge, MA.

Roberts, Ian (1985) "Agreement Parameters and the Development of English Modal Auxiliaries," *Natural Language and Linguistic Theory* 3, 21-58.

Roberts, Ian and Anna Roussou (2003) *Syntactic Change: A Minimalist Approach to Grammaticalization*, Cambridge University Press, Cambridge.

Rohrbacher, Bernhard Wolfgang (1999) *Morphology-Driven Syntax: A Theory of V to I Raising and Pro-Drop*, John Benjamins, Amsterdam.

Vikner, Sten (1997) "V^0-to-I^0 Movement and Inflection for Person in All Tenses," *The New Comparative Syntax*, ed. by Liliane Haegeman, 189-213, Longman, London.

コーパス

Davies, Mark (2008) *The Corpus of Contemporary American English* (COCA), Brigham Young University, Provo. (https://corpus.byu.edu/coca/)

Kroch, Anthony, Beatrice Santorini and Ariel Diertani (2016) *The Penn Parsed Corpus of Modern British English*, 2nd Edition (PPCMBE2), University of Pennsylvania, Philadelphia.

英語における場所句倒置構文の史的発達と
素性継承システムのパラメータ変化*

東北大学

1.　はじめに

　現代英語は言語類型論的に SVO 言語であり，また比較的固定された語順を示す固定語順言語（Rigid Word Order Language）に分類される．そのため，たとえ非主語要素が文頭位置を占める場合でも，話題化の例のように，主語要素は依然として動詞に先行することになる．一方，英語の通時的側面に目を向けてみると，古・初期中英語はドイツ語などと同様に，いわゆる「V2 言語」であったとされる（cf. Kemenade (1987), Nawata (2009), etc.）．したがって，基本語順である SVO 語順に加えて，非主語要素が文頭位置を占める場合には，主語要素がしばしば動詞との間で倒置を起こすことになる．[1] 以下はいずれも初期中英語期の文献である『マンデビル旅行記（Mandeville's Travels: MT）』からの実例である．

> (1) a.　And this croune had crist　on his heued
　　　　And this crown　had Christ on his head
　　　　'And this crown Christ had on his head.'　　　　　　　(MT 9.17)

---

　[1] 多くの先行研究において，初期古英語は SOV 言語であり，後期古英語期から初期中英語期を通して，現在の SVO 言語に変化したと指摘されている（cf. Lightfoot (1979), Kemenade (1987), etc.）．本稿では，前期中英語期における V2 現象と後期中英語期に起こったその消失に焦点を当て，現代英語と同じ基本語順を有する中で，ある特定の語順が持つ意味合いの変化について捉えることを目的としている．したがって，英語史における基本語順の変化については，本稿での議論に直接的な影響を与えるものではないと考えられる．

 b. This holy cros had the Jewes hydd in the erthe
   This holy cross had the Jews hid in the earth (MT 7.33)

このように，古・初期中英語では現代英語と異なり，比較的自由な語順が許容
されていたと言える．そして，Fischer et al. (2000) によれば，英語において
V2 現象は 15 世紀ごろの後期中英語期に衰退したとされる．

 本稿では，以下の (2) に例示されている英語の場所句倒置構文（Locative
Inversion Construction: LIC）を取り上げる．

 (2) a. In the corner was a lamp.
   b. Into the room walked John.

この構文では，現代英語が示す類型論的特性に反して，文頭位置を非主語要素
である場所句 PP が占め，主語要素は動詞との間で倒置を起こし，文末位置に
生起する．また，この語順の特殊さ故に，当該構文は提示文として有標的な特
性を示すとされ，これまで幅広い観点からその統語的・談話的有標性が明らか
にされてきた（cf. Bolinger (1977)，Rochemont (1978)，Bresnan (1994)，
Kaga (2007)，Mikami (2010)，etc.）．しかしながら，先に確認した古・初
期中英語が示す V2 言語としての語順の柔軟性を考慮すると，LIC における
「場所句—動詞—主語」という語順は，V2 現象の一例にすぎず，もはや有標
的であると見なすには至らないのではないかと考えられる．

 本稿では，この英語における V2 言語から非 V2 言語への統語構造の通時的
変化に着目し，特殊構文としての LIC の史的発達について捉えることを試みる．
具体的には，Miyagawa (2010, 2017) により提唱されている Strong Unifor-
mity と素性継承システムのパラメータ化の枠組みの下，英語における V2 現
象の消失を，当該パラメータ値の変化の帰結として捉えた三上 (2017) の分析
を援用する．そして，LIC 語順の特殊構文化は，そのパラメータ変化の過程
で，TP 指定部が「主語位置」としての位置づけを確立したことにより，語順
が SVO に固定されたことに起因すると主張する．また，多くの V2 語順が使
用されていた初期中英語期の文献を調査し，その中で観察される LIC 語順の
例では，現代英語の LIC が示すような特殊機能が見受けられず，V2 現象の
一例として機能していたにすぎなかったということを明らかにする．さらに
は，本分析を英語の There 構文にまで応用し，その史的発達についても当該
パラメータ変化の帰結として統一的に捉えられることを示し，本稿のさらなる
妥当性を立証する．

2.　現代英語における LIC の有標性

先に述べたように，SVO という基本語順を持ち，比較的固定された語順を示す現代英語において，LIC は特殊構文としてしばしば位置付けられてきた．本節では，その統語的・談話的有標性について概観したい．

2.1.　提示文としての LIC

現代英語における LIC の有標性を論じるにあたりまず挙げられるのが，その談話的機能である．Bolinger (1977) は，当該構文が提示的機能（presentative function）を有し，ある物を聞き手の眼前に提示する働きをすると主張している．例えば，以下の（3）に示されているように，LIC は物語の冒頭部分で用いられないとされる．

(3)　*In Xanadu lived a prince of the blood.　　　（Bolinger (1977: 111)）

(4)　A:　What lives in Xanadu?

　　　B:　In Xanadu live all manner of crawly creatures.

　　　　　　　　　　　（Bolinger (1977: 111)；下線は筆者による）

(5)　In Xanadu there lived a prince of the blood.　Near him lived a beautiful prince whose name was Divinapreciosa.

　　　　　　　　　　　（Bolinger (1977: 111)；下線は筆者による）

この不適格性については，LIC が先行文脈のない物語の冒頭部分に生起することで，「ザナドゥーに誰かが住んでいる」という前提となる情報が不足した結果，当該構文の認可に必要な舞台設定が適切になされていないことに起因するとされる．それに対して，（4）や（5）に挙げられているように，舞台設定に必要な情報が先行文脈で明示的に示されている場合や，先行文脈から推測できる場合には，LIC が問題なく認可される．すなわち，LIC において文頭位置を占める場所句は，トピック要素としての特性を有していなければならないということになる (cf. Bresnan (1994))．

この LIC が有する提示的機能は，その他にも様々な生起制限を課すことになる．以下の（6）と（7）ではそれぞれ，LIC が否定文として生起できないということと，動詞後位置を占める主語要素以外に，その他の文要素が文末に生起できないということが示されている．

(6)　*In the garden doesn't stand a fountain.　　　（Levine (1989: 1015)）

(7) *Beside him sat his mother during the ceremony.

(Rochemont (1978: 29))

(6) の非文法性に関して，LIC は動詞後位置に後置された主語要素を談話に新たに登場させる談話的機能を有するということを踏まえると，文否定を用いてその主語指示物の存在を否定することは，LIC が持つ提示的機能との間で根本的な矛盾を生じさせることになる．また，(7) の非文法性を捉えるにあたっては，SVO 言語である現代英語では情報構造上，文末位置に生起する要素が焦点要素として解釈されるということを考慮したい（cf. 高見 (2001)）．この基本特性に基づくと，当該例文では主語要素以外の文要素が文末位置に生起することで，LIC において本来焦点要素として解釈されるべき主語要素の焦点化が阻害され，その結果，提示文として適切に認可できないと説明されることになる．

2.2. LIC における非対格性

　現代英語における LIC は，提示文としての特殊な談話的機能に加えて，生起可能な動詞のタイプについても制限を課すとされる．具体的には，Bresnan (1994) をはじめとする多くの先行研究において，当該構文が非対格性を示すと主張されてきた．したがって，以下の (8) に示されているように，「存在」と「出現」を表す非対格動詞は一般に LIC に生起できるものの，(9) に示されているような非能格動詞は生起できないとされる．また，他動詞についても，(10) に示されているように，受動化が適用されていない限り，LIC に生起することができない．[2]

---

　[2] Levin and Rappaport Hovav (1995) は，LIC に生起可能な動詞のタイプについて，「情報的に軽い (informationally light)」動詞でなければならないとし，当該構文の述語制限が，提示文としての談話的機能に還元されると主張する．その分析に基づくと，(8) の例では，前置された場所句によって適切な場面設定がなされ，その場面に何かが存在するということが示唆されることで，「存在」や「出現」の意味を表す非対格動詞は，それ自体でその意味内容以上の情報を追加しないことになる．その結果，その述語は「情報的に軽い」と判断され，LIC への生起が可能になる．一方，他動詞文の場合には，動詞と目的語から成る述部によって，主語指示物に関する新情報が伝達される結果，述語の情報量が必然的に「重く」なってしまうことから，LIC に生起できないということになる．

　なお，この機能分析に基づくと，たとえ非能格動詞であっても，「情報的に軽い」と判断される場合には，当該構文への生起が可能であると予測されることになる．事実，以下の (i) では，通常非能格動詞として分類される動詞 work が LIC に生起しているのが観察される．

　(i)　On the third floor worked two young women.

(Levin and Rappaport Hovav (1995: 224))
一見したところ，この例文は LIC における非対格性の反例であると思われるかもしれない．

(8) a.　Behind the counter stood a middle-aged man.

　　　b.　From the kitchen appeared a fat woman.　　　(Kaga (2007: 231))

(9)　*On the corner smoked a woman.　　　　　　　　(Kaga (2007: 231))

(10) a.　*On the table has placed Susan a tarte Tatin.

　　　b.　On the table has been placed a tarte Tatin. (Bresnan (1994: 78))

受動化が適用された他動詞は外項である Agent 項が抑制され，非対格動詞型の項構造を有するとしばしば分析されるが，この見方に従うと，LIC は Location 項と Theme 項という二つの内項が選択されている場合にのみ認可されると一般化することができる.[3]

3.　素性継承システムのパラメータ化と英語史における統語変化

　本節では，Miyagawa (2010, 2017) により提唱されている Strong Unifor-

しかしながら，以下の (ii) に示されているように，動詞 work は通常，voluntarily や deliberately といった動作主指向の副詞との共起が可能であるものの，LIC で用いられる場合には，共起不可能になるということに注意されたい.

　(ii) a.　John walked out of the room {voluntarily / deliberately}.

　　　b.　*Out of the room walked John {voluntarily / deliberately}.　　　(桑原 (1995: 97))

したがって，動詞 work が LIC に生起する場合，倒置された主語要素はもはや Agent 項ではなく，Theme 項として機能しており，一種の非対格動詞に転用されていると示唆されることになる (cf. Nakajima (2001)).

[3]　査読者に指摘していただいたように，受動化が適用された際の他動詞の項構造をめぐっては，Collins (2005) による Smuggling 分析をはじめ，能動文の場合と同様に，統語的に外項が存在すると主張する分析も提案されてきている．また，以下の (i) に示されているように，受動文は非対格動詞文と異なり，目的節における PRO をコントロールすることができると指摘されるなど，受動化された他動詞における外項の存在は，経験的にもそれなりの説得力があるものとなっている.

　(i) a.　*The boat sank [PRO to collect the insurance].

　　　b.　The boat was sunk [PRO to collect the insurance].　　　(Roeper (1987: 268))

したがって，受動文の項構造については依然として議論の余地が残っている問題であり，今後さらに議論を深めていく必要があるが，本稿では便宜上，受動化が適用された他動詞は外項を選択しない非対格動詞型の項構造を有するとして議論を進めることにしたい.

　なお，Bresnan (1994) によれば，受動化の適用された他動詞が生起する (10b) の例は，以下の (ii) に示されているように，by 句が顕在的に具現されると，その容認性が著しく低くなるとされる.

　(ii) ??On the table has been placed a tarte Tatin by Susan.　　　(Bresnan (1994: 79))

この by 句との共起不可能性は，注 2 で論じた動作主指向の副詞との共起不可能性と同様に，LIC に生起可能な受動化された他動詞が，Agent 項の抑制された非対格動詞型の項構造を有していると示唆することになる.

mity と素性継承システムのパラメータ化の枠組みの下，V2 現象の消失をはじめとする英語史における統語変化を，当該パラメータ変化の帰結として統一的に捉えた三上（2017）の分析を概観したい．

3.1.　英語史における V-to-T 移動の衰退

先に確認した V2 現象以外にも，古・初期中英語は，現代英語とかなり異なる統語的特性を有していたとされる．その一例として三上（2017）が取り上げた統語現象に，V-to-T 移動がある．この主要部移動は一般に，動詞の副詞・否定辞との相対的位置関係によって，その適用可能性が確かめられることになる（cf. Pollock（1989））．以下の（11）と（12）に挙げられている英仏語における対比を見てみたい．

(11) a.　John often kisses Mary.
　　　b.　*John kisses often Mary.
(12) a.　*Jean souvent embrasse Marie.
　　　　　Jean often　　　kisses　　　Marie.
　　　b.　Jean embrasse_i souvent t_i Marie.
　　　　　　　↑⋯⋯⋯⋯⋯⋯⋯⋯⋯⋯ V-to-T movement

V-to-T 移動が消失した現代英語では，（11）に示されているように，動詞が副詞 often に後続しなければならないのに対し，V-to-T 移動が保持されているフランス語では，（12）に示されているように，動詞が英語の often に相当する副詞の前に生起しなければならないとされる．そして，（12b）における動詞が副詞に先行する語順は，動詞に V-to-T 移動が適用され，副詞を越えて前置することで生成されることになる．

この英仏語における V-to-T 移動の適用可能性に関する相違を考慮した上で，英語の通時的側面に目を向けてみたい．安藤（2002）は，英語における否定文の史的発達に関して，後期中英語期から近代英語期にかけては，（13b）に示されている動詞が否定辞に後続する型よりも，（13a）に示されている否定辞に先行する型の方が優勢だったとしている（cf. Roberts（2007））．

(13) a.　I say not　　　　：14c 末-EModE
　　　b.　I not say（まれ）：15c-EModE
　　　c.　I do not say　　　：16c-17c に確立　　　　　（安藤（2002: 112））
(14) a.　And þei　anoynte　not　the seke men.
　　　　　and　they　anoint　　not　the sick men.　　　　　（MT 12.12）

b. And the erthe and the lond chaungeþ 〔often〕 his colour.
　　And the earth and the land change　　　often　its color

(MT 67.2)

Pollock（1989）に従い，否定辞は TP と vP の間に基底生成するということ
を考慮すると，この事実は当時，動詞が否定辞を越えて T まで主要部移動を
起こしていたと示唆することになる．そして，この相対的位置関係に関して，
初期中英語期の文献で実際のデータを確認してみると，先に V2 現象を確認し
た『マンデビル旅行記』では，（14a）に示されているように，動詞が否定辞に先
行しているのがわかる．また，副詞要素との相対的位置関係に関しても，（14b）
に示されているように，動詞が副詞要素に先行している例が観察されることに
なる．

3.2.　Strong Uniformity と素性継承システムのパラメータ化

　自然言語の普遍性を捉えるにあたり，Miyagawa（2010, 2017）は以下の（15）
に挙げられている Strong Uniformity を提案する．

(15)　Every language shares the same set of grammatical features, and
　　　every language overtly manifests these features.

(Miyagawa（2010: 12））

それによれば，すべての言語は Phi 素性や焦点素性といった文法素性を共通
して有しており，顕在的に具現されることになる．また，言語間の相違性につ
いては，現在多くの研究で採用されている素性継承システムに関して，フェイ
ズ主要部である C から T へ継承される素性のタイプが言語ごとにパラメータ
化されることで生じるとし，自然言語は主語卓越言語と焦点卓越言語に二分さ
れると主張している．[4]

---

[4] Miyagawa（2017）は，継承される素性のタイプの組み合わせに基づき，以下の四分類を
提案している．

(i)　a.　Category I:　　C_ϕ, T_δ　　Japanese
　　b.　Category II:　　C_δ, T_ϕ　　English
　　c.　Category III:　$C, T_{\phi/\delta}$　　Spanish
　　d.　Category IV:　$C_{\phi/\delta}, T$　　Dinka　　　　　　(Miyagawa（2017: 4））

本稿では便宜上，Miyagawa（2010）でなされた自然言語の二分類に基づき，英語と日本語を
それぞれ，主語卓越言語と焦点卓越言語として分類することとする．なお，(i) に示した言語
の四分類に基づく分析の可能性については，論を改めることとしたい．

(16) a.　主語卓越言語　　　　　　　　b.　焦点卓越言語
　　　　（現代英語タイプ）　　　　　　　　（日本語タイプ）

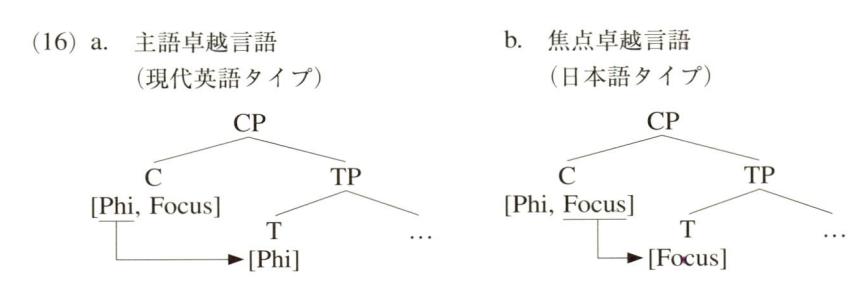

このパラメータ化に基づくと，現代英語をはじめとする主語卓越言語では，Chomsky（2008）や Richards（2007）によって従来想定されてきたように，C から T へ Phi 素性のみが継承されることになる．それに対して，日本語をはじめとする焦点卓越言語では，（16b）に示されているように，Phi 素性の代わりに焦点素性が継承されることになる．

　この継承される素性のタイプに関する言語間の相違はさらに，その他の様々な統語現象に関しても，両言語タイプにパラメータ的相違をもたらすことになる．例えば，T の有する EPP 素性は，その継承された素性と連動し，一致関係を確立した要素を指定部位置に繰り上げる．そのため，Phi 素性が継承される主語卓越言語では，T が Phi 素性を有した候補の中で，最も近くにある要素と一致関係を確立し，その一致した要素が指定部位置に繰り上がる．

(17)

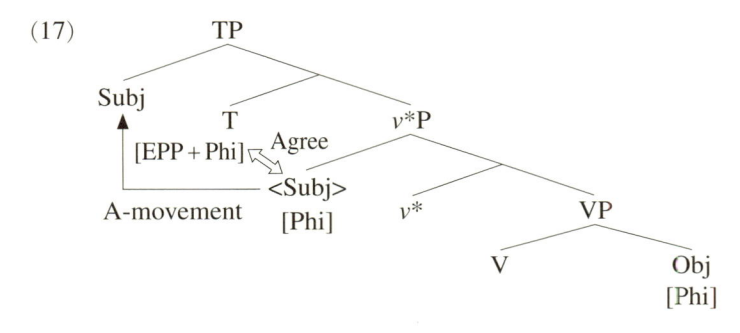

主語要素は一般に，目的語要素よりも相対的に高い位置に基底生成すると分析されるが，この相対的位置関係を考慮すると，主語卓越言語では，（17）に示されているように，必然的に主語要素が TP 指定部へ A 移動を起こすことになる．そして，この主語要素の義務的移動により，当該言語では比較的固定された語順が生成されることになる．

　一方，焦点素性が継承される焦点卓越言語では，T による一致関係の確立に焦点素性が関与することになる．そのため，T は最も近くにある焦点要素と一

致関係を確立し，その一致した要素が指定部位置に繰り上がる.[5]

(18)

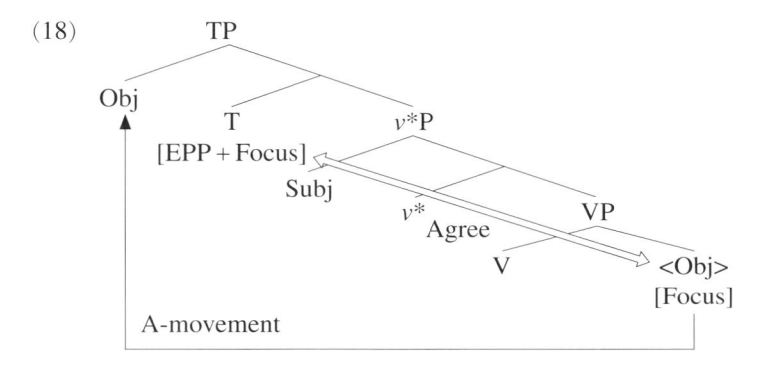

したがって，(18) に図式化されているように，主語要素ではなく目的語要素が T から最も近い焦点要素である場合には，その目的語要素が一致関係を確立し，主語要素を越えて TP 指定部へ A 移動を起こすことになる．このように，焦点卓越言語では，TP 指定部が主語要素か非主語要素のいずれかによって占められることになるため，結果として，比較的自由な語順が生成されることになる.

3.3.　英語史における素性継承システムのパラメータ変化

三上（2017）は，古・初期中英語で観察されていた V2 現象が，C から T へ焦点素性が継承されることで，比較的自由な語順が生成されることになる焦点卓越言語の特性と類似しているという点に着目する．そして，英語の統語システムは，V2 現象が消失した後期中英語期に，焦点卓越型から現在の主語卓越型にパラメータ変化を起こしたと主張する（cf. 縄田（2016）).[6,7]

---

[5] ここで言う「焦点」とは，「Topic（主題）」と対峙する狭義の概念ではなく，主題及び狭義の意味での焦点の両方を包括する概念を指す.

[6] 厳密に言うと，三上（2017）では，英語史における V2 現象と V-to-T 移動の消失時期のずれに着目し，英語の統語システムが後期中英語期から初期近代英語期にかけて，焦点卓越型から主語卓越型に段階的にパラメータ変化を起こしたと分析している．そして，その変化の過渡期であった後期中英語と初期近代英語は，両言語タイプの特性が組み合わさった「ハイブリッド型」の統語システムを有していたと主張している．本稿では，この英語における統語システムの通時的変化をより大まかに捉え，後期中英語期を通して前者から後者にパラメータ変化を起こしたという点に焦点を当てて，議論を進めることとする．なお，「ハイブリッド型」の統語システムの特性については，注 8 で詳しく論じることとしたい.

[7] 縄田（2016）は，三上（2017）と同様に，素性継承システムをパラメータ化することで，英語における統語システムの通時的変化を捉えることを試みている．しかしながら，その中で

　また，焦点卓越型であった古・初期中英語の統語構造を具体的に提案するにあたり，三上（2017）は Rich Agreement Hypothesis を構造の複雑性へと還元する Bobaljik（2002）の分析を採用する．それによれば，Inflectional Head は照合されるべき素性を有しているとされ，素性照合は姉妹関係を確立することでなされることになる．そして，主要部移動はその素性照合のために必要な場合にのみ，最後の手段（Last Resort）として適用されることになるとしている．

　この仮定を踏まえ，三上（2017）は古・初期中英語期における統語構造を，以下のように提案している．

(19)

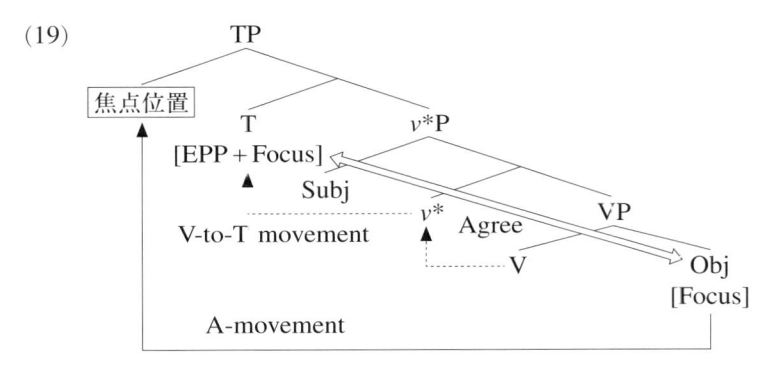

この焦点卓越型の統語構造において，TP 指定部は焦点位置として機能するため，主語要素か非主語要素のいずれかによって占められることが原理的に可能になる．また，動詞屈折の具現化に関与する Phi 素性は C の主要部に留まり続けることから，素性照合が適切に履行されるためには，動詞が必然的に T まで繰り上がらなければならないことになる．この統語システムにおいて，先に確認した「非主語―動詞―主語」という V2 語順の生成には，非主語要素の TP 指定部への A 移動と V-to-T 移動のいずれの移動の適用も必要不可欠であり，そのいずれかの移動が欠けたとしても，V2 語順は生成されない．

　一方，V2 現象が消失した近代英語以降は，以下の（20）に図式化されているような主語卓越型の統語構造を有することになる．

設定されているパラメータは，Miyagawa（2010, 2017）とは異なる観点からなされており，一致素性の分布に関する通時的変化に基づき，英語の主語位置が CP 領域から TP 領域へと下方に推移したという分析が提案されている．縄田（2016）と三上（2017）における理論的帰結の相違性などについては，論を改めて詳しく考察することとしたい．

(20)

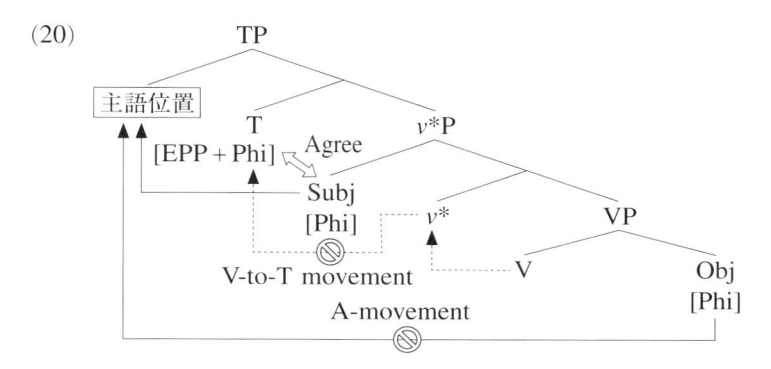

　この構造において，Tの有するEPP素性はPhi素性と連動する．そのため，TP指定部は主語位置として機能し，必ず主語要素によって占められることになる．また，V-to-T移動に関しては，動詞が v まで繰り上がった段階で，Phi素性を担うTとの間で姉妹関係が確立されることになるため，経済性の観点から，それ以上の主要部移動が適用されることはない．したがって，この統語システムでは，V2語順の生成に必要な非主語要素のTP指定部へのA移動とV-to-T移動が，いずれも適用できないということになる．[8]

　このように，三上（2017）では，Strong Uniformityと素性継承システムの

---

[8]　本稿の分析に基づくと，TP指定部の位置づけ（主語位置・焦点位置）とV-to-T移動の適用の有無の間には相関性が生じることになる．そのため，査読者から「TP指定部が主語位置として機能し，かつ，V-to-T移動が適用される」言語は存在し得ないと予測されるのではないかという指摘をいただいた．

　注6で言及したように，本稿では英語における統語システムの通時的変化を大まかに捉え，後期中英語期における焦点卓越型から主語卓越型へのパラメータ変化を想定しているが，三上（2017）では前者から後者への段階的なパラメータ変化が提案されている．そして，その変化の過渡期であった後期中英語と初期近代英語では，両言語タイプの特性が組み合わさった統語システムを有していたと主張しているが，この「ハイブリッド型」言語がまさに，先に言及したタイプの言語に相当すると考えられる．「ハイブリッド型」言語の具体的な統語システムに関して，三上（2017）は，Phi素性がnumber素性とperson素性に分解され得るという仮定の下，当該言語ではnumber素性のみがTへ継承され，person素性は焦点素性とともにCに留まり続けることになると主張している．したがって，この分析に基づくと，Tは継承されたnumber素性と連動することで，その素性を有する最も近くにある要素と一致関係を確立することになるため，必然的に主語要素が指定部位置に繰り上がることになる．また，person素性は依然としてCの主要部に留まり続けることから，素性照合が適切に履行されるために，動詞はTまで主要部移動を起こすことになる．

　なお，Bybee（2015）の見方に従うと，通時的変化の一過程は必ず共時的変異として現代語で観察されることになるが，この「ハイブリッド型」言語に関する共時的研究を通しての妥当性の立証については，論を改めて取り組むこととしたい．

パラメータ化の枠組みの下，英語の統語システムが焦点卓越型から主語卓越型にパラメータ変化したと提案し，英語史における V2 現象と V-to-T 移動の消失に対して原理的な説明を与えている.[9]

4.   主語卓越型へのパラメータ変化と LIC の特殊構文化

　本節では，三上（2017）により提案された，英語史における焦点卓越型から主語卓越型へのパラメータ変化に基づき，現代英語における特殊構文としての LIC の史的発達について捉えることを試みる.

　具体的には，古・初期中英語における LIC の派生に関して，当該時期に示していた焦点卓越言語としての統語特性を踏まえ，以下の（21）のように提案する.

(21)

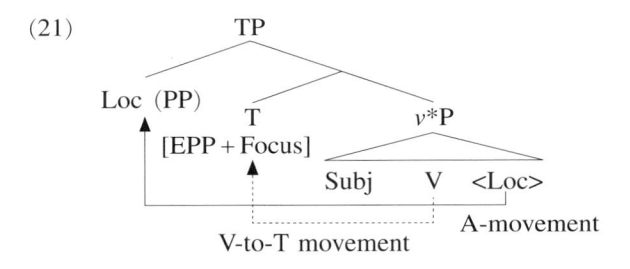

焦点素性が T へ継承される焦点卓越型の統語構造において，Phi 素性は C に留まり続けることから，動詞は素性照合のために，必然的に T まで繰り上がることになる.また，TP 指定部は焦点位置として機能するため，主語要素以外の要素によって占められることも原理的に可能になる.その結果，主語要素が TP 指定部へ移動する場合には，「主語―動詞―場所句」という基本語順が

---

　[9] 本稿が仮定する後期中英語期における焦点卓越型から主語卓越型へのパラメータ変化に関して，査読者から，①なぜ古・初期英語は焦点卓越型の値を有していたのか，また，②前者から後者へのパラメータ変化は何によって引き起こされたのかという二つの問いを指摘していただいた.これらの問いに対して現時点で明確に答えることはできないものの，一つ目の問いに関しては，Simpson and Wu（2001）が，様々な言語で観察される文法的一致が焦点構造から発達したと主張している.この文法的一致の起源に関する彼らの見方に従うと，当該パラメータのデフォルト値が焦点卓越型であるという可能性が示唆されることになる.この分析可能性については今後，母語獲得の観点も含め，多角的に検討を加えていきたい.また，二つ目の問いである焦点卓越型から主語卓越型へのパラメータ変化の要因については，Nawata（2009）や縄田（2016）で指摘されているような英語史における動詞屈折接辞の衰退が一つの分析可能性として考えられるが，その妥当性についても今後詳しく考察することとしたい.

生成されるのに対し，場所句が TP 指定部へ A 移動を起こす場合には，(21) に図式化されているように，「場所句―動詞―主語」という LIC 語順が生成されることになる．

　このように，古・初期中英語が示していた焦点卓越言語としての統語特性に基づくと，LIC 語順は同時期に許容されていた V2 語順と同様の派生を介して生成されることになる．そして，この派生プロセスを考慮すると，当該時期において，LIC は V2 現象の一例に過ぎず，特殊構文としての位置づけが確立されていなかったのではないかと示唆されることになる．

(22)　許容される語順のタイプと LIC の史的発達の関係：

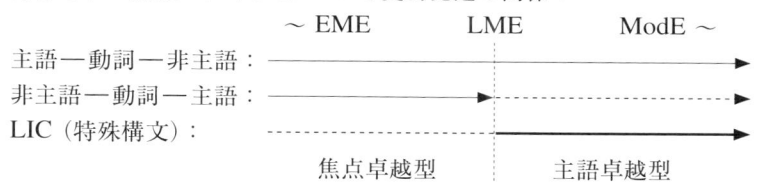

すなわち，後期中英語期に主語卓越型へとパラメータ変化する過程で，TP 指定部が主語位置としての位置づけを確立した結果，「非主語―動詞―主語」という V2 語順の生成が不可能になり，英語は SVO という比較的固定された語順を示すようになる．そして，このパラメータ変化に伴う一連の統語構造の通時的変化の中で，V2 現象の一例として解釈されていた「場所句―動詞―主語」という LIC 語順も，その意味合いを増し，主語要素を新たに談話に導入するという強い談話的動機づけがある場合にのみ認可される特殊構文へと発達したと分析することができる．[10, 11]

---

[10]　現代英語における LIC の統語派生とその特殊性をめぐっては，これまで多くの先行研究において，TP 指定部が主語要素ではなく，文頭位置に生起する場所句によって例外的に占められると主張されてきた．それに対して，Mikami (2010) は，移動のコピー理論 (Copy Theory of Movement) に基づく新たな分析を提案し，当該構文が示す特殊性が下位コピーの具現化に還元されるという可能性を提示している．その分析によれば，現代英語では通常，移動先の上位コピーが具現されることになるが，LIC においては，下位コピーが具現されることで，主語要素が非規範的な文末位置に生起することになるとしている．すなわち，当該構文において動詞後位置を占める主語要素は，通常の主語要素と同様に，T の EPP 素性の要請を満たすために，Narrow Syntax の段階では TP 指定部に A 移動を起こすことになると主張している．

[11]　査読者より，本稿で提示した古・初期中英語における LIC 語順の分析がフランス語における Stylistic Inversion Construction の分析にも応用可能であるのではないかとの指摘をいただいた．

5.　古・初期中英語における V2 現象としての LIC

　前節では，現代英語における LIC の特殊構文化に関して，後期中英語期における焦点卓越型から主語卓越型へのパラメータ変化の過程で，TP 指定部が主語位置としての位置づけを確立し，語順が SVO に固定されたことで生じたと分析した．そして，V2 現象が許容されていた古・初期中英語では，LIC 語順が V2 現象の一例として解釈されていたに過ぎなかったのではないかという可能性を提示した．本節では，多くの V2 語順の例が観察される初期中英語期の文献を調査し，本分析の経験的妥当性を立証する．

　本稿が具体的な調査対象として取り上げたのは，初期中英語期の文献の中でも，Nawata (2009) において「V2 テキスト」として分類されている『カンタベリー物語 (The Canterbury Tales)』と『マンデビル旅行記』である．そして，それらの文献の中から「場所句—動詞—主語」という LIC 語順の例を抽出し，その使用されている文脈などについて確認作業を行った．

　まずは，現代英語における LIC で観察されていた特殊な談話的機能について考察したい．現代英語において，LIC はある物を聞き手の眼前に提示する提示的機能を有すると分析されていた．そして，その際に舞台設定の役割を担うことになる文頭の場所句はトピック要素として，また，談話に新たに導入されることになる文末の主語要素は焦点要素として機能するということを確認した．この点に関して，初期中英語における LIC 語順の例を見てみると，以下の (23) に示されているように，必ずしもこれらの談話制約が観察されるわけではないということがわかる．

(23)　a.　Also　from the hill　þat　I　spak　of before　where　oure　lord
　　　　　Also　upon the hill　that　I　spake　of before　where　our　　Lord
　　　　　fasted .xl.　dayes, a. ij.　myle　long towards　Galilee　is　a
　　　　　fasted forty　days　　a two　mile　long from　　　Galilee　is　a

(i)　Quand partira ton　ami?
　　when　will　　leave　your friend
　　'When will your friend leave?'　　　　　　　　(Kayne and Pollock (1978: 595))
(i) に例示されているように，当該構文は，非主語要素である焦点要素が文頭位置を占め，主語要素が動詞後位置に生起しており，古・初期中英語における LIC と共通点があるように思われる．
　なお，当該構文については，Mikami (2010) が現代英語の LIC に関する「コピー理論」分析の応用可能性を論じているが，本稿の分析で得られた新たな知見も含めて，今後それらの分析可能性について詳しく考察することとしたい．

fair hi*ll* &　an hig*h*

fair hill and an high

'Also upon the hill I spoke of before, where our Lord fasted for-

ty days, a two mile long from Galilee, is a fair and high hill.'

(MT 69.33)

b.　Of Northfolk was this Reve , of which I telle,

　　Of Norfolk　　was this Reeve of whom I tell,

　　'This reeve of whom I tell was from Norfolk.'

(Chaucer General Prologue 619)

（23a）の例では，動詞前位置を占める場所句が「私が以前話した」という句に
よって修飾されていることから明らかなように，現代英語の LIC と同様，場
所句がトピック要素として機能しているのがわかる．一方，（23b）の例では，
動詞後位置を占める主語要素として「家扶（Reve）」という名詞句が用いられ
ているが，その主語要素が「私が話している」という句によって修飾されてい
る．したがって，この LIC 語順の例では，（23a）と異なり，動詞前位置を占め
る場所句ではなく，むしろ主語要素がトピック要素として機能していると考え
られる．このような情報構造を有した LIC 語順の例は，主語要素を談話に新た
に導入する提示文として，生起環境が厳しく制限されている現代英語の LIC
では決して認可されることがない．[12]

　さらに，初期中英語期の文献では，以下の（24）と（25）に示されているよ
うに，否定辞 not と共起している例や，動詞後位置に倒置された主語要素に
さらに別の文要素が後続している例も容易に観察される．

（24）　with in the lond　of promyssioun is not so strong a caste*ll*

　　　　Within　the Land of Promission　　is not so strong a castle.

---

[12]　査読者から，古・初期中英語における LIC 語順は特殊性を有しておらず，V2 現象の一
例に過ぎなかったとする本稿の分析に基づいた場合，現代英語の LIC とは異なり，LIC 語順
が物語の冒頭に生じ得ると予測されるのではないかと指摘していただいた．本稿では，先に述
べたように，Nawata（2009）において「V2 テキスト」として分類された『カンタベリー物語』
と『マンデビル旅行記』を調査対象として取り上げているが，現時点でそれを支持する例文を
確認することができていない．したがって今後は，大規模電子コーパスの使用も含め，調査対
象を広げながら本予測の妥当性を検証していきたいと考えている．

　なお，これと関連して，V2 現象が許容されていた古・初期中英語では，LIC 語順に加えて，
「There—動詞—主語」という There 構文の語順を有した例も V2 現象の一例として少なから
ず使用されていたとされる（cf. Breivik（1983））．したがって，検証するにあたっては，両形

'Within the Land of Promission is not so strong a castle.'

(MT 78.20)

(25) In þat Ile groweth Mastyk on smale trees
In that isle groweth mastick on small trees
'In that island grows mastic on small trees.'   (MT 13.30)

これらの例文の存在は，古・初期中英語における LIC 語順が，現代英語の LIC と比べて，幅広い文脈で用いられていたということを示唆する．そして，当該時期の LIC 語順は提示文としての特殊機能を有しておらず，V2 現象の一例に過ぎなかったとする本稿の分析を裏付けることになる．

　次に LIC に生起可能な動詞のタイプについて考察したい．現代英語における LIC は非対格性を示すとされ，受動化の適用された他動詞を含む非対格動詞のみが生起できるとされていた．それに対して，古・初期中英語における LIC 語順は，その派生プロセスを考慮すると，現代英語の LIC と比べて，より多くのタイプの動詞が生起していたのではないかと予測されることになる．

(26) a.　非対格動詞の場合：

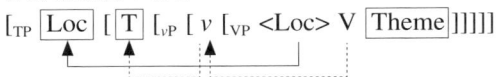

b.　非能格動詞の場合（他動詞の場合も含む）：

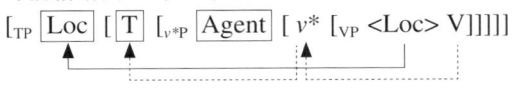

(囲まれている箇所：PF で具現化される部分)

具体的に，当該時期における LIC 語順の派生には，(21) で確認したように，場所句の TP 指定部への A 移動に加えて，V-to-T 移動の適用が関与する．そのため，(26a) に示されているような，内項が VP 補部に生起する非対格動詞の場合に限らず，外項が v*P 指定部に生起する非能格動詞や他動詞の場合にも，(26b) に図式化されているように，動詞が主語要素である外項を越えて移動することができる．その結果，動詞のタイプに関係なく，「場所句―動詞―主語」という LIC 語順の生成が原理的に可能になる．[13]

式の相違性などについても詳細に検討していきたい．
　[13] 現代英語の LIC が示す非対格性に関して，Mikami (2010) では直接的な言及がないものの，主語要素の下位コピーの具現化を介して生成されるとする「コピー理論」分析の帰結として当該制約を捉えることが可能である．すなわち，現代英語において動詞は v までしか繰

　事実，初期中英語期の文献を調べてみると，LIC 語順の例に様々なタイプの動詞が生起しているのが観察される.

(27) a. And ┃at Cayre besides Babyloyne┃ duelled the Calyffee of
　　　 and at Cairo beside Babylon dwelt the Caliph of
　　　 Egypt
　　　 Egypt
　　　 'And at Cairo beside Babylon dwelt the Caliph of Egypt.'
　　　　　　　　　　　　　　　　　　　　　　　　　　(MT 27.19)

　　 b. And ┃of þeise .iij. greynes┃ sprong a tree as the aungel
　　　 And of these three grains sprang a tree, as the angel
　　　 seyde þat it scholde
　　　 said that it should,
　　　 'And from these three grains sprang a tree, as the angel said that
　　　 it should.'　　　　　　　　　　　　　　　　　　(MT 7.23)

　　 c. And ┃vnder þat chirche┃ at .xxx^{ti}. degrees of depness weren
　　　 And under that church at thirty degrees of deepness were
　　　 entered .xij m^{l}. martires
　　　 interred 12,000 martyrs
　　　 'And under that church, at the deep of thirty degrees, were in-
　　　 terred 12000 martyrs.'　　　　　　　　　　　　 (MT 62.22)

(28) a. ┃In Ebron┃ regned first kyng Dauid .vij. ȝeer & an half
　　　 In Hebron reigned first king David seven year and a half
　　　 'In Hebron King David first reigned seven and a half years.'
　　　　　　　　　　　　　　　　　　　　　　　　　　(MT 43.22)

　　 b. And ┃from this cytee┃ brought Sampson the stronge the ȝates
　　　 And from this city brought Samson the strong the gates
　　　 vpon an high lond
　　　 upon an high land

り上がらないが，この特性を考慮すると，非対格動詞の場合には，主語要素の下位コピーが VP 補部，すなわち，動詞後位置に存在するため，LIC が問題なく生成されることになる．それに対して，非能格動詞の場合には，主語要素が v*P 指定部に基底生成するため，そもそも動詞後位置に主語要素の下位コピーが存在せず，LIC の生成が原理的に不可能であるということになる．なお，他動詞との共起不可能性についても，他動詞の主語要素は，非能格動詞の場合と同様に，v*P 指定部に基底生成することになるため，非能格動詞の場合と同様の説明がなされることになる．

'And from this city a strong Samson brought the gate upon a
high land.'　　　　　　　　　　　　　　　　　　　　　　　　(MT 20.9)

(27) では，現代英語における LIC と同様に，「住んでいる」という意味の非
対格動詞 dwell や「（芽が）出る，生じる」という意味の非対格動詞 spring,
「埋葬する」という意味の他動詞 inter の受身形が用いられている．そして，
(28a) と (28b) に挙げられているデータではさらに，現代英語では認可され
ることのない，「統治する」という意味の非能格動詞 reign と「運ぶ」という意
味の他動詞 bring が，それぞれ LIC 語順の例に生起しているのが確認できる．

　このように，初期中英語期の文献で観察される LIC 語順の例では，現代英
語の LIC が示すような特殊機能や生起制限が見受けられず，当該時期におい
て，LIC 語順が V2 現象の一例として機能していたに過ぎなかったとする本
稿の分析が経験的に支持されることになる．[14, 15]

6.　虚辞 there の主語化と There 構文の史的発達

　ここまで本稿では，Miyagawa (2010, 2017) により提唱されている Strong

---

[14] 古・初期中英語における V2 語順の使用は，架橋動詞（Bridge Verb）の補文を含む，い
わゆる「ルート文」に限られ，埋め込み文では観察されないとされる（cf. Fischer et al.
(2000)）．LIC 語順に関しても，埋め込みの環境で使用されている例は確認されず，以下の
(i) に示されているような架橋動詞が用いられている場合に限られる．
　　(i)　And somme men seyn │þat│ in the Ile of lango　is ȝit the doughter of ypocras
　　　　And some　 men say　 that in the isle of Lango is yet the daughter of Ypocras
　　　　'And some men say that in the island of Lango is yet the doughter of Ypocras.'
　　　　　　　　　　　　　　　　　　　　　　　　　　　　　　　　　　(MT 14.28)
この生起制限に関する事実もまた，古・初期中英語における LIC 語順が V2 現象の一例に過
ぎなかったということを示唆することになるかもしれない．
[15] 本稿が主張する英語史における LIC の特殊構文化は，英語の存在文に関する具現パター
ンをめぐる使用頻度の史的変遷からも支持されることになる．Breivik (1983: 322) によれば，
英語の存在文には「主語―動詞」・「非主語―動詞―主語」・「There―動詞―主語」という三
つの具現パターンが存在し，その中でも，古・初期中英語では，LIC 語順を含む「非主語―
動詞―主語」という語順をとることが圧倒的に多かったとされる．そして，後期中英語期以
降，虚辞 there を用いた存在文が急速に発達したことにより，その使用頻度が大幅に減少した
としている．この史的事実に対して本稿の分析に基づき説明を与えると，古・初期中英語で
は，V2 現象が許容されていたために，LIC 語順も存在文の無標形式として広く用いられ，そ
の使用頻度も高かったと説明されることになる．その後，主語卓越型へのパラメータ変化に伴
い，V2 現象が消失すると，LIC 語順の特殊構文化が進むことで，非常に限られた環境でのみ
使用されることとなり，使用頻度も大幅に減少したと分析されることになる．なお，虚辞 there
を用いた There 構文の使用頻度に関する史的変遷については，6 節で詳しく論じることとす
る．

Uniformity と素性継承システムのパラメータ化の枠組みの下，英語史における LIC の特殊構文化は，後期中英語期に生じた焦点卓越型から主語卓越型へのパラメータ変化によって引き起こされた統語構造の一連の変化に起因すると主張した．本節では，この分析のさらなる妥当性を立証するために，英語における There 構文の史的発達についても，当該パラメータ変化の帰結として捉えることを試みる．そして，本分析が LIC と There 構文の両者の史的発達に対して，統一的な説明が与えられることを示す．

　具体的な分析を提示するにあたり，ここで論じる英語の There 構文について，その基本特性を確認しておきたい．

(29)　There is a man in the room.

英語の There 構文とは，(29) に例示されているような，直示的でない無強勢の there を文頭に持つ存在文を指し，動詞はそれに後続する名詞句との間で一致を起こすなど，その動詞後位置を占める名詞句が統語的に主語として機能するとされる．その一方で，文頭位置を占める虚辞 there についても，Chomsky (1981) をはじめとする多くの先行研究において，EPP の要請に従い TP 指定部へ挿入され，ある種の主語性を担うと分析されてきた．

　しかしながら，この虚辞 there の主語性については，There 構文がすでに存在していたとされる古英語期から観察されていたわけではない．中尾・児馬 (1990) によれば，V2 現象が許容されていた古・初期中英語において，文頭位置に挿入される虚辞 there は，強い談話的機能を有する談話標識として機能していたという．そして，虚辞 there の主語化は 16 世紀以降の初期近代英語期までに確立され，それに伴い存在文としての There 構文の使用も急速に増加したとされる (cf. Breivik (1983), Hosaka (1999))．

　これらの英語における虚辞 there の主語化とそれに伴う There 構文の史的発達に関して，本稿の分析は，LIC の史的発達と同様に，素性継承システムのパラメータ変化による統語構造の変化の帰結として捉えることが可能になる．

(30)　TP 指定部の位置づけと虚辞 there の機能に関する史的変遷：

	〜 EME	LME	ModE 〜
パラメータ値：	焦点卓越型		主語卓越型
TP 指定部の位置づけ：	焦点位置	➡	主語位置
虚辞 there の機能：	談話標識		統語的主語

すなわち，焦点卓越言語であった古・初期中英語では，TP 指定部が焦点位置として機能し，その位置を占める要素は，必ずしも主語要素である必要がな

かった．そのため，There 構文においてその位置に挿入されることになる虚辞 there についても，主語要素として統語的に機能している必要はなく，むしろ談話標識として V2 語順の構造を生成する役割のみを担っていたと言える（cf. 中尾・児馬（1990），Hosaka（1999））．その後，後期中英語期に主語卓越型へのパラメータ変化が起こると，TP 指定部は主語位置としての位置づけを確立することになる．その結果，そこに挿入される虚辞 there についても，主語要素としての特性を有していなければならないという統語的要請が生じ，その主語化が進んだと分析される．そして，この虚辞 there の主語化により，There 構文は統語的主語が動詞に先行する構造をとることとなり，語順が SVO に固定されるという初期近代英語以降の統語特性と合致することから，当該構文は LIC 語順に取って代わり，存在文の無標形式として広く使用されるようになったと説明されることになる（cf. Breivik（1983））．

7.　まとめ

　本稿では，Miyagawa（2010, 2017）により提唱されている Strong Uniformity と素性継承システムのパラメータ化の枠組みの下，英語における LIC の史的発達について分析した．具体的には，V2 現象の一例として機能していたにすぎなかった当該構文が，焦点卓越型から主語卓越型へのパラメータ変化に伴う一連の構造変化に起因して，現在の特殊構文としての位置づけを確立するに至ったと主張した．また，本分析が There 構文の史的発達に対しても統一的な説明が与えられるということを示し，その妥当性を立証した．

参考文献

安藤貞雄（2002）『英語史入門』開拓社，東京．

Bobaljik, Jonathan David (2002) "Realizing Germanic Inflection," *The Journal of Comparative Germanic Linguistics* 6, 129–167.

Bolinger, Dwight (1977) *Meaning and Form*, Longman, London.

Breivik, Leiv Egil (1983) *Existential* There: *A Synchronic and Diachronic Study*, Department of English, University of Bergen, Bergen.

Bresnan, Joan (1994) "Locative Inversion and the Architecture of Universal Grammar," *Language* 70, 72–131.

Bybee, Joan (2015) *Language Change*, Cambridge University Press, Cambridge.

Chomsky, Noam (1981) *Lectures on Government and Binding: The Pisa Lectures*, Foris, Dordrecht.

Chomsky, Noam（2008）"On Phases," *Foundational Issues in Linguistic Theory: Essays in Honor of Jean-Roger Vergnand*, ed. by Robert Freidin, Carlos P. Otero, and Maria Luisa Zubizarreta, 133–166, MIT Press, Cambridge, MA.

Collins, Chris（2005）"A Smuggling Approach to the Passive in English," *Syntax* 8, 81–120.

Fisher, Olga, Ans van Kemenade, Williem Koopman and Wim van der Wurff（2000）*The Syntax of Early English*, Cambridge University Press, Cambridge.

Hosaka, Michio（1999）"On the Development of the Expletive *There* in *There + Be* Construction," *Studies in Modern English* 15, 1–28.

Kaga, Nobuhiro（2007）*Thematic Structure: A Theory of Argument Linking and Comparative Syntax*, Kaitakusha, Tokyo.

Kayne, S. Richard and Jean-Yves Pollock（1978）"Stylistic Inversion, Successive Cyclicity, and Move NP in French," *Linguistic Inquiry* 9, 595–621.

Kemenade, Ans van（1987）*Syntactic Case and Morphological Case in the History of English*, Foris, Dordrecht.

栗原和生（1995）「文体倒置のシンタクス」『日英語の右方移動構文：その構造と機能』，高見健一（編），98–118，ひつじ書房，東京．

Levin, Beth and Malka Rappaport Hovav（1995）*Unaccusativity: At the Syntax Lexical Semantics Interface*, MIT Press, Cambridge, MA.

Levine, Robert D.（1989）"On Focus Inversion: Syntactic Valence and the Role of a SUBJECT List," *Linguistics* 27, 1013–1055.

Lightfoot, David（1979）*Principles of Diachronic Syntax*, Cambridge University Press, Cambridge.

Miyagawa, Shigeru（2010）*Why Agree? Why Move?*, MIT Press, Cambridge, MA.

Miyagawa, Shigeru（2017）*Agreement Beyond Phi*, MIT Press, Cambridge, MA.

Mikami, Suguru（2010）"The Locative Inversion Construction in English: Topicalization and the Pronunciation of the Lower Copy," *English Linguistics* 27, 297–328.

三上傑（2017）「素性継承システムのパラメータ化と英語史における統語システムの段階的変化」*JELS* 34, 91–97.

Nakajima, Heizo（2001）"Verbs in Locative Constructions and the Generative Lexicon," *The Linguistic Review* 18, 43–67.

中尾俊夫・児馬修（1990）『歴史的に探る現代の英文法』大修館書店，東京．

Nawata, Hiroyuki（2009）"Clausal Architecture and Inflectional Paradigm," *English Linguistics* 26, 247–283.

縄田裕幸（2016）「英語主語位置の通時的下方推移分析」『コーパスからわかる言語変化・変異と言語理論』，小川芳樹・長野明子・菊池朗（編），107–123，開拓社，東京．

Pollock, Jean-Yves（1989）"Verb Movement, Universal Grammar, and the Structure of IP," *Linguistic Inquiry* 20, 365–424.

Richards, Marc D.（2007）"On Feature Inheritance: An Augument from the Phase Impenetrability Condition," *Linguistic Inquiry* 38, 563–572.

Roberts, Ian (2007) *Diachronic Syntax*, Oxford University Press, Oxford.

Rochemont, Michael S. (1978) *A Theory of Stylistic Rules in English*, Doctoral dissertation, University of Massachusetts, Amherst.

Roeper, Thomas (1987) "Implicit Arguments and the Head-Complement Relation," *Linguistic Inquiry* 18, 267–310.

Simpson, Andrew and Zoe Wu (2001) "Agreement, Shells, and Focus," *Language* 78, 287–313.

高見健一 (2001)『日英語の機能的構文分析』鳳書房，東京.

調査資料

Benson, Larry D., ed. (1988) *The Riverside Chaucer*, 3rd ed., Oxford University Press, Oxford.

Hamelius, Paul, ed. (1919) *Mandeville's Travels, Translated from the French of Jean d'Outremeuse*, Early English Text Society, Oxford.

アメリカ英語における年代表記の変遷について*
── イギリス英語と比較して ──

柴﨑　礼士郎

明治大学

1.　はじめに

　知人のアメリカ人と談笑していた際に，アメリカのデパートや食料品店の話になった．手書きの地図を用いながら，その発祥地や本店の位置を確認していた．話が進むにつれて店名のメモ書きも増えていったが，いくつかの店名の正式名に揺れが出てきたことに気付いた．その1つが，アメリカ合衆国内に店舗を構える百貨店チェーン Bloomingdale's であり，別の例として世界最大のファストフードチェーンの McDonald's があった．ともに正式名称は語末にアポストロフィ (apostrophe) と s を付すが (i.e. 's)，我々の手書きメモにはBloomingdales や McDonalds も含まれていた．手元にあったコンピュータでタイピングしてみると，上記2例は両表記とも，Windows10 のオートコレクト機能 (auto-correct) を擦り抜けたが，Wendys は修正対象となった（正式名称は Wendy's）．

　表記上の揺れ自体は，アポストロフィの導入された初期近代英語期からの大きな課題でもある．しかし，高等教育やコンピュータの普及した現代において，よく知られた固有名詞に限っても表記の揺れが散見することが分かった．そこで，幾つかの事例を調べてみた（表1）．数値は素頻度を表し，使用コーパスは本文末に掲載してある．

　Macy's は百貨店チェーンであり，Trader Joe's はロサンゼルスを本拠地とする食料雑貨店である．Starbucks はシアトルに第1号店を持つ，世界規模で

---

　* 本稿は日本学術振興会科学研究費補助金による基盤研究（C）「投射構文の歴史的発達と構文化について」（研究代表：柴﨑礼士郎，課題番号：16K02781）および基盤研究（C）「英語破格構文の歴史的発達と談話基盤性について」（研究代表：柴﨑礼士郎，課題番号：19K00693）の研究成果の一部である．執筆段階で有益なコメントくれた James A. Elwood 先生，匿名の査読者へ御礼申し述べます．なお，紙幅制限のため，考察点を最小限にとどめてあることを明記しておく．

展開するコーヒーチェーン店である．Bloomingdale's と McDonald's は上述の通りである．アメリカ人に馴染み深いと思われる店舗名の場合にも，異綴名称がある程度散見されることは，アポストロフィの使用法が英語母語話者にも一筋縄ではいかないことを示唆している（Lyall（2001）も参照）．

表1：アメリカ合衆国のデパートと食料品店の名称（COCA: Jan 22, 2019）

正式名称		異綴名称	
Bloomingdale's	567	Bloomingdales	47
Macy's	1507	Macys	52
McDonald's	4612	McDonalds	287
Starbucks	2673	Starbuck's	37
Trader Joe's	181	Trader Joes	1

　Alleyne（2008）には，イギリス国民約2000人を対象に行われた世論調査の結果が報告されており，およそ半数の被験者が正しい句読法を理解できていないとある（テスト事例を Appendix 1 に提示しておく）．ロンドン在住者と特定の年齢層（25–34歳）の被験者は，正答率が最も高かった（78％）が，55歳以上の被験者は最下位だったという．

　こうした文法性に関わる事例には，多くの専門家や，雑誌・新聞の編集者やコラムニストが注視し続けているが（第2節を参照），アポストロフィの有無は必ずしも文法性の判断材料にはなり得ず，いわば変化の途上にある表現である．一方で，変化途上の現象を詳細に調査分析することも，言語変化・変異を理解する上で必要であると感じる．例えば，21世紀初頭頃までの句読法を詳細に観察している Truss（2003: 46）は，イギリス英語では年代を「1980's」のように綴る慣習はもはや廃れており，他方，アメリカ英語では（その当時で）まだ適用可能だと述べている（第2節で再掲）．ところが，第4節で論じるように，「1980's」と「1980s」などの変遷と競合は一様ではない．

　本国イギリスだけではなく，アメリカでも大ベストセラーとなった Truss（2003）から16年が経とうとしている．当時に比べると利用可能なコーパスも格段に増え，アメリカ英語での使用実態を調査分析することが可能な状況でもある．そこで本稿では，2つの年代表記（e.g.「1990's」と「1990s」）に考察対象を限定し，アメリカ英語におけるそれらの変遷を調査する．同時に，アメリカ英語の変化をよりよく把握するために，対応するイギリス英語も平行して調査する．

2.　先行研究

　スワン（2018: 813）は，アポストロフィの用法を大きく 3 つ取り上げている．1 つ目は文字が省かれている場合（e.g. can't＝cannot），2 つ目は名詞の所有格を作る場合（e.g. the girl's father, my parents' house），3 つ目に特殊な複数形を表す場合が挙げられている．3 つ目の例として，通常複数形を持たない語（e.g. if）を複数形で表す場合（i.e. if's）が指摘されている．年代表記は 3 つ目の事例に属し，以下のような記述がある．

　（1）　It was in the early 1980's.　（… 1980s. のほうが普通）
　　　　（それは 1980 年代初期のことであった.）　　　　　（スワン（2018: 813））

　稲森・畑中（2003）は，より詳細な分類基準を提示しており，年代表記に関する以下のような例文を取り上げている．

　（2）　The 2050's will turn out to be the age of overpopulation and star-
　　　　vation.
　　　　（2050 年代は，人口過剰と飢餓の時代ということになるだろう.）
　　　　　　　　　　　　　　　　　　　　　　　（稲森・畑中（2003: 171））
　（3）　「1920 年代」の正しい言い方
　　　　a.　the nineteen-twenties（略さず書く場合は twenty を複数形にする）
　　　　b.　the 1920's, the '20's, the 1920s, the '20s（アラビア数字を用い
　　　　　　る場合）　　　　　　　　　（稲森・畑中（2003: 171）に基づく）

例文（2）の解説として，「2050's＝2050 年代，の意味．205? 年が複数（10 個）存在することであり，複数用法の一種」と付記されている．ギリシア語起源の「避けること（turning away）」の意味が，省略（omission）や脱落（elision）の意味として，英語のアポストロフィに根付いていると思われる（Truss（2003: 37））．例文（3）については，どの表現が一般的かは明示されておらず，現代英語の代替表現を提示することが目的のようである．

　表現そのものが徐々に簡略化され，とりわけ SNS（social network service）等を用いたコミュニケーションを中心とする世代には，19 世紀以前に書かれた文章が長く感じられるという．Baker（2017: 238–240）は，こうした傾向を「密集化（densification）」と呼び，その一つとして年代表記の変化（e.g. 1950's ＞ 1950s）へも言及している（第 6 節で再掲）．より包括的な英語史教育を提供する Hayes and Burkette（2018）では，記述的・理論的研究を学習者に分かり易く紹介してはいるが，句読法に関する踏み込んだ論考は含まれていない．

　上掲の先行研究では触れられていないが，William Safire の著作も無視でき
ない．長らく『ニューヨーク・タイムズ』の人気コラムニストであった彼は，
On Language (Safire (1980)) という大著を上梓し，アポストロフィの用法と
変遷についても触れている．1970 年代の終わり頃に書かれたと思われる箇所
があり，そこには (4) のような記述がある．

(4)　We are not leaving the 1970s, we are leaving the 1970's.

　　　　　　　　　　　　　　　　　　　　　　　　(Safire (1980: 16))

　　（我々は 1970s という年代（表記）から去るのではなく，1970's とい
　　う年代（表記）と決別するのだ．）

1980 年代が近づくにつれて，アメリカ国内で新たな 10 年に関する表現が生
まれたようである．例えば，through the 80's and beyond（1980 年代以降）
や Whither America in the 80's?（1980 年代にアメリカはどうなるのか？）が
挙げられている．こうした表現中の年代表記を見て，Safire は (4) のような
見解を示している．具体的な明示はないが，Safire (1980) は，年代表記の移
行期を 1980 年代と推測していたとも解釈できる．

　近い記述が，以下の Shea (2014) にもある．

(5)　Several decades ago it was common to write the numerical form of
　　decades with an apostrophe (as in 1980's), a practice that is now
　　fading.　　　　　　　　　　　　　　　　　　(Shea (2014: 128))

　　（数十年前には，数字による年代表記に，アポストロフィを伴う場合が
　　一般的であったが (e.g. 1980's)，今では消えゆく慣習になっている．）

上掲 (5) は，「1980's」という表記が一般的であったと読めるため，Safire
(1980) よりも一時代後までを移行期としていると解釈できる．

　最後に，Truss (2003) の説明 (6) を取り上げる．日本語訳は今井 (2005)
に基づいており，加筆箇所は明示してある．

(6)　… : it no longer has to appear in the plurals of abbreviations ("MPs")
　　or plural decades ("1980s").　Until recently, it was customary to
　　write "MP's" and "1980's"—and in fact this convention still ap-
　　plies in America.

　　　　（Truss (2003: 46)；以下の日本語訳は今井 (2005: 58) に基づく）
　　（略語の複数形（MPs〔国会議員たち〕）や年代（1980s〔1980 年代〕）
　　にはもはや［アポストロフィは〔柴﨑加筆〕］登場しなくてよくなっ

た．比較的最近までは MP's とか 1980's と書くのが普通だったのであり，実際アメリカでは今でもこの習慣が守られている．）

　Truss（2003）は興味深い指摘を 2 つしている．1 つは，（5）に取り上げた Shea（2014）と同じく，つい最近まで「1980's」という年代表記が普通だったと述べている点である．もう 1 つは，Truss（2003）刊行直前の頃には，まだアメリカ英語では「1980's」が遵守されているという点である．特に 2 点目は，本稿の目的とも重なるため再考の価値がある．

　Safire（1980），Shea（2014）および Truss（2003）が，年代表記の移行期として（明示的でない部分もあるものの），1980 年代以降のある時期を想定しているように読める．3 者ともに互いを引用していない独立した研究であることを加味すると，こうした指摘は偶然とは思えない．次節以降，コーパスを用いて年代表記の移行期を考察する．

3.　分析手順

　本稿では，年代表記を以下の前置詞句に限定して分析を進める．アメリカ現代英語を収録する COCA では（最終アクセス 2019 年 1 月 26 日），（7）や（8）のように，前置詞 in と共起する年代表記（e.g. in the 1980's, in the 1990s）が，素頻度面で他を圧倒しているからである．他の年代表記については（e.g. of the 1980's）稿を改めて論じたい．

(7)　The album finally started to break down in the 2000s, when CD players were replaced by the Internet, and music lovers were free to pick and choose what to download.

　　　　　　　　　　　　　　　　　　　（2016 *TechCrunch*: MAG, COCA）

（ビニール版レコードは，2000 年代に入り，ついに行き詰まりはじめた．CD プレイヤーがインターネットに置き換わり，音楽愛好家は，ダウンロードしたいものを自由に選り好みする時代であった．）

(8)　When I first started practicing law in the 1990's, I bought a suit, got my hair permed and added in a weave for a conventional look.

　　　　　　　　　　　　　　　　　　　　（2014 *Essence*: MAG, COCA）

（1990 年代に，私が最初に弁護士を開業したときは，スーツを買い，髪にパーマをかけ，昔気質の見た目にしようと，髪を編みました．）

4.　調査結果 ── アメリカ英語の場合

　表 2 は,「in the 19x0s／2000s」と「in the 19x0's／2000's」の素頻度をまとめたものである.　使用した COHA は, 19 世紀のデータも含んでいる.　しかし, 1900 年以前のデータの場合, アラビア数字表記による年代表記 (e.g. 1880's, 1880s) が極めて少ないため, 本稿では 20 世紀以降の事例を中心に考察を進めてゆく.　「's」は 1990's のような表記を示し,「ᵒs」は「1990s」のような表記を示している.　例えば,「1940 年代」のデータでは,「1940's」のような表記例が 44 例,「1940s」のような表記例が 24 例確認できたことになる. 日付は最終アクセス日である (注 1 を参照).

表 2:　アメリカ英語の年代表記の変遷 1 (COHA: Jan 16, 2019)

in the X's／Xs	1900年代	1910年代	1920年代	1930年代	1940年代	1950年代	1960年代	1970年代	1980年代	1990年代	2000年代
's	0	0	1	13	44	41	93	103	26	104	38
ᵒs	3	0	0	6	24	38	121	319	838	1180	1385

　表 2 にまとめた変遷から以下のことがわかる.　一つは, アラビア数字を用いた年代表記は, 1930 年代以降に徐々に増加傾向にある点である.　もう 1 つは, 1950 年代までは「's」表示が優勢であったが (ただし 1900 年代を除く), 1960 年代に逆転し, 以降は「ᵒs」が優勢さを着実に高めていることである. つまり, アメリカ英語では, 1960 年代が年代表記の大きな移行期と言える.

　では, 20 世紀の各年代を観察した場合はどうであろうか.　表 3 は, 10 年毎に素頻度をまとめたものである.　なお, 表では「1990's／1990s」と略記するが,「in the 1990's／1990s」という前置詞表現を示している.

表 3 ： アメリカ英語の年代表記の変遷 2 （COHA: Jan 16, 2019）

in the X's/Xs	1900年代	1910年代	1920年代	1930年代	1940年代	1950年代	1960年代	1970年代	1980年代	1990年代	2000年代
1900's	...	...	...	...	2	...	...	...	...	...	...
1900s	...	...	...	...	1	1	...	3	3	3	3
1910's	...	...	...	...	...	1	...	...	...	...	...
1910s	...	...	...	...	...	...	...	...	1	1	5
1920's	...	...	...	9	19	13	17	16	2	5	4
1920s	...	...	...	5	7	12	28	39	82	78	119
1930's	...	...	...	3	18	24	32	23	9	7	1
1930s	...	...	...	1	8	18	30	54	97	115	121
1940's	...	...	1	1	1	1	6	9	...	2	...
1940s	...	...	...	...	...	4	16	17	41	58	81
1950's	...	...	...	...	4	2	27	16	9	15	5
1950s	1	...	...	...	2	2	24	76	144	179	177
1960's	...	...	...	...	...	...	7	27	4	20	5
1960s	1	...	...	...	4	1	16	79	213	176	178
1970's	...	...	...	...	...	...	3	4	2	23	6
1970s	1	...	...	...	...	...	6	34	173	226	243
1980's	...	...	...	...	...	...	1	6	...	21	6
1980s	...	...	...	...	2	...	1	15	76	245	269
1990's	...	...	...	...	...	...	...	2	...	11	8
1990s	...	...	...	...	...	...	...	2	8	99	189
2000's	...	...	...	...	...	...	...	...	...	...	...
2000s	...	...	...	...	...	...	...	...	...	...	3

1950 年代までは，「's」表記が相対的に「$^{\emptyset}$s」を上回る傾向が見られる．一方，1960 年代以降になると，一部を除いて「$^{\emptyset}$s」表記が優勢である．結果としては，表 2 の全体的な傾向と矛盾はしないが，20 世紀後半の「$^{\emptyset}$s」表記への圧倒的な指向は，表 3 の分類でより鮮明になっている．

　第 2 節で触れたように，年代表記については著名なコラムニスト William Safire も動向を注視していた．そこで，雑誌 Time をデータとする Time Magazine Corpus でも確認しておく（表 4）．表 3 と比べると明らかなように，同雑誌の場合には，小説などの書き言葉資料よりも早い時期から年代表記の移行期を迎えていたことが分かる．素頻度の面から見ると 1930 年代には「$^{\emptyset}$s」

表記へと移行し，1940 年代以降には「's」表記は過去のものとも判断できる．

　表 3 と表 4 ともに，「2000 年代」の表記事例（i. e. 2000's, 2000s）が極めて少ないため，COCA を用いて近年の傾向をより詳細に観察してみる（表 5）．調査の結果，雑誌（magazine），新聞（newspaper），学術資料（academic）のレジスターに使用例が集中する傾向が分かった．しかし，2010 年代以降の用例数自体が減少するため，表 5 ではレジスターによる分布分けをせず，用例が確認できたレジスターの素頻度の総計として提示した．「1990-1994」などは収録データの刊行された時期を示している．

表 4：アメリカ英語の年代表記の変遷 3（Time Magazine Corpus: Jan 23, 2019）

in the X's/Xs	1920 年代	1930 年代	1940 年代	1950 年代	1960 年代	1970 年代	1980 年代	1990 年代	2000 年代
1900's	…	1	…	…	…	…	…	…	…
1990s	…	…	5	4	3	…	1	2	…
1910's	…	…	…	…	…	…	…	…	…
1910s	…	2	…	…	…	1	…	1	…
1920's	…	12	…	1	…	1	…	…	…
1920s	…	18	23	54	114	70	61	47	19
1930's	…	2	1	2	2	…	1	…	…
1930s	…	5	18	63	138	134	96	66	43
1940's	…	…	…	…	2	…	…	…	…
1940s	…	…	1	18	46	52	47	50	29
1950's	…	1	…	…	…	…	…	…	…
1950s	…	…	…	6	90	187	150	119	90
1960's	…	…	…	…	1	1	…	…	…
1960s	…	…	…	5	35	161	177	138	97
1970's	…	…	…	…	…	…	1	1	…
1970s	…	…	…	1	12	44	155	150	141
1980's	…	…	…	…	…	…	…	…	…
1980s	…	…	…	…	1	16	50	164	145
1990's	…	…	…	…	…	…	…	1	…
1990s	…	…	…	…	…	3	9	45	87
2000's	…	…	…	…	…	…	…	…	…
2000s	…	…	…	…	…	…	…	…	2

表5：アメリカ英語の年代表記の変遷4（COCA: May 20, 2019）

in the X's/Xs	1990–1994	1995–1999	2000–2004	2005–2009	2010–2014	2015–2017
2000's	…	…	1	…	…	…
2000s	…	1	1	20	60	38
2010's	…	…	…	…	…	5
2010s	…	…	3	…	6	9
2020's	…	…	…	…	…	…
2020s	…	1	2	3	9	10
2030's	…	…	…	…	…	…
2030s	…	2	4	1	8	5
2040's	…	…	…	…	…	…
2040s	…	1	1	1	1	…
2050's	…	…	…	…	…	…
2050s	…	…	…	2	1	…

　表3と表4に比べると，「2000年代」の表記分布が鮮明になっている．COCAで観察可能な時期のうち「2000–2004」を除くと，すべての時期で「⁰s」表記が「's」表記よりも頻度面で優勢であることもわかる．しかし，COCAの総語数が5億6000万語であることを加味すると，検出できた用例数は低い（第6.2節を参照）.[1]

　では，表3から表5に共通する，20世紀末から21世紀初頭にかけて，年代表記が大規模コーパスにもあまり含まれない理由は何であろうか．同時期のコーパスデータ量を確認してみる．まず，表4で用いたTime Magazine Corpusの場合，1990年代の語数（9,425,993語）と2000年代の語数（6,754,797語）を比べると，後者は3分の1ほど収録語数が減少してはいる．しかし，COHAの場合，1990年代（27,877,340語）と2000年代（29,479,451語）では，後者の総語数は前者を上回っている（最終アクセス2019年1月24日）.

　「2000年代」の表記事例が少ない理由として，いわゆる「2000年問題」の可能性もある．スィンハ（2014）によると，世界中のコンピュータが誤作動してしまうという懸念が1990年代後半から浮上したとある．それ以前のコン

---

[1] 時間とともに所収データが増加してゆくコーパスは「モニター・コーパス（monitor corpus）」と呼ばれている（McEnery et al. (2006: 67)）．表5で用いたCOCAはモニター・コーパスの一つであり，アクセス日を明示することが適切である．一方，BYU-BNCは既に完成形のコーパスである．本稿では，どちらのタイプのコーパスを利用する場合でも，最終アクセス日を記しておく．

ピュータの特徴として，年号を 4 桁全体ではなく，下 2 桁で管理するものが多かったようである。[2] こうした前提に立ち，「1999 年」の次が「2000 年」ではなく「1900 年」と扱われる可能性が問題視されている時代であった．つまり，こうした社会的背景が関係し，使用そのものが（無）意識的に控えられていたのかもしれない（第 6.2 節を参照）．一方で，同時期の関連記事には，「'00」のような年代表記を取り上げるものはあったが，「2000's」や「2000s」に関する記述は調査仕切れなかった．[3]

5.　調査結果 ── イギリス英語の場合

アメリカ英語との比較のため，本節では Hansard Corpus を用いる．Hansard Corpus は英国議会での発話記録であり，収録語数は 16 億語に上る．収録期間は 1803 年から 2005 年に渡るため，表 2 と表 3 で用いた COHA に時期的に対応する内容である．結果は表 6 の通りである．表 7 は，表 6 の結果を 10 年毎にまとめ直したものである．1900 年以前になるとアラビア数字表記による年代表記（e.g. 1880's）がないため，本節でも 20 世紀以降の事例を考察する．

表 6：イギリス英語の年代表記の変遷 1(Hansard Corpus: Jan 23, 2019)

in the X's/Xs	1900 年代	1910 年代	1920 年代	1930 年代	1940 年代	1950 年代	1960 年代	1970 年代	1980 年代	1990 年代	2000 年代
's	0	1	0	1	115	199	134	70	16	13	1
øs	0	0	0	0	18	355	1545	2833	6581	8435	2871

---

[2] 『IT 用語辞典 e-Words』を用いて「2000 年問題」で検索した．
[3] 塩田（2000）によると，NHK は「2000 年を「'00」とすることについてどのようにお考えですか」という世論調査を，1998 年 10 月に実施したとある．結果は，「よい（37%）」，「おかしい（49%）」の反応が大半を占め，「'00」表記への抵抗感が国民から読み取れたようである．

表7：イギリス英語の年代表記の変遷 2(Hansard Corpus: Jan 23, 2019)

in the X's/Xs	1900年代	1910年代	1920年代	1930年代	1940年代	1950年代	1960年代	1970年代	1980年代	1990年代	2000年代
1900's	…	1	…	…	1	3	…	…	…	…	…
1900s	…	…	…	…	…	3	3	4	4	11	2
1910's	…	…	…	…	…	…	1	1	…	…	…
1910s	…	…	…	…	…	…	…	3	1	…	…
1920's	…	…	…	…	40	54	18	5	…	…	…
1920s	…	…	…	…	5	92	170	267	347	278	98
1930's	…	…	…	…	69	119	33	21	3	…	…
1930s	…	…	…	…	12	197	389	551	961	551	171
1940's	…	…	…	…	4	2	5	1	…	…	…
1940s	…	…	…	…	1	9	60	84	184	216	77
1950's	…	…	…	…	…	10	20	7	2	3	…
1950s	…	…	…	…	…	15	208	461	858	710	211
1960's	…	…	…	…	…	5	18	9	…	2	…
1960s	…	…	…	…	…	33	172	542	1424	1355	467
1970's	…	…	…	…	1	4	36	15	1	1	…
1970s	…	…	…	…	…	5	509	377	1322	1917	543
1980's	…	…	…	1	…	2	2	11	6	5	1
1980s	…	…	…	…	…	1	33	461	807	2298	917
1990's	…	…	…	…	…	…	1	…	4	2	…
1990s	…	…	…	…	…	…	1	83	673	1095	382
2000's	…	…	…	…	…	…	…	…	…	…	…
2000s	…	…	…	…	…	…	…	…	…	4	2

　まず，Hansard Corpus での調査結果と COHA によるアメリカ英語での調査結果（表 2）を比べると，イギリス英語の方が，年代表記の変化（「's」＞「ᵒs」）が一時代（10 年）早く進行していることが分かる．また，移行期後の変化の度合いもアメリカ英語のそれよりも早い．[4]

---

　[4] 紙幅の都合により本稿で考察する余裕はないが，レジスター毎の慣習あるいは指導解説書に違いがある可能性は高い．例えば，Corpus of US Supreme Court Opinions を利用すると（最終アクセス 2019 年 1 月 25 日），データ検出できた 1920 年代以降ほぼすべての時期で，アポストロフィ有りの表記（e.g. in the 1990's）がアポストロフィ無しの表記（e.g. in the

　表3，表4，表7に所収のデータはそれぞれ異なるため，今後はレジスター
を揃える必要はある．しかし，年代表記に使用されるアポストロフィが，時代
が下がるにつれて徐々に省略される傾向は把握できた．[5]

6.　年代表記に見るアポストロフィの省略傾向

　ここまでの調査結果に基づき，次の2点を考察する．1点目は，20世紀前半
（表4，レジスター「雑誌」），および，20世紀半ば（表3，レジスター「全般」）
に，年代表記がアポストロフィ無しのものへと移行したことである．2点目は，
表4と表7に提示したように，「2000年代」を表す事例が少ない点である．表
5には一定数の事例が確認できたものの，同コーパスを用いて20世紀の年代
表記（e.g. 1990s, 1980's）と比べると，素頻度の低さは明らかである．

6.1.　20世紀初頭から中葉——ヴィクトリア朝からの解放か

　マクドナルド元英国首相（Ramsay MacDonald, 首相在任1924, 1929-35）
は「最大量の語を最小量の思想に圧縮してしまう天賦の才」を持っていたと，
チャーチル元英国首相（Winston Churchill, 首相在任1940-45, 1951-55）は
語っている（Salmon (2005: 132)；Baker (2017: 238) に引用）．第2節で触
れたように，こうした傾向は密集化と呼ばれており，年代表記も事例として挙
げられている（Baker (2017: 240)）．

　Truss (2003: 35-67), Shea (2014: 122-131), Crystal (2015: 275-294)

1990s) に対して頻度面で優位な結果が出ている．Appendix 2に表として提示しておく．匿名
の査読者から，筆記者による影響が表記上の違いに反映されているのではないかというコメン
トを頂いた．この点も含めて，今後の課題としたい．なお，BYU-BNCで調査したかぎり（最
終アクセス2019年1月24日），1980年代から1990年代の期間では，アポストロフィ無しの
表記が大幅に優勢であった．数値を示すまでもないほどであるため，注の一部として報告する．

[5]　第5節での調査結果から，読者に「イギリス英語は革新的，アメリカ英語は保守的」と誤
解されないためにも，以下の点を付記しておく．Baker (2017: 237-238) は，文法面から見
るとアメリカ英語の影響力が（イギリス英語や）他の地域英語へと強く及んでいると指摘して
おり，筆者も同感である（e.g. Shibasaki (2018)）．一方，語彙選択や綴り字については，ア
メリカ英語とイギリス英語で違いが見られるものの，全体として，イギリス英語がアメリカ英
語を受容している点にも触れている．Bybee (2015: 4, 77, 82, 86) も両英語の変異を冷静に
指摘している．唐澤 (2016: 164-167) がアメリカ英語の保守性を指摘し，堀田 (2016: 150-
154) が中立的立場を表明している．言語の語彙，文法，発音，綴り字などの様々な観点から，
保守性と革新性は見極めねばならず，どの時代を立脚点とするかでも判断が変わる可能性もあ
る．品詞転換（conversion）による奇妙な語彙の創発（e.g. euthanize, euthanatize）を，英米
で非難しあった小史と興味深い「オチ」については，Shea (2014: 60-62) を参照のこと．

がこぞって指摘するように，アポストロフィは 16 世紀末に英語に登場して以来，英語使用者を最も困惑させてきた句読法である．第 1 節で紹介したように，現在でも理解できていない英語母語話者も多い．加えて，Crystal（2015: 293）は，アポストロフィ付き略語の中には，ヴィクトリア朝（1837–1901）に生まれたものもあると指摘している（'flu, 'phone, 'bus, 'cello など）．こうした古今の事情を考慮すると，「中産階級の堅実な道徳観と品位ある行動規範に訴える」（松村・富田（2000: 785））という「ヴィクトリア朝の道徳的風潮から解き放たれて，俗語的な表現が社会の表舞台に出てきた」（寺澤（2016: 143））可能性は十分にある.[6] あるレジスター（Time Magazine）では，年代表記上のアポストロフィ省略への移行が早く（表4），別のレジスター（小説主体の COHA）では，確認できる移行期がやや遅いことも分かった（表3）．しかし，いずれの場合にも，20 世紀英語の特徴と見てよいであろう（句読点の省略は第 6.2 節）.[7]

6.2.　20 世紀末から 21 世紀──インターネットの影響

　1990 年代から 2000 年代のデータを観察すると，アメリカ英語（表3，表4，表5）とイギリス英語（表7）ともに，「2000 年代」を表す事例が少ないことが共通している．Crystal（2015: 291）は断言を避けるものの，インターネット上のドメイン名（domain name）を見ると，アポストロフィの省略が促進されていることが分かるという．確かに，第 1 節で取り上げたデパートと食料品店の正式名称には，アポストロフィが含まれるものが多いが（表1），そうした店舗のドメイン名にはアポストロフィが反映されていない（e.g. www.macys.com）．歴史的背景を調べてみると，創業当初の会社名にはアポストロフィを含む正式名称が用いられていたにも関わらず，後にアポストロフィ無しの社名に変更している場合も多い（ヒッチングズ（2014: 262–264）；Crystal（2015: 285–290））．こうした社会背景が関係し，年代表記からもアポストロフィの省略が促進されているものと推測する．ここでは，言語の使用実態と社会との関わりを重視する（9）を紹介し，Crystal（2015）の分析が妥当であることを補足したい．

---

　[6] OED に掲載されている Victorian（a.[2], A. 2.）の語義には，prudish（上品ぶった），strict（厳格な），old-fashioned（旧態依然の），out-dated（時代遅れの）などが記されている．
　[7] 社会言語学では，20 世紀英語の特徴を「民主化（democratization）」と呼ぶことがある（Culpepper and Nevala（2012））．なお，Culpepper and Nevala（2012: 380）で，アメリカ文化の影響の一例としてマクドナルドが挙げられているが，表記は「McDonalds」となっている（McDonald's が正式名称）．執筆者のミスではなく，無意識のうちにアポストロフィを省略する使用実態の裏付けと解釈したい．

(9)   … arguably connected with marketization, and specifically the apparent shift in power away from producers to consumers

(Fairclough (1992: 99))

（［談話が民主化されるということは〔柴﨑加筆〕］，議論の余地はあるかもしれないが，自由主義経済への移行と関係している．厳密に言えば，生産者から消費者へという，力関係の明らかな移行と関係している．）

つまり，規範的な縛りから解放され，消費者主体の言語使用が書記体系・句読法に反映される時代となり，一方で，テクノロジーの発達は，そうした言語変化を後押ししている．

　最後に，「2000 年代」表記について付記しておく．一般の辞書を用いると，年代表記に関する詳細な説明を探すことが困難であるため，「英辞郎 on the web」を用いて「2000 年代」と検索してみた．結果として，以下の記述を目にすることができた．

(10)   「2000 年代」
　　a.　the 2000s〔西暦 2000 年から 2999 年まで〕
　　b.　the twenty-hundreds〔西暦 2000 年から 2999 年まで〕
　　c.　the 2000s [two-thousands, twenty-hundreds] decade
　　　　〔西暦 2000 年から 2009 年まで〕
　　　　（「英辞郎 on the web」最終アクセス 2019 年 5 月 20 日）

つまり，英語母語話者（そして英語学習者）の頭の中では，「2000s」という表記を用いて，下 2 桁を示したい反面（21 世紀最初の 10 年，(10c)），文法的には 4 桁全体を複数にしてしまうという（(10a, b)），ある種のジレンマがあったと思われる．結果として，複数の大規模コーパスの中にも，「2000 年代（2000's, 2000s）」に関する表現が少なかったのではないだろうか（第 4 節で触れた「2000 年問題」とも関わる）．アポストロフィの有無は，音声上区別が付かない．詰まるところ，句読法にまつわる課題は書き言葉を持つ言語の特徴であり，書き言葉の歴史を有する言語だからこその変化である．いみじくも橋爪・大澤（2018: 194–195）が指摘するように，「人間の思考というのは記号に媒介されて，記号に記号を重ねることでしか認識は起きない」と思われる．

7. まとめ

本稿では，年代表記に使用されるアポストロフィ（'s）の歴史的変遷を，アメリカ英語を中心に考察した．アメリカ英語では，アポストロフィ有りの表記（e.g. 1950's）からアポストロフィ無しの表記（e.g. 1950s）への移行期が，1950年代から1960年代頃であることが判明した．一方，イギリス英語の場合，1940年代から1950年代頃が移行期と判断できた．イギリス英語での変化が若干早いことについては，踏み込んだ考察ができなかった．政治経済などの様々な分野においてアメリカ化（Americanization）が指摘され，言語文化も例外ではない（Culpepper and Nevala（2012））．その意味でも，本現象は継続して研究するに値すると思える．

アポストロフィの使用上の問題は，英語史に現れた16世紀から続いている．ことばの使用実態の一部とは言え，（歴史）語用論研究でも取り扱いがなく（e.g. 高田他（2018）），記述研究や（歴史）社会言語学研究で辛うじて触れられる程度である（e.g. Baker（2017））．さらに，形態統語的変化と同様に，現在使用されている文章法が今後変わらないとも限らない（Toner（2011）；Johnson（2015: 116））．例えば，ヒッチングズ（2014: 264）はアポストロフィは消えゆく運命にあるとまで予想しているが，この指摘は的外れとは言えない．Bilefsky（2016）の指摘するように，文末の句点（period, full stop）もSNSなどで省略される傾向が指摘されているからである（歴史的考察として柴﨑（2019，近刊）がある）．SNSなどの普及に伴い，コミュニケーションはますます密集化が進むと予想され，書き言葉と話し言葉の境界が曖昧になりつつある．今後も，言語変化を具に観察し続ける必要があるであろう．

参考文献

Alleyne, Richard（2008）"Half of Britons Struggle with the Apostrophe," *The Telegraph*, 10 Nov 2008.（https://www.telegraph.co.uk/news/uknews/3418036/Half-of-Britons-struggle-with-the-apostrophe.html）

Baker, Paul（2017）*American and British English: Divided by a Common Language?* Cambridge: Cambridge University Press.

Bilefsky, Dan（2016）"Period. Full Stop. Point. Whatever It's Called, It's Going Out of Style," New York Times, 9 June 2016.（https://www.nytimes.com/2016/06/10/world/europe/period-full-stop-point-whatever-its-called-millennials-arent-using-it.html）

Bybee, Joan（2015）*Language Change*, Cambridge University Press, Cambridge.［小川

芳樹・柴﨑礼士郎（監訳）（2019）『言語はどのように変化するのか』開拓社，東京.]

Crystal, David（2015）*Making a Point: The Pernickety Story of English Punctuation*, Profile Books, London.

Culpeper, Jonathan and Minna Nevala（2012）"Sociocultural Processes and the History of English," *The Oxford Handbook of the History of English*, ed. by Terttu Nevalainen and Elizabeth C. Traugott, 365–391, Oxford University Press, Oxford.

Fairclough, Norman（1992）*Discourse and Social Change*, Polity Press, Cambridge.

橋爪大三郎・大澤真幸（2018）『アメリカ』河出新書，東京.

Hayes, Mary and Allison Burkette, eds.（2018）*Approaches to Teaching the History of the English Language: Pedagogy in Practice*, Oxford University Press, Oxford.

ヒッチングズ・ヘンリー，田中京子（訳）（2014）『英語化する世界，世界化する英語』みすず書房，東京. [Henry Hichings（2011）*The language Wars: A History of Proper English*, Rogers, Coleridge and White, Ltd., London.]

堀田隆一（2016）『英語の「なぜ？」に答えるはじめての英語史』研究社，東京.

稲盛洋輔・畑中孝實（2003）『英語の句読法辞典』インターワーク出版，東京.

Johnson, Genevieve M.（2015）"The Invention of Reading and the Evolution of Text," *Journal of Literacy and Technology* 16, 107–128.

唐澤一友（2016）『世界の英語ができるまで』亜紀書房，東京.

Lyall, Sarah（2001）"Boston Journal; Minder of Misplaced Apostrophes Scolds a Town," *New York Times*, 16 June 2001.（https://www.nytimes.com/2001/06/16/world/boston-journal-minder-of-misplaced-apostrophes-scolds-a-town.html）

McEnery, Tony, Richard Xiao and Yukio Tono（2006）*Corpus Based Language Studies: An Advanced Resource Book,* Routledge, London.

Safire, William（1980）*On Language*, Times Books, New York.

Salmon, David（2005）*Coding for Data and Computer Communication*, Springer, New York.

Shea, Ammon（2014）*Bad English: A History of Linguistic Aggravation*, A Perigee Book, New York.

塩田雄大（2000）「「'00」？」『文研 NHK 放送文化研究所』2000.01.01 付.（https://www.nhk.or.jp/bunken/summary/kotoba/term/037.html）

Shibasaki, Reijirou（2018）"Sequentiality and the Emergence of New Constructions," *Explorations in English Historical Syntax*, ed. by Hubert Cuyckens, Hendrik De Smet, Liesbet Heyvaert and Charlotte Maekelberghe, 283–306, John Benjamins, Amsterdam.

柴﨑礼士郎（2019）「句読法から語用論標識へ——Period の談話機能の発達と今後のアメリカ英語について——」『慣用表現・変則的表現から見える英語の姿』，住吉誠・鈴木亨・西村義樹（編），54–69，開拓社，東京.

柴﨑礼士郎（近刊）「句読法の歴史的変化に見る動的語用論の可能性——イギリス英語の full stop を中心に——」『動的語用論の構築へ向けて』．田中廣明・秦かおり・吉田

悦子・山口征孝（編），144-165，開拓社，東京.

スィンハ・サンジーヴ（2014）『すごいインド——なぜグローバル人材が輩出するのか——』新潮社，東京.

スワン・マイケル，吉田正治（訳）（2018）『オックスフォード実例現代英語用法辞典』第4版，研究社，東京.［Michael Swan (2017) Practical English Usage, Fourth edition, Oxford University Press, Oxford.］

高田博行・小野寺典子・青木博史（編）（2018）『歴史語用論の方法』ひつじ書房，東京.

寺澤盾（2016）『英単語の世界』中公新書，東京.

Toner, Anne (2011) "Seeing punctuation," *Visible Language* 45, 5-19.

Truss, Lynne (2003) *Eats, Shoots & Leaves: The Zero Tolerance Approach to Punctuation*, Profile Books, London.［今井邦彦（訳）（2005）『パンクなパンダのパンクチュエーション』大修館書店，東京.］

コーパス・辞典・データベース

BYU-BNC = The British National Corpus 1980s-1993, 100 million words, Brigham Young University, U.S.A. (Mark Davies) (https://corpus.byu.edu/bnc/)

COCA = The Corpus of Contemporary American English 1990-2017, 560 million words, Brigham Young University, U.S.A. (Mark Davies) (https://corpus.byu.edu/coca/).

COHA = The Corpus of Historical American English 1810-2009, 400 million words, Brigham Young University, U.S.A. (Mark Davies) (https://corpus.byu.edu/coha/)

Corpus of US Supreme Court Opinions 1790s-present, 130 million words, Brigham Young University, U.S.A. (Mark Davies) (https://corpus.byu.edu/scotus/)

「英辞郎 on the web」(https://eow.alc.co.jp/)

Hansard Corpus 1803-2005, 1.6 billion words, Brigham Young University, U.S.A. (Mark Davies) (https://www.hansard-corpus.org/)

『IT 用語辞典 e-Words』(http://e-words.jp/)

松村赳・富田虎男（2000）『英米史辞典』東京，研究社.

OED = *The Oxford English Dictionary online*, Oxford University Press, Oxford. (http://www.oed.com/)

Time Magazine Corpus 1923-2006, 100 million words, Brigham Young University, U.S.A. (Mark Davies) (https://corpus.byu.edu/time/)

Appendix 1：句読法（アポストロフィ）クイズの抜粋（Alleyne (2008)）

To test yourself, answer these questions—identifying which of the below are correctly or incorrectly punctuated:

1. These are Charlotte Brooks' books   CORRECT
2. John is the people's choice   CORRECT
3. Buster is Janes' dog   INCORRECT
4. How's it going today?   CORRECT
5. Johns' house is amazing   INCORRECT
6. All the teams in the league are going to vote, so it is all the team's choice   INCORRECT
7. You've got a lot of friends   CORRECT
8. They're friends are all very nice   INCORRECT
9. It's a long way to Manchester   CORRECT
10. Its ahead of it's time   INCORRECT

Appendix II：アメリカ英語の年代表記の変遷 5
(Corpus of US Supreme Court Opinions: Jan 25, 2019)

	1900年代	1910年代	1920年代	1930年代	1940年代	1950年代	1960年代	1970年代	1980年代	1990年代	2000年代	2010年代
1900's	...	...	...	...	...	...	...	...	...	...	...	...
1900s	...	...	...	...	...	...	...	...	...	...	...	...
1910's	...	...	...	...	...	...	...	...	...	...	...	...
1910s	...	...	...	...	...	...	...	...	...	...	...	...
1920's	...	...	...	...	1	4	9	3	7	4	9	1
1920s	...	...	...	...	...	...	...	...	...	...	...	...
1930's	...	...	...	...	3	5	5	19	14	6	6	4
1930s	...	...	...	...	...	...	1	...	...	3	...	...
1940's	...	...	...	...	...	...	2	7	2	6	3	5
1940s	...	...	...	...	...	...	...	...	...	2	1	1
1950's	...	...	...	...	...	1	4	9	11	4	11	11
1950s	...	...	...	...	...	...	1	...	...	...	2	...
1960's	...	...	...	...	...	...	...	7	10	17	4	9
1960s	...	...	...	...	...	...	...	2	...	3	1	5
1970's	...	...	...	...	...	...	1	9	12	13	17	8
1970s	...	...	...	...	...	...	...	4	2	6	5	...
1980's	...	...	...	...	...	...	...	...	5	8	10	12
1980s	...	...	...	...	...	...	...	...	2	1	8	1
1990's	...	...	...	...	...	...	...	...	1	...	5	9
1990s	...	...	...	...	...	...	...	...	...	3	4	3
2000's	...	...	...	...	...	...	...	...	...	...	...	2
2000s	...	...	...	...	...	...	...	...	...	...	2	...

John Locke における
'epistemic phrase' の機能とその影響*

秋元　実治

青山学院大学名誉教授

1.　はじめに

Wierzbicka（2006: 207）は次のように述べている．少し長いが，該当箇所を引用する．

> It seems that epistemic phrases of the kind discussed here started to be used in English on a large scale in the first half of the eighteenth century, that is, some time after the publication of Locke's *Essay Concerning Human Understanding.* My hypothesis is that the dramatic increase in their use was due to some extent to the influence of Locke's work.
>
> I do not mean to imply that these phrases all sprang into being within a short time after the publication of Locke's *Essay.* Although the matter requires a detailed historical investigation, it seems more likely that the impact of the *Essay* started a trend and led to the emergence of certain "cultural scripts", which in turn led, over the next two or three centuries, to the cultural elaboration of this area of English lexicon and grammar. I do, however, want to suggest that the publication, and the impact, of Locke's *Essay* constituted an important turning point.

本論文は Locke の *An Essay Concerning Human Understanding*（1690）において，'epistemic phrase' がどのように使われているのかを分析し，上述の言説がどの程度信憑性があるのかを検証することにある．[1]

＊　本稿は大塚英語研究会（2017 年 11 月 18 日）で行った講演を加筆・修正したものである．誤植等の指摘，および未見の論文を紹介された査読者に感謝申し上げる．

[1]　Gordon（1966: 137–138）は … the philosophical writings of Locke before 1700 and of Berkeley and Hume after that date, all move in simple sentence-structures, and the jargon and professional vocabulary that was later to overwhelm much writing of this time … the

なお，'epistemic phrase' に関して，Wierzbicka (2006: 204) は次のように説明している：'phrases clarifying the speaker's stance in relation to what is being said'.

2.　先行研究

Wierzbicka の 'epistemic phrase' は Quirk et al. (1985) 'comment clause' と大体同義である.[2]

Quirk et al. (1985: 1112) は 'comment clause' に関して，"Comment clauses are either content disjuncts that express the speaker's comments on the content of the matrix clause, or style disjuncts that convey the speakers' views in the way they are speaking." と述べて，大別して，次の3つに分けられる：

a. 'Hedge'：主節内容の真偽についての話者の遠慮を示す．主語は一人称，動詞は現在形であることが特徴である．例：I believe, I think など.
b. 話者の確信を表す．例：I know, I see など.
c. 話者の感情的態度を表す．例：I hope, I fear など.

本論文で扱うものは a. が中心であるが，一部 b. や c. も含まれる.

Locke と同時代（17世紀）の統語論を扱ったものとして，Söderlind (1958) があり，また16世紀，17世紀の comment clause を扱った福元 (2010) や，Archer Corpus を使って，17世紀から20世紀にかけての comment clause を分析した山本 (2010) がある.

Brinton (2008, 2017) は comment clause を包括的に扱ったものであるが，ここで扱う句を特に取り上げて論じていない．ただし，Brinton (2017: 137–138) は Wierzbicka (2006) を取り上げて，いくつかの批判的論評を紹介している．なお，Brinton (2017) は 'epistemic parentheticals' という用語も 'pragmatic marker' や 'discourse marker' と共にそこでは使っている.

Bromhead (2009) は16世紀，17世紀の英語の認識的表現（動詞および副詞）を扱っている．その中で本論文と関係するものとして，'I think' と 'I suppose'

---

authors all write, as is their custom, in the first person ... show a continuous awareness of the presence of a reader. と述べている.

[2] Urmson (1966 [1952]: 192–212) は 'parenthetical verb' といい，次のような特徴を持つとしている：① 命題内容には立ち入らない，② 一人称＋現在形動詞が使われる，③ 'that' ＋直説法の形を取る，④ 文頭，文中および文末などに現れる.

があり，また古い表現として使われる 'I wot', 'I ween', 'I trow' なども論じている．全体として，Wierzbicka (2006) を踏襲した形で述べられている．John Locke についても言及もしばしばみられる (pp. 10-12, 他)．その一方，彼女のデータには哲学書は含まれていない (2009: 23)．

　宗宮 (2018) は Wierzbicka (2006) の Locke に関わる見解を支持しつつ，Locke の *An Essay Concerning Human Understanding* の中から，観念，言語，知識などの部分について論じている．そして現代英語に見られる on や over などの空間前置詞の発達の背景には Locke の影響が見られるとしている．ただし，'epistemic phrase' には言及していない．

3.　Locke の時代背景

　Locke の時代はいわゆる 'British Enlightenment' といわれる初期啓蒙主義の時代である．合理主義や経験主義が台頭し，'the truth you are told' から 'the truth you think for yourself', 'the truth you perceive through your senses' に取って代わられた時期である (Bromhead (2009: 7-13))．この時代の流れが言語変化に反映されることになる．

　17 世紀は実験的科学が勃興し，感情主義より合理主義を好む傾向が一般的に広まった．このような傾向を好む態度が簡素な解説文的スタイルを助長することになる．

　Biber and Finegan (1989) は小説，エッセイ，手紙からのデータを基に，17 世紀から現代に至る 4 世紀間にわたるそれらの発達過程を，'Information vs. Involved Production', 'Elaborated vs. Sentence-Dependent Reference' および 'Abstract vs. Nonabstract Style' の次元に沿って考察した．その結果，これら 3 つのジャンルは，より自己関与的になり，綿密さと抽象性が少なくなり，口語的スタイルに向かっていく一般的傾向—'drift' があることを示した．その傾向を示す言語的ファクターの中には 'private verbs' (e.g. *think*, *feel*) や現在時制動詞の用法が含まれる．

4.　Locke の 'epistemic phrase' の機能の特徴

　Locke は *An Essay Concerning Human Understanding* (Book III: Of Words) において，Locke 自身が言葉について論じており，それ自体興味深い論考であるが，ここでは論じない．Adolph (1968: 228-235) は *An Essay Concerning Human Understanding* に見られる言葉の問題について論じている．

4.1.　Locke に見られる 'epistemic phrase' の頻度と生起位置

　Wierzbicka（2006: 2008–246）は次のような 'epistemic phrases' を取り上げている：I think, I suppose, I guess, I gather, I presume, I believe, I find, I expect, I take it, I understand, I imagine, I bet, I suspect そして I assume である．そのアプローチは Natural Semantic Metalanguage（NSM）で，いわば，普遍的な意味元素（semantic primitives）の追究である．約 60 の普遍的概念プライム（prime）があるとされ，その概念プライムを限られた語彙でパラフレーズしようとするものである（さらに詳しくは，Wierzbicka（2006: 16–19））．

　まず，Locke において 'epistemic phrase' がどのくらい使われ，どの位置に多く現れるのかを示す．次いで，その特徴のいくつかについて論じる．

　なお，表 1 '*as* epistemic phrase' を入れたのは，この共起がしばしば見られ，意味的に相違をもたらすからである．Quirk et al.（1985: 1115）は次のような例をあげている：I'm working the night shift, as you know.

　実際，同書であげられている例の多くは，二人称主語や非人称主語（as it happens）であるが，一人称主語にも多く現れる．As 挿入詞に関しては，Potts（2002），Brinton（2008: 136–137）などを参照．

表 1：Locke に見られる 'epistemic phrase' の頻度と生起位置

	initial		medial	final	as ~
	that	Ø			
1. I think（246）	5	124	107	0	10
2. I suppose（46）	0	17	27	0	2
3. I doubt (not)（20）	1	16	3	0	0
3. I imagine（20）	1	8	8	0	3
4. I confess（15）	1	7	6	1	0
5. I believe（14）	0	12	2	0	0
6. I grant（10）	5	5	0	0	0
7. I fear（9）	0	2	7	0	0
8. I presume（7）	0	3	4	0	0
9. I hope（6）	0	3	2	0	1
10. I guess（5）	0	2	1	0	2
10. I suspect（5）	1	0	2	0	2
11. I find（2）	0	2	0	0	0
11. I know（2）	1	1	0	0	0
12. I understand（1）	0	0	0	0	1

以下に例をあげる．カッコ内の数字はテキストのページを示す．コンマやセミコロンの使用が多く見られるが，テキスト通りに示した．なお，17 世紀初期の句読法 (punctuation) に関しては，Salmon (1998 [1962]) が参考になる．

(1) a.　… and *I think* it will be hard to instance any one moral rule …

　　　　　　　　　　　　　　　　　　　　　　　　　(74, initial)

　　 b.　… yet, *I think, that* anyone who considers them, will not find …

　　　　　　　　　　　　　　　　　　　　　　　　　(526, initial)

　　 c.　… nor thought of those propositions; which *I think*, is at least one half of mankind.　　　　　　　　　　　　　(71, medial)

　　 d.　To divide and separate actually, is, *as I think*, by removing the parts one from another …　　　　　　　　　　(166, as)

(2) a.　For, *I suppose*, everyone's idea of identity will not be the same …　　　　　　　　　　　　　　　　　　(92, initial)

　　 b.　… the same reason will be as valid, *I suppose*, to prove …

　　　　　　　　　　　　　　　　　　　　　　　　　(166, medial)

　　 c.　… which have been thought the fountains of knowledge, introduced, *as I suppose* the like use of those maxims …　　(531, as)

(3) a.　*I doubt not, but* I can demonstrate too.　　　　(107, medial)

　　 b.　So that *I doubt, whethe*r he, and the rest of men, could discourse concerning the objects of sight..　　　　　(274, initial)

(4) a.　… and *I imagine, that* by a great many I shall be thought more excusable …　　　　　　　　　　　　　　(234, initial)

　　 b.　The knowing precisely what our words stand for, would, *I imagine*, … quickly end the dispute.　　　　(173, medial)

(5) a.　*I confess*, there is another idea which would …　(100, initial)

　　 b.　The knowledge of some truths, *I confess*, is very early in the mind …　　　　　　　　　　　　　　　(65, medial)

(6) a.　… *I believe* they all might be reduced to these …　(260. initial)

　　 b.　Perception, *I believe,* is, in some degree, in all sorts of animals …　　　　　　　　　　　　　　　(146, medial)

(7) a.　*I grant that* outlaws themselves do this one amongst another …

　　　　　　　　　　　　　　　　　　　　　　　　　(75, initial)

　　 b.　*I grant* the existence of God, is so many ways manifest …

　　　　　　　　　　　　　　　　　　　　　　　　　(77, initial)

(8)　… which *I fear* they will scarce allow them to be …　　(69, initial)

(9)　For *I presume* 'tis not the idea of a thinking or rational being alone …　　(302, initial)

(10)　… if I should only show (*as I hope*) I shall in the following parts of this discourse) how men …　　(59, as)

(11)　… yet *I guess* we cause great confusion in our thoughts …　　(202, initial)

(12)　… but adequate ideas, *I suspect*, we have not of any one amongst them.　　(494, medial)

(13)　… because *I find* the will often confounded with several of the affections …　　(232, initial)

(14)　*I know*, that people, whose thoughts are immersed in matter …　　(278, initial)

(15)　… and say one is longer than the other, *as I understand* … (185, as)

4.2.　議論

まず, 'I think' が圧倒的に多いことである.[3] 上記の表で気の付くことは, 文頭で最も多く, 次いで文中にも現れるが, 文末には現れていないということである. このことは, この句はこの段階ではまだ挿入詞的談話標識 (parenthetical discourse marker) を発達させていないということである. したがって, このような機能を発達させたのはもっと後になるわけであるが, 同時に 'that' 節を取らないということは既にそこには談話標識の発達が窺われるということである (cf. Thompson and Mulac (1991)).

接続詞 'that' の省略は既に古英語において見られる (Gorrell (1985: 348)). この省略に関して, 一般的に言われることは, 動詞と 'that' 節の間にある要素が介在する時, 'that' は残るということである (cf. Rohdenburg (1995)). しかしながら, 次例のように, ある要素が介在しているにもかかわらず, 'that' が省略されていることもある.[4]

---

[3] Decartes René (1596–1650) の『方法序説』で述べたことば 'Cogito, ergo sum' (I think, therefore I exist) の影響があるかもしれない. Adolph (1968: 232) はデカルト的影響に言及しているが, 本論文で扱っている 'epistemic phrase' ではない.

[4] 'that' が省略されるという言い方は正しくないかもしれない. Jespersen (1961: 32) は次のように述べている. In combinations like "I think he is dead" it is historically wrong to say that the conjunction *that* is omitted. Both "I think he is dead" and "I think that he is dead" are evolved out of original parataxis of two independent sentences: "I think: he is

(16)   So that, *I think*, when we talk of division of bodies in infinitum, our idea of their distinct bulks, which is the subject and foundation of division, comes, after a little progression, to be confounded, and almost lost in obscurity.   (332-3)

しかしながら, Locke においては, 'that' の前にある要素が介在する例はほとんどなく, むしろ 'that' 節内の文が複文である時, 'that' が維持されているようである.

(17)   Though, *I think*, that when ideas themselves are termed true or false, there is still some secret or tacit proposition, which ...   (345)

さらに, 'that' を取るか否かに関しては, 動詞によって異なるようである.[5] 例えば, 後述するように, Russell においては, 'believe' はほとんどの用例で 'that' 節を取る.

なお, 'believe' に関して, もう少し述べれば, 中英語 (Chaucer) や 15 世紀にはほとんど使われていない (OED (*s.v. believe*, v.7.)) が, 17 世紀以降多く使われるようになった. このことが Locke の影響によるものかどうかは不明である. ただし, 表 1 からも分かるように, Locke においては, 'believe' はそれほど多くない.

Locke において 'I think' と 'I believe' の興味深い点は, 'that' 節と 'that' のない節において, 共に 'modal' が多く使われていることである. 'I think' の場合は 'may' が多く, 次いで 'will' である. 一方 'I believe' の場合は 'will' 次いで 'shall' で, 'may' は 1 例のみであった. このことは, 'I believe' のほうが 'I think' より 'confident', あるいは話者の権威的態度を表す 'epistemic phrase' であると解釈できよう.

(18)   From what has been said, *I think* we *may* safely conclude ...   (82)

(19)   And *I think* nobody *will* say, that either of them had in his mind any idea of colours at all.   (102)

---

dead" and I think that: he is dead".

[5] Bolinger (1972: 43) は I doubt that (if, whether) they know the difference / I doubt they know the difference; I question (if, whether) they know the difference / *I question they know the difference という例をあげて, 次のように述べている. This is best done against the background of the statistically largest class of main verbs, which is the one allowing the omission of *that* and which can be characterized as expressing an attitude, a projection of the mind or feeling of the subject of the main verb onto the content of the clause.

(20)　*I believe*, upon examination, it *will* be found, that many grown men want them.　　(92)

(21)　*I believe*, we *shall* find, if we warily observe the originals of our notions ...　　(161)

下記の表は福元（2010: 120）からのものであるが，ジャンルは異なるものの（ドラマ），'I think' が多いことが分かる．

表2　17 世紀における comment clause の頻度

	That	0-that	Parenthetic		As-clause	other
			Medial	Final		
I think	-	76	12	9	-	33
I suppose	-	17	3	3	1	-
I believe	-	28	4	3	4	7
I guess	-	2	1	-	-	-
I trust	-	-	-	-	-	1
I know	-	56	4	1	2	109
I find	-	37	11	4	-	7
I fancy	-	5	3	-	-	-

'I doubt (not)' も Locke に多く現れている．この句は 'I doubt not but + clause' の形であり，'I doubt whether' は 2 例，'I doubt that' は 1 例のみである．また，'I doubt not' の形で挿入詞的に文中に使われている．

Jespersen (1917: 130) は '*But* as a conjunction = 'that not' is frequent in an object clause after a negative expression' と述べ，Shakespeare 以降からの 'doubt' 以外の「動詞 + not」の例をあげており，その中には Swift J. 284 'I doubt not but it will take' の例も含まれている．

さらに，*but that* も使われているとして，Shakespeare 以降，Defoe R. 91 'not doubting but that there was more' の例をあげているが，Locke にはこの形は見られなかった．[6]

同様に，Jespersen (1917: 133) は 'doubt not + to-infinitive' の例をあげているが，Locke には見られない．

6　なお，『研究社新英和大辞典』には 'I don't doubt but / but that' の例を（口語）としているが，（文語）の間違えであろう．FLOB Corpus（百万語）によると，'doubt' の後は以下のようであり，'but' も 'but that' も現れない: if（7 例），that（6 例），that-zero（5 例），whether（3 例）.

5.　Hume (1741–2) および Russell (1930) との比較

以下において，哲学者 David Hume と Bertrand Russell をとりあげて，そこで使われている 'epistemic phrase' と Locke のそれとを比較するが，これはあくまで後世の哲学者がどの程度この句を使っているのかを参考までにみるもので，哲学的思想の影響やその系列を考えてのことではない．

表3：Hume (1741–2) における 'epistemic phrase' の頻度と生起位置

	initial		medial	final	as ~
	that	Ø			
1. I believe (12)	2	8	2	0	0
2. I (must) confess (8)	5	2	1	0	0
3. I own (7)	0	2	5	0	0
4. I suppose (5)	0	3	2	0	0
5. I think (4)	0	1	3	0	0
6. I hope (3)	0	1	2	0	0
7. I doubt (2)	1	1	0	0	0
		(whether)			
7. I grant (2)	2	0	0	0	0
8. I fear (1)	0	0	1	0	0

以下にいくつかの例をあげる．カッコ内の数字はテキスト内のページを示す．

(22)　*I believe* most men of generous tempers are apt to envy the great …　　　　　　　　　　　　　　　　　　　　　　(6)

(23)　*I confess, that* the contrary opinion may justly, at first sight, seem probable …　　　　　　　　　　　　　　　　　　　(115)

(24)　Our lackeys and housemaids, *I own*, do not serve much to multiply their species …　　　　　　　　　　　　　　　　(232)

(25)　And at present, *I suppose*, in a course of 30 years, it is absolutely nothing.　　　　　　　　　　　　　　　　　　　(190)

(26)　But *I think* it may be accounted for from moral causes.　　(121)

表 4 : Russell (1930) における 'epistemic phrase' の頻度と生起位置

	initial		medial	final	as ~
	that	Ø			
1. I think (16)	5	8	2	0	1
2. I believe (7)	4	0	3	0	0
3. I mean (5)	4	0	1	0	0
4. I suppose (4)	1	1	2	0	0
4. I imagine (4)	2	0	2	0	0
5. I am afraid (1)	1	0	0	0	0
5. I understand (1)	1	0	0	0	0
6. I doubt (0)	0	0	0	0	0
(I doubt whether (2))					

(27)　*I think that* in general, apart from expert opinion, there is too much respect paid to the opinions of others …　　　　　　　　　　　(124)

(28)　Very few men, *I believe*, will deliberately choose unhappiness if they see a way of being happy.　　　　　　　　　　　　　　(30)

(29)　… enjoyment, *I mean*, of those more delicate kinds that are not open to wholly uncultivated people.　　　　　　　　　　　　(53)

(30)　The best example, *I suppose*, is Robert Browning.　　　　　(40)

(31)　This situation, *I imagine*, is not boring.　　　　　　　　　(58)

この比較から分かることは，Hume も Russell も Locke に比べて，'epistemic phrase' の使用が少ないということである．また 'I think that' 'I believe that' のように that 節を使っている例が，Russell の場合特に顕著である．文末に使われることはなく，大部分は文頭である．that 節を伴うということはその内容をいわば客観的に述べている時である．このことは，一見すると，主観化 (subjectification) と相反することになる．なぜなら，'I think' や 'I believe' は主体的表現とみなされているからである．しかしながら，'that' という接続詞を介することにより，その内容が客観的に話者の判断を伴って伝えられるということである．哲学者の論述を含めたアカデミックな散文の特徴であると考えられる (cf. Biber et al. (1999: 680-683)).

6.　結論

　以上考察してきたように，Locke は Hume や Russell と比べると，'comment clause' を多く使っていることが分かったが，Locke がどの程度影響を及ぼしたかは明確ではない．少なくとも，哲学上の学説は別にして，言語学的影響に関しては，Wierzbicka が主張するほど大きく影響するほどではなかったのではないか．また，いくつかの問題点を指摘できる．

　まず，Wierzbicka は史的変遷を考慮していない．例えば，'I think' は Locke 以前から多く使われてきた（秋元（編）（2010: 162））．Locke がこの句を多用していることは目新しいことではない．ただし，最も多く使われはじめたのは 18 世紀以後である．

　さらに主観化（subjectification）に関して，Traugott（1989）が提唱している nonepistemic から epistemic への主観的発達について，Wierzbicka（2006: 295）は次のように述べている．

> 　The rise of epistemic adverbs in modern English (in what Traugott calls a "strong subjective epistemic sense") reflects, I suggest, a rise of epistemological concerns in Anglo culture at a particular time of its development.

　文脈から，'at a particular time' は Locke の時代を指していると思われるが，主観化は Locke 以降ではなく，それ以前からあり（Traugott（1989）の例を参照），この 'suggestion' は正しくないし，また 'Anglo culture' からの発達という点においても言い過ぎであると思われる．ここでは，'probably' などの副詞について述べているが，'epistemic phrase' についても同様な議論を行っている．

　Locke にはその経験論を表す句，'experience and observation' が何度も使われており，その句こそ Locke の特徴を示す key word(s) であろう．以下にその例をあげる．

(32)　One may perceive how, by degrees, afterwards, ideas come into their minds, and that they get no more, nor no other, than what *experience*, and the *observation* of things, that come in their way, furnish them with …
　　　　　　　　　　　　　　　　　　　　　　　　　　　　　　　　　　(91)

(33)　But in the future part of this discourse, designing to raise an edifice uniform and consistent with itself, as far as my own *experience and observation* will assist, I hope, to erect it on such a basis …

(106–7)

Locke の英語において，'epistemic phrase' 以外にも幾つかの特有な使い方がある．次にあげる．

1 つ目の例をあげると，現在分詞が多く使われていることである．特に 'be' が多い．これはラテン語の影響であろう．以下に例を示す．

(34)　… all must be equally allowed innate, they *being* all discoveries made by the use of reason and truths …　　　　　　　　(62)

(35)　… it cannot be supposed to be in words at all, which, *being* in most of these principles very general names, cannot be understood, but …　　　　　　　　(86)

2 つ目の例は 'at large' がある．この句は現代英語では主として，'as a whole, in general' や 'not captured, free' の意味で使われている（cf. OALD）が，Locke の英語ではそれに加えて，'at length, fully' の意味で多く使われていた．その例を以下にあげる．

(36)　But having occasion to speak more *at large* of these in another place, I here only enumerate them.　　　　　　　　(128)

(37)　I have taken care that the reader should have the story *at large* in the author's own words …　　　　　　　　(301)

Wierzbicka は 'Anglo culture' に基づく個別性に焦点を当てて語彙や文法の変遷を説明しようとしているが，Locke の後世への影響の是非は単に 'epistemic phrase' だけでなく，彼の表現全体を当時の社会的・思想的背景に照らし合わせて考察することが重要である．

参考文献

Adolph, Robert (1968) *The Rise of Modern Prose*, MIT Press, Cambridge, MA and London.

秋元実治（編）(2010)『Comment Clause の史的発達――その機能と発達――』英潮社フェニックス，東京．

Biber, Douglas and Edward Finegan (1989) "Drift and the Evolution of English Style: A History of Three Genres," *Language* 65(3), 487–517.

Biber, Douglas, Stig Johanson, Geoffrey Leech, Sysan Conrad and Edward Finegan

(1999) *Longman Grammar of Spoken and and Written English*, Longman, London.

Bolinger, Dwight (1972) *That's That*, Mouton, The Hague.

Brinton, Laurel J. (2008) *The Comment Clause in English*, Cambridge University Press, Cambridge.

Brinton, Laurel J. (2017) *The Evolution of Pragmatic Markers in English: Pathways of Change*. Cambridge University Press, Cambridge.

Bromhead, Helen (2009) *The Reign of Truth and Faith: Epistemic Expressions in 16th and 17th Century English*, Mouton de Gruyter, Berlin and New York.

福元広二 (2010)「初期近代英語における Comment Clause」『Comment Clause の史的研究——その機能と発達』, 秋元実治 (編), 111-126, 英潮社フェニックス, 東京.

Gordon, Ian A. (1996) *The Movement of English Prose*, Longman, London.

Gorrell, Hendren (1895) "Indirect Discourse in Anglo-Saxon," *PMLA* 10, 342-485.

Jespersen, Otto (1917) *Negation in English and Other Languages*, Bianco Lunos Bogtrykkeri, København.

Jespersen, Otto (1961) *A Modern English Grammar on Historical Principles*, Part III, George Allen & Unwin Ltd, London.

『研究社新英和大辞典』第 6 版 (2002) 研究社, 東京.

OALD = *Oxford Advanced Learner's Dictionary* (2015), Oxford／旺文社, 東京.

OED = *The Oxford English Dictionary* (1989), Oxford University Press, Oxford.

Potts, Christopher (2002) "The Syntax and Semantics of *As*-parentheticals," *Natural Language and Linguistic Theory* 20, 623-689.

Quirk, Randolph, Sidney Greenbaum, Geoffrey Leech and Jan Svartivik (1985) *A Comprehensive Grammar of the English Language*. Longman, London.

Rohdenburg Günter (1995) "On the Replacement of Finite Complement Clauses by Infinitives in English," *English Studies* 76, 367-388.

Salmon, Vivian (1998 [1962]) "Early Seventeenth-Century Punctuation as a Guide to Sentence Structure," *A Reader in Early Modern English*, ed. by Mats Rydén, Ingrid Tieken-Bom van Ostade and Merja Kytö, 47-62, Peter Lang, Frankfurt am Main.

Söderlind, Johannes (1958) *Verb Syntax in John Dryden's Prose*, A.-B. Lundequistska Bokhandeln, Uppsala.

宗宮喜代子 (2018)「現代英語に見るジョン・ロックの影響」『リベラル・アーツの挑戦』, 岐阜聖徳学園大学外国学部 (編), 109-145, 彩流社, 東京.

Thompson, Sandra, A. and Anthony Mulac (1991) "A Quantitative of the Grammaticization of Epistemic Parentheticals in English," *Approaches to Grammaticalization*, Volume II, ed. by Elizabeth Closs Traugott and Bernd Heine, 313-329, John Benjamins, Amsterdam／Philadelphia.

Traugott, Elizabeth C. (1989) "On the Rise of Epistemic Meanings in English: An

Example of Subjectification in Semantic Change," *Language* 65, 31–55.

Urmson, J. O. (1966 [1952]) "Parenthetical Verbs," *Essays in Conceptual Analysis*, ed. by Antony Flew, 192–212, Macmillan, London.

Wierzbicka, Anna (2006) *English: Meaning and Culture*, Oxford University Press, Oxford.

山本史歩子 (2010)「後期近代英語における Comment clause」『Comment Clause の史的研究──その機能と発達』, 秋元実治 (編), 127–146, 英潮社フェニックス, 東京.

テキスト

David Hume 1998 [1741–2]. *Selected Writings*, ed., with an Introduction and Notes by Stephen Copley and Andrew Edger. Oxford: Oxford University Press.

John Locke. 2004 [1690]. *An Essay Concerning Human Understanding*, ed. by Roger Woolhouse. London: Penguin Books.

Bertrand Russell 2013 [1930] *The Conquest of Happiness*, ed., with a New Introduction by Daniel C. Dennett. New York / London: Liveright Publishing Corporation.

過去分詞縮約関係節に関する一考察*

杉浦　克哉

愛知学院大学

1.　導入

　本稿では現代英語と古・中英語の過去分詞縮約関係節を生成文法の枠組みで分析し，構造の違いを考察する．以下では（1）のように，名詞句が過去分詞とその補部または付加部に後位修飾される構造を扱う．そして，（1）の角括弧で囲まれた構造を過去分詞縮約関係節，下線部分を先行詞名詞，または先行詞名詞句とそれぞれ呼ぶ．（1c, d）のような過去分詞が単独で名詞を後位修飾する構造も過去分詞縮約関係節と呼ぶ．本稿では，（1a）の bought のような他動詞の過去分詞から構成される縮約関係節を受動過去分詞縮約関係節と呼ぶ．そして（1b）の fallen のような非対格動詞の過去分詞から構成される縮約関係節を非対格動詞過去分詞縮約関係節と呼ぶ．[1]

---

　* 本稿は 2018 年 3 月 13 日に第 10 回北海道理論言語学研究会（於北見工業大学）で発表した内容を大幅に加筆・修正したものである．研究会にて筆者の発表にご意見を下さった先生方には感謝を申し上げる．また，本稿の執筆にあたり，初稿の段階で査読者の先生方から貴重なご意見を頂戴した．建設的な意見をいただいたことに深く感謝を申し上げる．論文内のミスは全て筆者の責任によるものである．

[1] 本稿では，（i）のような have / get の補部に現れる名詞句と過去分詞が，使役や被害を表す構造は扱わない．

 (i) a. I had my bicycle checked.　（使役）

   b. I had my bicycle stolen.　（受身・被害）

   c. I'm going to get this car serviced.　（使役）

   d. I got my hand caught in the door.　（被害）　　　（cf. 江川 (1991: 284-286)）

これは（ii）のように過去分詞縮約関係節が名詞を後位修飾する構造では，名詞句と過去分詞は受身またはある動作が完了した状態を表し，使役や被害を表さず，それゆえ両者は異なる構造を持つと考えられるからである．

 (ii) a. the book bought by John

    = the book that is bought by John

   b. the leaf fallen from the tree

    = the leaf that has fallen from the tree

(1) a.　the book [bought by John]
　　b.　the leaf [fallen from the tree]　　　　　(cf. Marvin (2002: 141))
　　c.　the people [concerned]
　　d.　the solution [adopted]　　　　　　　　(cf. Swan (2005: 410))

　本稿の構成は以下の通りである．2節で現代英語の過去分詞縮約関係節の統語的特徴を示し，3節で現代英語の過去分詞縮約関係節が後位修飾する名詞句の統語構造と派生を提案する．そして，4節では古・中英語の受動過去分詞縮約関係節を，5節では中英語の非対格動詞過去分詞縮約関係節を扱う．4節と5節では，歴史コーパスから収集したデータに基づき，各時代の受動過去分詞縮約関係節と非対格動詞過去分詞縮約関係節の統語的特徴とその派生について論じる．6節は結論である．

2.　現代英語の過去分詞縮約関係節

2.1.　受動過去分詞縮約関係節

　受動過去分詞縮約関係節を生成文法の枠組みで分析する先行研究はそれほど多くなく，決定的な分析はないのが現状である．2.1節では数少ない先行研究である Marvin (2002, 2003)，Douglas (2016)，Harwood (2017) に基づき現代英語の受動過去分詞縮約関係節の統語的特徴を考察する．

　(2) が示すように受動過去分詞縮約関係節は補文標識を許さないため CP ではない．[2]

　(2)?*the womble that defeated by a gang of chavs

そして，(3)，(4) は受動過去分詞縮約関係節は TP であることを示している．(3a) は (3b) と解釈されるので，受動過去分詞縮約関係節は母型動詞と異なる独立した時制解釈を許す．また Marvin (2002: 148) は，(4a) は，(4b) のように，arrested が表す出来事が先に起こり，その後で arrived が表す出来事が起こるとする解釈が可能であると述べる．したがって，受動過去分詞縮約関係節は，それに付加する従属節の動詞が表す時制と異なる時制解釈を許す．

　(3) a.　All properties [built prior to 1900] are eligible for exemption from land tax.

---

[2] 参照元を記していない用例は，いずれも英語母語話者により容認度のチェックを受けている．

    b. <u>All properties</u> [having been built prior to 1900] are eligible for exemption from land tax.   (cf. Douglas (2016: 233))

(4) a. The man arrested by the police when we arrived

     b. The man that had been arrested by the police when we arrived

                              (cf. Marvin (2002: 148))

受動過去分詞縮約関係節は TP であるという仮定は，(5) の統語的事実からも支持される．(5) では，代名詞 he は先行詞 officer に束縛されている．これは，after 節は officer に C 統御される領域にあることを意味しており，つまり after 節は受動過去分詞縮約関係節に付加していることを示す．時を表す副詞節は TP に付加すると考えると，受動過去分詞縮約関係節は TP であるという仮定と矛盾しない．

(5)   No officer$_i$ [(being) investigated after he$_i$ used the phrase "resisting arrest"] will admit to it later.   (cf. Douglas (2016: 206))

また，受動過去分詞縮約関係節は (6a, b, c, d, e) がそれぞれ示すように，継続した時間を表す in 句，目的を表す不定詞節，動作・行為の様態を表す副詞，道具を表す with 句，動作主を表す by 句を許す．

(6) a. the womble defeated in a few minutes

     b. the womble stolen to pay the bills

     c. the womble defeated quickly

     d. the womble defeated with a sturdy baseball bat

     e. the womble defeated by a gang of chavs (Harwood (2017: 10))

(6) の事実から，受動過去分詞縮約関係節は出来事を表すと考えられるので，vP を持つと仮定される．

以上の事実から，本稿は受動過去分詞縮約関係節は，派生のある段階で (7) の統語構造を持つと仮定する．[3]

(7)   [[$_{XP}$ NP$_i$] [$_{TP}$ [$_{TP'}$ T] [$_{vP}$ [$_{v'}$ v [$_{VP}$ V NP$_i$]]]]]

---

[3] 先行詞名詞句 NP の移動先は 3 節で明らかにされるが，ここでは XP としておく．(15) も同様である．

2.2.　非対格動詞過去分詞縮約関係節

　2.2 節では非対格動詞過去分詞縮約関係節の統語的特徴を考察する．非対格動詞過去分詞縮約関係節も，受動過去分詞縮約関係節と同様，生成文法での先行研究は少なく，十分な分析は行われていない．本節では，Marvin（2002, 2003），Douglas（2016）の分析とコーパスから得た資料を用い，議論を進める．

　まず，非対格動詞 fall を用いた過去分詞縮約関係節は完全に容認される．*Corpus of Contemporary American English*（COCA）からも用例を得ることができる．

(8)　a.　The leaf fallen from the tree is red.　　　　　（Marvin（2002: 141））

　　　b.　I resisted the obvious, the tomfoolery of the poet who celebrates the leaf [fallen at his feet] as a gift of heaven.

　　　　　　　　　　　　　　　　　　　　　（cf. COCA, 1990, MAG, Sierra）

　　　c.　Grandfather was bright and dusty, like damp leaves [fallen underfoot].　　　　　　　　　（cf. COCA, 2001, FIC, Bk:FoxWoman）

Quirk et al.（1972, 1985）では，（9）のような arrive, come, go, return の過去分詞縮約関係節の例が挙げられているが，英語話者によれば（9a, b）の容認度は低い．[4]

(9)　a.　The train recently arrived at platform 1 is from York.

　　　b.　A man just come from the meeting told me about it.

　　　c.　A man just gone to India told me about it.

　　　　　　　　　　　　　　　　　　　　　　（Quirk et al.（1985: 1265））

　　　d.　A man just returned from India told me about it.

　　　　　　　　　　　　　　　　　　　　　　（Quirk et al.（1972: 878））

COCA と *Collins WordBanks Online*（Collins）を用いた調査では（9a, b）のような arrive, come の過去分詞縮約関係節は確認することができなかった．一方で go, return の過去分詞縮約関係節は（10a, b）の用例を得ることができた．

---

[4] Levin and Rappaport（1995: 281）は，自動詞をいくつかの種類に分類している．この分類によれば，come, go, return は arrive, fall と同じ verbs of inherently directed motion（内在的に方向を含意する動詞）のグループに分類される．Levin and Rappaport（1995: 281）では，このグループが非対格動詞とは述べられていないが，本稿ではこの 5 つの動詞を非対格動詞と仮定して議論を進める．

(10) a.　Over the <u>weekend</u> [just gone] we reached the 100,000 mark
　　　　　that's adult toads and tadpoles, caught and killed.

(cf. COCA, 2007, NEWS, CSMonitor)

　　　b.　… he imagined that to anyone in the terminal they looked like a
　　　　　<u>tired family</u> [just returned from a vacation to the Grand Canyon
　　　　　or Colorado Springs].　　　(cf. COCA, 1992, FIC, SouthernRev)

(9)，(10) の非対格動詞過去分詞縮約関係節はいずれも副詞 recently や just
を伴う．英語話者によれば，これらから recently や just を取ると，文の容認
度が落ちるか，非文となる．

　このように，現代英語の非対格動詞過去分詞縮約関係節で許される動詞には
強い制限があり，fall 以外の動詞の容認度は低い．このため，本稿は現代英語
の非対格動詞過去分詞縮約関係節では，fall のみが容認されると仮定する．2.2
節と 3.2 節では fall に的を絞り，過去分詞縮約関係節の内部構造を考察する．

　(11) が示すように，非対格動詞過去分詞縮約関係節は補文標識を許さない
ため CP ではない．

(11)　*the leaf that fallen from the tree

また (12a) が示すように，非対格動詞過去分詞縮約関係節は，過去のある一
時点から現在まで動作や行為が継続することを表さない．そして (12b) が示
すように，非対格動詞過去分詞縮約関係節は，母型節から独立した時制解釈を
許さない．これらの事実から，非対格動詞過去分詞縮約関係節は TP ではな
い．[5,6]

---

　[5] (ia) は (ib) の解釈を持つことから，非対格動詞過去分詞縮約関係節は，それに付加する
before 節よりも古い時制解釈を許す．このことは，非対格動詞過去分詞縮約関係節は独立し
た時制解釈を許すことを意味するため，TP の存在が示唆される．
　(i) a.　the leaves [fallen from the trees before the photographers arrived]

(Douglas (2016: 233))

　　　b.　the leaves that had fallen from the trees before the photographers arrived
この点は改めて検討する必要があるが，本稿では (12) が非文であり，非対格動詞過去分詞縮
約関係節は母型節から独立した時制解釈を許さないゆえ，TP ではないと仮定する．
　[6] 節を修飾する副詞である probably や unfortunately は非対格動詞過去分詞縮約関係節で
可能である．
　(i) a.　the leaves [probably (now) fallen from the tree] had such beautiful colours!
　　　b.　the leaves [unfortunately (now) fallen from the tree] had such beautiful colours!

(Douglas (2016: 233))

この事実も，非対格動詞過去分詞縮約関係節は TP であることを示唆する．しかしながら，節
を修飾する副詞は (ii) のように名詞句内に現れることがある．

(12) a.?*The leaf fallen from the tree since last Sunday is red.

(Marvin (2002: 148))

b.?*The leaf fallen from the tree yesterday is red today.

また非対格動詞過去分詞縮約関係節は，(13a, b, c) が非文であることが示すように，継続した時間を表す in 句，目的を表す不定詞節，動作・行為の様態を表す副詞をいずれも許さない．この事実から，非対格動詞過去分詞縮約関係節は出来事を表さず，それゆえ vP ではないと仮定される．

(13) a.?*The leaf fallen from the tree in a few minutes is red.
b.?*The leaves fallen from the tree to become fertilizer are red.
c.?*The leaf slowly fallen from the tree is red.

Marvin (2002: 150-151) は (14) が表す意味から，非対格動詞過去分詞縮約関係節は状態を表すと述べている．(14) の非対格動詞過去分詞縮約関係節は，木から落ちた葉が地面の上にあるという状態を表すからである．

(14)　The leaves fallen from the tree are all red.　(Marvin (2002: 150))

以上の事実から，本稿では，非対格動詞過去分詞縮約関係節は派生のある段階で (15) の統語構造を持つと仮定する．非対格動詞過去分詞縮約関係節は出来事を表さないため vP は無い．そして母型動詞から独立した時制解釈を許さないため TP も無い．非対格動詞過去分詞縮約関係節が表す状態の解釈は，非対格動詞過去分詞が持つ [+stative] 素性により具現すると仮定する．[7]

(15)　$[[_{XP} NP_i] [_{vP} V_{[+stative]} NP_i]]$

(ii) a.　this fortunately rare contingency
b.　a curiously long letter　　　　　　(Greenbaum (1969: 191))
このため，(i) は非対格動詞過去分詞縮約関係節が TP であることを支持する証拠にはならない．
[7] Marvin (2002: 149ff) は，非対格動詞過去分詞縮約関係節を AspP と仮定し，Asp 主要部が状態を表す素性を担うと仮定している．本稿は，非対格動詞過去分詞縮約関係節が AspP であるためには，それは進行相や完了相などの相を表す必要があると考える．(12a) が非文であるので，非対格動詞過去分詞縮約関係節は完了相を表さない．非対格動詞過去分詞縮約関係節が AspP であるかどうかは，より詳細な検討が必要なため，今後の課題とする．

3.   過去分詞縮約関係節が後位修飾する名詞句の統語構造

3.1.   受動過去分詞縮約関係節が後位修飾する名詞句の統語構造

3.1 節では Sugiura（2018, 2019）で提案された現在分詞縮約関係節の分析を応用し，受動過去分詞縮約関係節が後位修飾する名詞句の統語構造と派生を提案する．受動過去分詞縮約関係節が後位修飾する名詞句の統語構造は（16）で表される．

(16) $[_{DP} D_{[uN]} [_{NP} NP_{i[iN]} [_{NP'} \emptyset] [_{TP} [_{TP'} T] [_{vP} [_{v'} V_j\text{-}v [_{VP} t_j\ t_i]]]]]]$

動詞は V に併合された後，v に主要部移動すると仮定する．また，先行詞名詞句 NP は V の補部に併合した後，NP 指定部へ繰り上がると仮定する．

（16）で重要なことは，NP が V の補部から繰り上がる点と，先行詞名詞句の移動先は NP 指定部という点である．以下ではこの 2 点を仮定する論拠を述べる．

Cecchetto and Donati（2015: 76-80）に従い，DP は格位置に併合する必要があるが NP はその限りではないと仮定する．彼らは（17）の受動過去分詞縮約関係節を例に挙げ，受動過去分詞と非対格動詞の補部は格位置ではないため NP が併合できると仮定している．

(17)   the $[_{NP}$ philosopher $[_{VP}$ admired ~~philosopher~~ (by Marx)]]

(cf. Cecchetto and Donati (2015: 77))

本稿はこれに従い，先行詞名詞句 NP は受動過去分詞と非対格動詞の補部に併合すると仮定する．

次に先行詞名詞句 NP は V の補部位置から上位の位置へ繰り上がると仮定する根拠を示す．イディオム make headway は（18b）のように，関係節が先行詞 headway を修飾する構造を許す．そして，（18c）が非文であるのは，headway は make を伴わず単独で用いることができないことを示す．これらのことから（18b）の headway は make の補部に併合し，イディオムとしての解釈を得た後，先行詞位置へ繰り上がると考えられる．

(18) a.   We made headway.
     b.   The headway that we made was satisfactory.
     c.   *(The) headway was satisfactory.   (cf. Schafter (1973: 31))

そして，（19）が非文であることは，headway は make の補部では限定詞 the を伴うことができないことを意味する．

(19)?*We made the headway on that problem.　　（Browning（1987: 129））

Headway が the を伴うことができるのは，（18b）のように関係節によって修飾される場合のみである．（18b），（19）から，限定詞 the は関係節の外の位置で併合すると考えられる．

限定詞 the が関係節の外の位置で併合すると仮定する他の根拠として（20）がある．（20a）のように固有名詞は the を許さないが，（20b）のように，固有名詞は関係節に修飾されると the を許す．（20a, b）の文法性の違いは，（20b）で love の補部に併合されるのは the Paris ではなく Paris であり，the は関係節の外の位置で併合すると仮定することで適切に説明される．

(20)　a.?*the Paris

　　　b.　the Paris I love　　　　　　　　　（cf. Bianchi（1999: 42））

これらの事実は受動過去分詞縮約関係節でも観察される．（21a）では，headway は受動過去分詞縮約関係節に後位修飾されている．（18c）が不適格であることを踏まえると，（21a）の headway は make の補部に併合しイディオムとしての解釈を得た後，先行詞の位置へ繰り上がると考えられる．（21b, c）でも同様に，イディオムの一部の名詞句は，動詞の補部位置から上位の位置へ繰り上がっていると考えられる．（21b）の short shrift は give の補部に併合し，イディオムとしての解釈を得た後，先行詞の位置へ繰り上がると考えられる．そして，（21c）の lip service は pay の補部に併合し，イディオムとしての解釈を得た後，先行詞の位置へ繰り上がると考えられる．

(21)　a.　A supervisory program sees the headway [made by other pro-grams trying to navigate the maze].

　　　　　　　　　　　　　　　　　　　（cf. COCA, 2002, FIC, Analog）

　　　b.　The short shrift [given to the proposal of a national government by almost everyone] speaks for itself.　　（cf. Collins, doc#8619）

　　　c.　the Accra demonstrators marched on the US Embassy specifical-ly to decry the lip service [paid to equality on the international stage as the Kennedy administration stalled on civil rights legis-lation at home].

　　　　　　　（cf. COCA, 2017, ACAD, Twentieth Century Literature）

また（22a, b）は，固有名詞 London は受動過去分詞縮約関係節により後位修飾されると the を許すことを示している．

(22) a.?*the London

　 b.　the London Visited By One Severest Hurricanes …

　　　 (Kingsport Times Newspaper Archives, Sunday, February 12, 1928-
　　　 Page 1, https://newspaperarchive.com/kingsport-times-feb-12-
　　　 1928-p-1/, accessed on /1/30/2019)

(21), (22) から, 受動過去分詞縮約関係節の先行詞名詞句は縮約関係節の内部に併合した後, 上位の位置へ繰り上がること, そして限定詞 the は縮約関係節の外で併合すると仮定される.

次に先行詞名詞句 NP の移動先について考察する. 本稿では Radford (2016) に従い, 受動過去分詞縮約関係節の先行詞名詞句は NP 指定部へ移動すると仮定する. Radford (2016: 410ff) は, Donati and Cecchetto (2011) に従い, wh 関係節は wh 移動と先行詞繰り上げの 2 つの操作により派生すると論じている. 具体的な派生は (23) に示される.

(23)　[$_{DP}$ [$_D$ the [$_{NP}$ photo of John$_i$ [$_N$ Ø [$_{CP}$ [which ~~photo of John$_i$~~]$_j$ [$_C$ Ø [$_{TP}$ he hates ~~which photo of John$_j$~~]]]]]]　　　　(cf. Radford (2016: 434))

(23) では, which photo of John が hates の補部で併合した後, CP 指定部へ wh 移動し, その後, 名詞句 photo of John が NP 指定部へ先行詞繰り上げを受けている. Radford (2016) は関係節の先行詞は the photo of John のように句であることが可能なため, それは N 主要部へ移動するのではなく NP 指定部へ移動すると論じる.[8]

受動過去分詞縮約関係節は (24) のように先行詞に名詞句を取ることができるので, (23) の派生を受動過去分詞縮約関係節に応用すると (25) の派生が得られる.

---

[8] Radford (2016) は Bhatt (2002: 81) が提案する (i) を発展させ, 空の N を主要部とする NP が D に選択される構造 (ii) (= (23)) を提案している.

　(i)　[$_{DP}$ the [$_{XP}$ [$_{NP}$ picture [$_{X'}$ X^0 [$_{CP}$ [$_{DP}$ which t$_{NP}$] C^0 [$_{IP}$ Bill liked t$_i$]]]]]]

　　　　　　　　　　　　　　　　　　　　　　　　　　　　　(Bhatt (2002: 81))

　(ii)　[$_{DP}$ [$_D$ the [$_{NP}$ photo of John$_i$ [$_N$ Ø [$_{CP}$ [which ~~photo of John$_i$~~]$_j$ [$_C$ Ø [$_{TP}$ he hates ~~which photo of John$_j$~~]]]]]]　　　　(cf. Radford (2016: 434))

Bhatt (2002) では CP の上位にある機能投射 XP が何であるかは明らかにされていなかったが, Radford (2016) は, XP は限定詞の補部にあるという理由から, それは NP であると仮定している. そして空の N は先行詞名詞句を指定部へ牽引する役割を果たすと述べているが, どのような仕組みにより牽引されるかは説明していない. 空の N がどのような役割を果たすかについては, 今後の検討課題としておく.

(24)　　　　　　　 Look at the boy from Italy [arrested by the police].

(25)　(＝(16))　[$_{DP}$ D$_{[uN]}$ [$_{NP}$ NP$_{i[iN]}$ [$_{NP'}$ Ø] [$_{TP}$ [$_{TP'}$ T] [$_{vP}$ [$_{v'}$ V$_j$-v [$_{VP}$ t_j t_i]]]]]]

　このとき，受動過去分詞縮約関係節が後位修飾する名詞句の統語構造は (26) で表される．(26a) は (24) の the boy from Italy arrested by the police, (26b) は (21b) の the short shrift given to the proposal of a national government by almost everyone の派生をそれぞれ表している．

(26)　a.　 [$_{DP}$ the$_{[uN]}$ [$_{NP}$ boy from Italy$_{i[iN]}$ [$_{NP'}$ Ø] [$_{TP}$ [$_{TP'}$ T]

　　　　　　　　　　AGREE

　　　　 [$_{vP}$ [$_{v'}$ arrested$_j$ [$_{VP}$ t_j t_i by the police]]]]]]

　　　 b.　 [$_{DP}$ the$_{[uN]}$ [$_{NP}$ short shrift$_{i[iN]}$ [$_{NP'}$ Ø] [$_{TP}$ [$_{TP'}$ T]

　　　　　　　　　　AGREE

　　　　 [$_{vP}$ [$_{v'}$ given$_j$ [$_{VP}$ t_j t_i to the proposal ... everyone]]]]]]

(26a) では名詞句 boy from Italy が，そして (26b) では名詞句 short shrift が，それぞれ V の補部で併合した後，NP 指定部へ繰り上がる．Cecchetto and Donati (2015: 76-80) に従い，過去分詞縮約関係節の V はその非対格性のため内項への対格付与能力を持たない．そのため (26a, b) の V の補部は格位置ではない．それゆえ NP はこの位置に併合し，そこから移動することができる．この移動は Bianchi (2000: 129) の考えを応用し，限定詞が持つ解釈不可能な名詞素性 [uN] と名詞句 boy from Italy, short shrift が持つ解釈可能な名詞素性 [iN] が AGREE することにより引き起こされる．移動の結果，DP the boy from Italy arrested by the police と DP the short shrift given to the proposal of a national government by almost everyone が作られる．(24) の DP the boy from Italy arrested by the police は，前置詞 at から格を付与され項として認可される．(21b) の DP the short shrift given to the proposal of a national government by almost everyone は，母型節の T から格を付与され項として認可される．[9]

---

　[9] (26) のように NP が非格位置から NP 指定部へ移動する派生を仮定する場合，(i) のような定形関係節で，made の格素性はどのように解放されるのかという指摘を査読者から受けた．
　　(i)　 The headway that they made is impressive ..
定形関係節の派生は Donati and Cecchetto (2011: 530, 531) と Radford (2016: 424) に従い，以下のように進行すると考える．(ii) のように headway は空の D とともに DP として，made の補部に併合する．そして NP のみが先行詞位置へ移動し，元位置には NP のコピーが残る．このとき made の補部の DP は made から対格を付与される．一方で，母型主語位置へ移動した NP は限定詞 the とともに DP を作り，母形節の T から主格を付与される．

3.2.　非対格動詞過去分詞縮約関係節が後位修飾する名詞句の統語構造

　非対格動詞過去分詞縮約関係節が後位修飾する名詞句の統語構造は（27）で表される．

(27)　$[_{DP}\ D_{[uN]}\ [_{NP}\ NP_{i[iN]}\ [_{NP'}\ Ø]\ [_{VP}\ V_{[+stative]}\ NP_i]]]$

（27）で，動詞は V に併合される．V はその非対格性から内項を選択するので，先行詞名詞句 NP は V の補部に併合した後，NP 指定部へ繰り上がる．非対格動詞過去分詞縮約関係節の先行詞名詞句もまた，（28）が示すように語ではなく句が可能である．

(28)　… feet that had tread on moist earth thickly layered with soil from
　　　decayed leaves [fallen to the ground];

　　　　　　　　　　　　　　　　　　(cf. COCA, 1997, FIC, Triquarterly)

それゆえ，先行詞名詞句 NP は V の補部から NP 指定部へ移動すると仮定する．具体的な派生は（29）で示される．

(29)　… with soil from $[_{DP}\ Ø_{[uN]}\ [_{NP}$ decayed leaves$_{i[iN]}$

　　　　　　　　　　　　　　　　AGREE

　　　$[_{NP'}\ Ø]\ [_{VP}$ fallen$_{[+stative]}$ t_i to the ground]]]

（29）では名詞句 decayed leaves は fallen の補部に併合し，NP 指定部へ繰り上がる．非対格動詞は内項への格付与能力が無いので，fallen の補部は格位置ではない．このため NP はこの位置に併合することができる．その後，NP decayed leaves は NP 指定部へ繰り上がるが，この移動は空の限定詞が持つ解釈不可能な名詞素性 [uN] と名詞句 decayed leaves が持つ解釈可能な名詞素性 [iN] が AGREE することにより引き起こされる．この結果，DP decayed leaves fallen to the ground が作られ，前置詞 from から格を付与されることで，名詞句として認可される．

　　(ii)　The headway [that they made D headway] is impressive ..
Cecchetto and Donati（2015: 76-80）は，動詞が格付与能力を持たなければ，動詞の補部に名詞が併合できると述べており，本稿はこの仮定に従う．このため，定形関係節の動詞の補部には DP が併合するが，受動過去分詞縮約関係節と非対格動詞過去分詞縮約関係節の動詞の補部には NP が併合する．

4.　古・中英語の受動過去分詞縮約関係節

　4節では歴史コーパスから得た古・中英語の受動過去分詞縮約関係節の用例に基づき，現代英語と古・中英語の受動過去分詞縮約関係節の構造の違いを考察する．調査に使用したコーパスは *The York-Toronto-Helsinki Parsed Corpus of Old English Prose*（YCOE）と *The Second Edition of the Penn-Helsinki Parsed Corpus of Middle English*（PPCME2）である．

4.1.　古英語

　（30）は古英語の受動過去分詞縮約関係節が後位修飾する名詞句の用例である．（30a）は Fischer（2001）から，（30b, c, d）は YCOE コーパスからそれぞれ得た．[10]

（30）a.　selle　him　þonne … etan … pisan [ofthænda　　　　and
　　　　　　give　him　then [to] eat …　peas　overmoistened and
　　　　　　gesodeana　on　ecede] …
　　　　　　boiled　　　in　vinegar
　　　　　　'give him then … to eat … peas overmoistened and boiled in vinegar'
　　　　　　　　　　　（cf. Fischer（2001: 261），originated in Lch（2.2.2.1），OE2）

　　　b.　ifig　　croppena [on þam monðe gegaderod]
　　　　　　ivy's crop　　　　on the　month gathered
　　　　　　'ivy's crop gathered on the month'
　　　　　　　　　　　（cf. colaece,Lch_II_[2]:24.2.6.2522, OE2）

　　　c.　seoca　of　bræmelberian [gewrungene oft]
　　　　　　sick　of brackberry　　wrung　　　　often
　　　　　　'sick of blackberry often wrung'
　　　　　　　　　　　（cf. colacnu,Med_3_[Grattan-Singer]:21.1.106, OE2, OE3）

　　　d.　And he æthran　hine his handa [aþenede]
　　　　　　And he touched him　his hand　stretched
　　　　　　'And he touched him（by）his hand streched'
　　　　　　　　　　　（cf. cowsgosp,Lk_[WSCp]:5.13.3921, OE3）

---

[10] YCOE の年代区分は以下のとおりである．OE1: -850, OE2: 850-950, OE3: 950-1050, OE4: 1050-1150.

　(30a) では，過去分詞が付加部を伴い名詞を後位修飾している．また (30b) のように，動詞の付加部である前置詞句が受動過去分詞に前置される縮約関係節が，古英語には確認される.[11] (30a, b, c) では，いずれも前置詞句または副詞が過去分詞を修飾しているので，古英語の受動過去分詞縮約関係節は出来事を表すと考えることができる．

　また (30d) のように，過去分詞が単独で名詞を後位修飾する例も多く見られた．現代英語の受動過去分詞縮約関係節では，(31) のように限られた動詞だけが，付加部や補部を伴わずに単独で名詞を後位修飾できるが，古英語にはそのような制限はなく，多くの過去分詞が単独で縮約関係節を作ることができたようである.[12]

(31) a.　the people [concerned]
　　 b.　the solution [adopted]　　　　　　　　　(cf. Swan (2005: 410))

　古英語の受動過去分詞縮約関係節で注目すべきは (30c) である．(30c) では過去分詞 gewrungene が頻度を表す副詞 oft の左の位置を占め，受動過去分詞縮約関係節 gewrungene oft が，先行詞名詞句 bræmelberian を後位修飾している．Cinque (1999)，Mizuno (1999) に従うと，副詞 oft は TP と vP の間の AspP に付加すると仮定される．この仮定が正しいとすると過去分詞 gewrungene は (32) のように v から T に主要部移動していることになる.[13] これは受動過去分詞縮約関係節は古英語から TP であったことを示唆している．

(32)　$[_{DP}\ Ø_{[u-N]}\ [_{NP}\ bræmelberian_{i[i-N]}\ [_{NP'}\ Ø]$
　　　　　　　　AGREE

　　　$[_{TP}\ [_{TP'}\ gewrungene_j]\ [_{AspP}\ [_{AspP'}\ oft\ [_{AspP'}\ Ø\ [_{vP}\ [_{v'}\ t_j\ [_{VP}\ t_j\ t_i]]]]]]]]]$

(32) で，先行詞名詞句 bræmelberian は V の補部に併合された後，空の D が持つ解釈不可能な名詞素性と名詞句 bræmelberian が持つ解釈可能な名詞素性が AGREE することで，NP 指定部へ移動する．その結果，DP bræmelberian gewrungene oft が作られる.[14]

---

[11]　(30b) のような前置詞句が過去分詞の左方を占める過去分詞縮約関係節の分析に関しては Chigchi (2017) を参照せよ．
[12]　過去分詞が単独で名詞を後位修飾する縮約関係節は，Visser (1972: 1242, 1243) でも挙げられている．
[13]　本稿では Wood (2007) に従い，古英語から DP は存在したと仮定する．そのため (32) と (33) の名詞句は DP と仮定する．
[14]　現代英語には (i) のような受動過去分詞に動作が進行中であることを表す being と副詞

　一方，Tへの主要部移動が無い受動過去分詞縮約関係節は，現代英語の受動過去分詞縮約関係節と同じ派生で作られた．（33）は（30a）の受動過去分詞縮約関係節の統語構造と派生を示している．

(33)　　$[_{DP}\ \varnothing_{[u\text{-}N]}\ [_{NP}\ \underline{pisan}_{i[i\text{-}N]}\ [_{NP'}\ \varnothing]$
　　　　　　　　　　⤹⋯ AGREE ⋯⤴
　　　　　$[_{TP}\ [_{TP'}\ T]\ [_{vP}\ [_{v'}\ ofth\ae nda\ and\ gesodeana_j\ [_{VP}\ t_j\ t_i\ on\ ecede]]]]]]$

4.2.　中英語

（34）は中英語の受動過去分詞縮約関係節の例である．

(34)　a.　I shal　write to the　a <u>forme</u> [gadert　　out of holy fadirs
　　　　　 I shall　write to you a form　　gathered out of holy fathers
　　　　　 tradiciouns　afore-tymes].
　　　　　 tradition　　　in the past.
　　　　　 'I shall write to you a form gathered out of holly fathers tradi-
　　　　　 tion in the past'　　　　　　　　　　(cf. CMAELR4,1.12, 1450)

　　　 b.　<u>mon</u> [islein] is grislich & atelich in monnes echʒe
　　　　　 A man slained is grisly and terrible in men's eyes
　　　　　　　　　　　　　　(cf. CMANCRIW-1,II.95.1138, 1150–1250)

　　　 c.　of <u>feith</u> [not feyned]
　　　　　 of faith not feigned　　　　　　　(1450, CMPURVEY,I,46.1942)

　　　 d.　and <u>oþer</u> [wel icoupled to hym]
　　　　　 and other well coupled to him　　　(1400, CMAELR3,33.211)

中英語では（30c）のような過去分詞のTへの主要部移動を示唆する例は発見されなかった．したがって，この移動は中英語期に消失したと考えられるが，（34a）から中英語の過去分詞縮約関係節もTPと仮定される．時を表す前置詞句 afore-tymes は，TPに付加すると考えられるからである．

---

regularly が先行する縮約関係節がある．
　(i)　And so ends a tradition—at least since the Clinton administration—of agency
　　　 chiefs of <u>staff</u> [being regularly briefed by—and briefing—a senior White House
　　　 official] about the day's happenings, and coordinating messages.
　　　　　　　　　　　　　　　　　　　　(COCA, 2014, NEWS, WashPost)
(i) で being が Tへ移動すると仮定すると，現代英語の縮約関係節で動詞のTへの移動があることとなり，本稿の主張と矛盾する．(i) の縮約関係節がどのように派生するかは，今後の検討課題としたい．

　また，(34b) のような過去分詞が単独で名詞を後位修飾する縮約関係節は，中英語でも比較的，生産的である．一方で，古英語で観察された (30b) のような，動詞の付加部である前置詞句が過去分詞の左方位置を占める縮約関係節は中英語では観察されなかった．

　そして，中英語では新たに (34c, d) のような，否定辞や副詞が過去分詞の左方位置を占める縮約関係節が現れた．(34c) では，否定辞 not が過去分詞 feyned に先行し，(34d) では副詞 wel が過去分詞 icoupled に先行している．現代英語では (35) のように，否定辞や副詞が過去分詞に先行する縮約関係節は容認されるので，このような構造の縮約関係節は中英語から利用可能になったと考えられる．

(35) a. Membership in such academic societies is perceived as a source of status by students because members meet admission standards [not achieved by all students] (cf. COCA, 2000, ACAD, Monist)

　　 b. The culture operates within an elastic ethical system [strongly influenced by what Max Weber described as "the very human Catholic cycle of sin], 　(cf. COCA, 1993, ACAD, WorldAffairs)

以上の事実から，中英語の受動過去分詞縮約関係節の派生は (36) で表される．中英語では受動過去分詞縮約関係節での T への動詞移動は消失したと考えられるため，派生は (36) のみである．

(36) a. $[_{DP}$ a$_{[u\text{-}N]}$ $[_{NP}$ forme$_{i[i\text{-}N]}$ $[_{NP'}$ Ø$]$
　　　　　　　⌣‥‥ AGREE ‥‥⌣

　　　 $[_{TP}$ $[_{TP'}$ T$]$ $[_{vP}$ $[_{v'}$ gadert$_j$ $[_{VP}$ t_j t_i out of ... afore-tymes$]]]]]]$

5.　中英語の非対格動詞過去分詞縮約関係節

　古英語の非対格動詞過去分詞縮約関係節は，YCOE コーパスからも Visser (1972) からも確認されない．このため，それは古英語には存在しなかったと考えられる．そして，Visser (1972) と PPCME2 コーパスから中英語の非対格動詞過去分詞縮約関係節の用例 (37) を得た．

(37) a. White as snow [fallen newe].
　　　　 'White as snow fallen newly'

　　　　　　　　　　　　(cf. c1400, Rom. Rose 1214, Visser (1972: 1245))

 b. þis aggregat of þes alle ben þe <u>furste secte</u> [newe comen in]
   'this aggregate of the all is the first sect newly come in'
(cf. CMWYCSER,523.3746, 1400)

 c. wyth <u>many good folke of Leicetyr</u> [comyn to cheryn hir]
   'with many good folk of Leicester come to cheer her'
(cf. CMKEMPE,118.2701, 1450)

（37a）の過去分詞縮約関係節では，非対格動詞 fall の過去分詞 fallen が動作の様態を表す副詞 newe に修飾されている．したがって（37a）の fallen は状態を表さず，「（雪が）降る，落ちる」という動作を表すと考えられる．（37b, c）は，現代英語では容認度が低い come の過去分詞縮約関係節である．（37b）では動作の様態を表す副詞 newe が，非対格動詞 come の過去分詞 comen を修飾している．また（37c）では，目的を表す不定詞節 to cheryn hir が，過去分詞 comyn を修飾している．

 非対格動詞の過去分詞が，動作の様態を表す副詞や目的を表す不定詞節に修飾されていることを考慮すると，（37）の非対格動詞過去分詞縮約関係節は，出来事を表し，動詞的特徴を持つと考えられる．ゆえに，それは（38）の vP 構造と考えられる．

 (38) $[_{DP} D_{[uN]} [_{NP} NP_{i[iN]} [_{NP'} Ø] [_{vP} [_{v'} V_j\text{-}v [_{vP} t_j t_i]]]]]$
     AGREE

このとき，中英語の非対格動詞過去分詞縮約関係節（37c）の派生は（39）で表される．

 (39) $[_{DP} D_{[uN]} [_{NP} \text{many good folke of Leicetyr}_{i[iN]} [_{NP'} Ø]$
     AGREE
    $[_{vP} [_{v'} \text{comyn}_j\text{-}v [_{vP} t_j t_i]] \text{ to cheryn hir}]]]$

動詞 comyn は V 主要部に併合した後，v へ主要部移動する．先行詞名詞句 many good folke of Leicetyr は，非対格動詞過去分詞 comyn の補部に併合した後，NP 指定部へ移動する．この移動は，空の限定詞が持つ解釈不可能な名詞素性と，名詞句 many good folke of Leicetyr が持つ解釈可能な名詞素性が AGREE することにより起こる．また目的を表す不定詞節 to cheryn hir は v に付加すると仮定する．

 初期近代英語以降，非対格動詞過去分詞縮約関係節は動詞的特徴を失い，状

態を表すようになったと考えられる.[15]

6.　結論

　本稿では，現代英語と古・中英語の受動過去分詞縮約関係節と非対格動詞過去分詞縮約関係節の構造の違いを考察した.現代英語の受動過去分詞縮約関係節は，母型節から独立した時制解釈を許し，出来事を表すため，vP を内部構造に持つ TP である.古英語の受動過去分詞縮約関係節には，動詞が頻度を表す副詞を超えて T まで移動していることを示唆する例がある.そして中英語では，時を表す副詞句が受動過去分詞縮約関係節を修飾する例がある.これらの理由から古・中英語の受動過去分詞縮約関係節は TP であったと考えられる.動詞移動を示唆する受動過去分詞縮約関係節は中英語には見られないため，それは中英語で消失したと考えられる.また，否定辞や副詞が過去分詞に先行する受動過去分詞縮約関係節は，古英語には存在せず中英語に現れた.

　現代英語の非対格動詞縮約関係節で許される動詞には強い制限があり，fall 以外の動詞は容認度が低いか，または容認されない.現代英語の fall の過去分詞縮約関係節は VP で，出来事は含意せず状態を表す.古英語には非対格動詞過去分詞縮約関係節は存在せず，中英語後期に come，fall の過去分詞縮約関係節として現れた.それらは様態を表す副詞や目的を表す不定詞節による修飾を許すため，出来事を表した.それゆえ中英語の非対格動詞過去分詞縮約関係節は，現代英語のそれと違い vP であった.そして初期近代英語以降，非対格動詞過去分詞縮約関係節は動詞的特徴を失い，状態を表すようになったと考えられる.

---

[15]　本稿の目的は現代英語と古・中英語の過去分詞縮約関係節の構造の違いを考察することであり，英語史における過去分詞縮約関係節の発達の経路を示すことではない.非対格動詞過去分詞縮約関係節がいつ頃，そして，なぜ状態を表すようになったかについては，稿を改めて考察したい.

参考文献

Bhatt, Rajesh (2002) "The Raising Analysis of Relative Clauses," *Natural Language and Semantics* 10, 43-90.

Bianchi, Valentina (1999) *Consequences of Antisymmetry*: *Headed Relative Clauses*, Mouton de Gruyter, Berlin.

Bianchi, Valentina (2000) "The Raising Analysis of Relative Clauses: A Reply to Borsley," *Linguistic Inquiry* 31(1), 123-140.

Browning, Marguerite (1987) *Null Operator Constructions*, Doctoral dissertation, Massachusetts Institute of Technology, MIT Press, Cambridge, MA.

Donati, Caterina and Carlo, Cecchetto (2011) "Relabeling Heads: A Unified Account for Relativization Structures," *Linguistic Inquiry* 42, 519-560.

Cecchetto Carlo and Caterina Donati (2015) (*Re*) *labeling*, MIT Press, Cambridge, MA.

Chigchi, Bai (2017) "PP-Fronting in Postnominal Participial Phrases in the History of English," *JELS* 34, 10-16.

Cinque, Guglielmo (1999) *Adverbs and Functional Heads*, Oxford University Press, Oxford.

Douglas, Jamie (2016) *The Syntactic Structures of Relativisation*, Doctoral dissertation, University of Cambridge.

江川泰一郎 (1991)『英文法解説』金子書房，東京．

Fischer, Olga (2001) "The Position of the Adjectives in (Old) English from an Iconic Perspective," *The Motivated Sign. Iconicity in Language and Literature* 2, ed. by M. Fischer, & M. Nänny, 249-276, John Benjamins, Amsterdam.

Greenbaum, Sidney (1969) *Studies in English Adverbial Usage*, Longman Group Limited London, London

Harwood, William (2017) "Reduced Relatives and Extended Phases: a Phase-based Analysis of the Inflectional Restricition on English Reduced Relative Clauses," *Studia Linguistica*, 1-44.

Levin, Beth and Malka Rappaport Hovav (1995) *Unaccusativity: At the Syntax-Lexical Semantics Interface*, MIT Press, Cambridge, MA.

Marvin, Tatjana (2002) "Past Participles in Reduced Relatives," ms.

Marvin, Tatjana (2003) "Past Participles in Reduced Relatives: a Cross-Linguistic Perspective," *Linguistica* 43, 141-160.

Mizuno, Eiko (1999) "On the LF-Movement of Adverbs," *English Linguistics* 16: 2, 303-328.

Quirk, Randolph, Sidney Greenbaum, Geoffrey Leech and Jan Svartvik (1972) *A Grammar of Contemporary English*, Longman, London.

Quirk, Randolph, Sidney Greenbaum, Geoffrey Leech and Jan Svartvik (1985) *A Comprehensive Grammar of the English Language*, Longman, London.

Radford, Andrew (2016) *Analyzing English Sentences*, MIT Press, Cambridge, MA.

Schachter, Paul (1973) "Focus and Relativization," *Language* 49, 19–46.

杉浦克哉 (2018)「英語の過去分詞縮約関係節の統語構造について」『第 10 回北海道理論言語学研究会』2018 年 3 月 13 日開催（於北見工業大学）.

Sugiura, Katsuya (2018) "A Generative Analysis of Reduced Relative Clauses in English," paper presented in the English Linguistic Society of Japan 11th International Spring Forum, at Hokkaido University, May 13.

Sugiura, Katsuya (2019) "A Generative Analysis of Reduced Relative Clauses in English," *JELS* 36, 288–294.

Swan, Michael (2005) *Practical English Usage*, Oxford University Press, Oxford.

Visser, Frederikus (1963-1973) *An Historical Syntax of the English Language* (4 vols), E. J. Brill, Leiden.

Wood, Johanna L. (2007) "Is there a DP in Old English?" *Historical Linguistics 2005*: *Selected Papers from the 17th International Conference on Historical Linguistics*, ed. by Joseph C. Salmons and Shannon Dubenion-Smith, 167–187, John Benjamins, Amsterdam.

コーパス

Collins WordBanks Online, HerperCollins Publishers Ltd.

Corpus of Contemporary American English.

Kroch, Anthony and Ann Taylor (2000) *The Penn-Helsinki Parsed Corpus of Middle English, Second edition* (PPCME2), University of Pennsylvania, Pennsylvania.

Taylor, Ann, Anthony Warner, Susan Pintzuk and Frank Beths (2003) *The York-Toronto-Helsinki Parsed Corpus of Old English Prose* (YCOE), University of York, York, Heslington.

コーパスからわかる英語における周辺構文の諸相
— 動的文法理論の立場から —*

大室　剛志

名古屋大学

1.　はじめに

　本論文では，英語の周辺構文に見られるいくつかの現象を取り上げ，動的文法理論の立場から論じる．本論文を通じて主張したいことは，英語のどの構文を取り上げてみても，そこには基本形と変種が存在し，構文は一枚岩でできているのではなく，基本形から変種へと多層的にできているということである（Kajita（1977, 1983, 1997, 2002），梶田（1984, 1985, 1986, 2004），河野（2012），Nakazawa（2018），大室（2018）等参照）．

　本論文の構成は以下のようである．まず，第 2 節で Kajita（1977, 1983, 1997, 2002），梶田（1984, 1985, 1986, 2004）と彼の賛同者で開発中の動的文法理論について手短に紹介する．チョムスキーやその他の理論言語学者は「可能な文法」を定義する際に，もっぱら大人の文法の形式特徴のみを見て定義し，言語習得の途中の段階において何が起こりえるのかに言及して，「可能な文法」を定義することはない．この意味で彼らの文法理論は「静的」である．対照的に梶田は，「可能な文法」を定義する際に，言語習得のある段階から次の段階への移行の可能性に言及することによって「可能な文法」を定義すべきであると強く主張する．この意味で彼の文法理論は，「動的」と言える．第 3

---

　*　本論文は 2017 年 3 月 11 日に東北大学大学院情報科学研究科言語変化・変異研究ユニット主催による講演会に於いて「コーパスからわかる英語における周辺構文の諸相 — 動的文法理論の立場から — 」として発表した原稿を One's Way 構文の変種に関する議論と半動名詞構文に関する議論の部分を省くことで縮約し，修正，加筆を施したものである．講演の縮約版であり，私の過去の研究が含まれているが，それらの文献には適宜言及することにする．当日の私の発表に関して貴重な質問をして下さった縄田裕幸氏（島根大学）と長野明子氏（東北大学）と山村崇斗氏（筑波大学）に感謝する．本書に執筆の機会を与えて下さった本ユニット責任代表者の小川芳樹先生と有益な御助言と御示唆を下さった匿名査読者と小川芳樹先生に感謝する．本研究は日本学術振興会科学研究費基盤研究（C）（研究代表：大室剛志，課題番号：16K02762）の助成も受けている．

節で，統語と意味の乖離が絡む構文として同族目的語構文を取り上げ，特に同族目的語の決定詞の特徴について，現代英語の大規模コーパスから得られた言語資料に基づき論じる（大室（1991, 2013）参照）．第4節では，統語と意味の乖離が絡むある種の挿入節について動的文法理論に基づき分析する（大室（1984, 2005）参照）．第5節では，英語の周辺構文である d' rather が定形節を直接従える構文を取り上げ，その補文の主語の格を論じる際に，現代英語の大規模コーパスが有効であることを論じる（大室（2002）参照）．第6節は結論である．

2.　動的文法理論の概略

　この節では，Kajita (1977, 1983, 1997, 2002)，梶田 (1984, 1985, 1986, 2004) および彼の賛同者によって開発中の動的文法理論について手短に紹介する．

　チョムスキーは「可能な文法」を定義するのに，もっぱら大人の文法の形式特徴だけを使って定義し，言語習得の過程で何が起こりうるのかについては一切言及しない．すなわち，彼は「可能な文法」という概念を次の理論書式で定義している．

　(1)　THEORY-FORMAT (I):
　　　　Rules of type W are possible in G, where W makes no reference to pre-adult grammars.　　　　　　　　　　　　　　　(Kajita (1983: 4))

　梶田は，この種の「可能な文法」の特徴付けにのみ頼っていては，広範囲の複雑な経験的事象を含みこんで説明することもできないし，また，言語習得に子供が成功するという事実にも説明が与えられるほどには「可能な文法」という概念を厳しく制限することができないと強く主張する．そこで，梶田は，理論書式 (I) を以下の理論書式 (II) で置き換えることを示唆する．

　(2)　THEORY-FORMAT (II):
　　　(II-A)　Rules of type X are possible in G.
　　　　　　　(X: far more restrictive than W)
　　　(II-B)　If rules of type Y are in G^j_i, then rules of type Z are possible in G^j_{i+1}.
　　　　　　　(Superscripts: particular languages; subscripts: stages of acquisition)　　　　　　　　　　　　　　　　(Kajita (1983: 4))

　理論書式（I）と理論書式（II）との決定的相違は，後者が（II-B）を許しているのに対して，前者はそれを許していない点である（ついでながら，X は W よりも極めて厳しく制限されている点にも注意）．理論書式（II-B）は，「もし，ある言語 j のある習得段階 i の文法で，Y というタイプの規則（群）があるならば，その言語 j の次の習得段階 i＋1 の文法において Z というタイプの規則（群）が可能になる」と言うことによって，言語習得のある段階から次の段階に移る移行に言及している．その移行に言及することによって，「可能な文法」という概念の定義に寄与する．他方，理論書式（I）は，大人の文法の形式特徴だけを見て，この規則は可能，この規則は不可能の区別を単に指定するだけで，習得のある段階から次の段階への移行については何も言及しない．この意味で，理論書式（I）は，「静的」であるのに対し，理論書式（II）は「動的」である．梶田に従い，（II-B）の陳述を含む言語理論を動的文法理論（A Dynamic Theory of Grammar）（以下，DTG）と呼ぶことにする（梶田（1984）参照）．

　詳細な議論は省くが，ここでは，動的文法理論が静的文法理論より優っているいくつかの点を述べることにする．

　第一に，ある言語 j の次の習得段階 i＋1 の文法の可能な規則の集合は，タイプ W の規則の集合よりもずっと小さい（Kajita（1983: 4）参照）．このことは，DTG が，言語習得の成功をよりたやすく説明できることを意味する（Kajita（1983: 4）参照）．

　理論書式（II）は，上で述べたように，言語習得のある段階から次の段階への移行に言及する．これは第二の優っている点につながる．つまり，習得の発達過程が一般言語理論により，より直接的に説明される（Kajita（1983: 4）参照）．

　また，静的理論だと必要になる有標性に関する特別な理論を構築する必要がなくなる．というのも，理論書式（II）自体がある一定の規則（群）がある意味で，他の規則（群）よりもより基本的であることを述べているからである．ここで，思い出していただきたいことは，（II-B）は，有標性とは別個に独立して，「可能な文法」の類をできるだけ狭く絞り込むためにそもそも動機づけられたものであるということである（梶田（1984），八木（1984）参照）．

　私たちは，理論書式（II）を現在の生成文法理論を基本的な規則と派生的な規則とを区別できるように修正していかないといけない，ということを示唆しているものと解釈できる．DTG の詳細は今後詰めていかなければならないが，静的文法理論に優っているいくつかの点からして，一見したところ非常に特異な現象があった時に，その現象の分析を構築するための一般言語理論の候補として DTG を見なすことができると思われる．この論文では，今述べた動的文法理論の立場に立ち，英語の周辺構文に見られるいくつかの微細な現象につい

て論じていくことにする.

3.　統語と意味の乖離と同族目的語の決定詞

3.1.　はじめに

　第 2 節で述べたように，動的文法理論（Kajita (1977, 1997, 2002) 等参照）
は，習得結果の大人の文法だけを見て「可能な文法の類」を絞り込むのではな
く，言語習得の中間段階の文法のありようにも言及することで，可能な文法の
類を絞り込む．この点で，動的文法理論は，従来提案されてきた文法理論のい
ずれとも異なる．

　そのような動的文法理論にあって，1977 年の提案当初より，統語と意味の
乖離という概念は，その理論の最も中心的な概念の 1 つとして捉えられている.
具体的には，統語と意味の乖離（syntactico-semantic discrepancy）は，統語
と意味の重複（syntactico-semantic overlapping）と並んで，言語習得過程の 1
つである付加過程 (additive process) を活性化する条件として捉えられている.
当該文法の習得のある段階までに獲得された規則群がこの条件を満足した時，
付加過程が活性化され，それにより，これらの規則群に基づいた新種の規則
が，習得の次の段階で当該文法に導入されうる（Kajita (1977) 参照）.

　この統語と意味の乖離は，主要部と非主要部の衝突（head-nonhead conflict）
と不十分な局地化（insufficient localization）という具体的な形となって現れ
る．主要部と非主要部の衝突という条件下で，当該文法に新たに導入される規
則が，この主要部と非主要部の衝突を除去する統語的再解釈規則（rules of
syntactic reinterpretation）である（Kajita (1977) 参照）.

　この節では，Larson (1988) の同族目的語形成を動的文法理論における統語
と意味の乖離の観点から捉え直し（大室（1991）参照），それにより，高見・
久野（2002）で指摘されている独立関係節が生起した同族目的語も含めて，同
族目的語の決定詞に見られるいくつかの属性を説明することにする（大室
(2013) 参照）.

3.2.　同族目的語形成と統語と意味の乖離

　Larson (1988) は（3）の同族目的語形成を提案している.

(3)　同族目的語形成

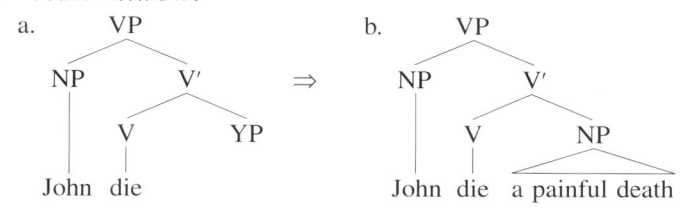

　Larson（1988）は，（3a）において，動詞 die に関し，主題的には自動詞的であるが，範疇的には他動詞的という「ずれ」が生じていると言う．この「ずれ」を修正 θ 理論の一般原則の要請により，「解消」する操作が（3）の矢印で示された同族目的語形成である．同族目的語形成は，主題的に自動詞的である動詞 die を範疇に合わせて，主題的にも他動詞的に，すなわち，内項の θ 役割を 1 つ決定する動詞として「再解釈」する．「再解釈」された動詞 die は内項の θ 役割を 1 つ決定し，その担い手である目的語名詞句（例えば a painful death）が具現化され，同族目的語構文（3b）が生成される．（3b）では，問題の「ずれ」が「解消」されている（大室（1991）参照）．

　ここで，「範疇上」を「統語上」，「主題上」を「意味上」という言葉で置き換えると，問題の「主題上と範疇上のずれ」とは「意味上と統語上のずれ」ということになる．これは，Kajita（1977）で規定されている統語と意味の乖離の一事例として位置づけられる．そして，Kajita によって提案された統語的再解釈規則が，統語と意味の乖離を除去したのと全く同様に，Larson の同族目的語形成も問題の「ずれ」を解消している（大室（1991）参照）．

　統語的再解釈規則が言語習得の途中の段階で当該文法に組み込まれるのと同様に，同族目的語形成も習得の途中で当該文法において可能となると考えられる．The Child Language Data Exchange System（MacWhinney and Snow（1990）参照）を検索すると，die と同様に同族目的語を取る smile に関して，Adam という子供は 3 歳 4 ヶ月 1 日，Abe は 2 歳 10 ヶ月 3 日で自動詞としての smile を発話しているが，どちらの子供もそれまでには，smile の同族目的語構文を発話していない．

　Larson（1988）は主題的に再解釈された時の die の意味について，内項の θ 役割を 1 つ決定すると述べているだけで，それ以上は何も述べていない．しかし，Levin and Rapoport（1988）は，同族目的語構文と極めて類似した動作表現構文で用いられた smile の意味について，語彙的従属化（lexical subordination）という操作を設けたうえで，（4b）のように述べている．

(4) a.　Pauline smiled.
　　　　smile$_1$: [x do 'smile']
　　b.　Pauline smiled her thanks.
　　　　smile$_2$: [x EXPRESS y BY [x DO 'smile']]

(Levin and Rapoport (1988: 283))

　Jespersen（1928: 234）も動作表現構文の動詞の意味は，'to express by
-ing' と述べている．Jespersen は同族目的語構文の場合に produce という動
詞をこの express の箇所に当てているふしがある．さらに，express より pro-
duce と考えたほうが，同族目的語が主動詞の行為を通じて初めて生じた結果
の目的語（object of result）の一種であることがより明白になる．これらを勘
案し，同族目的語をとった時の smile の意味は，（5）と考える．

(5)　　Pauline smiled a happy smile.
　　　　smile$_3$: [x PRODUCE y BY [x DO 'smile']]

　（5）において，元の自動詞 smile の意味は，抽象的な主動詞 PRODUCE に
語彙的に従属化している格好になっている．このことから，smile すること に
よって produce される smile が，どのような smile であったのかを，目的語
の位置に顕在化させたものが同族目的語構文であると言える．これは（3a）で
YP として確保されている目的語の位置に，（3b）で，die することで生じた a
painful death を顕在化させる Larson の分析とも一致する．

3.3.　同族目的語の決定詞
3.3.1.　the の生起
　上の議論から，smile が用いられた同族目的語構文であれば（以下，主に
smile の同族目的語構文に限って論ずる），主語が smile という行為をするこ
とによって，その場で新たに生じた smile を目的語位置に顕在化させること
になるわけだから，同族目的語の決定詞は，典型的には，不定冠詞になるか，
文の主語と同一指示的な所有格代名詞が付くことになる．しかしながら，一見
すると，the が生起している例が，The British National Corpus（BNC）から
検索された 249 例の smile の同族目的語の中に，13 例存在する．ただし，そ
れらの the の生起を観察して見ると，

(6) a.　Mark smiled **the** bitter smile of a disillusioned corporate execu-
　　　　tive and walked out of the office, closing the door slowly and
　　　　carefully behind him.　　　　　　　　　　　　　　(AC2 2536 n/a)

b. The "Iron Lady" as she was called, smiled **the** steely smile <u>which was so familiar on the television screen and in the press.</u>

(AC 21598 n/a)

c. Ramsbum smiled **the** smile <u>of pure malevolence that Amiss had come to expect of him.</u>　　　　　(HTG 34 n/a)

(6a) のように of 句により後置修飾されているものが 6 例，(6b) のように制限的関係節によって後置修飾されているものが 6 例，その両方により後置修飾されているものが (6c) の 1 例あり，これらの例における the は，いずれも，後置修飾により要求されてくる定冠詞の the の用法であり，話者と聴者がその名詞句について文脈等から同定可能な場合に用いる，いわゆる真性の定（definite）を示す the の用法ではないことになる．つまり，同族目的語の決定詞としては，主語と同一指示の所有代名詞を除いて，真性の定（definite）を示す決定詞は排除される．

3.3.2.　**this smile** 対 **that smile**

今述べたように，同族目的語の決定詞としては，主語と同一指示の所有代名詞を除いて，真性の定（definite）を示す決定詞は排除される．このことを確認するために，典型的な定冠詞の the の用法を決定詞の位置に許す同族目的語が249 例中，皆無であることを 3.3.1 節で見た．実は，これと平行的に，「この」という直示的（deictic）な用法の this を決定詞の位置にとる同族目的語もまた皆無である．これとは対照的に，感情的色彩を込めて用いる「例のあの」「あのような」といった意味を表す指示形容詞としての that を決定詞の位置にとる同族目的語は，(7) を含めて 17 例存在する．

(7) a. He smiled **that** charming, sardonic smile.　　(APW 2954 n/a)

b. He paused and smiled **that** quick, bright smile **of his**.

(H97 2345 n/a)

この対照性は，3.3.1 節での結論を支持する．

3.3.3.　一定の独立関係節の生起

高見・久野（2002: 144）は，3.3.1 節での結論と関連すると思われる，一定の独立関係節が生起した同族目的語の存在を新たに指摘している．

(8) a.　He smiled what I thought was a cynical smile.

　　b.　Rover barked what I would characterize as a friendly bark.

(高見・久野 (2002: 144))

(8) の類例は，BNC にも存在する.

(9) a.　She indicated the chair, and smiled **what** she hoped was **a** reassuring smile.　　　　　　　　　　　　　　　　(JXW 611 n/a)

　　b.　"A big chicken," he said, smiling **what** he hoped was **a** disarming smile.　　　　　　　　　　　　　　　　　(F9C 588 n/a)

　　c.　Marcus again smiled **what** Ludens saw as **a** mysterious complicit smile, as if Ludens were a talented tempter who was at the same time a fellow initiate.　　　　　　(APM 1701 n/a)

　高見・久野 (2002: 144) は，(8) について，「これらの例では，動詞 smile, bark が目的語の一部に現れているものの，目的語の主要部名詞は what である.」と観察している.

　しかし，これらの独立関係節では，統語と意味の乖離の１つの現れである主要部と非主要部の衝突が関与しているため，主要部は what ではなく，関係節の一部にすぎない，a cynical smile や a friendly bark ではないかと考えられる.

　第１に，(8a) を例にとると，a cynical smile を主要部と考えれば，動詞 smile が，what ではなくて，同族目的語の smile を意味的に選択していることになり，自然である. 選択制限は主要部と主要部の間に成り立つ関係である.

　第２に，主要部を what と考えると，独立関係節の what は真の定 (definite) を示す (some of what he said が可となる) ので，真の定の the をとる目的語を同族目的語構文が許していることになる. これは 3.3.1 節で得た同族目的語の決定詞に関する結論に反する. しかし，a cynical smile を主要部と考えれば，主要部が不定名詞句となり，その性質を引き継ぎ，独立関係節全体も不定名詞句的になると考えられ，3.3.1 節の同族目的語の決定詞に関する結論を逆に支持することになる.

　第３に，(8a) の独立関係節では，統語と意味の乖離の１つの現れである主要部と非主要部の衝突が関与しており，what I thought was までを，意味的には挿入的な修飾部に近いがゆえに，統語的にも，主要部から「格下げ」し，ある種の修飾部として考え，替わりに，意味的には独立関係節の中の一部の要素でしかなかった a cynical smile を，意味的に主要部と捉え直し，それに合

わせる形で統語的にも「格上げ」して，主要部と捉え直すことにより，「彼は，私が思うに，シニカルな笑みを浮かべた.」という自然な解釈が得られる（つまり，(8a) において [DP what I thought was a cynical smile] → [DP what I thought was [DP a cynical smile]]（what ... was は DP 付加位置の形容詞句または副詞句）のような統語的再分析が起き，結果として，a cynical smile が動詞 smile の補部 DP となるような過程を想定していると考えている（ここの括弧内の記述は小川芳樹氏のコメントに基づいている））.

　第 4 に，(8a) と同種の独立関係節は，通常の独立関係節と異なり，there 構文の意味上の主語の位置に生起できるという事実がある.

(10)　a.　There was what appeared to be a jackknife on the table.
　　　b.　There was what she thought was a gun on the table.

（梶田（1985: 38））

　　　（there 構文に生じる通常の独立関係節は，*There was what John bought on the desk. のように非文法的となることに注意.）

　(10) の独立関係節の主要部を，what ではなく，独立関係節中の一要素でしかない a jackknife や a gun と考えれば，それらが不定名詞句であるので，独立関係節全体も不定名詞句としての性格を帯びることになる．そのように考えれば，(10) の there 構文の意味上の主語の位置には不定名詞句が生起していると見なせるので，通常の there 構文の性質を保持していることになり，(10) は正しく文法的であると予測されることになる．なお，(8) と (9) は Kajita (1977) の外的一般化の事例である.

3.4.　まとめ

　本節では，動的文法理論における統語と意味の乖離の観点から，同族目的語の形成と同族目的語の決定詞に関するいくつかの属性を説明してきた．動的文法理論は，可能な文法をできるだけ狭く定義するという一般言語理論が果たさなければならない課題との関係で，今日，「形式と意味のミスマッチ」（＝統語と意味の乖離）という概念が極めて重要な概念となることを，40 年も前に，見据えていたと言える（大室（1991, 2013）参照）.

4.　統語と意味の乖離とある種の挿入節

　本節では，動的文法理論の下で，統語と意味の乖離が関わるある種の挿入節の分析を行う（大室（1984, 2005）参照，大室（1984, 2005）以降のこの構文に

関する大規模コーパスを用いた詳細な研究については Shibasaki（2014）参照）.
　具体的に（11）から話を始める.

　　（11）　Nobody knows, the fact is.　　　　　　　　　（Bolinger（1972: 67））

　この文を見た時, 奇妙な文だと感じる. それに対して,（12）を見ても, 特
に奇妙だとは感じない.

　　（12）　The fact is that nobody knows.

この差はどこから生じるのか. いろいろな可能性が考えられるが, 動的文法理
論の下での１つの分析では,（11）と（12）の生成に関わる規則自体の資格の差
によると考える.（12）は両義で, １つは,「事実は誰も知らないということで
す.」という解釈, もう１つは, The fact is の部分をモダリティととって「実
は, 誰も知らないのです.」という解釈である. 後者の解釈では, いわば, 統
語と意味の乖離が生じ, 形の上では従属節である nobody knows が意味的に
は主節であるように解釈されている. 一方で,（13）のような, 今述べた後者
の解釈に形の上でも合致した文が存在する.

　　（13）　In fact, nobody knows.

それならば,（13）をいわば手本にして,（12）の後者の解釈で生じた統語と意
味の乖離を取り除くように,（12）の形を（13）のように組み換えるような新
種の規則が可能になるのではないか, と考えられる. そして, 実際, その新種
の規則によって, 本来（14）の構造をしていた（12）が,（13）の構造に合わせ
て,（15）のように組み換えられる.

　　（14）　[S The fact is that [S nobody knows.]]
　　（15）　[SAdv The fact is that] [S nobody knows.]

　（15）のような構造の組み換えが実際に起きると, その後の自然な文法展開
としては, nobody knows が主節となったのだから, 従属節を導くための that
はその機能を失い, 必要なくなり, 消される.

　　（16）　The fact is, nobody knows.　　　　　　　　　（Bolinger（1972: 67））

　さらに, 修飾要素に格下げされた the fact is は, そのことをより明白に示
す位置, すなわち, 文中, 文末などに移されるようになる.

　　（17）　Nobody, the fact is, knows.

(18)　Nobody knows, the fact is.

この（18）こそが，最初に見た（11）の文である．さらに，the fact is は SAdv に組み換えられたので，一旦，SAdv としての資格が確立すれば，もう今述べた（14）から（15）への組み換えのメカニズムを飛ばして（bypass して），本来の SAdv が生起できる位置へと，自前の構造として，その生起する位置を一般化していく．例えば，動詞句内の焦点化された前置詞句の前に SAdv が生起可能であるため，問題の要素も同じ位置に生起可能になる．

(19)　That chapter was basically written in the late 1950s, the fact is, in 1958–1959, around then.

さて，（20）は，Agatha Christie の *They Do It With Mirrors* から採取した大変珍しい実例である．

(20)　And they've been checking up on things, and it seems that I took too much time between the lodge and the house—time enough, **the implication is**, to leave the car, run round the house, go in through the side door, shoot Christian and rush out and back to the car again.　　　　　　　　(Agatha Christie, *They Do It With Mirrors*)

着目すべきは，太字で示した the implication is という要素が，time を後置修飾している enough to という表現の間に割って生起し得ているという事実である．何故このようなことが英語では，可能なのか．妥当な分析ならば，この問いに答えることができなければならない．ここでの分析であれば，次の答えを用意できる．これまでの分析を前提にすれば，（20）の the implication is は，（19）の the fact is とほぼ同趣旨の例で，一旦 SAdv として確立した the implication is が，（14）から（15）に相当する組み換え操作を飛ばして（bypass して），本来の SAdv が生起できる位置へと，自前の構造として，その生起する位置を一般化し，enough to の焦点化された to 不定詞の前に生起したと考えられる．（なお，（19）の the fact is も（20）の the implication is も be 動詞で終わること，および文副詞として機能することなどからすると，「すなわち」の意味での …, that is, … なども，同様の「格下げ」によって派生された文副詞だと言うことができるのではないか，という御示唆を小川芳樹氏からいただいたが，その可能性は十分に考えられると論者も考える．）

話を the fact is に戻して，さらなる文法展開を見ると，the fact is は SAdv に組み換えられたのだから，元来の SAdv が持つ性質を帯びるようになる．

SAdv は，一語で表されるのが無標なので，その性質に近寄るため the が落ち始める．

(21) a.　Fact is, it must have been done!

　　　　　　　　　　　　　(Agatha Christie, *And Then There Were None*)

　　 b.　Fact is, we've been getting complaints.　　(Arthur Hailey, *Hotel*)

　ここまでの議論を，(11) に対して奇妙と感じるのに (12) には感じないのは何故か，という観点から理論的に整理する．動的文法理論では，英文法のある途中の習得段階を仮定し，それまでに習得済みの基本的な規則群によって，基本的な文である (12) と (13) が生成される．そのうちの (12) の文が，統語と意味の乖離の状態を作り出した時，初めて，次の段階で (14) の構造を (13) をモデルとして (15) に組み換えて，この乖離を除去する新種の規則が英文法に導入される．したがって，(12) は (13) と同様，基本的な規則によって生成されるので，別段，奇妙な文と感じないのに対し，(11) の文の生成には，この新種の規則が関わり，さらに，その後の展開で，that を消す操作，格下げされた要素を，そのことを明白に示す位置に移動する操作まで関わるので，奇妙な文と感じることになる．

　NP is that S という Topic-Comment を示す構文のうち，統語と意味の乖離を起こしたものだけが，変種としてある種の挿入節へと拡張していき，その後，自前の構造として，分布を拡張させていくことを見た．このことは，構文の背後に，構文の基本形のあるものから変種を次々に生み出して行く法則が潜んでいることを意味する．しかも，その法則は，言語習得のある段階のある文法がある規則群を含んでいて，その規則群のあるものが，一定の条件を満足すると，その次の習得段階で，ある一定の別の種類の規則群が可能になるという形で述べることができる．つまり，(22) 型の法則として表せる（第 2 節参照）．

(22)　If the grammar of a language L at stage i, G (L,i), has property P, then the grammar of the language at the next stage, G (L,i + 1), may have property P′.　　　　　　　　　　　(Kajita (2002: 161))

　動的文法理論は (22) 型の法則をなるべく豊富に UG に設けることで「可能な文法」の類を狭く絞り込もうと試みる．したがって，ある習得段階の文法が次の習得段階でどのように拡張されるのか，何が既に可能な時に，何が次に可能になりうるのか，という法則を明らかにすることが，言語理論の第一義的な課題である「可能な文法」の類の絞り込みに直接貢献する．〔この点に関し，小川芳樹氏より，「動的文法理論は (22) 型の法則をなるべく豊富に UG に設

けることで「可能な文法」の類を狭く絞り込もうと試みる．」とあるが，この意味で，「動的文法理論」は，言語獲得の大筋を説明しうる言語理論でありながら，「極小主義統語論」とは，目指すところが真逆の方向を目指していると思われないか，との貴重な御指摘をいただいた．論者としては，（22）は，（2）の（IIB）に相当し，動的文法理論には，（II-A）Rules of type X are possible in G. の UG 原則もあり，ここで（X: far more restrictive than W）の条件が付いていることから推察すると，当時の Chomsky の W よりも X が非常に狭くなることを想定しているため，「目指すところが真逆の方向を目指している」とは言えないかもしれないと考える．さらに，2 節で動的文法理論が静的文法理論に優っているいくつかの点について述べたが，その 1 点目，即ち，「ある言語 j の次の習得段階 i＋1 の文法の可能な規則の集合は，タイプ W の規則の集合よりもずっと小さい（Kajita（1983: 4）参照）」にも注意を払う必要があると考える．ただし，この点に関しては今後もさらに考える必要がある．)

　（22）は，「可能な文法」の類を狭く絞り込むという言語理論の第一義的課題を果たすためのものだが，同時にまた，文法理論の中である種の有標性を規定している．(22) 型の法則は，言語の核から周辺まで連続的に働いている．したがって，英語の細部の言語事実もおろそかにせずにしっかりと見ていくことがこの法則の発見につながる（大室（1984, 2005）参照).

5.　周辺構文における格の揺れ

　本節では，英語の周辺構文中の周辺構文に見られる変種について見ることで，大規模コーパスの有用性を論じる（大室（2002）参照).

　具体的に（23）の文から話を始める.

(23)　'Benjamin, I'm not going to pry into your affairs,' she said, 'but **I'd rather you didn't say anything at all than be dishonest**.'

(Charles Webb, *The Graduate*)

　（23）の太字で示された 'd rather が定形節を直接従える構文であるが，この例のように，1) 補文となる節は仮定法，中でも仮定法過去が用いられ，2) 'd rather が節を従え，3) 補文標識 that が無く，4) 主節の主語と補文の主語が異なる形で使われるのが普通である（なお，それぞれの特徴を欠いた変種の存在については，大室（2000）を参照).そして，さらに，補文の主語は（24）に示すように主格になるのが普通である.

(24) a. "I'd rather **they** gave me the money," Joe said.

(Harold Robbins, *The Storyteller*)

   b. 'That's right. Unless you'd rather **we** carried on until we were out of gas—probably halfway across the Pacific.'

(John Castle and Arthur Hailey, *Flight into Danger*)

   c. I added, 'Would you rather **I** left you before you got back into town?'   (Agatha Christie, *Endless Night*)

   d. Or would you rather **she** came to see you?

(Agatha Christie, *Elephants Can Remember*)

では，目的格の形が用いられることは全く無いのか．もし，目的格の形が用いられるとすれば，それはどのような時か．

現代英語の大規模コーパス The Bank of English（検索時，3 億 2900 万語）を検索すると，問題の構文が 473 例得られる．そのうち，明らかに目的格が補文の主語位置に現れている例が，10 例存在する．その全てを（25）に挙げる．

(25) a. So if she was going to have anything I'd rather **her come** to me.

<brspok>

   b. If she's going to try it I'd rather **her get** it from me than you know everywhere else # Cos you don't know what they're getting for a start.   <brspok>

   c. I'd rather **him have stayed** there because I agree with some of his views.   <bbc>

   d. I'd rather **him sell** a lot of records rather than some idiot at EMI …   <brmags>

   e. I'd rather **them be** successful than fail, for music's sake.

<brmags>

   f. … I would rather **them learn** to understand that those are television programmes …   <brspok>

   g. You would rather **them invest** in something that produces no income at the moment …   <brspok>

   h. We'd rather **them come** in.   <brspok>

   i. You know I'd rather **them get** me up …   <brspok>

   j. But the risk that students will stumble on to something on the net that their teachers and parents would rather **them not see** is obvious.   <oznews>

(25) のように 10 例を一気に並べてみると，

(26) a.　補文標識の that が無い．
　　 b.　should などを伴わず形態的に動詞の原形の形のみが用いられている．

という 2 つの条件を同時に満足している時にだけ補文の主語位置に目的格が現れていることに気付く．ここで，（26a）と（26b）を同時に満足するという条件は，問題の構文において，「補文の主語位置に目的格が現れうる」ための必要条件であって，十分条件ではない．

　まず，（27）のように，補文標識 that を問題の構文が伴った時には，補文の主語は主格とみなされ，目的格とはみなされない．

(27)　Calgary said slowly: 'They'd rather, you mean, **that Jack Argyle** was guilty?'　　　　　　　　（Agatha Christie, *Ordeal by Innocence*)

実際，ここで Jack Argyle を he に換えても文法的であるが，him にすると非文法的になるとの判断がインフォーマントより得られる．

(28)　'They'd rather, you mean, **that he** / ***him** was guilty?'

このことは，（27）が仮定法過去であるからというただそれだけの理由からだけではない．（28）と同じく，（26b）の条件を満足するものであっても，（29）のように補文標識 that を伴えば，補文の主語は主格とみなされる．

(29)　I would rather **that the enterprise be judged** on its merits than dismissed because it doesn't address issues that someone calls the True Issues of Semantics. (Ray S. Jackendoff, *Semantic Structures*)

したがって，（26a）は，問題の構文において補文の主語位置に目的格が現れるうるための必要条件の一部をなすことになる．しかし，（26a）が十分条件でないことは，（24）の例のように，補文標識 that が無くても，補文の主語位置に主格が現れうることから，明らかである．

　さらに，（26b）の条件もまた，「補文の主語位置に目的格が現れうる」ための必要条件の一部であって，十分条件ではない．この点は，（30）のように形態的に動詞の原形の形が用いられていても should を伴っている場合は，補文の主語は主格とみなされることと，

(30)　… we thought that everyone concerned would rather **the bowls should sell** rather than the Association be left with a fine gallery of unsold pieces.　　　　　　　　　　　　　　　　　　<brmags>

(31) のように，(26b) の条件を満たしながらも，補文の主語位置に主格が現れている例があることから確認される．

(31)　I'd rather **he come and get** it off me.　　　　　　<brspok>

まとめると，「補文標識の that が無く，かつ should などを伴わず形態的に動詞の原形の形のみが用いられている」時にだけ，「補文の主語が目的格となりうる」ということである．前者は後者のための必要条件であって十分条件ではない．

最後に，I'd rather you leave now. という文に関しては，you は主格か目的格かという疑問が生じるが，この疑問に答えることにする．(25) に示したように，補文の主語位置に目的格が用いられている明らかな例が 10 例存在し，この当該の文に「補文標識 that が無く」，当該の文の leave という形態が (26b) の条件を満たす形態となっている以上，you は主格とも目的格とも判断しかねるというのが答えとなる．

『英語語法大事典・第 3 集』(p. 64) の質問者は，(32) の文を示し，you を主格ととってよいかという疑問を発している．

(32)　I'd **sooner you** stay down here and die in peace.

(32) の 'd sooner とこの節で扱った 'd rather とが全く同一の振る舞いを示すという保証があれば，今述べた答えが (32) の you についてもあてはまるだろうが，この節の議論からは，その保証迄は得られていない．

補文の主語位置に明らかに目的格が現れている例となると，約 3 億 2900 万語からなる The Bank of English (検索当時) にすら，(25) に挙げた 10 例が含まれるにすぎない．100 万語はペイパーバックほぼ 10 冊に相当する．そうすると，3290 冊読んでやっと 10 例収集される勘定になる．しかも，当該の例を 1 例見つけた後，残りの 9 例を見出すのにあまりに間があいたのでは，この節で指摘したような言語事実には気が付かない．このことは，従来の手作業による資料収集では，全く不可能とはいわないまでも，気付くことが極めて困難な言語事実を，大規模コーパスを利用するならば瞬時に指摘することが可能となることを意味する (大室 (2002) 参照).

6.　結論

　本論文では，第 2 節で Kajita (1977, 1983, 1997, 2002)，梶田 (1984, 1985, 1986, 2004) と彼の賛同者で開発中の動的文法理論について手短に紹介した．チョムスキーやその他の理論言語学者は「可能な文法」を定義する際に，もっぱら大人の文法の形式特徴のみを見て定義し，言語習得の途中の段階において何が起こりえるのかに言及して，「可能な文法」を定義することはない．対照的に梶田は，「可能な文法」を定義する際に，言語習得のある段階から次の段階への移行の可能性に言及することによって「可能な文法」を定義する．この意味で彼の文法理論は，「動的」と言え，これまでの文法理論はどれも「静的」であると言える．この論文では，動的文法理論において，言語習得過程の 1 つである付加過程を活性化する条件の 1 つとして捉えられている統語と意味の乖離の下で，言語習得の途中の段階で導入される統語的再解釈規則が絡む構文として第 3 節で同族目的語構文を取り上げ，特に同族目的語の決定詞の特性を説明した．第 4 節でも，さらに，統語と意味の乖離が絡むある種の挿入節について分析した．とりわけ (8)，(9) と (20) のような微細な事例を適切に説明するには，本論文で提示したような動的文法理論に依拠した分析が不可欠であると思われる．第 5 節では，英語の周辺構文である d' rather が定形節を直接従える構文を取り上げ，その補文の主語の格を論じる際に，現代英語の大規模コーパスが有効であることを論じた．英語の周辺構文における変種や変異といった英語の微細な言語事実を適切に扱って行くには，英語の言語資料を英語語法文法研究者が行うようにつぶさに観察することがまずもって重要である．そのような観察を基に，大規模コーパスを利用して，多くの類例を収集し，記述的一般化を導き，さらに，妥当な文法理論を用いてその一般化に説明を与えねばならない（もちろん，時には，分析を基に一般言語理論の修正も行わなければならない）．英語語法文法研究，英語コーパス，理論言語学，これらが三位一体となった研究が望まれる．

資料の出所

1. John Castle and Arthur Hailey, *Flight into Danger*. (First published 1958.) Pan Books, London. Pp.140.
2. Agatha Christie, *And Then There Were None*. (First published 1963.) Fontana Books/Collins, Glasgow. Pp.192.
3. Agatha Christie, *They Do It With Mirrors*. (First published 1952.) Fontana

Books/Collins, Glasgow. Pp.218.

4. Agatha Christie, *Endless Night*. (First published 1967.) Fontana Books/Collins, Glasgow. Pp.215.

5. Agatha Christie, *Elephants Can Remember* (First published 1972.) Fontana Books/Collins, Glasgow. Pp.218.

6. Agatha Christie, *Ordeal by Innocence*, (First published 1958.) Fontana Books/Collins, Glasgow. Pp.218.

7. Arthur Hailey, *Hotel*. (First published 1965.) Pan Books, London. Pp.413.

8. Ray S. Jackendoff, *Semantic Structures*. (First published 1990.) The MIT Press, Cambrige, Massachusetts. Pp.322.

9. Harold Robbins, *The Storyteller*. (First published 1985.) Pocket Books, New York. Pp.341.

10. Charles Webb, *The Graduate*. (First published 1963.) Penguin Books, London. Pp.192.

コーパスの略称

BOE: The Bank of English
BNC: The British National Corpus
CHILDES: The Child Language Data Exchange System

参考文献

安藤貞雄，他（編）（1981）『英語語法大事典・第3集』大修館書店，東京.

Bolinger, Dwight（1972）*That's That*, Mouton, The Hague.

Kajita, Masaru（1977）"Towards a Dynamic Model of Syntax," *Studies in English Linguistics* 5, 44–76.

Kajita, Masaru（1983）"Grammatical Theory and Language Acquisition. Paper presented at the symposium at the 3rd Annual Meeting of the English Linguistic Society of Japan.

Kajita, Masaru（1997）"Some Foundational Postulates for the Dynamic Theories of Language," *Studies in English Linguistics*: *A Festschrift for Akira Ota on the Occasion of His Eightieth Birthday*, ed. by Masatomo Ukaji, Toshio Nakao, Masaru Kajita and Shuji Chiba, 378–393, Taishukan, Tokyo.

Kajita, Masaru（2002）"A Dynamic Approach to Linguistic Variations," *Proceedings of the Sophia Symposium on Negation*, ed. by Yasuhiko Kato, 161–168, Sophia University, Tokyo.

梶田優（1984）「英語教育と今後の生成文法」『言語普遍性と英語の統語・意味構造に関

する研究』，宇賀治正朋（編），60-87，東京学芸大学．

梶田優（1985）「文法の拡張 ── 基本形から変種へ ──」『英語教育』4 月号，38-40．

梶田優（1986）「チョムスキーからの三つの分岐点」『言語』第 15 巻第 12 号，96-104．

梶田優（2004）「〈周辺〉〈例外〉は周辺・例外か」『日本語文法』第 4 巻第 2 号，3-23．

河野継代（2012）『英語の関係節』開拓社，東京．

Jespersen, Otto (1928) *A Modern English Grammar on Historical Principles, Part III*, Ejnar Munksgarrd, Copenhagen.

Larson, Richard K. (1988) "On the Double Object Construction," *Linguistic Inquiry* 19, 335–391.

Levin, Beth and Tova R. Rapoport (1988) "Lexical Subordination," *CLS* 24, 257–289.

MacWhinney, Brian and Catherine Snow (1990) "The Child Language Data Exchange System: An Update," *Journal of Child Language* 17, 457–472.

Nakazawa, Kazuo (2018) *A Dynamic Study of Some Derivative Processes in English Grammar: Towards a Theory of Explanation*, Kaitakusha, Tokyo.

大室剛志（1984）「挿入節について ── the fact is の場合 ──」『英語学』27，92-117，開拓社，東京．

大室剛志（1991）「同族 '目的語' 構文の特異性（3）」『英語教育』1 月号，68-72．

大室剛志（2000）「基本形と変種：I'd rather you didn't. をめぐって」『英語教育』12 月号，34-36．

大室剛志（2002）「I'd rather you leave now. の you は主格か目的格か.」『英語青年』第 147 巻第 10 号，656-657．

大室剛志（2005）「英語学と英語教育の乖離を埋める一つの可能性」『英語青年』第 151 巻第 3 号，132-134．

大室剛志（2013）「同族目的語の決定詞について」『言語におけるミスマッチ ── 福地肇教授退職記念論文集 ──』，菊地朗・小川芳樹・西田光一（編），1-10，東北大学大学院情報科学研究科．

大室剛志（2018）『ことばの基礎 2　動詞と構文』研究社，東京．

Shibasaki, Reijirou (2014) "On the Development of *The Point Is* and Related Issues in the History of American English," *English Linguistics* 31, 79–113.

高見健一・久野暲（2002）『日英語の自動詞構文 ── 生成文法分析の批判と機能的解析 ──』研究社，東京．

八木孝夫（1984）「統語論の有標性理論」『言語』第 13 巻第 1 号，239-248．

英語の形容詞 hot に見られる 2 種類の修飾可能性について*

金澤　俊吾

高知県立大学

1.　はじめに

英語における a cup of ＋飲み物を表す名詞から構成される名詞句において，(1) に示すように，形容詞が当該名詞句によって表される事象を修飾できる．

(1) a.　an expensive cup of coffee　　　　　(Quirk et al. (1985: 250))
　　b.　a quiet cup of tea　　　　(Huddleston and Pullum (2002: 558))

(1a) が ‘The cup of coffee cost a lot’ に書き替えられることから，形容詞 expensive は費用がかかる様態を表す．(1b) における形容詞 quiet もまた，紅茶を飲む雰囲気が「静粛である」様態を表している．形容詞による事象修飾に関して，Quirk et al. (1985) は，(2) に示すように修飾の範囲が全体に及ぶことを指摘する．

(2)　When we modify a partitive noun sequence, the modification applies to the group as a whole.　　　(Quirk et al. (1985: 250–251))

Quirk et al. (1985) によると，形容詞 hot は本来 (3a) のように飲み物を表す名詞を修飾するが，(3b) のように cup を修飾する位置に生起する場合があ

---

* 本稿は，東北学院大学 英語英文学研究所 学術講演会「コーパスから見えてくる英語表現の豊かさと規則性について─英語における名詞句を中心に─」(2017 年 12 月 16 日，於 東北学院大学) と，立命館大学 学術講演会「英語の事象修飾に見られる，形容詞の意味的特徴と修飾のメカニズムについて」(2018 年 3 月 26 日，於 立命館大学) での発表内容の一部に基づき，通時的分析を施したものである．本稿を執筆するにあたり，2 名の査読者より貴重な助言，質問を頂いた．また，英語の例文の判断に際し，Andrew Oberg 氏より貴重な助言，意見を頂いた．ここに謝意を表したい．なお，本研究の成果の一部は日本学術振興会科学研究費補助金による基盤研究 (c)「英語の事象修飾に見られる，形式と意味との対応関係とその規則性について」(研究代表：金澤俊吾，課題番号：16K02774) の助成を受けてなされている．当然のことながら，本稿に関わる誤り等の責任はすべて筆者にある．

る.[1,2]

 (3) a. a cup of hot tea
   b. a hot cup of tea   （Quirk et al.（1985: 251））

実際のところ，形容詞 hot は，（4）のように coffee, cup をそれぞれ修飾する位置に生起し，いずれもコーヒーが熱い状態にあることを表す.[3]

 (4) a. "I hope you will all come in and have *a cup of hot coffee* after the exposure," …   （COHA, 1873, FIC）
   b. "… Wouldn't you like *a hot cup of coffee*?"（COHA, 1953, FIC）

形容詞 hot に見られる 2 種類の修飾可能性は指摘されているが，各修飾関係に見られる意味的特徴について詳細に議論されてこなかった．なぜ，この 2 種類の修飾関係が存在するのであろうか.

 また，a hot cup of N に関して，The Corpus of Historical American English（COHA）を用いて使用頻度を調べてみると，N の位置には coffee が最も多く生起し，次いで tea が生起する．しかし，chocolate が生起する例は（5）に挙げる 1 例にとどまる.

 (5) The whistle of the tea pot continues. Lights up on YOUNG ER-NIE and WILL at kitchen table drinking *a hot cup of chocolate*. WILL smokes a cigarette.   （COHA, 2000, FIC）

いずれも飲み物を表す名詞でありながら，なぜ a hot cup of N に生起する名詞の使用頻度に違いが見られるのであろうか.

 本稿では，COHA に見られる英語の名詞句 a hot cup of N と a cup of hot N の意味的特徴を考察し，a hot cup of N の形成過程を明らかにすることを目的とする．以下，2 節では，名詞句 a hot cup of N, a cup of hot N にそれぞれ見られる意味的特徴を明らかにする．3 節では，a cup of hot N における主要部（head）の推移を考察する．その上で，a hot cup of N における主要部の推移と通時的形成過程に関して，Traugott and Trousadale（2013）による構

---

 [1] 形容詞 hot が，cup と tea いずれも修飾できる可能性は，小西（2001: 302–308）や，安藤（2005: 388–389），田中（2011）においても指摘されている.
 [2] Brems（2003: 300）は，great に関しても，部分詞（partitive）を修飾する場合（a great bunch of guyes）と，名詞を修飾する場合（a bunch of great guys）があることを指摘し，それぞれ形容詞の修飾対象の作用域が異なることを指摘している.
 [3] 以下，用例中に見られる斜字体および下線は筆者による.

文化（constructionalization）の視点から考察する．4 節では，名詞句 a hot cup of N において，N に生起する名詞の分布に違いが見られる理由に対する説明を試みる．5 節では本稿のまとめと今後の課題を述べる．

2. COHA における名詞句 a cup of hot N と a hot cup of N の意味的特徴

2.1. 名詞句 a cup of hot N に見られる意味的特徴

名詞句 a cup of hot N の場合，a cup of N によって表される実体の「1 杯の量」に意味の中心が置かれ，強調される．（6）がその具体例である．[4]

(6) … would you like *a cup of hot coffee*, you and this gentleman? The doctor has just had his supper, and <u>there is a pint or more left in the urn</u>. (COHA, 1876, FIC)

（6）の a cup of hot coffee において，「1 杯の量」が意味の中心であることは，談話上，コーヒーを沸かす器に 1 パイント以上コーヒーが残っているという下線部の記述から確認できる．

a hot cup of N が「1 杯の量」に意味の中心が置かれ，強調されることは，当該名詞句が生起する動詞句の意味的特徴と，当該名詞句が生起する談話的特徴からそれぞれ確認できる．

はじめに，当該名詞句が生起する動詞句の意味的特徴について見ていく．a cup of hot N は，（7）のように動詞 give や bring を伴う二重目的語構文（double object construction）に生起できる．この場合，a cup of hot N は 1 杯の熱い飲み物を表し，その飲み物が入ったカップを相手に渡す状況が表されている．

(7) a. … he had better go to the mess-house and get the "cookie" to <u>give</u> him *a cup of hot coffee*. (COHA, 1913, FIC)

b. Presently, she <u>brought</u> him *a cup of hot tea*, fed him with the

---

[4] 2 つ以上の形容詞が名詞を修飾する場合，(i) のように形容詞の語順によって容認性に違いが見られるものもある．

(i) a. an intelligent reliable expert.

b. ?a reliable intelligent expert (Radden and Dirven (2007: 154))

また，Dirven (1999) は，2 つ以上の形容詞が名詞を修飾する場合に見られる意味的特徴について詳細に論じている．

spoon, …　　　　　　　　　　　　　　　　　　　　（COHA, 1957, FIC）

　その後，当該名詞句は，take や have，drink に代表される「飲む」動作を表す動詞の目的語位置に生起する．とりわけ，a cup of hot N は，1 杯の量を強調するという意味的特徴を有することから，（8）のように飲み物の消費を強調する動作を表す動詞句にも生起できる．

　（8）a.　… he drank off *a cup of hot coffee* with such rapidity, …
　　　　　　　　　　　　　　　　　　　　　　　　（COHA, 1846, FIC）
　　　b.　The first thing he did was to swallow *a cup of hot tea* almost at
　　　　　a gulp.　　　　　　　　　　　　　　　（COHA, 1873, FIC）

（8a）における動詞句 drink off は「飲み干す」動作を表し，1 杯のコーヒーの消費量が強調される．また，（8b）では，動詞 swallow によって紅茶を「飲み込む」動作が表され，さらに，前置詞句 at a gulp によって一口でその動作が遂行されたことが補足される．（9）においても動詞句 gulp down を用いて，やけどするくらい熱い 1 杯のコーヒーをがぶ飲みすることで，飲み干す様子が表される．

　（9）　He gulped down *a cup of coffee scalding hot*, ate a few mouthfuls
　　　　of bacon and bread, …　　　　　　　　　　（COHA, 1918, FIC）

　さらに，名詞句 a cup of hot N は，料理のレシピで分量が話題とされる状況において 1 杯の量の増減に関係する様々な動詞の目的語位置に生起できる．（10）を見てみよう．

　（10）a.　Chop half the pork fine, and mix with the crumbs and seasoning,
　　　　　using *half a cup of hot water* to mix them …（COHA, 1880, NF）
　　　　b.　Add *a large cup of hot water*, in which has been melted a heap-
　　　　　ing tablespoonful of butter, and stir into the crumbs.
　　　　　　　　　　　　　　　　　　　　　　　　（COHA, 1880, NF）

（10a）では動詞 use が使われている．この文では，豚肉を細かく切り，パン粉と香味料を混ぜあわせたものに，半カップの湯を注ぐ場面において，名詞句 half a cup of hot water が用いられる．また，（10b）では，動詞 add が使われ，目的語には名詞句 a large cup of hot water が使われている．そして，その 1 杯の熱い湯を加えることで，1 杯のバターが溶かされる状況が表されている．
　次に，名詞句 a cup of hot N が生起する文の談話的特徴について見ていく．

当該名詞句が生起するためには他の状況との対比が必要とされ，その対比される内容の違いによって2つの事例に下位分類される．

第1は，何も食べられない状況と対比される事例である．いわゆる「ゼロ」の状況と，1杯の熱い飲み物の量が対比されることで，1杯の量が強調される．この場合，1杯の飲み物を摂取することで，何も食べていない状態から満たされる状態への変化が含意される．[5]

(11) a. "No, not much worse. My cough is only a little troublesome," was the quiet reply. "You have had no supper yet, of course," said Ellen. "*A cup of hot tea* will do you good."

   (COHA, 1885, FIC)

   b. … and *a cup of hot chocolate* that would have delighted any hungry schoolgirl. (COHA, 1909, FIC)

(11a) では，「あなた」が，1杯の熱い紅茶を飲むことで，空腹の状態から空腹が和らぐ状態への変化が描写されている．また，(11b) では，空腹の女子学生たちが，1杯のホットチョコレートを飲み，空腹が満たされることで，喜ぶ状況が表されている．

第2は，他の飲み物との対比により，1杯の熱い飲み物の量が強調される事例である．(12) がその一例である．

(12) But to tell the truth, I found, in spite of its sharp taste, the spirits I drank was just the thing I needed; but I suppose, if I could have had *a cup of nice hot coffee*, it would have done quite as well, and perhaps much better. (COHA, 1849, FIC)

蒸留酒と1杯の良質の熱いコーヒーが対比され，そのコーヒーを飲んだことで体調が快方に向かった様子が表されている．

(13) においても，1杯の熱い紅茶と他の飲み物との対比が見られる．

(13) It was the kind of night when *a cup of hot tea* or a slug of whiskey

---

[5] (i) のように a cup of warm N の事例においても，何も食べられない状況との対比が見られる．

   (i) At supper all Mother would give him was *a cup of warm milk*. She said he couldn't have anything solid, not even bread. (COHA, 1922, FIC)

息子が，固形物を何も食べられず，パンでさえ食べられなかった状況において，温かい牛乳を与えることは，「彼」が栄養を摂る上で必要であることが表されている．

never tasted better.   (COHA, 1999, FIC)

a cup of hot tea が a slug of whiskey と等位接続されることで，1 杯の熱い紅茶の量が強調される．

　また，寒さが明示される状況で，1 杯の熱い飲み物が，他の飲み物と対比される場合がある．この場合，1 杯の飲み物の量とあわせて，その飲み物の熱さが強調される．具体例として（14）が挙げられる．

(14) a.　Our driver had not tasted spirits for thirty years, and finds that *a cup of hot tea* at the end of a cold journey is a better stimulant than a glass of grog.   (COHA, 1856, NF)

　　b.　Drink *a cup of hot tea* or *soup* immediately after pitching camp on a cold day.   (COHA, 2004, FIC)

　　c.　Listen to me. Get out of bed—slowly—take two aspirin and a cold shower, drink *a cup of hot black coffee*, and you'll probably live.   (COHA, 1980, FIC)

（14a）では，運転士にとって，寒い日の旅の終わりに，1 杯のグロッグシュを飲むよりも 1 杯の熱い紅茶を飲む方が，刺激的である状況が表されている．これにより，1 杯の紅茶の量と，その熱さが強調される．（14b）では，hot tea が soup と等位接続されて，「寒い日に」(on a cold day) と明示されることで，1 杯の熱い紅茶もしくはスープの量と，その熱さが強調されている．さらに，（14c）のように，複数の事象が等位接続されてシャワーの冷たさが明示されることで，最終的に，1 杯のブラックコーヒーの量と熱さが強調されている．（14）のように，a cup of hot N の形式を用いて飲み物の熱さが強調される例が存在する理由に関しては，3 節にて詳細に議論する．

2.2.　名詞句 a hot cup of N に見られる意味的特徴

　名詞句 a hot cup of N の場合，1 杯の飲み物の量と「熱い状態」が強調される．具体例として（15）を見てみよう．

(15)　More recently, *a hot cup of McDonald's coffee* that spilled on a customer resulted in a jury award of $2.7 million.

(COHA, 1997, NEWS)

この例は，マクドナルドが販売した 1 杯の熱いコーヒーを客にこぼしたことが原因となって，2,700 万ドルの損害賠償が命じられた状況を表している．つ

まり，コーヒーの熱さが損害の原因となっている．

　はじめに，当該名詞句が生起する動詞句の意味的特徴について述べる．名詞句 a hot cup of N は，a cup of hot N と同様，(16a) のように「与える」動作を表す二重目的語構文に生起する．その後，(16b) のように「飲む」動作を表す drink の目的語位置に生起する例が見られる．

(16) a. Give the girl *a hot cup of tea* and a thick slice of this first-rate bacon, …　　　　　　　　　　　　　　　　　　(COHA, 1852, FIC)

　　 b. Lights up on YOUNG ERNIE and WILL at kitchen table drink-ing *a hot cup of chocolate*.　　　　　　　　　　(= (5))

　ただし，a hot cup of N の場合，a cup of hot N とは異なり，(17) のように前置詞の目的語位置に生起する例が多く見られる．

(17) a. She […] warmed her hands with *a hot cup of tea*.
　　　　　　　　　　　　　　　　　　　　　　(COHA, 1999, FIC)

　　 b. We can now have a lunch, with *a hot cup of coffee*, whenever we please, …　　　　　　　　　　　　　　　(COHA, 1877, FIC)

　　 c. … GARY told me about his engagement over *a hot cup of coffee*.
　　　　　　　　　　　　　　　　　　　　　　(COHA, 1998, FIC)

(17a) において，前置詞句 with a hot cup of tea は，動詞 warm と共起することで，「彼女」の手を温める道具の役割を果たし，1杯の熱い紅茶が入ったカップの熱さが強調される．また，(17b) における前置詞句 with a hot cup of coffee は，「私たち」が昼食を食べる時に1杯の熱いコーヒーを飲む状況を表す．さらに，(17c) において，前置詞句 over a hot cup of coffee は，1杯の熱いコーヒーを飲みながら Gary が「私」に婚約について話してくれた状況を表している．

　次に，名詞句 a hot cup of N が生起する文の談話的特徴について観察する．a cup of hot N と同様，当該名詞句もまた，他の状況との対比により飲み物の熱さが強調される．対比される対象の違いによって，2つの事例に下位分類される．

　第1は，体が冷えている状態や寒さと対比されることで飲み物の熱さが強調される事例である．(18) では，飲み物の熱さと体が冷えている状態が対比されている．

(18) a. "Hurry here at once and have *a good hot cup of tea*. You must

be frozen."　　　　　　　　　　　　　　　　　　　(COHA, 1911, FIC)

　　b.　… if your feet are cold "a nice hot cup of tea" [i]s just what you
　　　　want, …　　　　　　　　　　　　　　　(COHA, 1927, NEWS)

(18a) において，「あなた」が凍えるほど冷たい状況にあり，おいしい熱い紅茶を飲むことが命じられる．これを飲んだ結果，「あなた」の体が温まる状態への変化が示唆されている．(18b) においても，足が冷たい状況が提示された上で 1 杯の熱い紅茶が明示され，「1 杯のおいしい熱い紅茶」を飲むことで足が温まる状態への変化が示唆されている．

　(19) は，寒さとの対比によって，飲み物の熱さが強調されている例である．[6]

　(19)　It was terribly cold, so cold that *a hot cup of tea* would have a
　　　　skim of ice over it in a minute after it was poured out.

　　　　　　　　　　　　　　　　　　　　　　　　(COHA, 1909, FIC)

気温が低過ぎた状況を提示することで，1 杯の熱い紅茶に氷の膜ができるほど寒かった状況を表している．この場合も，寒さとの対比により，1 杯の紅茶の熱さが強調されている．

　第 2 は，健康状態との対比により，熱い飲み物の熱さによって快方に向かう状態への変化が表される事例である．具体例として (20) が挙げられる．[7]

　(20)　a.　*A nice hot cup of bouillon* is all he needs to be good as ever,
　　　　　　and he has to drink it very slowly until his stomach gets used to
　　　　　　food again.　　　　　　　　　　　　　(COHA, 1949, FIC)

　　　　b.　I could feel the immediate stimulating effect of a lump of sugar,
　　　　　　just like *a hot cup of coffee* to the tired man.

　　　　　　　　　　　　　　　　　　　　　　　　(COHA, 1919, MAG)

(20a) では，「彼」が，現在，健康状態が思わしくない状態にあり，1 杯のお

---

　[6] a warm cup of N においても，寒さとの対比により，飲み物の温かさが強調される例がある．
　　(i)　On the other hand, a percolator and a teapot are fine things to have at our bedside?
　　　　for those midnight moments when we feel like *a warm cup of something* but can't
　　　　face the cold trek to the kitchen.　　　　　　　　(COHA, 1952, NF)
台所へ移動する際の寒さと対比させることで，1 杯の温かい飲み物の温かさが強調される．
　[7] 英語の母語話者によると，a hot cup of coffee は，話し手が疲れた状態にあって，「コーヒーを飲みたい」と発言する際，(i) の表現を一人称の主語とともに使うことができる．
　　(i)　a.　I could do with *a hot cup of coffee*.
　　　　b.　I could go for *a hot cup of coffee*.

いしい熱いブイヨンを飲むことで，彼の胃が食べ物を摂取できるのに慣れる状態が表されている．また，（20b）では，疲れた人にとって，熱い1杯のコーヒーを飲むことが，疲労回復の一助となっていることが表されている．

3.　名詞句 a hot cup of N の通時的発達について

本節では，2節で観察した当該名詞句の意味的特徴に基づき，名詞句 a cup of hot N から a hot cup of N への通時的発達について考察する．

Traugott and Trousdale（2013）によると，構文化は，新たな形式と意味との創出であると定義される．この構文化には，構文に見られるスキーマ性（schematicity）と，生産性（productivity），合成性（compositionality）の程度の変化が付随している．また，スキーマの構文化は漸次的（gradual）である．新たなミクロ的な構文（new micro-construction）は，漸次的に，かつ，瞬時に創出される特徴を持っている．

Traugott and Trousdale（2013）によると，構文化には2種類あり，文法的構文化（grammatical constructionalization）と，語彙的構文化（lexical construtionalization）に分類される．文法的構文化の具体例として，a lot of N が挙げられている．a lot of N は，もともと，古英語 hlot 'lot' が，個々によって選ばれる物体もしくは1片の木を指示していた．それが，神への懇願を伴う物体（draw lots や lottery, lot 'fate'）を表し，その後，換喩的に，この行為によって得られる，あるものの分配（share）もしくは単位（unit）である lot of land (for sale) や，選択を決定した運命（one's lot in life）を指示するようになる．

その後，全体と部分の関係を表すようになり，ある一部分から，あるものの量へと語用論的含意（pragmatic implication）が推論されるようになった．そして，19世紀に入り，a lot of goods のように「多くの」の意味を表すようになる．

この a lot of N の意味変化は，動詞や代名詞の数の一致の違いに反映される．当該名詞句が，あるものの単位（'a unit of N'）を表す場合には単数に呼応するのに対し，'a group of N' を表す場合には複数に呼応する．

この lot に見られる一連の変化から，Traugott and Trousdale（2013）は，a lot of N の形成過程には形式的にも意味的にも通時的変化が見られることから，a lot of N の構文化を主張する．とりわけ，形式上は，構成要素間の結びつき，主要部と修飾部（modifier）の関係に変化が見られる．そして，意味的には，部分詞から数量詞（quantifier）への変化が見られる．各用法の意味と形

式の対応関係およびその変化は，(21) のように表される．

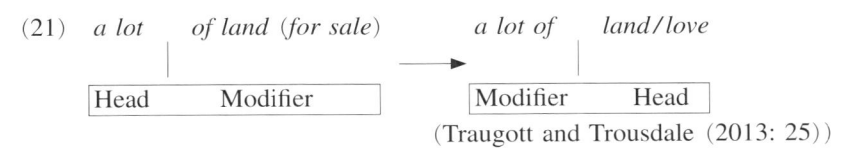

(21)　*a lot*　　*of land (for sale)*　　*a lot of*　　*land/love*

Head　　　　Modifier　　　　Modifier　　　　Head

(Traugott and Trousdale (2013: 25))

(21) に基づき，N_i と N_j の主要部と修飾部の構成素間の関係とその意味との対応関係は，(22) のように表される．

(22)　$[[N_i \; [of \; N_j]] \longleftrightarrow [part_i\text{--}whole_j]] >$
　　　　$[[N \; of] \; N_j]] \longleftrightarrow [large \; quant\text{--}entity_j]]$

(Traugott and Trousdale (2013: 25))

本稿では，a hot cup of N は，a cup of hot N を基にして，a lot of N に見られる構文化と類似した通時的発達が見られる事例であると仮定する．その上で，以下，名詞句 a cup of hot N と a hot cup of N それぞれに見られる主要部の推移と，a hot cup of N の形成過程について考察する．

3.1.　名詞句 a cup of hot N に見られる主要部の推移について

本稿では，名詞句 a cup of hot N は，a lot of N と同様，形式的にも意味的にも通時的変化を経て主要部が推移すると考える．最初の段階では，a cup が主要部であり，hot N が修飾部の関係にある．それが，時間の経過とともに，a cup of が修飾部へと変化し，hot N が主要部へと変化する．この形式の変化に対応するように，意味的には「熱い飲み物の入ったカップ」から，「1 杯のカップに入った熱い飲み物」の解釈へと変化する．

a cup of hot N において，主要部が a cup であるか，hot N であるかの違いは，当該名詞句が生起する動詞の意味的特徴により確認できる．a cup が主要部の場合，(23) のように，bring や give に代表される二重目的語構文に生起する．また，COHA において，この例は特に 19 世紀に多く見られる．

(23)　a.　I called Betsey, and desired her to <u>bring</u> Martha *a cup of hot coffee*.　　　　　　　　　　　　　　　　　(COHA, 1827, FIC)

　　　b.　"You shall have some," said I, <u>giving</u> her *a cup of hot coffee* and some egg and roll …　　　　　　　　　(COHA, 1853, FIC)

「熱いコーヒーの入ったカップ」が，(23a) では Martha に持ってくる状況において，(23b) では「彼女」に渡す状況において，それぞれ表されている．

また，COHA において，19 世紀には，(24) のように hot N が主要部で a cup of が修飾部の場合，「飲む」動作を表す動詞 drink off や take，「飲む」動作を含意する would you の目的語位置にそれぞれ生起できる．

(24) a.　… he <u>drank off</u> *a cup of hot coffee* with such rapidity, …

$(= (8a))$

  b.　… he should at least <u>take</u> *a cup of hot coffee*.

(COHA, 1857, FIC)

  c.　… <u>would you like</u> *a cup of hot coffee*, you and this gentleman?

$(= (6))$

さらに，a cup of N の主要部が N に推移した結果，「1 杯のカップの量の飲み物」を表すことは，cup of の縮約形 cuppa が形成できることからも明らかとなる．

(25)　Did Mrs. Ravis want another cuppa tea?　　　(COCA, 1914, FIC)

その後，1920 年に，(26) のように a cup of hot coffee が動詞句 invite in for に生起する例が見られる．

(26)　He ordered the guards to <u>invite</u> them <u>in</u> <u>for</u> *a cup of hot coffee*.

(COHA, 1920, NF)

この場合も，「1 杯のコーヒーを飲む」動作を表している．
　こうして，名詞句 a cup of hot N が生起する動詞の種類の違いから，(27) に示す主要部の推移が見られることが明らかとなる．

(27)

主要部が a cup である場合，a cup は「入れ物」の意味を表し，of hot N が修飾部として機能し，意味的には「熱い飲み物が入ったカップ」と解釈される．それが，通時的発達に伴い，hot N が主要部として機能し，a cup of が修飾部として機能する変化が見られる．それに伴い，a cup of が，意味的には「1 杯の」と解釈されて N の量を表す数量詞として機能するようになる．

3.2.　名詞句 a hot cup of N に見られる主要部の推移と形成過程について
　次に，a hot cup of N の形成過程と主要部の推移について考察する．はじめ

に，(28) に示すように，a cup of hot N の場合と同様，a hot cup of N には 2 通りの主要部が見られる．

(28) a. She […] warmed her hands <u>with</u> *a hot cup of tea*. 　　(＝(17a))
    b. We can now have a lunch, <u>with</u> *a hot cup of coffee*, whenever we please, … 　　(＝(17b))

(28a) は「彼女」が手を温めた状況を表していることから，a hot cup of tea の主要部は a cup である．それに対し，(28b) は「1 杯の熱いコーヒー」を飲みながら昼食をとることができると解釈されることから，主要部は coffee である．

　ここで注目すべき点は，hot が当該名詞句と共起する際，主要部が a cup の場合，N の場合にかかわらず，of N によって飲み物が具現化されなければならないという点である．COHA には，a hot cup が単独で用いられる例が 2 例見られ，(29) はそのうちの 1 例である．

(29) "Maybe I'd better go make <u>the coffee</u>?" he suggested hurriedly. "It's after twelve. And it'll do you good. *A nice hot cup*."
　　　　　　　　　　　　　　　　　　　　　　(COCA, 1919, FIC)

たとえ，(29) のように of N を伴わない名詞句 a nice hot cup であっても，of N に相当する内容が，文脈から補完されて解釈されなければならない．形容詞 nice と hot は，主要部 cup を修飾しているように見えるが，実際のところ，当該名詞句に先行する文において，「彼」の申し出の中で既に the coffee が言及され，この coffee との間に修飾関係を構築している．ちなみに，COHA に見られる a nice cup of N を調査したところ，a nice cup 単独で用いられる例は見当たらなかった．このことからも，hot と同様 nice は，意味的には N と修飾関係を構築する形容詞であり，of N が義務的要素であることが分かる．

　では，a hot cup of N において，of N が義務的要素であるという経験的事実は何を示しているのであろうか．これは，hot が，形式上 cup を修飾していながら，意味的には飲み物を表す名詞 (N) との修飾関係を保持していることを示している．つまり，もともとは名詞句 a cup of hot N において，hot N の修飾関係を構築していたものが，意味的に hot N の修飾関係を保持しながら，形式上，hot が cup を修飾する位置へと拡張していることを示している．この点において，a hot cup of N には，形式と意味との間に「ずれ」が見られると言える．

　その結果，a cup が主要部の場合，飲み物が熱い状態にあり，その熱がカッ

プに伝わることで「熱い」状態が表され，「熱い N が入ったカップ」と解釈される．また，N が主要部の場合，hot は飲み物が熱い状態にあることを表し，「1 杯の熱い飲み物」と解釈される．

次に，名詞句 a hot cup of N において，主要部が，a cup と N，どちらの要素が時間的に先行して推移するかについて考察する．ここで，手がかりとなるのは，a hot cup of N が生起する動詞句の分布の推移である．a hot cup of N が生起する動詞句の分布は，a cup of hot N の場合とほぼ同様であり，時間差で後を追うように推移している．

COHA において，19 世紀には，(30) のように a hot cup of N は，a hot cup を主要部とし，bring や have を伴う二重目的語構文の直接目的語の位置に生起する例が見られる．

(30) a. "Give the girl *a hot cup of tea* and a thick slice of this first-rate bacon," said Silas, like a sensible man as he was.

(COHA, 1852, FIC)

b. … then beat up his pillow, and brought him *a hot cup of tea* and the toast. (COHA, 1855, FIC)

これらの例における a hot cup of tea は，いずれも a hot cup を主要部とし，「熱い紅茶が入ったカップ」の授受の動作を表す．その後，20 世紀に入り，当該名詞句は pour を伴う二重目的語構文にも生起する．

次いで，N を主要部とする「1 杯の熱い飲み物」を表す例が見られるようになる．ただし，ここで当該名詞句が生起する要素に注視する必要がある．N が主要部の a hot cup of N は，a cup of hot N の場合とは異なり，前置詞の目的語の位置に生起する例が多く見られる．2.2 節にて観察した (31) がその一例である．

(31) a. We can now have a lunch, with *a hot cup of coffee*, whenever we please, … (= (17b))

b. … GARY told me about his engagement over *a hot cup of coffee*. (= (17c))

その後，N を主要部とする a hot cup of N は，(32) のように a cup of hot N が生起する動詞句と同様，「飲む」動作が関与する would you like や invite in for の目的語の位置や，drink の目的語の位置に生起する例が，それぞれ見られる．

(32)　a.　"Wouldn't you like *a hot cup of coffee*?" she asked, smiling shyly.
　　　　　　　　　　　　　　　　　　　　　　　　　　　(COHA, 1953, FIC)

　　　b.　So they invited him in for *a hot cup of coffee*.　Why does that
　　　　　puzzle you?　　　　　　　　　　　　　　　　　(COHA, 1968, FIC)

　　　c.　Lights up on YOUNG ERNIE and WILL at kitchen table drinking *a hot cup of chocolate*.　　　　　　　　　　　　(= (5))

これは，N を主要部とする a hot cup of N の形成される速度が，a cup of hot N に比べて緩やかであり，「飲む」動作を表す動詞句の目的語位置に生起する用法の確立が途上段階にあることを示している.

　ここで，2.1 節にて観察し，(33) のように a cup of hot N を用いて，1 杯の飲み物の熱さが強調される例があることを思い出して頂きたい.

(33)　a.　Drink *a cup of hot tea* or *soup* immediately after pitching camp
　　　　　on a cold day.　　　　　　　　　　　　　　　　　(= (14b))

　　　b.　Listen to me. Get out of bed—slowly—take two aspirin and a
　　　　　cold shower, drink *a cup of hot black coffee*, and you'll probably
　　　　　live.　　　　　　　　　　　　　　　　　　　　　(= (14c))

N を主要部とする a hot cup of N の通時的発達が遅れているのに伴い，この用法を補完するため，(33) の a cup of hot N の用法が残存していると予測される.

　この予測が実際に正しいことは，COCA (The Corpus of Contemporary American English) における，a hot cup of N が生起する位置の調査結果から明らかとなる.　特に 1990 年代後半以降になって，(34) のように N を主要部とする a hot cup of N が，動詞 drink や sip, brew の目的語位置に生起できる例を見つけられる.

(34)　a.　Early mornings in November can be bitterly cold, so take time
　　　　　to drink *a hot cup of coffee, tea*, or hot chocolate.
　　　　　　　　　　　　　　　　　　　　　　　　　(COCA, 1998, MAG)

　　　b.　Bill leans against the wall next to him, sipping *a hot cup of coffee*.
　　　　　　　　　　　　　　　　　　　　　　　　　(COCA, 2003, FIC)

　　　c.　I'd have time to brew *a hot cup of coffee* before showering.
　　　　　　　　　　　　　　　　　　　　　　　　　(COCA, 2015, FIC)

今後，時間の経過とともに，N を主要部とする名詞句 a hot cup of N が動詞

の目的語位置に生起し，1杯の飲み物の熱さを強調する用法の生産性が今後さ
らに高くなることが予測される．

　以上，a hot cup of N には，時間の経過とともに (35i) に示す a cup of hot
N に見られる主要部の推移と並行して，(35ii) に示す主要部の推移が見られ
ることを明らかにした．

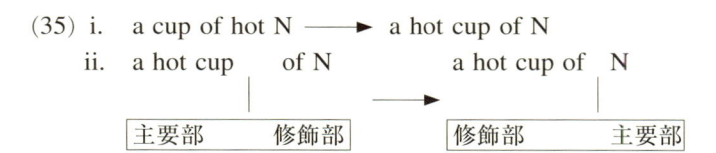

(35) i.　a cup of hot N ⟶ a hot cup of N
　　　ii.　a hot cup　　　of N　　　　　　a hot cup of　　N

　　　　　　主要部　　修飾部　　　　　修飾部　　　　主要部

(35i) に示すように，a hot cup of N は，a cup of hot N において見られた，
hot が N を修飾する関係を保持しながら，形式上 cup を修飾する位置に拡張
した事例であると見なされる．

　その上で，(35ii) に示すように，a cup of hot N の主要部の推移にならう
形で，a hot cup が主要部で，N が修飾部の関係を構築していたものから，N
が主要部で，a hot cup が修飾部へと推移する．ただし，形容詞 hot は，形式
的には cup を修飾する位置に生起しながら，意味的には N と修飾関係を構築
する．そして，a hot cup が主要部，of N が修飾部の場合には，「熱い N の飲
み物が入ったカップ」と解釈される．その後，a hot cup of が修飾部，N が主
要部へと推移することで，「1杯のカップに入った熱い N の飲み物」へと解釈
が変化する．

　a hot cup of N において，主要部が a hot cup から，N への推移の速度は，
a cup of hot N の場合に比べて緩やかであり，前置詞句の目的語位置に生起す
る例が多い．それに伴い，主要部が N である場合，「飲む」や「入れる」動作
を表す動詞の目的語位置に生起することができない．そのため，1杯の飲み物
の熱さを強調する状況を表すのに，a cup of hot N が代用されていた．しか
し，1990 年代後半以降，その状況は変わりつつあり，N を主要部とする a
hot cup of N が，drink や brew の動詞の目的語の位置に次第に生起し始めて
いる．この点において，a cup of hot N から a hot cup of N への構文化は，
途上の段階にあると結論づけられる．

4.　なぜ名詞句 a hot cup of N には coffee と tea が多く生起できるのか

　N の位置に coffee, tea, chocolate がそれぞれ生起する事例を，1470 年代から
1690 年代のイギリス英語を収録する The Early English Books Online (EEBO)

を用いて調査した．その結果，EEBO には，1648 年に a cup of hot chocolate の初出例が見られる．a cup of hot chocolate は，この例を含めて 3 例見られるが，a cup of hot coffee / tea の例はいずれも見られなかった．また，a hot cup of coffee / tea / chocolate に関してはいずれも見られなかった．

COHA を用いて a hot cup of N の初出年を調べたところ，a hot cup of tea の初出が 1852 年と最も早く，次いで，a hot cup of coffee の初出が 1866 年と続く．この EEBO と COHA から得られる初出年の結果から，これら 3 つの表現は，(36) に示す通時的発達の過程を経ていると考えられる．[8]

(36)　　a cup of hot chocolate → a hot cup of tea → a hot cup of coffee

COHA に見られる a cup of hot coffee / tea / chocolate の年代別の使用頻度は，表 1 のようにまとめられる．

表 1：COHA に見られる a cup of hot coffee / tea / chocolate の
年代別使用頻度

	1810s-1820s	1830s-1840s	1850s-1860s	1870s-1880s	1890s-1900s	1910s-1920s	1930s-1940s	1950s-1960s	1970s-1980s	1990s-2009	合計
coffee	1	1	5	6	1	11	10	0	3	2	40
tea	0	0	4	8	0	2	4	3	2	4	27
chocolate	0	0	0	0	1	0	0	5	2	5	13

a cup of hot coffee が最も多く，次いで，a cup of hot tea, a cup of hot chocolate の順に続く．とりわけ，coffee の場合，1910 年代から 1940 年代に 21 例と最も多く見られる．また，tea の場合，1870 年代から 1880 年代に 8 例と多く見られる．その後，1950 年代から 1960 年代と，1990 年代から 2009 年の期間にそれぞれ 4 例ずつ見られる．さらに，chocolate の場合，1950 年代以降に多く見られる．

また，COHA における a hot cup of coffee / tea / chocolate の年代別の使用頻度は，表 2 としてまとめられる．

---

[8] EEBO, COHA の検索結果に基づく通時的発達過程の可能性に関して，査読者より助言を頂いた．

表 2 ： COHA に見られる a hot cup of coffee / tea / chocolate の
年代別使用頻度

	1810s-1820s	1830s-1840s	1850s-1860s	1870s-1880s	1890s-1900s	1910s-1920s	1930s-1940s	1950s-1960s	1970s-1980s	1990s-2009	合計
coffee	0	0	2	2	0	2	0	2	0	4	12
tea	0	0	2	0	1	1	1	0	1	1	7
chocolate	0	0	0	0	0	0	0	0	0	1	1

a hot cup of N の事例においても，coffee が 12 例と最も多く，tea が 7 例と
続き，chocolate は 1 例のみ見られる．

　これらの調査結果から，a cup of hot coffee / tea / chocolate は，いずれも形
式と意味との「ずれ」が見られることなく，各名詞句を形成していることが明
らかとなる．一方，a hot cup of coffee / tea は，形式と意味との間に「ずれ」
が見られる形で，通時的発達が見られることを確認できる．しかし，a hot cup
of chocolate の場合，この 1 例以外に確認できない．

　1990 年から 2017 年までのアメリカ英語のデータが収録されている COCA
を用いて，a cup of hot coffee / tea / chocolate と a hot cup of coffee / tea /
chocolate の使用頻度を調べたところ，表 3 に示す結果が得られた．

表 3 ： COCA に見られる a cup of hot N, a hot cup of N の使用頻度

	a cup of hot N	a hot cup of N
coffee	12	27
tea	25	18
chocolate	28	0

この調査結果からも，a hot cup of coffee / tea の例が見られるのに対し，choco-
late は見られないことが明らかとなる．COHA から得られる調査結果とは異
なり，a hot cup of coffee は 27 例あり，a cup of hot coffee の 12 例を上回っ
ている．また，tea に関しても，a cup of hot tea が 25 例あるのに対し，a hot
cup of tea18 例と，a hot cup of tea が増加する傾向にある．しかし，choco-
late の場合，a cup of hot chocolate は 28 例あり，a cup of hot coffee / tea よ

りも多く見られるが，a hot cup of chocolate は 0 である．[9]

　では，なぜ，同じ飲み物を表す名詞でありながら，a hot cup of N には，coffee と tea がそれぞれ生起できるのに対し，chocolate が生起する事例がほとんど見られないのかという疑問が生ずる．

　本稿では，この違いは，飲み物の種類に関する選択肢の有無の違いに起因すると説明する．具体的には，コーヒーや紅茶には，熱いコーヒー以外にも「冷たい」コーヒーや紅茶の選択肢があるのに対し，チョコレートには，ホットチョコレート以外の選択肢がないという違いである．従来，「熱い」コーヒーや紅茶しかなかった時代には，a cup of hot coffee / tea が使われてきた．その後，「冷たい」コーヒーや紅茶（iced / cold coffee, iced / cold tea）といった選択肢が出現する．この選択肢の出現に伴い，hot coffee, hot tea との区別を明確にするために，a hot cup of coffee, a hot cup of tea の事例が確立され，飲み物の熱さを強調する形式が用いられるようになったと説明される．一方，chocolate には，coffee, tea に見られるような選択肢がないので，a cup of hot chocolate は使われるが，a hot cup of chocolate は使われないと説明される．[10]

　「冷たい」コーヒーや紅茶の選択肢が見られるようになったことは，COHA における iced / cold coffee, iced / cold tea の年代別の使用頻度の調査結果からも明らかとなる．表 4 に示すように，時代を追う毎に，当該の各名詞句の使用頻度に高まりが見られることに気付く．

表 4： COHA に見られる iced / cold coffee, iced / cold tea の年代別使用頻度

	1820s–1830s	1830s–1840s	1850s–1860s	1870s–1880s	1890s–1900s	1910s–1920s	1930s–1940s	1950s–1960s	1970s–1980s	1990s–2009	合計
iced coffee	0	0	0	1	1	4	3	8	2	11	30
cold coffee	0	3	5	3	3	4	8	10	12	14	73
iced tea	0	0	1	2	1	14	24	44	40	165	291
cold tea	0	2	6	9	7	8	9	6	3	6	56

---

[9] 英語の母語話者からも，現在では，a cup of hot N よりも，a hot cup of N を用いる傾向が強いという助言を頂いている．

[10] a hot cup of N において，coffee および tea と，chocolate との間に見られる分布の違いが，飲み物の種類の選択肢の有無に起因するという基準は，英語母語話者からの助言に基づいている．

coffee に関して，iced coffee は，1900 年代から徐々に増加し，特に 1990 年代から 2009 年にかけて 11 例見られる．また，cold coffee は，1930 年代から顕著に出現し，とりわけ，1960 年代から 2009 年までに 43 例見られ，全体の約 59% を占める．また，tea に関しては，iced tea が 1910 年代から急増し，1960 年代から 2009 年までに 238 例見られ，これは全体の約 81% を占める．一方，cold tea は，1840 年代から 1920 年代まで増加傾向にあるが，1940 年代を境に減少傾向にある．これは，cold tea の代替表現として，iced tea が用いられるようになったと推測される．

実際のところ，「熱い」コーヒー以外の選択肢があまり見られなかった 19 世紀には，(37) のように a cup of hot N の形式を用いて飲み物の熱さを強調する例が見られる．

(37)　A servant spilled *a cup of hot coffee* over the boy's linen[-] trowsered legs, scalding them severely.　　(COHA, 1876, MAG)

(38)　More recently, *a hot cup of McDonald's coffee* that spilled on a customer resulted in a jury award of $2.7 million.　　(= (15))

(37) は，1 杯の熱いコーヒーが，麻のズボンをはいた少年の足にかかり，大やけどを負った状況が表されている．つまり，(37) における a cup of hot coffee は，(38) における a cup of hot coffee と同様，コーヒーの熱さが強調されていると解釈される．

COHA において，coffee, tea の種類に選択肢が増え，a hot cup of hot coffee / tea が使われるようになってきたのに伴い，N の位置には，coffee, tea の意味カテゴリーの下位レベルに分類される名詞が生起し，飲み物の熱さが強調される例が見られる．

(39)　a.　My father hastened to pour a pony of cognac into *a hot cup of black coffee*.　　(COHA, 1945, FIC)

　　　b.　You think how wonderful it would be if you were ill and were waking up in the infirmary, where the matron would be ready with *a hot cup of camomile* with lots of sugar in it.

　　　　　　　　　　　　　　　　　　　　　　　　(COHA, 1942, MAG)

(39a) には black coffee が生起することで，1 杯のブラックコーヒーの熱さが強調される．また，(39b) のように，ハーブティーの一種である camomile が生起することで，1 杯の熱いカモミール・ティーの熱さが強調される．

5.　おわりに

　本稿では，形容詞 hot が，名詞句 a cup of N との間に 2 種類の修飾関係を構築する可能性が見られることを指摘し，各名詞句に見られる意味的特徴を考察した．その結果，名詞句 a cup of hot N の事例は，他の状態との対比により，熱い飲み物の 1 杯の量が強調される場合に用いられるという意味的特徴が見られることを明らかにした．それに対し，名詞句 a hot cup of N の事例は，1 杯の熱い飲み物の熱さが強調される場合に用いられることを明らかにした．

　その上で，a hot cup of N の形成過程に関する通時的考察を行った．その結果，a cup of hot N において，時間の経過とともに，主要部が a cup から N へと推移し，それに伴い，「熱い飲み物が入っているカップ」から，「1 杯の熱い飲み物」へと解釈が変化していることを明らかにした．

　また，a hot cup of N に関しても，a cup of hot N と同様，主要部が，a hot cup から N へと推移し，意味的には「熱い飲み物が入っているカップ」から「1 杯の熱い飲み物」へと変化することを見てきた．ただし，N を主要部とし，hot が，文法的には cup を修飾していながら，意味的には N と修飾関係を構築している事例の確立は，a cup of hot N の事例に比べて遅く，前置詞句の目的語位置に生起する例が多く見られることを明らかにした．これを補完するために，a cup of hot が代用されていることを示した．しかし，1990 年代後半以降，N を主要部とする a hot cup of N が，drink や brew などの動詞の目的語位置に生起する例が見られるようになったことから，a hot cup of N は，構文化の途上にある現象であると説明した．

　さらに，a hot cup of N において，N に生起する飲み物を表す名詞のうち，coffee と tea が多く見られ，chocolate がほとんど見られない理由に対する説明を試みた．その結果，coffee と tea の場合，時代とともに冷たい種類の飲み物の選択肢の出現により，それとの区別を明確にするために，a hot cup of N が使われるようになったと説明した．一方，chocolate の場合，hot chocolate と区別される選択肢が無いので a hot cup of chocolate の例がほとんど見られず，a cup of hot chocolate によって表されることを明らかにした．

　最後に，今後の課題を挙げる．それは，(40) のように a cup of を伴うことなく，形容詞が a coffee を修飾する事例の形成過程を明らかにすることである．

(40)　Kyber poured himself *a hot coffee* and inhaled the fragrant aroma.

　　　　　　　　　　　　　　　　　　　　　　　(COHA, 2004, FIC)

形式上，hot が coffee と修飾関係を構築している．この修飾関係において，従来 a cup of が担ってきた意味機能が，どのように補完されるか，また，どのような通時的発達を経てこの種の事例が形成されるか，今後さらに検証する必要がある．

参考文献

安藤貞雄 (2005)『現代英文法講義』開拓社，東京.

Brems, Lieselotte (2003) "Measure Constructions: An Instance of Semantically-Driven Grammaticalization," *International Journal of Corpus Linguistics* 8(2), 283–312.

Bybee, Joan (2007) *Language, Usage and Cognition*, Cambridge University Press, Cambridge.

Dirven, René (1999) "The Cognitive Motivation for Adjective Sequences in Attribution," *Journal of English Studies* 1(1), 57–67.

Huddleston, Rodney and Geoffrey K. Pullum (2002) *The Cambridge Grammar of the English Language*, Cambridge University Press, Cambridge.

小西友七 (2001)『英語基本名詞辞典』研究社，東京.

Quirk, Randolpf, Sidney Greenbaum, Geoffrey Leech and Jan Svartvik (1985) *A Comprehension of the English Language*, Longman, London.

Radden, Günter and Dirven (2007) *Cognitive English Grammar*, John Benjamins, Amsterdam.

田中実 (2011)「a cup の文法」『人文論究』61(3), 1–10, 関西学院大学.

Traugott, Elizabeth Closs and Graeme Trousdale (2013) *Constructionalization and Constructional Changes*, Oxford University Press, Oxford.

コーパス

The Corpus of Contemporary American English (COCA):
　　https://www.english-corpora.org/coca/

The Corpus of Historical American English (COHA):
　　https://www.english-corpora.org/coha/

The Early English Books Online (EEBO):
　　https://www.english-corpora.org/eebo/

Part II

日本語の構文変化とコーパス

「リンスインシャンプー」再訪*

竝木　崇康

聖徳大学

1.　はじめに

　筆者は Namiki (2003)，竝木 (2005)，竝木 (2009) の論文や著書において「リンスインシャンプー」という表現や類似の表現について論じてきた．また近年では講演（竝木 (2016)）においても新たな提案をしている．この間「リンスインシャンプー」という表現の興味深い点については大津 (2008) で少し紹介されたが，長野・島田 (2017) まで拙論に関して正面から議論されたことはなかったと思われる．ここでは現在の段階で筆者が一応の結論と考えることをまとめておきたい．

2.　「リンスインシャンプー」という表現とそれに類する表現

　「リンスインシャンプー」という表現は 1988 年頃から日本で使われており，現在では Amazon のサイトに「リンスインシャンプー」という項目があるため，この表現は日本語において定着したと考えられる．

　またこの表現が表しているものは「シャンプーが入っているリンス」ではなく「リンスが入っているシャンプー」と直感的に考えられるが，[1] 事実，メーカー側でもそれを裏付ける表記が商品においてなされている．下記を見てほしい．

---

　* 本論集への寄稿のきっかけになったワークショップへの招待講演をご依頼下さった東北大学の小川芳樹先生と，その講演において質問やコメントを積極的にお寄せ下さった参加者の皆様に心から感謝申し上げる．

[1] 筆者が茨城大学教育学部と宮城学院女子大学でどちらの意味だと思うかと尋ねた合計約 80 人の学生の反応でも 90 数%が「リンスが入っているシャンプーだと思う」という回答であった（竝木 (2009: 172)）．

(1) 「シーブリーズリンスインシャンプー」（ブリストルマイヤーズ　スクイブ（株））という商品（2000 年頃購入）では容器の裏側に「リンスのしっかり効いたシャンプーです.」と明示されている.

(2) 「海のうるおい藻リンスインシャンプー」（カネボウ）という商品（2000 年頃購入）では容器の裏側に シャンプー と書いてある.

また興味深いことに（1）で取り上げた商品の容器の表側には「リンスインシャンプー」と表示されているだけでなく同時に RINSE IN SHAMPOO とも書いてある.

　それでは「リンスインシャンプー」と英語の表記で示された "rinse in shampoo" は同じものを指すことができるのかというとそれは否である. リンスの入ったシャンプーはアメリカにも存在するが, shampoo and conditioner（in one）と呼ばれている.（Namiki（2003: 540）と並木（2009: 175）において実物の写真が明示されている.）また rinse という英語の単語は元々「すすぐ」という意味を持つ動詞であるから, なおさら「リンスインシャンプー」という表現が英語由来のものであるとは考えられない. したがって, 日本語で使われている「リンスインシャンプー」という表現は和製英語表現あるいは和製複合語であると言える. つまり, 以下ではこの表現は日本語における新しい表現の形成の例であると位置づける.

　実は「リンスインシャンプー」以外にも同様のネーミングのパターンを持った商品はたくさんある. 次例参照.

(3) a. エアインチョコ（アッセ, 森永製菓, 2000 年頃購入）
　　b. ハーブ in デンター（ライオン（株）, 2000 年頃購入）
　　c. バブルインチョコレート（エアロ, ネスレ, 2004 年 1 月購入）
　　d. ウォーター in リップ（資生堂, 2004 年 1 月購入）
　　e. LIQUID IN GUM（SPASH, ロッテ, 2007 年購入）
　　　（Namiki（2003: 538）, 並木（2005: 8）, 並木（2009: 176）参照）

(3) にあげた表現はいずれも N1 in N2 という構造を持っており, 一般的な意味としては「N1 が入っている N2」となるが, 他の例ではそうでないものもある. たとえば「新選組フェスタ in 日野」とか「サムライ・イン・アテネ」, 「カフェ・イン・水戸」のような例は, 本来の英語における場所を示す表現と同様のものであり, ここで問題にしているものとは異なる（並木（2005: 17）参照）.

　なお並木（2005: 16）では（3）と同様な例と考えたが例外的な扱いをしていた「ウィダー in ゼリー」については, 長野・島田（2017: 228, 注 9）の提案に

賛同して「ウィダー」をメトニミー表現と考え，「ウィダー」は「ウィダー社の製品」と考えることにする．

3.　N1 in N2 という構造に本来は英語でない表現が生じている例

　(3) であげた実例には本来は英語の単語であった表現だけが生じているが，以下の (4) のように本来の日本語表現が入っているものもあるし，さらに元々は中国語やイタリア語の表現も混じって混種語 (hybrid) という側面を持つものがあり，注目に値する．

- (4)　a.　液体 in カプセル（ストナ，佐藤製薬，2003 年 12 月の新聞広告）
-    b.　たこ焼 in 餃子（築地銀だこ，2005 年購入）
-    c.　生チョコ in カフェラテ（パピコ，グリコ，2012 年 8 月購入）

　特に (4c) では最後に生じている N2 の要素に「カフェラテ」という複合語が現われていることが興味を引く．通例，複合語の修飾部（つまり本論で N1 と表記している部分）には複合語が現れやすい（(4b) の「たこ焼」や (4c) の「生チョコ」が正にその例である）が，主要部には現れにくいからである．また「カフェラテ」は本来はイタリア語の表現だと思うが，この中では左側に生じている「カフェ」が主要部になっている（並木 (2009: 73) 参照）と思われることも大変興味深いことである．ただし大多数の日本人はそのようには感じないで，「カフェラテ」全体で 1 つの表現として意識しているのかも知れない．

　ここで指摘しておきたいことは，語形成のあるパターン（ここでは N1 in N2）が確立すると，次第にそのパターンに基づいた表現が増えるだけでなく，拡張された表現が出てきてさらに多様性が増していくということである．ここまでの実例を分析すると，以下のようになる．

- (5)　**第 1 段階：**　**N1 in N2 の N1 にも N2 にも本来は英語の単語である1 語が（日本語化されて）現れる．**
  「リンスインシャンプー」と (3) における例
-    **第 2 段階：**　**N1 の位置に日本語の単語が現れる．**
  「液体 in カプセル」の例（2003 年）
-    **第 3 段階：**　**N1 の位置に日本語の複合語が現れる．**
  「タコ焼き in 餃子」の例（2005 年）
-    **第 4 段階：**　**N1 と N2 の両方の位置に日本語の複合語が現れる．**
  「生チョコ in カフェラテ」の例（2012 年）

このようなパターンの拡張段階がいつでも生じるとは言えないかもしれないが，新しい複合語などの日本語表現が生じたときにあるパターンが確立するとそのパターンに基づいた類似の表現がどのように広がっていくか，ということは大変興味をそそる問題である．

4. 「リンスインシャンプー」と "rinse in shampoo" の指示物の相違

　上記の第2節で簡単に触れたことだが，改めて考えてみよう．英語で "rinse in shampoo" という表現を作った場合，それが指し示すものはどういうものであろうか．それについては Namiki (2003: 540) ですでに述べたが，概略次のようなものになる．

(6)　「今ここに洗面器があるとしよう．そこにシャンプーを入れてその上にリンスを数滴垂らしたとすると，シャンプーの上に浮いているリンスだけが rinse in shampoo と呼ばれうるものだ…．」

（並木 (2005: 3)）

　それではなぜ日本語と英語における指示物（referent）の相違が生じるのかというと，それは次のように説明できる．

(7)　a.　「リンスインシャンプー」は日本語においては複合語（厳密には複合名詞）だが，"rinse in shampoo" は英語においては名詞句である．
　　b.　日本語の複合語は「右側主要部の規則」（Williams (1981: 248)）に従う（Kageyama (1982), cf. Namiki (1982)）ために，右側の要素である「シャンプー」が主要部となるが，英語の句（特に主要部と補部の関係）では一般に head-initial なので，名詞句である "rinse in shampoo" においては最初の要素である "rinse" が主要部となる．

　まず (7a) の「リンスインシャンプー」が複合語である根拠としては，日本語の「複合語アクセント」を持つことがあげられる．[2] 複合語アクセントという

---

　[2] 匿名の査読者から，アクセント句を単一のアクセント句にまとめるのは複合語の場合だけでなく，影山 (1993) が提案する「統語的複合動詞」の場合も全体は句であるとされているにもかかわらず「複合語アクセント」が成り立つので，別の可能性により「複合語アクセント」の事実を捉えることは可能ではないか，というご指摘を頂いた．しかしながら，示されている日本語の例に関する言語事実（「のみはじめる」という複合動詞のアクセントパターンに関すること）の判断において私のものとは異なることと，統語的複合動詞に成り立つ（かもしれない）操作を「リンスインシャンプー」という名詞的な表現の派生に拡張して適用することが適

のは，日本語の複合語に特有のアクセントパターンのことであり，(8) に示されている例において見られる．(網掛けの部分がアクセントにおいて高い部分を示すものとする．(東京方言の場合))

(8)　a.　たうえ（田植え）＋うた（歌）→ たうえうた（田植え歌）
　　　b.　がいこくご（外国語）＋がくぶ（学部）→ がいこくごがくぶ（外国語学部）
　　　c.　そうさ（捜査）＋ほんぶ（本部）→ そうさほんぶ（捜査本部）

（窪薗 (1995: 58–59)）

このように，複合語アクセントというのは 2 つのアクセント句を単一のアクセント句にまとめる作用を持つものであり，句が構成要素のアクセント構造をそのまま保持しようとするのに対して，複合語では 1 つのアクセント単位にまとまろうとする．

　ここで「リンスインシャンプー」という表現のアクセントパターンを確認すると (9) のようになり，やはり複合語アクセントを持っている．

(9)　リンス＋イン＋シャンプー → リンスインシャンプー

それゆえ「リンスインシャンプー」という表現は複合語であることがわかる．

　一方，"rinse in shampoo" は名詞 rinse の後に前置詞句である in shampoo が現れているので，全体として名詞句であることは明らかである．

　次に (7b) で触れた「右側主要部の規則」はかなりよく知られているが，念のために確認しておくと，次のようになる．

(10)　右側主要部の規則（The Righthand Head Rule）
　　　形態的に複雑な単語の主要部はその単語の右側の要素である．

（Williams (1981: 248)）

ここで述べられている「形態的に複雑な単語」とは「複合語と派生語」と考えられる．問題となっている表現である「リンスインシャンプー」は複合語であるということが分かったので，その表現全体の右側の要素である「シャンプー」の部分が主要部であると言える．[3]

切かどうかは現在のところ不明であるとだけここでは指摘しておきたい．
　[3] 脚注の 2 で触れたのと同じ匿名の査読者からは，筆者の原稿の段階で概略以下のようなご指摘を頂いた．日本語では句レベルでも主要部末尾の言語であるから，「リンスインシャンプー」が (10) に従うか否かにかかわらず，「シャンプー」が主要部であるとは言える．これは確かにその通りであるが，ここで筆者が述べたかったことは，「リンスインシャンプー」とい

　最初に「右側主要部の規則」を提案した Williams（1981）は，その提案の基盤として，2つの要素が異なる品詞（語彙範疇）に属する場合，全体の単語を構成する要素が，異なる品詞のどちらと一致するかという観点を打ち出していた．たとえば複合名詞の例としては，[[dry]$_A$ [dock]$_N$]$_N$（乾ドック，陸上での造船所）があげられ，複合動詞の例としては，[[bar]$_N$ [tend]$_V$]$_V$（バーでお客の世話をする）があげられていた．つまり Williams の考え方であれば dry dock の左側の要素は形容詞であり，一方右側の要素は名詞であるから，全体が名詞であることを決めるのはその右側の要素である名詞の dock であることになる．

　その後，筆者は Namiki（1994），Namiki（2001），並木（2009: 67-70）などにおいて，「繰り返し可能な複合語」や，「逆転可能な複合語」（Scalise（1992: 179））と呼ばれる，名詞同士が複合語を構成している表現を取り上げ，意味の観点からも英語と日本語においては「右側主要部の規則」が成り立つことを述べているが，ここでは立ち入らない．

5.　「リンスインシャンプー」という複合語が他の複合語と異なる点

　次に「リンスインシャンプー」という表現が他の日本語の複合語表現と異なる点として次のことがあげられる．

　　(11)　英語における機能範疇である，（元来は）前置詞または不変化詞である in を（見かけ上）含んでいる．

通常の複合語表現はいわゆる内容語（content word）に属する単語で構成されている．これは日本語でも英語でも共通していると思われる．もちろん英語の複合語には，(12) に示すように，前置詞または不変化詞である in が生じているものも見られるが，英語の複合語で圧倒的に多いのは名詞や形容詞，動詞の分詞形などからできている例である．機能範疇に属する in が，英語ではなく日本語の表現に借入されて数多く使われているということは言いずらいであろう．

　　(12) a.　break-in（不法侵入），teach-in（〜についての討論会）
　　　　 b.　walk-in（立って入れる大きさの），step-in（足を突っ込んではく）
　　　　　　　　　　　　　　　　　　　　　（Namiki（2003: 546-547））

う表現がいわゆる「複合語アクセント」を持っているので，句であって意味において「シャンプー」が主要部であるという議論よりも，主要部としての意味を持つということに加えて音韻的な証拠もあるから複合語であると考えるほうがより適切であるということであった．

しかも walk-in closet のような本来の英語表現における walk-in は（12b）に示したその意味からわかるように，「walk が入っている closet」という意味にはならない．

それでは問題の「リンスインシャンプー」という表現はどのような内部構造を持っていると考えられるのであろうか．「リンス」も「イン」も「シャンプー」も本来は英語の単語であるから，英語と同様の内部構造を「リンスインシャンプー」が持っているともし単純に仮定すれば，その内部構造は（13）のようになるであろう．

(13)

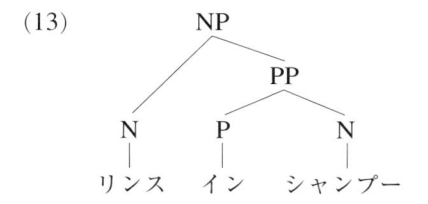

しかしここでは，以下の 6 節で取り上げる議論を基に，むしろ（14）のような構造を持つと考えるべきであると主張したい．

(14)[4]

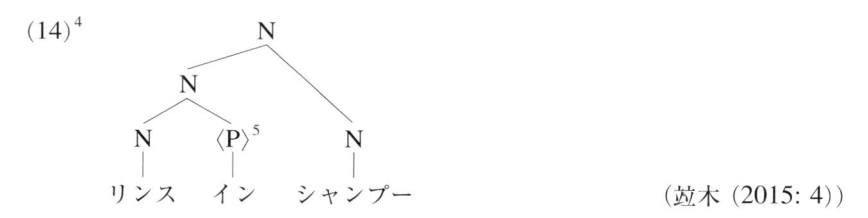

(竝木 (2015: 4))

---

[4] 匿名の査読者は，（14）の構造と同じ意味の構造として以下のような構造を排除できるかという指摘をされているが，日本語においては元々前置詞句を持たないし，また以下の図における一番下の P は，あえて言えば日本語の後置詞あるいは助詞にあたるものであろうが，本論文では 6 節で述べるように動詞「入る」の連用形が元になっていると考えるので，ここで P という範疇そのものを想定するのは難しいと考える．長野 (2019: 230) の「言語の借入は貸す側ではなく借りる側の視点で行うのが基本である.」という議論を参照．

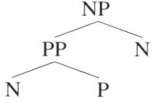

[5] この〈P〉という記号は便宜上のもので，元来は英語の前置詞（または不変化詞）であった単語 in が「入り」という単語に代わって日本語に借入されて使われているということを表すものとする．詳しくは 6 節の議論を参照されたい．

6.「リンスインシャンプー」と「リンス入りシャンプー」

　次に本節では「リンス入りシャンプー」という表現について検討する.「イン」と異なり,「入り」という表現は動詞の「入る」の連用形から生じた名詞であり, 国語辞典によれば次のような語義や例があげられている.

> (15)　いり［入り］（動詞「入る」の連用形から）①場所・土地やある社会などに入ること.「楽屋──」「政界──」「土俵──」「大阪──」②はいっていること.「2 リットル──の瓶」「牛乳──のコーヒー」「客の──は上々だ」…
> 　　　　　　　　　　　　　　　　　　　　　　　　（『大辞林』第 2 版）

そして筆者が集めた実例では, 材料や成分を表す（15）の②の語義のものが非常に多い. 以下の例を見てほしい.

> (16) a.　梅干し入りおにぎり
> 　　 b.　食物繊維入りアイスクリーム
> 　　 c.　鰹だし入りしょうゆ
> 　　 d.　IC チップ入りタグ
> 　　 e.　青ジソ入り卵焼き
> 　　 f.　つぶあん入り生八つ橋
> 　　 g.　ゆかりとゴマ入りおにぎり
> 　　 h.　選手達のサイン入りユニホーム　　　　（並木（2005: 7-8））

そして（16）の例からわかることは,「N1 入り N2」というパターンにおいては N1 の位置にも N2 の位置にも複合語が生じるだけでなく, N1 の位置にはさらに等位構造（ゆかりとゴマ）や名詞句（選手達のサイン）まで現れるということである. 日本語においてこのパターンが非常に生産的であることは興味深いことである.

　次に「リンス入りシャンプー」という表現のアクセントパターンを見てみると（17）のようになり, やはり複合語アクセントを示すので, この表現が複合語であることは明らかである.

> (17)　リンス＋入り＋シャンプー → リンス入りシャンプー

これらのことを考慮すると「リンス入りシャンプー」という表現の構造は（18）であると考えられる.

(18)
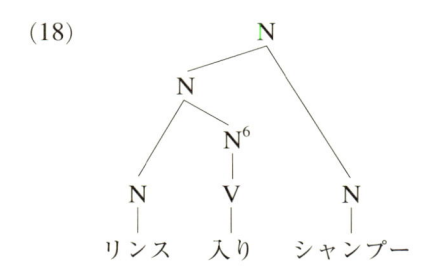

　以上のことを総合して考えると，「リンスインシャンプー」と「リンス入り
シャンプー」という表現は同じ意味を持ち，同じ複合語アクセントパターンを
示し，内部構造も殆ど同じであることがわかる.

　ここではさらに一歩進めて，「リンスインシャンプー」という複合語は，「リ
ンス入りシャンプー」という表現の「入り」の部分に「イン」という表現を代
入（または借入）して作られたと提案したい. そうすると, 上記の（14）で示し
たような構造を「リンスインシャンプー」が持つことを主張することになるが,
これは次のような予測をすることにもなる. つまり「リンス入り」だけでなく
「リンスイン」が, もっと一般的に考えれば N1 in という表現が, 構成素であ
るという予測（予測 1）である. この点を検討してみると, 以下のような, 本来
の N1 in の部分が本来の N2 の部分よりも後に現れている実例が見つかった.

(19) a.　アタック　漂白剤 in
　　　b.　ビオレ U　さらさらパウダー in
　　　c.　Look Candy CHOCOLATE IN　　　　　　　　　(並木 (2005: 13))
　　　d.　UHA 味覚糖忍者めし プロテイン in

したがって，上記の（14）にあげた構造を「リンスインシャンプー」が持って
いるという主張はかなりの程度裏付けを得たと言えるであろう.

　なお, この（19）であげた例と類似の例に関して, 上記の脚注で取り上げた
匿名の査読者から, Google 検索によってシャンプーの類似商品を探したとこ
ろ, 次のような例が見つかったという指摘がなされた.

(20)　トリートメント・イン・シャンプー
　　　　髪の外側を保湿する“リンス・イン”から, 内側も保湿する
　　　　“トリートメント・イン”に替えましょう.

---

　6 ここの N は元来は動詞（verb）である「入り」という単語が品詞転換によって名詞（noun）
になったということを示している.

そして“リンス・イン”や“トリートメント・イン”が構成素として取り出し可能であることを示しているので，この構成素は複合語の一部，というより，名詞句の中の PP と考えるのが自然ではないか，という問いかけがなされた．しかし筆者も上記の（19）で実例をあげたように，「〜 in（またはイン）」という部分が構成素であるということは同意見であるが，主張は異なる．それはもともと日本語においては（16）において示したような様々な「〜入り〜」という表現があったため，このパターンを利用して「入り」の前に「リンス」という日本語化された単語を置き，「入り」の後に「シャンプー」という日本語化された単語を置いた表現の可能性が生じたが「リンス入りシャンプー」では商品のネーミングとしてはインパクトがないというような事情が働いて「〜イン（in）〜」という表現に置き換えられたと考える（下記の 8 節を参照）．すなわち「〜イン（in）〜」という表現はあくまでも日本語内部における語形成の例であると考える．したがって，日本語にはない PP（P＋NP）という句は想定しない．

　上記の予測 1 に加えて，さらに次のような予測もできる．もし「N1 入りN2」（日本語名）という表現が「N1 in N2」（一見すると英語名）の元になっているとすれば，ある商品の名前としてこれらの両方がパッケージ等に書かれていることがあるという予測（予測 2）である．そのような商品が実際にあるかどうか探したところ，まさしく以下の例が見つかった．

(21) a.　タピオカ入りココナッツミルク／TAPIOCA IN COCONUT MILK
　　　　　　　　　（Namiki (2003: 549) に写真あり，並木 (2009: 183)）
　　　b.　微粒子パール入りアイシャドウ／Pearl in Eye Shadow
　　　c.　水入り水晶／water in quartz　　　　　　　　（並木 (2016: 8-9)）

それゆえ，上記の予測 2 もまた裏付けが得られたわけで，総合的に見て，「N1入り N2」という表現が「N1 in N2」という表現の元になっているという主張はかなりの程度確証されたと言えよう．

7. 「リンスインシャンプー」の研究についての補足 (1)

　本稿の「1. はじめに」で触れたように，「リンスインシャンプー」という表現や類似の表現の興味深い特徴について，筆者は Namiki (2003) で最初に取り上げ，その後も並木 (2005)，並木 (2009)，並木 (2016) で論じてきたが，大津 (2008) による簡単な紹介を除けば，その後この問題について正面から取り上げたのは長野・島田 (2017) が最初であった．国内はもとより海外でも，

独自の理論的な幅広さと精妙なデータ収集をもとに活躍をされている両氏がこの問題に注目され，筆者とはやや異なる角度から光を当てて下さったことにより筆者も大いに啓発された．たとえば竝木（2005）における筆者の研究について両氏が以下のようなまとめ方をされたことは，筆者にとってもより客観的に自分自身の考えを見つめ直すことにつながった．

> 以上が竝木（2005）による「リンスインシャンプー」の謎——なぜこれがリンスの一種ではなくシャンプーの一種を指すのか——についての説明の概要である．「リンスインシャンプー」の生成と解釈を説明するのに必要なのは，ほぼ日本語の特徴だけでよいことに気付く．つまり，

> ①　複合名詞を作れること，
> ②　複合語が右側主要部の規則（Williams（1981））に従うこと，
> ③　複合の一種として [[○○入り] ○○] という 3 項複合のパターンがもともと存在すること，そして
> ④　語彙の中に「リンス」と「シャンプー」が既存の語（established word）として存在すること．

> これら①〜④は日本語にもともと備わった特徴であり，これらによって [[リンス入り] シャンプー] という基盤構造を作ることができる．英語との言語接触によって日本語に新しく生まれた特徴といえるのは，

> ⑤　「入り」の代わりに使える要素として「イン」を採用したこと

> のみである．　　　　　　　　　　　　　　　　　　　　（長野・島田（2017: 229））

さらに長野・島田（2017: 229-230）においては，日本語では「入り」の代わりに「イン」を採用したことについて，より踏み込んだ指摘がなされ「…, in を「入る」の形態的代替（morphological substitute）・形態的異形（morphological alternant）として取り込んでいるのである．」という主張をされている．

また最近上梓された論集において長野（2019）は，言語接触や借入についても新たな展開を行っているが，その際 Namiki（2003）や竝木（2005, 2016）の論考を前置詞借用として捉えなおす提案をされていて，射程の広い研究の広がりは大変興味深い．

最後に，ここまで触れる機会がなかった表現について触れておきたい．上記でたびたび取り上げた N1 in N2 というパターンであるが，ここまで取り上げてきた例においては N1 と N2 はすべて異なる表現であった．しかし reference の問題にも関わる興味深い表現がある．それは「バッグインバッグ」というも

のであり，意図されている意味はおそらく「（より大きな他の）バッグに入れるためのバッグ」であろう．「リンスインシャンプー」と同様に，この表現もAmazon のサイトで用いられている．当然ながら最初の「バッグ」と最後の「バッグ」は指示物が異なるが，「リンスが入っているシャンプー」という解釈とは異なり，むしろ「バッグ（N1）に入れるためのバッグ（N2）」という用途を示す解釈で使われていると思われる．この興味を引く表現については，ここでは提示しておくことにとどめたい．

8. 「リンスインシャンプー」の研究についての補足（2）

　本稿は生成文法理論に基盤を置いた英語と日本語の派生形態論の研究を一貫して行ってきた筆者の論考であるから，社会言語学的な観点からの論考とは異なるものである．しかしながら，ネーミングという行為はそのような観点とも密接に関連するものなので，簡潔に触れておきたい．

　一般的に，新しい商品を製造して市場に出すときにはそのネーミングに相当な注意が払われると思われる．リンスとシャンプーを混ぜた商品を初めて製造した場合，単純に考えれば「リンス入りシャンプー」でもいいはずであるが，これではインパクトがない．そこでたまたま意味と発音が「入り」と似通っていた英語の前置詞（または不変化詞）の in（イン）を利用して，より目新しく注目されやすい「リンスインシャンプー」という表現を作ったと考えられる．その際，この英語風の表現が「リンスが入っているシャンプー」という意味を表わせないということには気づかなかったか，あるいは気づいていても無視したのかは不明である．しかし結果として，Amazon のサイトで「リンスインシャンプー」という項目ができるほど日本語に定着しているということは，この名前をつけた人は十分成功したと言えそうである．このような新商品開発におけるネーミングという行為はおそらく社会言語学の領域に属する現象かと思われるが，これ以上は踏み込まない．

9. 前置詞の on を用いた類似表現について

　上記の 7 節で少し取り上げた長野（2019）は，Cookpad という「日本のポピュラーな投稿型料理レシピサイト」（長野（2019: 39））における in だけでなく on を含んだ表現について詳しくデータを収集・分析し，日本語表現への前置詞の取り入れについて注目すべき議論を展開している．本稿においては詳しく前置詞の on について扱うことはできないが，少しだけ触れておきたい．

　まず筆者が一連の「リンスインシャンプー」とそれと類似の表現について論じてきたときは，on という前置詞／不変化詞についてはほとんど注意を払わなかった．その主な理由は，「リンスインシャンプー」型の日本語の複合語が増えてきた要因の 1 つとして「入り」と in の音声的かつ意味的な類似性に着目してきたからであった．ただ例外的に on が使われていた商品名に「とろ〜りクリーム on プリン」（江崎グリコ）というものがかなり前からあったことは知っていた．ところがこのタイプのネーミング，つまり商品名に現れたネーミングとしては，筆者の知っている限りでは江崎グリコの商品に限られ，他の会社の商品には見られなかったので，論文の対象にはしなかった．

　その後，同じ会社の商品として「とろ〜りクリーム on 杏仁豆腐」と「とろ〜りクリーム on カフェゼリー」が製造されてきているが，他の会社の商品などに広がっているとは今でも言えそうにない．

　しかし長野（2019）によると，Cookpad においては on または「オン」が使われている料理名がいろいろとあるということで具体的な料理名が数百件あることが紹介され，実例がいくつかあげられている（長野（2019: 41））．この Cookpad というサイトは英語の前置詞／不変化詞を取り込んだ料理名の，適切で読んで面白いコーパスと言えるであろう．

　さらにこの Cookpad を利用した実践研究として興味を引くのは島田（編）（2017）である．これは科学研究費を利用して作られた，中学生を対象にした言語学の入門講座の資料集であるが，大学院生の協力もあり，言語教育という観点からも注目に値する試みになっている．

参考文献

Kageyama, Taro (1982) "Word Formation in Japanese," *Lingua* 57, 215-258.

影山太郎 (1993)『文法と語形成』ひつじ書房，東京．

窪薗晴夫 (1995)『語形成と音韻構造』くろしお出版，東京．

長野明子 (2019)「第 2 章　レキシコン理論の潮流—レキシコンでの操作としての借用について—」『レキシコン研究の新たなアプローチ』，岸本秀樹・影山太郎 (編)，27-54，くろしお出版，東京．

長野明子・島田雅晴 (2017)「第 11 章　言語接触と対照言語研究—「マイカー」という「自分」表現について—」『三層モデルでみえてくる言語の機能としくみ』，廣瀬幸生・島田雅晴・和田尚明・金谷優・長野明子 (編)，217-259，開拓社，東京．

Namiki, Takayasu (1982) "The Notion 'Head of a Word' and Core and Periphery Word Formation: Interactions between Affixation and Subcategorization," *Studies in English Linguistics* 10, 21-41.

Namiki, Takayasu (1994) "Heads and Subheads of Compounds," *Synchronic and Diachronic Approaches to Language: A Festschrift for Toshio Nakao on the Occasion of His Sixtieth Birthday*, ed. by Shuji Chiba et al., 269-306, Liber Press, Tokyo.

Namiki, Takayasu (2001) "Further Evidence in Support of the Righthand Head Rule in Japanese," *Issues in Japanese Phonology and Morphology*, ed. by Jeroen van de Weijer and Tetsuo Nishihara, 277-297, Mouton de Gruyter, Berlin.

Namiki, Takayasu (2003) "On the Expression *Rinse in Shampoo*: A New Type of Japanese Compound Coined from English Words," *Empirical and Theoretical Investigations into Language: A Festschrift for Masaru Kajita*, ed. by Shuji Chiba et al., 538-550, Kaitakusha, Tokyo.

並木崇康 (2005)「日本語の新しいタイプの複合語——「リンスインシャンプー」と「リンス入りシャンプー」——」『現代形態論の潮流』, 大石強他（編）, 1-19, くろしお出版, 東京.

並木崇康 (2009)『単語の構造の秘密——日英語の造語法を探る——』開拓社, 東京.

並木崇康 (2016)「語形成における例外的現象と言語変化——英語と日本語の複合語を中心に——」東北大学言語変化・言語変異研究ユニット主催第 3 回ワークショップ招待講演 (2016 年 9 月 7 日) ハンドアウト.

大津由紀雄 (2008)『ことばに魅せられて　対話篇』ひつじ書房, 東京.

Scalise, Sergio (1992) "Compounding in Italian," *Rivista di Linguistica* 4, 175-199.

島田雅晴（編）(2017)『ことばを美味しく研究しましょう——お料理サイトで言語学入門——まとめの資料集』筑波大学.

Williams, Edwin (1981) "On the Notions 'Lexically Related' and 'Head of a Word,'" *Linguistic Inquiry* 12, 245-274.

辞　書

松村明（編）(1995)『大辞林（第二版）』三省堂, 東京.

複雑述語構文の脱語彙化*

岸本　秀樹

神戸大学

1. はじめに

　言語変化，特に文法化（grammaticalization）については，さまざまな視点から研究が行われている（Heine (1991)，Hopper and Traugott (2003)，Brinton and Traugott (2005) などを参照）．文法化の 1 つの過程として語彙範疇（lexical category）から機能範疇（functional category）への変化である「脱語彙化（delexicalization）」がある．本論では，日本語の動詞＋動詞の連鎖をもつ複雑述語の V2 に，語彙動詞（lexical verb）から機能動詞（functional verb）への脱語彙化（つまり，動詞の範疇としての特性を保持したまま起こる動詞の機能語への変化）を起こしているものが見つかることを示す．[1]

　動詞の脱語彙化に関するテストとしては，可能動詞の埋め込みが有効である．可能動詞は，生起できる統語環境に制限がある．通常，可能動詞を他の述語の下に埋め込むことができないが，複合動詞構文や補助動詞構文の複雑述語のV2 中には可能動詞の埋め込みを許すものが存在し，そのような V2 に脱語彙化が起こっていることを論じる．

　本稿の議論は以下のように進める．第 2 節では，可能動詞の埋め込みの可能性を見ることによって，複雑動詞構文の上昇動詞（V2）に脱語彙化が起こっていることを示す．第 3 節では，複合動詞構文の V2「過ぎる」が脱語彙化に

---

　* 本稿の内容は「言語変化・言語変異ユニット」第 5 回ワークショップにおいて発表したものである．発表の内容に対して，小川芳樹氏，大室剛志氏，秋本隆之氏，および，その他のワークショップの参加者からコメント・ご示唆をいただいた．また，匿名査読者からも貴重なコメントをいただいた．ここに謝意を示したい．本稿の研究には，JSPS 科研費（課題番号 JP16K02628）の助成を受けた研究成果が含まれている．

[1] 文法化の研究では，文法化（grammaticalization）と脱語彙化（delexicalization）をほぼ同義に扱うこともある（Brinton and Traugott (2005) を参照）．本論で言う脱語彙化は語彙特性に関するかなり特定的な変化を指す．脱語彙化は，動詞や名詞などが助動詞などの機能範疇などに変化する際の初期段階の変化と見なすことができる．

加えて脱範疇化が起こっていることを示す．第4節では，願望構文で観察される一見例外的な振る舞いについて検討する．第5節は本稿のまとめである．

2. 脱語彙化と可能動詞の埋め込み

　統語的複合動詞は，同一節内に動詞が複数並ぶが，統語的にはそれぞれの動詞が独立し，埋め込み構造を持っている．[2] 同様に，補助動詞構文も2つの動詞が並び，統語的には埋め込み構造を持っている．この2つのタイプの複雑動詞構文では，V2 に（1）の素性で示す脱語彙化を起こしているものが見つかる．

　　（1）　[+ Lexical, + Verb] → [− Lexical, + Verb]

（1）は動詞としての範疇は維持したままでの機能語への変化を表す．複雑動詞構文では，上昇とコントロールの区別がつけられる．以下では，上昇タイプのV2 に対して脱語彙化が起こり，コントロールタイプの V2 では脱語彙化が起こらないことを見ていく．

　語彙に文法化が起こる時には，語の範疇の変化とともに語彙の意味の希薄化や意味の変化が伴うことが多い．そのため，複合動詞の意味の変化（意味の希薄化）を根拠に複合動詞の文法化を示唆する研究がある（Shibatani (1973) など）．しかし，意味の変化や意味の希薄化自体がこれから見ていく脱語彙化を示す指標にはならない．語が語彙的な特性を保ったまま，意味の変化・希薄化が起こることがあるからである．以下では，意味的な基準よりも統語的な基準（可能動詞の埋め込みの可否）で脱語彙化が起こっているかどうかを調べられることを示す．

2.1. コントロールと上昇

　具体的に脱語彙化の検証を始める前に，複合動詞構文のコントロールと上昇の分類方法に触れておきたい．まず，一般に，（2）で示されているように，上昇構文の主語は埋め込み節の動詞の主語が主節の主語位置へ上昇する構造を持ち，コントロール構文は主節動詞 V1 の主語が埋め込み節の動詞 V2 の主語（PRO）をコントロールする構造を持つ．

---

[2] 複合動詞は，語彙的複合動詞と統語的複合動詞に分かれる（影山（1993））．語彙的複合動詞は，節内に動詞が2つ並ぶが，統語的には1語として機能する．語彙的複合語は，「落ち着き払う」のように例外的に2つ以上の動詞が並ぶものもある．統語的複合語に関しては，並べることができる動詞の数は基本的に制限はない．本論の考察の対象となるのは，語彙的複合動詞ではなく，統語的複合動詞である．

(2) a. [$_{TP}$ SBJ [$_{vP}$　　　　[$_{vP}$ **SBJ** V1] V2] T]　（上昇）

　　b. [$_{TP}$ SBJ$_i$ [$_{vP}$ **SBJ** [$_{vP}$ PRO$_i$ V1] V2] T]　（コントロール）

Shibatani（1973），影山（1993），岸本（2009）などで議論されているように，統語的複合動詞構文では，V2 が V1 の表す出来事あるいは事態に対してどのような状況にあるかを指定する．コントロールと上昇の区別は V2 の種類によって決まる．

(3) a. 上昇：出す，かける，過ぎる

　　b. コントロール：終える，終わる，尽くす，損ねる，そびれる，忘れる，慣れる，飽きる

　　c. 両義的：始める，続ける

(3) から，上昇構文の V2 は始動・継続・過剰の 3 つのいずれかの意味を表し，それ以外の V2 はコントロール構文をとることがわかる．ただし，始動・継続の意味を表す動詞には，上昇とコントロールの両方の用法があるものもある．

　上昇構文とコントロール構文は，V2 が動作主・経験者項を選択するかどうかに関して違いがあり，文イディオムを埋め込んでイディオムの意味が保持されるかどうかで区別することができる（Carnie（2006））．

(4) a. この店で閑古鳥が鳴き {始めた／続けた／過ぎた}．

　　b. *この店で閑古鳥が鳴き {終わった／直した／慣れた}．

複合動詞の V2 がコントロール動詞の場合，V2 が主語に対して動作主あるいは経験者の意味役割を与える．文イディオムは，部分から全体の意味を構築することができない非合成的な意味を持ち，文全体でイディオムの意味を表す表現である．コントロール構文では，V2 が主語に意味役割を与えるため，文イディオムを埋め込んでもイディオムの意味が保持されない．これに対して上昇構文では，V2 が主語に意味役割を与えないために，イディオムの意味を保持した文イディオムの埋め込みができる．[3]

　無生物主語をとる文を埋め込むことでコントロールと上昇の区別を判断することもできる．

---

[3] 統語的複合動詞の後部動詞「終わる」に関しては，コントロール動詞か上昇動詞かの区別に関して研究者の間で見解が異なる．例えば，Matsumoto（1996）や Koizumi（1999）は「終わる」を上昇動詞に分類している．これに対して，岸本（2009）は「終わる」をコントロール動詞に分類している．少なくともイディオムの事実を見る限り，「終わる」は「終える」と同様にコントロール構文に分類することができる．

(5) a. 雨が降り {始めた／続けた／過ぎた}.
　　 b. *雨が降り {終わった／直した／慣れた}.

(5) の主語の「雨」は無生物である．一般にコントロール構文では，コントロール動詞が動作主あるいは経験者の項を選択するので，無生物主語は許されない．[4] これに対して，上昇構文では，上昇動詞が項を選択しないので，下位の動詞の選択制限を満たす限りにおいて無生物主語が許される．

　複合動詞構文と同様に，補助動詞構文でも上昇とコントロールの区別をつけることができる．補助動詞構文の上昇とコントロールの違いは，テ形動詞の後に現れる V2 の性質によって決まる (Nakatani (2013))．

(6) a. 上昇：いく，くる，しまう
　　 b. コントロール：おく，みる，あげる，もらう

上昇構文の補助動詞はアスペクトの意味を表す．その他の意味を表す補助動詞は，コントロール動詞に分類される．補助動詞構文においても，上昇とコントロールの区別は文イディオムをイディオムの意味を保ったまま埋め込めるかどうかによって判断できる．

(7) a. これらの店でも次々と閑古鳥が鳴いて {いった／きた／しまった}.
　　 b. *これらの店でも閑古鳥が鳴いて {おいた／みた／あげた}.

「次々と」という副詞が共起していることからわかるように，(7a) の中に含まれる補助動詞の「くる」は，アスペクトの意味を表している．[5] ただし，V2 の「くる」が移動の意味を表すと文イディオムを埋め込むことはできない．

(8) *むこうの方の店で閑古鳥が鳴いてきた.

V2「来る」がアスペクトの意味を表す場合には上昇動詞，移動の意味を表す場合には，コントロール動詞として機能するのである．無生物主語を補助動詞構文に埋め込むことでも上昇とコントロールを区別できる．

---

[4] ただし，Pustejovsky (1995) によると，擬似的コントロールが関与する場合には，無生物主語が許される．

[5] 補助動詞によっては，アスペクト以外の意味を表す場合がある．例えば，「いく」「くる」については移動の意味を表すことがあり，その場合にはイディオムの意味は得られない．査読者が観察しているように，補助動詞がアスペクトの意味を表している場合でもイディオムの意味がとりにくいことがある．しかし，補助動詞が明らかにアスペクトの意味ととれる場合は，コントロール構文の場合と比べて容認性は高くなる．

(9) a. 雨が降って {いった／きた／しまった}.
   b. *雨が降って {おいた／みた／あげた}.

(7) と (9) の事実から，補助動詞構文では V2 が V1 の表す出来事のアスペクトを指定する場合に上昇構文をとり，それ以外の場合には，コントロール構文をとることがわかる.

2.2. 複雑動詞構文

本節では，可能接辞が付いて形成される可能動詞がどのような統語環境に出現できるのかについて考察する．可能動詞は時制要素と局所的に結びつく必要があるために，語彙的な述語の下に埋め込むことができない．本節では，この制約が適用されるかどうかを見ることにより，複雑動詞構文の V2 に対して脱語彙化が起こっているものがあることを示す.

まず，複合動詞構文での可能動詞の埋め込みについて観察する．可能動詞は，上昇タイプとコントロールタイプの統語的複合動詞に埋め込まれると，(10) のような文法性の対比が生じる.

(10) a. 彼がようやく全力で走れ {かけた／出した}.
    b. *彼がようやく全力で走れ {終わった／終えた／直し／損ねた}.

(10) から可能動詞の埋め込みが上昇構文では可能であるが，コントロール構文では可能でないことがわかる.

可能動詞の埋め込みに関しては，V2 がアスペクトの意味を表しているかどうかがその可能性を決める 1 つの要因となるが，この要因のみで埋め込みの可能性が決まるわけではない．なぜなら，それぞれ「開始」と「終了」という意味を表す「かける／出す」と「終わる／終える」が可能動詞の埋め込みについて文法性の対比を示すからである．V2 が単にアスペクトの意味を表すかどうかにより埋め込みの可能性が決まるのであれば，どちらのタイプの V2 に対しても可能動詞が埋め込めてもよいはずである．しかし，実際には上昇動詞「かける／出す」に対しては可能動詞の埋め込みができても，コントロール動詞「終わる／終える」に対してはできない.

統語的複合動詞の V2 として現れる「始める」は，上昇動詞としてもコントロール動詞としても機能する．しかしながら，(V1 が他動詞である統語的複合動詞構文に現れる)「始める」を受身化した場合には，コントロール動詞としての用法しかない.

(11) a. 彼がその日記を書き始めた.

　　b.　その日記が彼によって書き始められた.

(11a) の「始める」には主語を選択するコントロール用法があり，(11b) のように V2 を受身形にして受動文を派生することができる．これに対して，「かける」は主語を選択しない上昇動詞の用法しかないので，V2 を受身形にした受動文を派生することができない.

　　(12)　a.　彼がその日記を書きかけた.
　　　　　b.　*その日記が彼によって書きかけられた.

受身化は，主語に意味役割を与えない動詞は目的語に対格を与えることができないとする，いわゆる「ブルジオの一般化（Burzio's generalization)」から説明できる（岸本 (2009)）.　上昇動詞が受身化できないのは，上昇動詞が主語に意味役割を与えず，目的語の対格も認可できないことによる．これに対して，コントロール動詞は，主語に意味役割を与えるため，目的語に対格を与えることができる．受身化は，主語を降格し，動詞の持つ対格を項に与えられなくする操作であると考えられるので，上昇動詞に対する受身化はできなくても，コントロール動詞に対しては基本的に受身化が可能である.[6]

　　(11a) の「始める」は，上昇とコントロールの用法があり，(11b) では「始める」を上昇動詞として認定できるので，能動文の (11a) には (13a) のように可能動詞を埋め込むことができる．しかし，受動化した「始められる」はコントロールの用法しかない．そのために，(13b) で示されるように可能動詞を受身の複合動詞「始められる」に埋め込むことはできない.

　　(13)　a.　彼がうまく論文を書け始めた.
　　　　　b.　*論文がうまく彼に書け始められた.

この事実は，同じ動詞でも上昇動詞として機能する場合は可能動詞の埋め込みができても，コントロール動詞の場合は可能動詞の埋め込みができないことを示している.[7]

　　補助動詞構文においても，補助動詞がコントロール節をとるか上昇節をとる

かで可能動詞の埋め込みに関して同様の文法性の対比が観察される.

(14) a.　彼は徐々にその歌が<u>歌えて</u>{きた／いる}.　　　　　（上昇）
　　　 b.　*彼はその歌が<u>歌えて</u>{おいた／みた}.　　　（コントロール）
　　　 c.　*彼は向こうから<u>走れて</u>きた.　　　　　　　（コントロール）

(14a) の V2「くる」は,「徐々に」という副詞が共起していることから, アスペクトの意味を表している. この場合の V2「くる」は上昇動詞で, 可能動詞の埋め込みが可能である. また, 上昇動詞の V2「いる」に対しても可能動詞の埋め込みが可能である. しかし, (14b) からわかるように, コントロール動詞の V2「おく」「みる」ではそのような埋め込みが許されない. また,「くる」であっても移動の意味を表す場合には, コントロール動詞になり, (14c) に示されているように可能動詞の埋め込みはできない.[8]

　ここで, なぜ「可能動詞」の上昇動詞への埋め込みができて, コントロール動詞への埋め込みができないかについて考えてみる. 接辞によって派生された可能動詞の特徴としては, (15) で示されているように格の交替が可能なことが挙げられる.

(15) a.　子供 {に／が} その歌が歌える.
　　　 b.　子供がその歌を歌える.

他動詞の可能動詞は, 一般に「ニ・ガ」「ガ・ガ」「ガ・ヲ」の格パターンをとることができる. これは, 可能動詞自体は状態動詞で「ニ・ガ」「ガ・ガ」の格パターンをとるが, それに加えて, ベースの動詞が「ガ・ヲ」の格パターンをとる非状態動詞であるためであると考えられる (岸本 (2009)).

　日本語において, 主格は時制によって認可され, 対格は他動詞によって認可される (Takezawa (1987), Kishimoto (2001) などを参照).[9] 可能動詞の格パターンは可能動詞と時制が連動して実現される. 可能動詞が現れる (15) において格の交替が実現するには (16) のような格の認可関係が成立しなければならない.

---

[8] テ形節は補助動詞構文の環境以外でも現れる. 例えば, (i) の場合, テ形節は補文節ではなく付加詞節となるが, 可能動詞の埋め込みが可能である.
　(i)　彼がその歌を {歌って／歌えて}, 私は嬉しかった.
(i) のテ形節は, ガ格主語が現れていることからわかるように, 不定詞節ではなく定形節である. テ形節の時制が定であるならば, 当然のことながら, 可能動詞を埋め込むことができる.
[9] これと異なる見方については, Kuno (1973), Tada (1992) を参照.

(16) a.　[TP 子供に [VP その歌が歌え] る [主格]]

　　　b.　[TP 子供が [VP その歌が歌え] る [主格]]

　　　c.　[TP 子供が [VP その歌を歌え [対格]] る [主格]]

(16a) については，主語が内在格のニ格で標示されており，目的語の主格が時制によって認可されている。[10] (16b) では，主語と目的語がともに主格の格標示を持ち，これらの項は時制によって認可されている．(16c) については，目的語の対格が可能動詞によって認可され，主語の主格は時制によって認可されている．

　可能動詞は基本的に定形節の中に現れなければならない．[11] この制約は，可能動詞と時制の関係づけが局所的でなければならないことによる．ちなみに，機能語の「そうだ」「ない」「ます」も可能動詞の埋め込みが可能である．

(17)　そのような手紙はなかなか書けそうで書けないし，実際に書けませんでした．

「そうだ」「ない」「ます」は，可能動詞と時制の間に挟まっていても可能動詞と時制の関係づけを許す．これは，機能語が語彙的な性質（つまり，[+Lexical] の性質）を持たないからである．

　定形節に複数の動詞が現れる複雑述語構文では，V2 の脱語彙化が起こっていると，可能動詞の埋め込みが可能になる．具体的には，上昇動詞は (17) の機能語と同じ特徴を示すことから，(18a) のように脱語彙化により [−Lexical] のステータスを持つことで可能動詞の埋め込みが可能になっていると考えられる．

(18) a.　[TP [[可能動詞（テ）] 上昇動詞 [−Lexical]] T]

　　　b.　*[TP [[可能動詞（テ）] コントロール動詞 [+Lexical]] T]

上昇とコントロール動詞の埋め込みの可能性の違いは以下のように説明できる．上昇動詞は，(18a) のように [−Lexical] の指定があり，上昇構文に可能

---

[10] 内在格をもつ項は，英語の前置詞句のように，外的に格の認可を受ける必要がないと考えておく．

[11] 可能動詞の埋め込みに関しては，「と」節と「こと」節および「の」によって名詞化された節への埋め込みについては問題が生じない．

　(i) a.　先生は [生徒 {に／が} その歌が歌えない] {こと／の} を知らなかった．

　　　b.　先生は [生徒がその歌を歌えない] {こと／の} を知らなかった．

可能動詞が (i) において埋め込みが可能なのは，埋め込み節が定形節であるために，可能動詞と定の時制要素が同一節内で直接関連づけられるからである．

動詞が埋め込まれても，可能動詞は主節の時制と関係づけることができる．しかし，コントロール動詞は脱語彙化を起こさず，（18b）のように［＋Lexical］のステータスを持つ．したがって，コントロール構文では，可能動詞を埋め込んだ場合，主節の時制との関係づけが成立せず容認されない．

　可能動詞の埋め込みに関しては，補助動詞構文も複合動詞構文と同じ振る舞いを示す．補助動詞構文が複合動詞構文と区別される統語的な違いは，V1 がテ形をとることである．テ形動詞に現れる「て」は，時制要素「る」「た」と相補分布の関係にあるので，時制要素の一種であると考えられる（Nakatani (2013) 参照）．しかし，「て」で導かれる節は不定節として機能し，統語的にはガ格を認可しない．このことは，補助動詞構文のテ形節には定の時制要素が存在しないことを示している．テ形節には定の時制要素がないために，（18）で示されているように，可能動詞の埋め込みの可能性は，V2 のステータスにより主節の時制と関係づけが成立するかどうかで決まるのである．

　上昇構文に埋め込まれた動詞に時制との関係づけが可能なことは，（19）と（20）のような格交替が可能であることから確認できる．

（19）a.　子供 {に／が} その歌が歌え始めた．
　　　b.　子供がその歌を歌え始めた．
（20）a.　子供 {に／が} その歌が歌えている．
　　　b.　子供がその歌を歌える．

可能動詞の埋め込みが（構造的に上位の位置にある）定の時制要素との関連づけが成立する場合に可能であるならば，上昇構文を形成する複雑述語（統語的複合動詞および補助動詞）構文の V2 は［－Lexical］の性質を持つ機能語となった動詞であることになる．

　次に，「出す」「かける」は，通常の上昇動詞で，脱語彙化により機能動詞となっているが，動詞としての範疇は保たれている．そのため これらの動詞には可能接辞が付加できる．

（21）a.　私はいつでも歌が歌い出せる．
　　　b.　私はその仕事をまったくやりかけられなかった．

（21）の事実は，機能語になっている上昇動詞が動詞としての範疇を保持している，つまり［－Lexical, ＋Verb］の特徴をもっていることを示している．そうすると，可能動詞の埋め込みは，上位の動詞に対して［＋Lexical, ＋Verb］から［－Lexical, ＋Verb］への変化が起こっていれば可能になることがわかる．

　「出す」「かける」のような動詞は，完全に語彙的な動詞ではなく，機能語と

しての特性をもっている．これは，Cardinaletti and Giusti（2001）が言う
semi-lexical な性質をもつ動詞 "go" や "come" に相当するものと考えてよい
と思われる．ただし，ここで見ている脱語彙化は，文法化のかなり初期の状態
であり，Cardinaletti and Giusti（2001）のように V2 を semi-lexical verb のよ
うな機能投射に現れる語彙的な動詞として分析してよいかどうかについては，
検討の余地があると思われる．[12]

　複雑述語構文の上昇動詞 V2 は脱語彙化を起こしてもよいが，脱語彙化が上
昇動詞に必ず起こるというわけではない．例えば，V2「続ける」は上昇動詞
であるが，脱語彙化は起こしていない．「続ける」は，文イディオムや無生物
主語を許し，V2 を可能動詞にすることもできることから，上昇動詞に分類さ
れる．

　（22）a.　水が蛇口から滴り続けた．
　　　　b.　この店で閑古鳥が鳴き続けた．
　　　　c.　彼は次々に論文を書き続けられる．

（22）の事実は，V2「続ける」は [−Lexical ＋Verb] の特性を持っていること
を示している．しかしながら，V2「続ける」は可能動詞の埋め込みを許さない．

　（23）＊彼は次々に論文を書け続ける．

（23）の事実は，V2 が上昇動詞であることが脱語彙化を起こすための必要条
件であって十分条件ではないことを示している．[13] このことから，脱語彙化は

---

　[12] V2 が Chomsky（1995）の little v に相当する可能性について査読者の 1 人が言及してい
るが，複雑述語構文の V2 は V1 とは別個の動詞の投射を持つ．日本語の場合，動詞の自動詞
化接辞や他動詞化接辞が v の位置に現れると考えられる（例えば，長谷川（1999）を参照）か
らで，複雑動詞構文の V1 も V2 もともに自動詞化／他動詞化接辞が現れる．V2 はそのよう
な接辞ではないので，v に相当するものとはみなさない．
　[13] 1 人の査読者は，（23）は容認不可であるが，同じ「続ける」の埋め込みであっても，（i）
のような例は文脈を整えれば，容認されるという判断をしている．
　　（i）　この不景気の中で正社員を雇え続けている優良企業
当該の査読者は，（23）の「書ける」は，telic verb であり，（i）の「雇える」は atelic verb で
あるという違いが容認性の違いを生み出している可能性を示唆している．（i）の例は，確かに
（23）よりは容認性が高いと思われる．しかしながら，atelic verb でも（ii）の「聞ける」のよ
うな場合には容認性が低い．
　　（ii）＊忍耐には限度があり，いつまでもそんな小言を聞け続けるわけではない．
（ii）が（i）よりも容認性が低いのであれば，この違いは，動詞の表す「可能」の意味の強さが
関係している可能性がある．（i）の記述する「人を雇い続けられる」という状況は，「雇い続け
る」と同じような状況を指すのに対して，（ii）の「聞ける」が記述する状況は，「聞く」あるい
は「聞こえる」が記述する状況とかなり異なるからである．この見方が正しいかどうかについ

上昇構文で起こる必然的な変化（規則の変化）ではないことがわかる（Harris and Campbell (1995) 参照）．

　複雑述語構文においてはアスペクトの意味を表す上昇動詞に脱語彙化を起こしているものがある．ただし，アスペクトの意味を表しても，コントロール動詞では脱語彙化が起こらない．要するに，語彙動詞から機能動詞に変化する脱語彙化が起こるには，文の主要部としての述語ではなく，助動詞のような補助的な機能語（functional word）として認知される必要があり，その条件を満たす環境が複雑動詞構文（統語的複合動詞構文と補助動詞構文）の V2 において得られるのである．

2.3. その他の複雑述語構文

　本節では，他の複雑述語構文における可能動詞の埋め込みの可能性を検討する．可能動詞の埋め込みは，語彙的な性質を持つ述語に対してはできない．例えば，使役動詞「させ」に対しては，(24) で示されているように可能動詞を埋め込めない．[14]

(24) a.　母親は子供に歌を歌わせた．
　　 b.＊母親は子供に歌を歌えさせた．

使役動詞への埋め込みが可能な本動詞は，使役者にとってコントロール可能な事態を記述していなければならない．子供が歌えるようになるために母親が何かを行うことは語用論的には十分ありうると思われる．しかし，(24b) では，形式自体がそもそも容認されない．

　使役動詞構文においては，時制は埋め込まれた動詞ではなく使役動詞と連動する．使役文では埋め込まれた本動詞がとる格パターンが現れないからである．

(25) a.　子供が働いた．
　　 b.　父親が子供 {を／に／＊が} 働かせた．

(25a) の「働く」は自動詞なので，主語に対して与えられる格に，ガ格（主格）である．しかし，「働く」が使役動詞に埋め込まれると，主語は（許可使役 (directive causative) の解釈で）ニ格あるいは（強制使役 (manipulative caus-

---

ては，将来の検討課題としたい．いずれにせよ，「続ける」は，「始める」ほどは脱語彙化が進んでいないとすることができるであろう．

　[14] 使役の「させ」は形態的には拘束形態素になるが，文法的には独立の動詞として機能する．このことから，可能動詞の埋め込みの可能性は，述語が拘束形態素であるか独立の動詞であるかの区別とは関係しないことがわかる．

ative）の解釈で）ヲ格が与えられる．このことは，使役構文の格パターンが，本動詞よりも構造的に上位にある使役動詞と時制が連動して決まることを示唆している．そうすると，(24) が容認されないのは，使役動詞が語彙動詞として機能し，時制が可能動詞に関連づけられないからである．

　「方」名詞化についても使役構文と同様の分布が観察される．まず，(26) のような例から，動詞要素に対しては基本的に「方」名詞化が可能であることがわかる．

(26) a.　母親の叱り方
　　 b.　先生の叱らせ方
　　 c.　子供の叱られ方

(26a) は動詞に「方」が付き，(26b) と (26c) はそれぞれ使役動詞，受身動詞に「方」が付いている．これらの「方」名詞は容認可能である．それでも可能動詞の「方」名詞化はできない．

(27) a. *花子の歌の歌え方　（cf. 花子の歌の歌い方）
　　 b. *太郎の走れ方　　　（cf. 太郎の走り方）

「方」名詞化においては，項の表出は随意的であるが，項が現れた場合にはノ格（属格）で標示される．このことは，「方」名詞化が起こった場合には，動詞は名詞句の外部の時制要素と関係を持てないことを示唆する．つまり，可能動詞に「方」が付くと，動詞は時制と関係づけられない構造をとることになり容認されないのである．

　可能動詞の埋め込みは上昇構文においては可能であるが，どのような上昇構文でも必ず埋め込みが可能となるわけではない．このことは，上昇とコントロールの補文節をとることができる日本語の難易構文から確認できる．

(28) a.　彼にはこの辞書が引きやすい．
　　 b.　老人が小さなミスを見落としやすい．

(28a) は，与格主語が出来事を制御するという意味があり，コントロール構文となる．(28b) は，出来事の起こりやすさを記述し，上昇構文となる．この違いは，例えば，「コンピュータが熱をもつ」のような無生物主語の文を埋め込むと判断できる（岸本 (2013)）．

(29) a. *コンピュータに熱がもちやすい．
　　 b.　コンピュータが熱をもちやすい．

脱語彙化が単に上昇構文を補部にとる動詞に対して起こるのであれば，（28a）には可能動詞が埋め込めないが，（28b）には可能動詞が埋め込めることを予測する．しかし，（30）からわかるように，どちらのタイプの難易文に対しても可能動詞の埋め込みはできない．

(30) a. *彼にこの辞書が引けやすい．
      b. *老人が小さなミスを見落とせやすい．

この事実は，難易形容詞の場合には，たとえ補部節が上昇節であったとしても脱語彙化が起こらないことを示している．難易形容詞は，アスペクトの意味を表しているのではなく，形容詞としての実質的な意味を伴う．そうすると，難易文の上昇節では，上位の述語が実質的な意味を表すために脱語彙化が阻止されていると考えられる．

3. 「過ぎる」の脱範疇化

　複雑動詞構文の V2 の環境で観察される文法化は，脱語彙化（つまり［＋Lexical］から［－Lexical］への変化）であるが，「過ぎる」は脱範疇化（［＋Verb］から［－Verb］への変化）も起こしている．本節では「過ぎる」が脱範疇化を起こしていることを「出す」「かける」などの上昇動詞 V2 と比較することによって示す．
　まず，2.1 節の（4）と（5）からわかるように，V2 の「過ぎる」は「出す」「かける」と同じように上昇動詞に分類される．そして，これらの上昇動詞には可能動詞の埋め込みが可能である．

(31)   彼は歌をうまく歌え {出した／かけた／過ぎた}．

「過ぎる」と「出す／かける」の語彙的性質は異なる．過剰の意味を表す V2「過ぎる」は動詞として扱われることが多い（影山（1993），姫野（1999），由本（2005）など）．しかしながら，「過ぎる」は，動詞の活用を維持しているものの，動詞の範疇特性を失っている．したがって，「過ぎる」には（32a）のように可能接辞を付加することができない．[15]

---

[15] 以下でも見るように，「過ぎる」は脱範疇化も起こしているので，アスペクト的な意味とは異なる動機付けで文法化を起こしている可能性があるが，この問題はこれからの研究課題である．

(32) a. *ご飯を食べ過ぎられない．
　　　b.　何もしないで通り過ぎられない．

可能接辞は，動詞要素に付加されるという選択制限がある．「過ぎる」は，(32a) のように可能接辞の付加を許さない．そのため，複合動詞構文に現れる「過ぎる」は，動詞としての範疇の性質を失っていると考えることができる．ちなみに，同じ形態を持つ「過ぎる」でも，(32b) のような移動の意味を表す語彙的複合動詞は可能接辞を付加して可能動詞を派生することができる (Kishimoto and Uehara (2016))．

　過剰の意味を表す V2 の「過ぎる」が動詞としての範疇的な性質（および語彙的な性質）を失っている証拠はさらにいくつか存在する．まず，「過ぎる」複雑述語には，(33) のように「方」名詞化の操作が適用できない．

(33)　　選手の {*走り過ぎ方／走り出し方}

通常の上昇動詞を含む統語的複合動詞は「方」名詞化は可能であるが，「過ぎる」については「方」名詞化ができない．動詞に対しては，基本的に「方」接辞による名詞化ができることから，「過ぎる」は動詞としての範疇（および語彙的な性質）を失っていると考えられる．

　その他にも (34) に示されているように，V2「過ぎる」は前部要素として動詞以外に名詞・形容詞語幹などの生起を許す．これに対して，通常の上昇動詞は前部要素に動詞しかとることができない．

(34) a.　彼は {子供／かわい} 過ぎた．
　　　b. *彼は {子供／かわい} 出した．

通常の複合動詞は V-V の配列しか許さないのに対して，「過ぎる」は前部要素に N や A などの動詞でない要素を許容する．この事実も「過ぎる」が動詞としての性質を失っていることを反映していると考えられる．

　また，(35) は，前部要素が動詞でないと「過ぎる」をテイル形にすることができないことを示している．

(35) a.　彼は痩せ過ぎている．
　　　b. *彼はおとなし過ぎている．

複合動詞をテイル形にするには前に動詞要素が必要となる．(35b) のように「おとなしい」が「過ぎる」の前に現れると，テイル形が作れないということ

は，「過ぎる」が動詞としての範疇特性を失っていることを示唆している．[16]

　過剰の意味を表す「過ぎる」は，脱語彙化により機能語化しているのみならず，動詞としての範疇の性質も失っている．可能動詞の埋め込みは，V2 の「過ぎる」でも可能であるが，これは「過ぎる」が [−Lexical] の性質を持っているからである．

　本節の議論では，「過ぎる」は [+Lexical] から [−Lexical] への変化だけでなく脱範疇化 [+Verb] から [−Verb] への変化も起こしていることになる．この点に関して，査読者の 1 人は，「過ぎる」が [−Verb] の性質を持つならば，後置詞／前置詞や冠詞と差がなくなってしまうのではないかとの疑問を投げかけている．実際，動詞が後置詞に変化することもある．例えば，英語の given，concerning や日本語の「について」「にとって」などは前置詞／後置詞に変化している（「〜にとって」は「に」+「とる」から文法化によって生じた後置詞であると考えられる（Matsumoto (1998) 参照）．統語的な複合語に現れる「過ぎる」に関しては，語彙的な動詞に対して可能な操作ができないため，述語脱範疇化を起こしているとしているが，（複雑述語の一部として現れるので）述語としての機能は保っている．したがって，「過ぎる」は [+Predicate] の性質をもっていると考えられる．つまり，「過ぎる」は，述語として機能するという点で，文法化がさらに進んで後置詞となった要素とは区別されるのである．[17]

4.　願望構文における可能動詞の埋め込み

　前節までは，複合動詞の後部動詞および補助動詞構文の補助動詞がアスペクトの意味を表す上昇構文をとる場合に，脱語彙化を起こすことを論じた．本節では，この主張に一見矛盾する結果をもたらすように思える願望構文について検討する．

　本論の分析では，項を選択するコントロール動詞に対しては，脱語彙化が起こらないので，コントロール動詞がとる埋め込み節に可能動詞が埋め込めないことを予測する．(36b) の願望構文は一見この予測に矛盾する振る舞いを示す．

---

[16] これと同じような現象は否定の「ない」の付加についても観察される．例えば，「痩せないでいる」は容認可能であるが，「*おとなしくないでいる」は非文法的である．ただし，「おとなしくしないでいる」は述語の連鎖の中に動詞が現れているので容認される．

[17] Grimshaw (2005) は，動詞の拡大投射 (extended projection) である CP や TP に対して [+V] の素性を付与しているが，この素性の指定は，本論で行っている [+Verb] の規定とは異なる．

（36）a.　私はステーキを食べたい．
　　　　b.　私は彼女にステーキを食べてほしい．

（36a）と（36b）は主語の願望を表す願望構文である．「たい」と「ほしい」のどちらの形容詞述語も主語を選択するので，コントロール節をとっていると考えたくなる．しかし可能動詞の埋め込みに関しては（37）のような対比が現れる．

（37）a. *私はその字 {が／を} 書けたい．
　　　　b.　私は彼女にその字が書けてほしい．

（37）の2つの例に容認性の違いが見られるのは，（38）で示されているように，「たい」が補部にコントロール節を義務的にとるのに対して，「ほしい」には定形節の埋め込みが可能であるからである．[18]

（38）a.　[TP 私i は [TP PROi その字が書き] たい]
　　　　b.　[TP 私は [TP 彼女にその字が書けて] ほしい]

（39）のような文の容認性の違いが（36）の2つの願望構文のステータスの違いを示している．

（39）a. *[TP 私は [TP 彼女がその字を書き] たい]
　　　　b.　[TP 私は [TP 彼女がその字を書いて] ほしい]

つまり，「たい」の補文節には明示的に主語を表出することができないため，義務的に主語コントロール節をとる．[19] これに対して，「ほしい」は主語を含む埋め込み節をとることができるのである．

　（36）の2つの構文がとる補文節のステータスの違いは，主語イディオムや無生物主語の埋め込みによって確認することができる．「たい」については主語イディオムや無生物主語をとる節を埋め込むことはできないが，「ほしい」に対しては可能である．

---

[18] 「たい」は国文法で助動詞に分類される（北原（1981）などを参照）．しかし，（37a）の事実は，「たい」が形容詞としての語彙的な特性を維持していることを示している．
[19] 査読者の1人は，（39a）では代名詞が「自分」であると容認できるとしている（ただし，この場合，「自分」は exhaustive listing の解釈になるとのことである）．このことは，日本語では，話者によって PRO が「自分」という音声形をもつ代名詞として現れることが許されることを示唆している．

(40) a. *この店で閑古鳥が鳴きたい.
　　 b. *雨が降りたい.
(41) a.　私は [この店で閑古鳥が鳴いて] ほしい.
　　 b.　私は [雨が降って] ほしくない.

(40) と (41) から,「たい」で導かれる補文節はコントロール節であるのに対して,「ほしい」は,主節と同じ格パターンをとる場合(主語を含む)定形節が埋め込まれていることがわかる.(37a) とは異なり,(37b) は,単純な定形節が補文節として現れている.そうすると,(37b) の場合,可能動詞は埋め込み節の定の時制と関連づけができるため,可能動詞の埋め込みが可能なのである.

　本論の分析では,「ほしい」がコントロール節をとる場合には可能動詞の埋め込みができないと予測される.以下でも見るように,この予測は正しい.まず,(42) の場合,「ほしい」は補部としてコントロール節をとる.

(42) a.　私は彼女に [$_{TP}$ PRO その字を書いて] ほしい.
　　 b.　彼女に [$_{TP}$ PRO 働いて] ほしい.
(43) a. *彼女にその字を {書く/書ける}.
　　 b. *彼女に働く.

(43) で示されているように,(42a) と (42b) の埋め込み節の「ニ・ヲ」と「ニ」の格形式は単文で許されないので,補文節には単純な埋め込みではなくコントロール節をとっていることがわかる.このことは,イディオムや無生物主語を含む (44) が容認されないことからも確認できる.

(44) a. *私はこの店で閑古鳥に鳴いてほしい.
　　 b. *私はコンピュータに熱をもってほしくない.

「ほしい」が単文ではとれない格パターンをとる時,補部節はコントロール節をとるのである.そして,この場合,可能動詞の埋め込みはできない.

(45) a. *私は彼女に [$_{TP}$ PRO その字を読めて] ほしい.
　　 b. *私は彼女に [$_{TP}$ PRO 働けて] ほしい.

(45a) の可能動詞「読める」(他動詞)は単文では「ニ・ヲ」の格パターンをとることができない.(45b) の可能動詞「働ける」(自動詞)も単文ではニ格の主語をとることができない.[20] このことから,(45) の2つの文は,単純な埋め

---

[20] 査読者の1人は,与格主語+対格目的語+可能動詞を含む (i) のような例は容認可能で

込みが起こっているのではなく，コントロール節をとっていることがわかる．先にも見たように，コントロール節に現れる可能動詞は主節の時制と関係づけができない．そのために，（45）の2つの文は容認されないのである．

4. 結語

　可能接辞が付加されて形成される可能動詞は，定の時制要素と局所的に関連づけられなければならないという要件があるために，語彙的な性質をもつ述語の内部には可能動詞を埋め込むことができない．そのような可能動詞の性質を利用して，本稿では，上昇タイプの統語的複合動詞構文および補助動詞構文のV2に語彙動詞から機能動詞への変化である脱語彙化を起こしているものがあることを論じた．

参考文献

Brinton, Laurie and Elizabeth Traugott (2005) *Lexicalization and Language Change,* Cambridge University Press, Cambridge.

Cardinalletti, Anna, and Giuliana Giusti (2001) " "Semi-lexical" Motion Verbs in Romance and Germanic," *Semi-Lexical Categories*, ed. by Nobert Corver and Henk van Riemsdijk, 371–414, de Gruyter, Berlin.

Carnie, Andrew (2006) *Syntax: A Generative Introduction*, 2nd ed. Blackwell, Oxford.

Chomsky, Noam (1995) *The Minimalist Program*, MIT Press, Cambridge, MA.

Grimshaw, Jane (2005) *Words and Structure,* CSLI Publications, Stanford, CA.

Harris, Alice and Lyle Campbell (1995) *Historical Syntax in Cross-Linguistic Perspective*, Cambridge University Press, Cambridge.

長谷川信子 (1999)『生成日本語学入門』大修館書店，東京.

Heine, Bernd (1991) *Grammaticalization*, University of Chicago Press, Chicago.

Hopper, Paul and Elizabeth Traugott (1993) *Grammaticalization*, 2nd ed. Cambridge University Press, Cambridge.

あると判断している．
　　(i)　私は，自分の息子にだけはその字を読めてほしい．
(i) の容認性が高くなる明確な理由はわからないが，(i) の例では，「だけ」と「は」という助詞が重ねられて「に・を」の格の連鎖がわかりにくくなっており，「が・を」の格連鎖と同じに解釈されているからかもしれない．（「だけ」には，「（明日にだけ／*明日に）彼がくる」のように，本来「に」が付加できない要素に対しても「に」の付加を許すという特徴があり，このことが (i) の容認性の高さに関係している可能性もある．）

姫野昌子 (1999)『複合動詞の構造と意味用法』ひつじ書房，東京.

影山太郎 (1993)『文法と語形成』ひつじ書房，東京.

岸本秀樹 (2009)「補文をとる動詞と形容詞：コントロールと上昇」『日英対照 形容詞・副詞の意味と構文』，影山太郎（編），152-190，大修館書店，東京.

岸本秀樹 (2013)「統語的複合動詞の格と統語特性」『複合動詞研究の最先端——謎の解明に向けて』，影山太郎（編），143-183，ひつじ書房，東京.

Kishimoto, Hideki and Satoshi Uehara (2016) "Lexical categories," *Handbook of Japanese Lexicon and Word Formation,* ed. by Taro Kageyama and Hideki Kishimoto, 51-92, De Gruyter Mouton, Berlin.

北原保雄 (1981)『日本語助動詞の研究』大修館書店，東京.

Koizumi, Masatoshi (1999) *Phrase Structure in Syntax*, Hituzi Syobo, Tokyo.

Kuno, Susumu (1973) *The Structure of the Japanese Language*, MIT Press, Cambridge, MA.

Matsumoto, Yo (1996) *Complex Predicates in Japanese: A Syntactic and Semantic Study of the Notion 'Word'*, CSLI Publication, Stanford, CA and Kurosio Publishers, Tokyo.

Matsumoto, Yo (1998) "Semantic Change in the Grammaticalization of Verbs into Postpositions in Japanese," *Studies in Japanese Grammaticalization—Cognitive and Discourse Perspectives*, ed. by Toshio Ohori, 25-60, Kurosio Publishers, Tokyo.

Nakatani, Kentaro (2013) *Predicate Concatenation: A Study of the V-te V Predicate in Japanese*, Kurosio Publishers, Tokyo.

Pustejovsky, James (1995) *The Generative Lexicon*, MIT Press, Cambridge, MA.

Shibatani, Masayoshi (1973) "Where Morphology and Syntax Clash: A Case in Japanese Aspectual Verbs,"『言語研究』64, 65-96.

Tada, Hiroaki (1992) "Nominative Objects in Japanese," *Journal of Japanese Linguistics* 14, 91-108.

Takezawa, Koichi (1987) *A Configurational Approach to Case Marking in Japanese,* Doctoral dissertation, University of Washington.

由本陽子 (2005)『複合動詞・派生動詞の意味と統語』ひつじ書房，東京.

属格主語文の通時的縮約とミクロパラメータ統語論*

小川　芳樹

東北大学

1. 序論

　日本語には，名詞に前接する節の主語を，主格でも属格でも標示できる「主格属格交替」と呼ばれる現象がある．属格主語文のうち，現代日本語で最も典型的なのは（1a, b）のような状態動詞か所有関係形容詞を述部にもつ関係節・形求名詞節であるが（南部（2007），Nambu（2014），金（2009），Miyagawa（2011），Ogawa（2018），Ogawa et al.（2017）），[1] 100 年ほど前の文学作品には，あらゆる意味タイプの述部が属格主語とともに生起できたばかりでなく，（2a, b）のように，「か」「という」などの補文標識と属格主語が共起する事例も観察された．

- (1) a.　太郎のいる部屋／時間のあること
  - b.　髪の長い女性／お金のないこと
- (2) a.　軍隊の飯のいかにまずいかなど話して　　　　　　　（志賀直哉「剃刀」）
  - b.　夜の明けるという事が，そう早く，来てはならないような心もちがする.　　　　　　　　　　　　　　　　　　　　（芥川龍之介「芋粥」）

　属格主語文については，対応する主格主語文との自由交替であることを前提とする Hiraiwa（2002）の「連体形の（adnominal）CP」分析と，対応する主格主語文にはない生起制限が存在することを前提とする Miyagawa（2011）の「不完全な（defective）TP」分析に代表される 2 つの主要な分析が提案されて

---

　* 本稿本稿は，第 36 回日本英語学会全国大会（於：横浜国立大学）で口頭発表した内容，および，JELS 36 に掲載された同内容の原稿を一部に含む．また，科学研究費補助金（課題番号 JP16K02753）によって一部支援されている．

　[1] 同じ形容詞でも，(i) のような，属性叙述形容詞と属格主語の共起は，過去 100 年間に激減している（＝(8d)）．これについての詳細な議論は，Ogawa et al.（2017）を参照.

　(i)　太郎のかしこいこと／夕焼けの赤いこと

いる．

(3)　Hiraiwa（2002）が提案する構造：
　　　[CP [TP DP-Nom／Gen [T′ [[vP … V]] T]] C-ADN]

　　　　　　　　　　　　　　　　　　（C-ADN＝連体形の C）

(4)　Miyagawa（2011）が提案する構造：
　　a.　[CP [TP DP-Nom [T′ [[vP … V]] T]] C]（主格主語：C が TP を選択）
　　b.　[DP [TP [vP [vP DP-Gen V] v] T] NP D]

　　　　　　　　　　　　　　　　（属格主語：D が TP を選択）

しかし，これらの分析はいずれも，共時態としての属格主語文の構造の解明を目指すものであり，その通時的変化についてのよく知られた事実を説明することを目的としていない．したがって，(2a, b) の容認性は説明できない．これに対して，本稿では，属格主語文の生起環境が 100 年程前に「制限なし」の状態であったのが，この 100 年間で緩やかにその生起制限を増やしてきたという言語変化の事実を重視した上で，これを説明する新たな統語論的仮説を提案する．

　本稿での提案は (5) と (6) である．

(5)　主格主語文は，(4a) の構造で安定しているが，属格主語文の構造は，最近 100 年間で，若い世代ほど (6a) から (6d) の方向に縮小しつつある．

(6)　属格主語の認可子に関するミクロパラメータの値の変化と通時的統語変化（cf. Kayne（2000），Lightfoot and Westergaard（2007），Biberauer and Roberts（2012），Lightfoot（2018））：
　　a.　Dialect A: [DP [CP [TP [VoiceP [vP [VP/AP DP-Gen V／A] v] Voice] T] C]
　　　　　(NP) D_{Gen}]
　　b.　Dialect B: [DP [TP [VoiceP [vP [VP/AP DP-Gen V／A] v] Voice] T]
　　　　　(NP) D_{Gen}]
　　c.　Dialect C: [DP [vP [VP/AP DP-Gen V／A] v] (NP) D_{Gen}]
　　d.　Dialect D: [DP [VP/AP DP-Gen V／A] (NP) D_{Gen}]

(6a–d) が示すのは，100 年前に言語獲得をした幼児は，属格主語文に対して (6a) の CP 構造を獲得したが，1950 年頃に言語獲得をした幼児は，CP の投射のみを欠いた (6b) の TP 構造を獲得し，より現代に近づくほど，(6c) の vP 構造，(6d) の裸 VP/AP 構造のように小さい節構造を獲得する傾向が高まっている，という主張である．

　本稿の構成は，以下の通りである．2 節では，日本語で主語に与えられる格の形態が歴史的にどのように変化してきたかを概観する．3 節では，主格属格交替の通時的変化についての先行研究を概観する．4 節では，頻度と言語変化・言語獲得について論じるとともに，特定の属格主語文の容認性の個人差に関する Harada（1971）の観察を，極小主義統語論の枠組みで説明する．5 節では，前節までの議論を踏まえて，属格主語文のうち特定の構文に生じるものが，過去 100 年間で劇的にその生起頻度を減らしてきた事実が，（6a-d）を仮定するミクロパラメータ統語論（Kayne（2000, et seq.））の枠組みでどのように説明されるかを示す．6 節は，ミクロパラメータ統語論を言語の通時的変化の現象に適用する際の注意点について触れる．7 節は結語である．

2.　日本語の主格の形態的変化

　日本語で主語に与えられる格の形態は，過去 1000 年の歴史の中で劇的に変化してきた．おおむね平安時代までは，「が」も「の」も，一定の補文内でのみ生じる形態格としての主格であり，主節における主格はゼロ格であったが，鎌倉時代後期（14 世紀）以降，「が」格が主節にも拡張するとともに，「の」格は属格としての用法を確立させた（cf. Frellesvig（2010），金水他（2011），Ogawa（2018））．これ以降も，しばらくの間は，連体節および準体節の中で属格主語の方が主格主語よりも頻度が高い時期が続いたが，江戸時代に準体助詞「の」の発達とともに連体節および準体節が衰退し始め，代わって，準体助詞「の」と格助詞が共起する「〜のが／のを／のに」といった表現の頻度が増加し始めるのと反比例するように，属格主語の頻度も急激に減少を始める．それでも，大正時代までは，名詞修飾節内ではまだ，属格主語のほうが主格主語よりも頻度が高い状態が維持されていたが，次節で示す調査結果によれば，1900 年代半ばに，名詞修飾節（形式名詞節と関係節を含む）内での主格主語の頻度は属格主語のそれと逆転した．1900 年代当初の属格主語は，あらゆる意味タイプの述部と共起可能であったが，2000 年代以降の属格主語は，その 4 分の 3 が状態述部（状態動詞・形容詞）と共起するようになっている（以下の表 1 を参照）．

　近代以前の日本語では，普通名詞も形式名詞も存在しない環境（準体節）でも属格主語が認可できていた．この時代には，Hiraiwa（2002）が主張するように，連体形の C（＝C-ADN）が属格主語の認可子であったと考えられる．しかし，1900 年代以降は属格主語の認可子が D に代わり，しかも，その後のわずか 100 年の間に，ほぼ世代交代のたびに親世代と子世代で異なるミクロパラ

メータの値が選択され続けてきた結果として，機能範疇 D の補文の統語サイズが CP → TP → vP → VP/AP という方向に縮小していったというのが，(5)–(6) に示す本稿の主張の骨子である．この意味で，本稿は，その主張の基盤を，(3) に示す Hiraiwa (2002) の「C 認可説」ではなく，(4) に示す Miya-gawa (2011) の「D 認可説」に置いている．本稿では，過去 100 年間での属格主語の生起環境に関する一次言語資料 (Primary Linguistic Data; PLD) の変化を指摘し，(5)–(6) に示す主張の妥当性を立証したい．

3.　通時的変化についての先行研究

生成文法では，このように，親世代と子世代が微妙に異なる文法を獲得することによってのみ言語変化が起きるとの主張が，その当初からなされてきた (Kiparsky (1968), Anderson (1973), Clark and Roberts (1993), Niyugi and Berwick (1997), Kroch (1990, 2001), Yang (2002), Roberts (2007), Cournane (2017))．実際，主格属格交替についても，この現象をはじめて生成文法統語論の文脈で取り上げた Harada (1971) が，この主張を行っている．Harada は，1970 年当時に関東圏で生まれ育ち，社会的階層も均質であった十数名の日本語母語話者に属格主語文の容認性判断を求めた結果，当時 40 歳代であった被験者は，(7a, b) のような属格主語文を容認するとの内省的判断を示したのに対し，当時 20 歳代であった被験者は，同じ属格主語文に対して低い容認性判断を示したという事実を指摘した上で，属格主語文を生成する変形規則には，出身地や性差や社会階層の差などには還元できず，年齢差によって説明するしかない Dialect A と Dialect B の 2 種類の文法があり，Dialect A から Dialect B への文法変化が進行中であると主張した．

(7) a.　芽が／(?*) のなかなか出ない桜の木
　　 b.　父親が／(?*) の大音楽家であった物理学者

主格属格交替についてのその後の統語論研究は，すべてが Harada (1971) に言及しつつも，その分析の際には，あたかもすべての日本語母語話者が Harada の Dialect B の文法を持つかのような理想化・単純化を踏まえた上で，その議論が行われてきている．このため，言語の通時的変化の理由や，変化前と変化後の構造の違いが論じられている先行研究は，(Ogawa (2018) を除いては，) 1 つもない．しかし，原理とパラメータの理論のもとでは，このような統語変化の事実は，言語獲得途上でのパラメータの値の変化として説明すべき対象となるはずである．そして，パラメータ統語論の仮説を最も客観的に裏付ける

データの 1 つは，変化前の古い構文と変化後の新しい構文の頻度が，通時的にどのように変化してきたかを示す量的データであろう．

　南部（2007）と Nambu（2014）は，コーパス（国会会議録検索システム）に収録された国会議員の発言のうち関東圏出身で 1870 ～ 1970 年代の間に生まれた国会議員 100 名の発言の中での属格主語文の頻度が若い世代ほど顕著に減少していることを最初に示した．ただし，Nambu の一連の研究では，属格主語文の頻度が全体として減少していることと，構文ごとの生起数に過去 100年間の総計としての差があることは示されているが，構文ごとに属格主語文の生起頻度が 100 年間でどのように変化してきたかの事実は示されていない．

　そこで，Ogawa（2018）は，1890 年代から 2010 年代までの 130 年間に刊行された新書 45 冊，小説・随筆 57 冊，自伝・伝記 28 冊（計 130 冊）から属格主語 15723 例を抽出し，それらを刊行年代ごと，構文ごとに分類した．その結果の数値は，表 1 のようにまとめられる．表 1 の中の数値は PER MIL であり，これは，100 万字当たりの当該構文内の属格主語の件数を示している．

全作品（130冊）	7	9	14	18	32	50
出版年	1890s~ 1910s	1920s~ 1930s	1940s~ 1950s	1960~ 1970s	1980~ 1990s	2000~ 2010s
著者生年平均	1872.29	1889.22	1898.31	1914.95	1935.58	1959.69
文字数	906917	750616	1966381	2479676	4831846	5927059
「の」主語実例件数	2080	1172	2682	2330	3914	3706
「の」主語実例件数／PER MIL	2295.31	1561.38	1363.93	939.64	810.04	625.27
過去時制「の」主語／PER MIL	461.27	373.03	269.02	180.67	171.36	94.65
述部非隣接「の」主語／PER MIL	226.22	151.88	118.49	36.30	21.32	15.86
状態述部「の」主語／PER MIL	1270.14	810.00	812.66	594.84	527.13	461.61
状態述部「の」主語／全属格主語（%）	55.34	51.88	59.58	63.30	65.07	73.83
状態動詞「の」主語／PER MIL	410.51	337.06	323.44	233.90	197.03	152.52
形容詞「の」主語／PER MIL	859.64	472.94	489.22	360.93	330.10	309.09
非対格変化動詞「の」主語/PER MIL	392.53	362.37	216.64	159.30	116.10	62.43
他動詞・非能格「の」主語/PER MIL	590.70	335.72	294.96	170.18	156.46	94.82
1 回限り出来事「の」主語/PER MIL	509.82	355.71	211.56	134.29	97.27	47.58
属性叙述形容詞「の」主語/PER MIL	62.90	41.30	25.43	10.89	4.35	2.53
名詞述部「の」主語／PER MIL	19.86	18.65	14.75	3.23	1.66	0.84
受動態「の」主語／PER MIL	22.07	34.64	24.92	12.10	8.69	5.57
関係節「の」主語／PER MIL	918.12	687.44	681.96	564.19	491.57	413.70
形式名詞・連体形「の」主語／PER MIL	1377.18	873.95	681.96	375.45	318.47	211.57
「の」主語を取る形式名詞の種類	48.29	24.11	29.50	23.11	22.59	12.38
顕在的補文標識「の」主語／PER MIL	67.31	14.65	5.09	2.42	1.03	0.34

表 1：　過去 130 年間の構文ごとの属格主語の頻度変化

また，小川（2016）は，その 130 冊の一部である小説 31 冊の中から抽出した，属格主語 4067 例と主格主語 3850 例を，刊行年代ごと，構文タイプごとに分類したが，その結果を示したのが表 2 である．そして，表 1 の結果の内容は，以下の（8a-k）のように記述でき，表 2 の結果の内容は，（8l-m）のように記述できる（（8j）は表 1 と表 2 の内容を一括している）．

出版年	1900~1910s	1920~1930s	1940~1950s	1960~1970s	1980~1990s	2000~2010s
冊数（小説）	4	4	4	5	7	7
文字数	564584	341551	549756	800915	891012	772089
属格主語/PER MIL	2043.04	1683.50	1107.76	885.24	666.66	573.77
うち状態述語（PER MIL）	1108.94	913.48	689.40	610.55	507.29	512.89
うち状態述語（%）	54.28	54.26	62.23	68.97	76.09	89.39
形容詞/PER MIL	771.23	641.19	447.47	370.83	312.00	349.70
状態動詞/PER MIL	337.71	272.29	241.93	239.73	195.28	163.19
結果持続/PER MIL	299.39	254.72	109.14	99.89	54.99	18.13
反復習慣/PER MIL	112.57	96.62	65.48	74.91	37.04	28.49
出来事/PER MIL	507.77	406.97	221.92	97.39	40.40	14.25
コピュラ文/PER MIL	14.37	11.71	21.83	2.50	13.47	0.00
主格主語/PER MIL	726.20	1092.08	1189.62	844.03	930.91	1117.75
形容詞/PER MIL	90.33	143.46	185.54	199.77	141.41	215.00
状態動詞/PER MIL	109.82	134.68	203.73	161.07	203.14	335.45
結果持続/PER MIL	111.59	178.60	154.61	106.13	117.84	117.86
反復習慣/PER MIL	51.37	64.41	100.04	79.91	134.68	155.42
出来事/PER MIL	345.39	535.79	512.95	257.21	343.43	234.43
コピュラ文/PER MIL	17.71	35.13	32.74	39.95	40.40	59.58

表 2：　述部タイプごとの主格主語文と属格主語文の頻度変化
（グレーゾーンは，頻度が多いほうのブロックを示す）

(8) a.　属格主語文全体の頻度は 73％減少．

　　 b.　顕在的な補文標識をもつ属格主語文の頻度は 99％減少し，ほぼ消失．

　　 c.　述語が属性叙述の名詞である属格主語文（cf.（7b））の頻度は 95％減少．

　　 d.　述語が属性叙述の形容詞である属格主語文の頻度は 95％減少．

　　 e.　述語が 1 回限りの活動を表す動詞である属格主語文の頻度は 91％減少．

　　 f.　属格主語と述語の間に副詞・内項が介在する文（cf.（7a））は 90％減少．

g. 述語が過去時制である属格主語文の頻度は 80％減少.

h. 述語が動詞受動態・非対格変化動詞である属格主語文の頻度は 80％減少.

i. 述語が所有関係形容詞・状態動詞である属格主語文の頻度は 64％減少.

j. 属格主語文の述部が状態述部（状態動詞，形容詞）である割合は，130 冊全体では，51％から 74％へ上昇. 小説 31 冊に限定した場合は，54％から 89％へ上昇.

k. 関係節よりも形式名詞節内での属格主語の頻度減少のほうが顕著である.

l. 述語が 1 回限りの出来事を表す動詞である属格主語付き名詞節の頻度が，1910 ～ 20 年代に，対応する主格主語付き名詞節の頻度を下回る.

m. 述語が 1 回限りの出来事を表す動詞である属格主語付き名詞節の頻度が，1930 ～ 40 年代に，述語が状態動詞である属格主語付き名詞節の頻度を下回る.

n. 述語が活動の結果状態の持続を表す属格主語付き名詞節の頻度が，1930 ～ 40 年代に，対応する主格主語付き名詞節の頻度を下回る.

　要するに，属格主語文は過去 100 年間で，全体としてもその頻度を 73％減らしているものの，頻度の減少率は構文ごとに異なる. 具体的には，(8b–f) は 90％以上の減少率であるのに対して，(8g, h) は 80％の減少率であり，(8i) については，その減少率は 64％に留まっている. より具体的に言えば，述部の状態性が低い属格主語文ほど，その頻度は減少率が高い（cf. 新国他（2017）). 結果として，属格主語文全体に占める「状態述部と共起する属格主語文」の割合は，(8j) のように 50％台前半から 74％（小説に限定すれば 89％）に大幅に上昇し，属格主語文の「状態化（stativization)」が進行中であると言える.[2] また，(8l–n) と表 2 は全体として，特定の述部と共起する属格主語文の頻度と，対応する主格主語文の頻度が，述部の状態性が低いものから順に，徐々に逆転していったことを示す.

---

[2] この「状態化」の進行は「語彙化／構文化」とも連動すると考えられる. 格助詞を含んだ構文イディオムとしての複合語の存在については，Kishimoto and Booij（2014）を参照.

4.　頻度変化，言語獲得とパラメータ値の変化

　パラメータ統語論については，従来，言語間変異を説明するための方法論として多用されてきたが，古英語から近代英語にかけての SOV から SVO への語順変化，V-to-I 繰り上げを含む文法から do 挿入を含む文法への変化，屈折の豊かな言語から屈折の乏しい言語への変化など，いくつかの言語変化の事実も，パラメータ統語論のもとで説明されてきた（Kemenade (1987), Lightfoot (1991), Maling (1983)）.

　これに対して，Bybee (2015: 243) は，パラメータ統語論のもとで予測される言語変化とは，文法における唐突な変化が親子 2 世代の間で起きるというものであり，言語変化が一般的に漸進的な（gradual）変化の傾向を示すという事実と整合しないという意味で，経験的に誤った理論である論じている.[3]

(9)　In a generative grammar, verbs and auxiliaries are quite different categories, so a change of one to the other is a major syntactic change.　Since there are no gradient categories between verb and auxiliary, the change must have occurred abruptly in the grammar, as a reanalysis made by a generation of language learners.

(Bybee (2015: 243))

　しかし，このような問題は，パラメータの定義付けに起因する概念的な問題であって，パラメータ統語論そのものの妥当性を覆すほどの経験的な問題ではない．例えば，1 つ 1 つのミクロパラメータが引き起こす変異・変化は微かなものであり，それらの微妙な変化が連続的に起きた結果が，大規模な変化が起きたかのように見えるのだとする Lightfoot and Westergaard (2007: 411) の (10) のような仮説を採用すれば，パラメータ統語論に対する Bybee (2015) の批判は回避することができる.

(10)　If parameters and cues are of a smaller scale than has previously been thought, then one will not say, for example, that a V2 language changes into a non-V2 language from one generation to the

---

[3]　漸進性（gradualness）は言語変化について使われる微妙で連続的な変化の概念であり，共時的な変異の段階性（gradience）の概念とは区別される.

(i)　Gradience is a primarily synchronic phenomenon, gradualness a primarily diachronic one, and the assumption is that gradience is both the result of and the reason for change.　　　　　　　　(Brinton and Traugott (2005: 150))

next, […] On the other hand, it is also not necessary to argue that change is always gradual, spanning several hundred years. On our view, change may affect one (micro-)cue at a time, a series of smaller scale bumps, giving the impression that there is gradual change over centuries.

また，Bybee (2015) は，言語変化と頻度の関係として，(11) を提案している.

(11)　High-frequency forms are resistant to change on the basis of the structure of other forms or patterns, and more likely to serve as the basis of such change in low-frequency forms.　　　　　(ibid.: 102)

一方で，生成文法では，頻度に基づく構文の獲得や，頻度変化に基づく言語変化の説明は極力避けられてきた (Kroch (2001)).[4] たしかに，頻度だけが言語獲得や言語変化の要因でないことは明らかであるし (Chomsky (1982), Roeper (2010))，頻度のどの程度の増減がどのような言語変化を引き起こすのかについての正確なメカニズムはまだ何もわかっていないに等しいのだが(Ambridge (2010))，特定の構文の頻度変化が言語変化を引き起こしたと考えるしかない事実や，言語獲得に頻度が重要な役割を果たしていることを示唆する証拠も複数発見されている (Lieven (2010), Rinke and Elsig (2010), Westergaard (2014), Snyder (2017)). このことから，生成文法の領域でも，言語獲得途上の幼児にとっての PLD に含まれる特定の言語データの頻度の変化が，獲得できる文法の質を変化させ，言語変化を引き起こしたとする明示的な仮説も提示されるようになってきている. 例えば，Snyder (2017: 241) は，「言語変化の途上にあって，「文法的に両立しない (grammatically incompatible)」文法 A と文法 B が生成する文の集合が PLD の中に混在する場合，言語獲得者に最初に接する可能性が高いのは頻度が高い方の表現であるので，頻度の低い方の文の集合を生成する文法は衰退していく」という仮説を提案している (Yang (2002) も参照). 例えば，イギリス英語が 16 ～ 17 世紀にかけて，V-to-I 言語から do 挿入を伴う V-to-I のない言語に変化した際に，V 繰り上げパラメータの値の変化が起きたはずなのだが，その誘因となったのは，「V-to-I あり」のパラメータ値をもつ英語母語話者も，インド・ヨーロッパ語族ケルト語派のコーンウォール語 (Cornish) との言語接触により新たに do 挿入を含む構文（文

---

[4] ただし，Lightfoot (1979, 1991, 1999) は異なる立場に立つ.

法 B が生成する文の集合）を使い始めたことだという（McWhorter（2009））．
結果として，この新しい用法と，V-to-I を伴う従来の構文（文法 A が生成す
る文の集合）が幼児にとっての PLD の中に混在する状況がしばらく続いたは
ずなのだが，後者の用法が徐々に使用頻度を高め，互いに両立しない文法 A
が生成する文と文法 B が生成する文の頻度が逆転した時期に言語獲得をした
幼児の世代から，パラメータ値は [V-to-I あり] から [V-to-I なし] へと緩やか
に変化していった，というのである（PLD の個人差と通時的変化については，
Lightfoot（2018）も参照）．
　頻度変化と言語獲得についての Snyder の仮説と，「属格主語文と主格主語
文が文法的に両立しない」という仮定と，属格主語文の頻度についての（8a-n）
の事実を踏まえると，本稿で提案する仮説（5）-（6）は，実際に起きた言語変
化の様相をかなり正確に捉えることができる．このことを示すために，まず，
Bošković（1997: 25）の「最小構造の原理（Minimal Structure Principle; MSP）」
を仮定しよう．

(12)　Minimal Structure Principle (MSP):
　　　Provided that lexical requirements of relevant elements are satisfied,
　　　if two representations have the same lexical structure and serve the
　　　same function, then the representation that has fewer projections is
　　　to be chosen as the syntactic representation serving that function.

(12) は本来，構造に多義的な分析が可能である文字列があり，付与可能な複
数の構造が同じ意味機能を果たすならば，含まれる投射の数がより少ない方の
構造を採用せよ，と定めた原理である．この原理によれば，（13）の文字列に
対して，（13a）のように，音形のない補文標識を含む CP 構造を与える可能性
と，（13b）のように，CP の投射を含まない TP 構造を与える可能性がある場
合に，いずれも同じ意味機能を果たすことから，（13b）のほうが MSP を満た
す（より経済的な）構造として選ばれる．つまり，MSP は，一種の経済性の
原理である．

(13)　the man [John likes t]
　　a.　the man [$_{CP}$ OPi [ϕ_C [$_{IP}$ John likes t_i]]]
　　　　　　　　　　　　　　　　　　　　　　　(OP is moved to [Spec, C])
　　b.　the man [$_{TP}$ OPi [$_{IP}$ John likes t_i]]　　　(OP is adjoined to TP)

　本稿では，Bošković (1997) の提案 (12) を言語獲得の原理として採用しよう．[5] 例えば，顕在的な補文標識を含む (2a, b) のような属格主語文が一定の頻度で含まれる PLD から，これがほとんど，あるいは全く含まれない PLD に向かって言語が通時的に変化しつつあるとしよう．このとき，PLD に含まれる肯定証拠のみから獲得可能な属格主語文の統語サイズは，音形のない補文標識を含む CP である可能性と，そもそも CP を投射しない TP である可能性があるが，(12) の原理によれば，後者の TP 構造の方が前者の CP 構造よりも機能範疇の投射の数が少なく，かつ，両者は，意味的機能においても差がないので，幼児はこの段階では，属格主語文の統語構造として TP 構造を獲得することになる．そして，属格主語文の統語サイズを TP として獲得した母語話者にとって，CP を必要とする統語操作が関与する属格主語文は，自らの文法で生成できないので，そのような文の容認性判断を求められた場合には，容認性が低いと判断するということが予測される．[6]

　ここで，Harada (1971) で区別された 2 つの個人言語のうち，Dialect A の話者は (6a) の CP 構造を，Dialect B の話者は (6b) の TP 構造を持っていたと仮定した上で，(7a, b) の事例に立ち返ろう．(7a) は，属格主語と述部の間に副詞が介在する文であり，(7b) は，属格主語文の述部が名詞である文であった．ここで，属格主語文が CP 投射をもたない場合，C からの EPP 素性の継承を受けられないので，vP 内に基底生成された主語を TP 指定部に繰り上げることができない (Miyagawa (2011: 1274))，と仮定しよう．すると，属格主語文を TP とする (6b) の Dialect B をもつ話者は，(7a) のように属格主語と述部の間に副詞が介在する文を，(14b) と同じ派生によって生成できないことになるので，自らの文法で生成できない文の容認性判断を求められた場合も，容認性が低いと判断する，と説明できる．

---

　[5] MSP を言語獲得の原理として採用しなくとも，Thráinsson (1996) が提案する以下の言語獲得の原理を採用しても，同じ帰結は得られる．
　(i)　Assume only those functional categories that you have evidence for.　(ibid.: 261)
この原理を用いた，英語の歴史における多重話題句の消失という通時的変化の説明については，田中（本書）を参照されたい．
　[6] 同一言語内の同一構文において，ある場合には CP 構造が用いられ，別の場合には TP 構造が用いられるということは，決して珍しいことではない．例えば，Williams (1975) は，英語の定形関係節は通常 CP であるが，縮約関係節は TP であると（当時の枠組みで）論じている．また，Malagasy は，基本語順は VOS の言語だが，新聞の見出しでは SVO になることがある．この事実に対して，Paul (2017) は，CP 領域の機能範疇の投射 CP, TopP, FinP のいずれも，新聞の見出しでは存在せず，VO の述部倒置が起きないため，と説明している．

(14) a.　その木は，芽がなかなか出ない.

　　　a′.　[_CP その木は [_TP 芽_i が [_NegP [_VP なかなか [_V′ t_i V（出）] Neg（な）]

　　　　　　T（い）] C（EPP）]

　　　b. *芽のなかなか出ない木

　　　b′.*[_DP [_TP 芽_i の [_NegP [_VP なかなか [_V′ t_i V（出）]] Neg（な）] T（い）]

　　　　　　NP（木）D（φ）]

　(7b) についても，「名詞主語が名詞述語の値を指定する文は必ず CP 構造をもつ」という西垣内（2016）の主張が正しいと仮定すれば，同じ説明が可能である．より正確に言えば，西垣内（2016）は，(15) のような名詞述部の「指定文」に対して，(15a) のように，外項 α が主要部 N の意味的領域を限定（delimit）し，内項 β[+F] が α によって限定された N の意味内容を「構成する」（constitute）意味内容を持つという「中核名詞句」の基底構造を提案している．その上で，(15b) の指定文では，(15a) の構造から，その内項「東京」を FocP 指定部に義務的に移動（焦点化）することによって派生される，と主張する.

(15)　東京が日本の首都だ.
　　　a.　[_NP 日本（の）[_N′ 東京（という）N（首都）]]
　　　b.　[_FocP 東京_I が … [_NP 日本の [_N′ t_i N（首都）]] Foc（だ）]

西垣内（2016: 148）はさらに，(16) の文に対しても，(15a) と同じ基底構造から，主格名詞句の FocP 指定部への移動に続いて，話題句を TopP 指定部へ移動させることによって導く派生を提案している（Split CP 仮説については Rizzi（1997）を参照）.

(16)　日本は東京が首都だ.
　　　a.　[_NP 日本（の）[_N′ 東京（という）N（首都）]]
　　　b.　[_TopP 日本_j は [_FocP 東京_i が … [_NP t_j [_N′ t_i N（首都）]] Foc（だ）] Top]

また，Kuno（1973）は，話題句と関係節の主要部は，文中の残りの要素と aboutness の関係によって結びつくという意味で，その統語的・意味的機能が等しい，と主張する．これらの主張に基づくと，名詞述部と主語がコピュラで結ばれる (17b) のような「倒置指定文」にも，(17c) のような基底構造から，(17d) のように焦点要素が FocP 指定部へ移動することで派生されるはずである.

(17) a.　父親 {が／の} 大音楽家であった物理学者（関係節）

　　 b.　その物理学者は，父親が大音楽家であった．（話題化）

　　 c.　[$_{NP}$（その）物理学者（の）[$_{N'}$ 大音楽家（という）N（父親）]]（関係節）

　　 d.　[$_{FocP}$ 父親$_i$ が … [$_{NP}$（その）物理学者 [$_{N'}$ 大音楽家 t_i]] Foc（であった）]

　　 e.　[$_{TopP}$（その）物理学者$_j$ は [$_{FocP}$ 父親$_i$ が … [$_{NP}$ t_j [$_{N'}$ 大音楽家 t_i]]
　　　　 Foc（であった）] Top]（焦点化＋話題化）

　　 f.　[$_{DP}$ [$_{TopP}$ OP$_j$ [$_{FocP}$ 父親$_i$ が／の … [$_{NP}$ t_j [$_{N'}$ 大音楽家 t_i]]
　　　　 Foc（であった）] Top] NP（物理学者$_j$）D]（関係節）

同様に，西垣内（2016）と Kuno（1973）の主張に基づけば，（7b）（＝（17a））
のような名詞句にも，主語が主格であるか属格であるかにかかわらず，（17f）
のように，関係節内に FocP と TopP があり，その中で，FocP 指定部への焦
点化と，TopP 指定部への空演算子 OP の移動があり，この OP の値が関係節
主要部との同一指標によって決定されるという統語操作が関与することになる
（実際，（7b）の主語も，それが容認可能であるとしても，排他的リスト読みし
か受けられない）．したがって，属格主語文を CP とする Dialect A の話者は
名詞述語を含む属格主語文（7b）を生成できるが，属格主語文を TP とする
Dialect B 話者は，（7b）を生成できず，（7b）のような名詞述語文に対する容
認性を低いと判断するのである．

　Harada（1971）が観察した，Dialect A 話者と Dialect B 話者の間の容認性
判断の差は，以上のように説明されることになる．実際，（8a）に示すように，
属格主語文全体の頻度は，過去 130 年間で 73％の減少に留まっているにもか
かわらず，顕在的な補文標識をもつ属格主語文（cf.（2a, b）），属格主語と述
語の間に副詞・内項が介在する文（cf.（7a）），述語が属性叙述の名詞である属
格主語文（cf.（7b））の頻度はそれぞれ，99％，95％，90％と，ほぼ同程度の
大きな比率で減少し，現在では，コーパス上からはほぼ完全に消失している．
このような頻度減少率における 3 構文の間の共通性は，属格主語文の構造が
CP から TP に縮小したことの結果であるとすると，統一的かつ自然な説明を
与えることが可能である．

5.　属格主語文のタイプ頻度の減少：ミクロパラメータ統語論による説明

　Harada（1971）では，当時 40 歳代の母語話者は Dialect A をもち，当時
20 歳代の母語話者は Dialect B をもち，社会の中に Dialect B 話者が増えつ
つある，とされていた．Dialect A の話者は，1930 年代以前に言語獲得をし

た話者であり，Dialect B の話者は，1940 〜 50 年代に言語獲得をした話者である．そして，Ogawa (2018) が示す (8b-j) の各構文ごとの頻度変化の数値を見ると，(8b-j) のうち上記で見た (8b, c, f) 以外に，(8d, e, g, h, i) の各構文の中での属格主語の頻度も，1950 年代以降も劇的に減少し続けている．もし，PLD に含まれる以下の (18a-g) のような統語的特徴のすべてが，どれほど頻度を減らしても，属格主語文の最小統語サイズを決定する際の肯定証拠として機能し続けたとすると，属格主語とこれらの統語的特徴が共起する頻度が減少し続けている事実を説明できないし，属格主語文が過去 100 年間で状態化してきたという (8j) の事実も説明できないだろう．一方，(18a-i) のすべてが属格主語文の統語サイズを決める上での肯定証拠となり得ると仮定すると，現代に近づくほど，(18a-i) のうち上位の方にあるものから順に肯定証拠として機能しなくなってきた結果として，(18i) のみが属格主語文の統語サイズを決める上での肯定証拠となる割合が徐々に高まってきていることを意味するので，属格主語文に関するミクロパラメータの値 (6a-d) のうち (6d) を獲得する母語話者の割合が徐々に増加してきたはずであり，結果として，属格主語文のサイズが (6a) の CP から (6d) の VP/AP の方向に縮小しつつあるはずである．そして，統語サイズが VP/AP である小節の中には，状態動詞と形容詞しか生起できないために，(8j) の「状態化」の事実も統語的に説明されるのである．

(18)　属格主語文それ自体の特徴：

　　a.　CP 副詞，wh 句，顕在的な補文標識との共起が可能 → CP が必要
　　b.　名詞を述部とするコピュラ文が可能 → CP が必要 (cf. 西垣内 (2016))
　　c.　副詞介在が可能 → CP が必要 (cf. Miyagawa (2011))
　　d.　属性叙述の形容詞とその主語が可能 → TP が必要 (cf. Diesing (1992))
　　e.　TP 副詞，1 回限りの事象を表す動詞が可能 → TP が必要
　　f.　他動詞受動態との共起が可能 → VoiceP (> vP) が必要 (cf. Collins (2005))
　　g.　vP 副詞，他動詞，非対格変化動詞との共起が可能 → vP が必要
　　h.　活動の結果状態を表す動詞が可能 → Lower AspectP (cf. Travis (2010))
　　i.　形容詞・状態動詞のみが可能 → MSP により裸 VP/AP が選択

　また，Snyder (2017) が正しい限りにおいて，(8l, n) に記しているような，特定の構文における属格主語と主格主語との頻度の逆転が起きた事実もまた，属格主語文に関するミクロパラメータの値を変化させる肯定証拠として機能し

た可能性がある．というのも，当該構文に属格主語が生起する例に一定程度接することができたとしても，同じ構文で主格主語が生起する例のほうが頻度が高ければ，主格主語を伴う構文の方を最初に獲得する可能性が高く，その後にPLD として入ってくる属格主語文は当該構文での文法的な表現ではない（聞き間違いである）と判断されるならば，属格主語文の統語サイズに関するパラメータの値を決める肯定証拠になり得ない，という可能性があるためである．また，(8m) に記したような，「属格主語は，状態性の低い活動動詞よりも状態動詞と共起する頻度が高くなった」という事実も，幼児が獲得する際に (6d) を選択するための肯定証拠になっている可能性がある．このようにして，その時々において利用可能であった肯定証拠の量と質の変化に応じて，幼児が獲得するミクロパラメータの値が (6b) から (6c) へ，また，(6c) から (6d) へ変更されていき，次の子世代が言語獲得する際には，親世代の変更されたパラメータの値から生成可能な文の集合が PLD となることから，PLD の中の属格主語文のタイプ頻度はさらに減少し，「節の縮小」が更に進むといったサイクルで言語変化が進行しつつあると考えられる．より具体的には，(18e, f, g, h) の各構文が肯定証拠となるための閾値がどこかにあるとして，それらの頻度がその閾値を下回ったときを境にして，ミクロパラメータの値が，(6b) から (6c) へ，(6c) から (6d) へと変化しているために，漸進的に属格主語文が縮小してきた，というシナリオが考えられる．

　このような「属格主語文の構造的縮約」の仮説は，現代を生きる日本語母語話者の中でも，若い世代ほど，容認可能とする属格主語構文の種類が少なくなることを予測するだけでなく，同じ属格主語文でも上位の機能範疇を必要とするものほど，若い世代は容認性が低いと判断するという予測をするが，この後者の予測が正しいことは，新国他（2017）や Ogawa et al. (2017, 2018a, b) など，数百人規模の大規模な容認性質問調査を行った複数の実験によって確認されている．

6.　パラメータ統語論と史的統語論

　4 節では，パラメータ統語論に対して，生成文法に批判的な立場に立つ Bybee (2015) の反論を紹介したが，生成文法研究者の中からも，パラメータ統語論には本質的で無視できない問題が内在していることが，複数の研究者によって指摘されている (Clark and Roberts (1993), Roberts (2007), Lightfoot and Westwergaard (2007), Snyder (2017), Lightfoot (2018))．中でも，Clark and Roberts (1993) と Roberts (2007: 451) が指摘する，(19) の「言語変化

の論理的問題 (Logical Problem of Language Change)」は，無視できない.

(19)　In the context of the idea that language change arises through the
language acquisition process, the problem of why acquirers would
converge on a system different from that which produces the pri-
mary linguistic data they are exposed to: if that system generates
the data, how are acquirers led to postulate a distinct system?

(Roberts (2007: 451))

(19) は，親世代の生成する発話を PLD として幼児が言語獲得を行う以上，
どのようにして，幼児は，親世代とは異なる文法を獲得できるのか，という問
題である．しかし，この問題については，すでに，それが提起されるよりも
20 年以上も前に，しかも，「原理とパラメータの理論」が提唱されるよりも前
に，折しも「主格属格交替」を最初に論じた Harada (1971) が，1 つの解答を
与えている．Harada は，次のように述べている（太字化および下線は筆者）.

(20)　On the basis of a host of other instances of diachronic change in
the same direction, Kiparsky (1968) argued that the simplification
of grammar should be regarded as another major mechanism for
diachronic change. The simplification of a grammar as he puts it
takes either the form of elimination or (a part of) a rule or the form
of rule reordering.

[…]

It seems that the cause of such a **simplification** lies in the fact
that a child acquires his native language through "constructing the
simplest (optimal) grammar capable of generating the set of utter-
ances, of which the utterances heard by the child are a representa-
tive sample. Notice that the set of data available for the child is
inevitably restricted in size and often degenerate in quality. Since
the child constructs the optimal grammar that is consistent only
with the original data, the grammar he constructs needs not be
identical to the grammar that adults have constructed.

(Harada (1971: 34–35))

この Harada の主張をミクロパラメータ統語論 (Kayne (2000, et seq.)) のも
とで述べ直したものが，先述の MSP と (6a–d) の仮説に基づく言語獲得途上
の言語変化のメカニズムである.

　(6a–d) は，1つの文法に付随するパラメータの値が少なくとも4つあると
いう主張である．これは，パラメータの値は，ある特徴を「もつ／もたない」
の二値からなるという通常のパラメータ統語論の考え方とは異なるので容認で
きないという反論が提示されるかもしれない．しかし，Manzini and Wexler
(1987) の「部分集合の原理 (Subset Principle)」を採用すれば，パラメータの
値は必ずしも二値的である必要はない．生成する文の集合のサイズが A > B >
C の順で一方が他方の部分集合になっている3つの文法 A, B, C があり，そ
れらの選択が1つのパラメータの3つの異なる値の選択の帰結であるとき，
言語獲得中の幼児は，最小サイズの集合を生成する文法 C を無標値として持
ち，その後，文法 C では生成できず，文法 B や文法 A でのみ生成できる文
に肯定証拠として接したときにのみ，パラメータの値を B や A に変更するこ
とで，どの文法も原理的には獲得できるとするのが「部分集合の原理」である．
いま，主語と述語を含む節の無標構造が (6d) の VP/AP（つまり，小節）で
あれば，述部が状態動詞または形容詞である文しか生成できないので，生成で
きる文の集合は最小となり，構造が (6c) の vP であれば，述部が非対格変化
動詞である文も生成できるので，生成できる文の集合は少しだけ大きくなる．
(6b) であれば，述部が受動文や1回限りの活動を表す他動詞である文も生成で
きるので，生成できる文の集合のサイズはさらに大きくなる．(6a) であれば，
述部がどのような意味タイプであっても，また，顕在的な補文標識を含む文さ
えも生成できるので，生成できる文の集合は最大となる．このように (6a–d)
は，生成できる文の集合のサイズにおいて，(6a) ⊇ (6b) ⊇ (6c) ⊇ (6d) の
順で互いに真部分集合の関係を構成するので，いずれの文法に至るパラメータ
の値も，原理的には肯定証拠のみから獲得することが可能なのである．そし
て，主格主語文については，主格の認可それ自体が CP の存在を必要とするの
で (Miyagawa (2011))，言語獲得の最初期に，主格主語文＝CP というパラ
メータ値の設定が可能であったが，属格主語文については，その肯定証拠にな
る構造のタイプ頻度が100年間で劇的に変化してきたので，その変化の程度
に応じて，属格主語文についてのミクロパラメータの値を無標値からより大き
な統語サイズに拡大すべき肯定証拠が，上位の機能範疇ほど早い段階で少なく
なってきた結果として，属格主語文の統語サイズは，CP → TP → vP → VP/AP
と縮小してきたのである．
　本稿での提案は，頻度変化を引き起こしている複数の構文を比較し，それら
の構文の間の変化の幅の違いや，一方が頻度を増やし，他方が頻度を減らして
いるといった反比例の関係を精密に見つめることで，普遍文法に内在するミク
ロパラメータの本質を解明することが可能であることも示している．これに関

係して，最後に，残存するテキストから調査が可能な頻度変化を言語変化の証
拠に使うことの重要さと注意点について，Rinke and Elsig（2010: 2557）が
述べていることを以下に紹介しておこう．

(21)   The problem is that the textual sources are not compiled in order to
         investigate our research question, but usually consist of what is
         handed down to us accidentally. […] And, in addition, these data
         reflect in the first place *language use* and not grammatical knowl-
         edge.

         We nevertheless think that, to a certain extent, generalizations
         about the grammar generating the actual utterances can be obtained
         on the basis of textual sources. In our view, this is only possible
         with recourse to quantitative evidence. Therefore, quantitative cor-
         pus studies are absolutely indispensable in diachronic syntax.

                                              (Rinke and Elsig（2010: 2557））

Chomsky（1965）が言語能力（competence）と言語運用（performance）を区
別したときから，言語使用の実態が言語知識をそのまま反映したものでないこ
とは，生成文法研究者の間で広く理解されていることである．ましてや，書か
れたテキストとして受け継がれているものは，たまたま消失や紛失を免れ現代
に残ってきた偶然の産物であり，過去の時代の言語使用の実態をそのまま正確
に反映したものである保証は何もない．この問題は，「データの粗悪さの問題
（Bad Data Problem）」と呼ばれることもある．また，Ogawa（2018）や本稿
で言語変化の証拠として使っているデータは書き言葉であるが，実際に幼児が
言語獲得に利用可能なのは話し言葉のデータのみであり，言語変化に対して書
き言葉は話し言葉よりも保守的であるといわれる（南部（2016））．しかし，過
去の時代に生きた人びとの言語知識を，我々は自分たちの「内省（introspec-
tion）」によって知り得ないことも，過去の時代に言語獲得に利用可能であっ
た話し言葉のデータは，通常，コーパスからは入手不可能であることも自明の
理であり，史的統語論の研究を行う上では，現在に残された書き言葉や話し言
葉のテキストからわかる量的証拠（quantitative evidence），すなわち，頻度の
変化を率直に見つめつつ，そこで何が起きたのか，その原因が何かといったこ
とへの推論を巡らす以外に方法はないのである．

7. 結語

本稿では，日本語の「属格主語文」が，過去100年ほどの短期間で，通時的にその様相を大きく変え，全体として状態化してきた事実に着目しつつ，その構文のタイプ頻度・トークン頻度の変化が，属格主語文の構造の縮約につながるミクロパラメータの値の変化を引き起こしてきたと主張した．その上で，Harada（1971）が最初に観察して以降，全く顧みられることのなかった，世代間で異なる属格主語文の容認性の差という事実に対しても，日本語母語話者が生成し得る属格主語文の構造が，当時40歳以上の世代ではCPであったのが，当時20歳代ではTPへと縮約したことに起因するとの仮説に基づく説明を与えた．実際には，当時の20歳代は現在では65歳以上になっているが，その世代よりも若い世代では，TPよりもさらに小さいvPやVP/APといった統語サイズの属格主語文を獲得世代も生じていると主張した．また，生成統語論に基づく通時的統語変化の研究に，頻度変化のデータを用いることの重要性について，過去10年程度の間に生成統語論研究者の間でも指摘され始めた重要な主張や観察を概観するとともに，パラメータ統語論による言語変化研究に対する内外からの反論が散見されるものの，ミクロパラメータ統語論にはこれらの反論は当てはまらないと論じた．

参考文献

Ambridge, Ben (2010) "Book Review: Insa Gülzow & Natalia Gagalina (eds.) Frequency Effects in Language Acquisition: Defining the Limits of Frequency as an Explanatory Concept. Berlin: Mouton de Gruyter, 2007," *Journal of Child Language* 37, 453–475.

Anderson, Henning (1973) "Abductive and Deductive Change," *Language* 49, 765–793.

Biberauer, Theresa and Ian Roberts (2012) "Towards a Parameter Hierarchy for Auxiliaries: Diachronic Considerations," *Cambridge Occasional Papers in Linguistics* 6, 267–294.

Bošković, Željko (1997) *Nonfinite Complementation: An Economy Approach*, MIT Press, Cambridge, MA.

Brinton, Laurel J. and Elizabeth Closs Traugott (2005) *Lexicalization and Language Change*, Cambridge University Press, Cambridge.

Bybee, Joan (2015) *Language Change*, Cambridge University Press, Cambridge.

Chomsky, Noam (1965) *Aspects of the Theory of Syntax*, MIT Press, Cambridge,

MA.

Chomsky, Noam (1982) *Some Concepts and Consequences of the Theory of Government and Binding*, MIT Press, Cambridge, MA.

Clark, Robin and Ian Roberts (1993) "A Computational Approach to Language Learnability and Language Change," *Linguistic Inquiry* 24, 299–345.

Collins, Chris (2005) "A Smuggling Approach to the Passive in English," *Syntax* 8, 81–120.

Cournane, Ailís (2017) "In Defence of the Child Innovator," *Macro-change and Micro-change in Diachronic Syntax*, ed. by Éric Mathieu and Robert Truswell, 10–24, Oxford University Press, Oxford.

Diesing, Molly (1992) *Indefinites*, MIT Press, Cambridge, MA.

Frellesvig, Bjarke (2010) *A History of Japanese Language*, Cambridge University Press, Cambridge.

Harada, Shin-ichi (1971) "*Ga-No* Conversion and Idiolectal Variation in Japanese," *Gengo Kenkyu* 60, 25–38.

Hiraiwa, Ken (2002) "Nominative-Genitive Conversion Revisited," *Japanese/Korean Linguistics* 10, 546–559.

Kayne, Richard (2000) *Parameters and Universals*, Oxford University Press, New York.

Kemenade, Ans van (1987) *Syntactic Case and Morphological Case in the History of English*, Foris, Dordrecht.

金銀珠 (2009)「現代語の連体修飾節における助詞「の」」,『日本語科学』25, 23–42.

金水敏・高山善行・衣畑智秀・岡崎友子 (2011)『文法史』(シリーズ日本語史 3), 岩波書店, 東京.

Kiparsky, Paul (1968) "Linguistic Universals and Linguistic Change," *Universals in Language*, ed. by Emmon Bach and Robert Thomas Harms, 171–202, Holt, Reinhart and Winston, New York.

Kishimoto, Hideki and Geert Booij (2014) "Complex Negative Adjectives in Japanese: The Relation between Syntactic and Morphological Constructions," *Word Structure* 7, 55–87.

Kroch, Anthony S. (1990) "Reflexes of Grammar in Patterns of Language Change," *Language Variation and Change* 1, 199–244.

Kroch, Anthony S. (2001) "Syntactic Change," *The Handbook of Contemporary Syntactic Theory*, ed. by Mark Baltin and Chris Collins, 699–729, Blackwell, Dordrecht.

Kuno, Susumu (1973) *The Structure of the Japanese Language,* MIT Press, Cambridge, MA.

Lieven, Elena (2010) "Input, First Language Acquisition: Evaluating the Role of Frequency," *Lingua* 120, 2546–2556.

Lightfoot, David (1979) *Principles of Diachronic Syntax*, Cambridge University Press, Cambridge.

Lightfoot, David (1991) *How to Set Parameters: Arguments from Language Change*, MIT Press, Cambridge, MA.

Lightfoot, David (1999) *The Development of Language: Acquisition, Change, and Evolution*, Blackwell, Malden, MA.

Lightfoot, David and Marit Westergaard (2007) "Language Acquisition and Language Change: Inter-relationships," *Language and Linguistic Compass* 1, 396–415.

Lightfoot, David (2018) "Nothing in Syntax Makes Sense Except in the Light of Change," *Language, Syntax, and the Natural Sciences*, ed. by Ángel J. Gallego and Roger Martin, 224–240, Cambridge University Press, Cambridge.

Maling, Joan (1983) "Transitive Adjectives: A Case of Categorial Reanalysis," *Linguistic Categories: Auxiliaries and Related Puzzles, Volume 1*, ed. by Frank Heny and Barry Richards, 253–289, D. Reidel Publishing Company, Dordrecht.

Manzini, Maria Rita and Kenneth Wexler (1987) "Parameters, Binding Theory, and Learnability," *Linguistic Inquiry* 18, 413–444.

McWhorter, John H. (2009) "What Else Happened to English?: A Brief for the Celtic Hypothesis," *English Language and Linguistics* 13, 163–191.

Miyagawa, Shigeru (2011) "Genitive Subjects in Altaic and Specification of Phase," *Lingua* 121, 1265–1282.

南部智史 (2007)「定量的分析にもとづく「が／の」交替再考」『言語研究』131, 115–149.

Nambu, Satoshi (2014) *On the Use of Case Particles in Japanese: Corpus and Experimental Study*, Doctoral dissertation, Osaka University.

南部智史 (2016)「従属節の主語表示「が」と「の」の変異」『SP盤演説レコードがひらく日本語研究』，相澤正夫・金澤裕之（編），155–172，笠間書院，東京.

新国佳祐・和田裕一・小川芳樹 (2017)「容認性の世代間差が示す言語変化の様相：主格属格交替の場合」『認知科学』24, 395–409.

新国佳祐・和田裕一・小菅智也・小川芳樹（本書）「形式名詞「はず」の文法化と属格主語の容認性に関する世代間差」

西垣内泰介 (2016)「「指定文」および関連する構文の構造と派生」『言語研究』150, 137–171.

Niyogi, Partha and Robert C. Berwick (1997) "Evolutionary Consequences of Language Learning," *Linguistics and Philosophy* 20, 697–719.

小川芳樹 (2016)「属格主語を含む関係節・形式名詞節の通時的な状態化と語彙化について」『言語変化・変異研究ユニット第3回ワークショップ：内省判断では得られない言語変化・変異の事実と言語理論』，口頭発表.

Ogawa, Yoshiki (2018) "Diachronic Syntactic Change and Language Acquisition: A View from Nominative/Genitive Conversion in Japanese," *Interdisciplinary Information Sciences* 24(2), 91–179.

Ogawa, Yoshiki, Keiyu Niikuni and Yuichi Wada (2017) "Nominative/Genitive Conversion in Japanese and Syntactic Clause Shrinking Now in Progress," paper presented at *LACUS 2017*, Hamilton University, Canada.

Ogawa, Yoshiki, Keiyu Niikuni and Yuichi Wada (2018a) "A Case for an Ongoing Left Periphery Truncation of Finite Clauses: Evidence from Adverbs' Compatibility with Genitive Subjects in Japanese," a paper read at Workshop on Crosslinguistic Variation in the Left Periphery at the Syntax-Discourse Interface, held within Seoul National University International Conference on Linguistics, June 2018.

Ogawa, Yoshiki, Keiyu Niikuni and Yuichi Wada (2018b) "Syntactic Gradience between Finite Clauses and Small Clauses: Evidence from a Diachronic Change in Genitive Subject Clauses in Japanese," paper presented at the conference *The Shaping of Transitivity and Argument Structure*, University of Pavia, Italy.

Paul, Ileana (2017) "Reduced Structure in Malagasy Headlines," *Language Variation* 17, 292–306.

Rinke, Esther and Martin Elsig (2010) "Quantitative Evidence and Diachronic Syntax," *Lingua* 120, 2557–2568.

Rizzi, Luigi (1997) "The Fine Structure of Left Periphery," *Elements of Grammar*, ed. by Lilian Haegeman, 281–337, Kluwer Academic Publishers, Dordrecht.

Roberts, Ian G. (2007) *Diachronic Syntax*, Oxford University Press, Oxford.

Roeper, Thomas (2010) "Interfaces, Frequency, and the Primary Linguistic Data Problem," *Lingua* 120, 2538–2545.

Snyder, William (2017) "On the Child's Role in Syntactic Change," *Perspectives on the Architecture and Acquisition of Syntax: Essays in Honor of R. Amritavalli,* ed. by Gautam Sengupta, et al., 235–242, Springer, Dordrecht.

田中智之（本書）「多重話題化と英語史における機能範疇の喪失」

Thráinsson, Höskuldur (1996) "On the (Non-) Universality of Functional Categories," *Minimal Ideas: Syntactic Studies in the Minimalist Program*, ed. by Werner Abraham, Samuel D. Epstein, Höskuldur Thráinsson, and Jan-Wouter Zwart, 253–281, John Benjamins, Amsterdam.

Travis, Lisa (2010) *Inner Aspect: The Articulation of VP*, Springer, Dordrecht.

Westergaard, Marit (2014) "Linguistic Variation and Micro-Cues in First Language Acquisition," *Linguistic Variation* 143, 26–45.

Williams, Edwin (1975) "Small clauses in English." *Syntax and Semantics* 4, ed. by J. P. Kimball, 249–273. Academic Press, New York.

Yang, Charles D. (2002) "Grammar Competition and Language Change," *Syntactic Effects of Morphological Change*, ed. by David W. Lightfoot, 367–380, Oxford University Press, Oxford.

形式名詞「はず」の文法化と
属格主語の容認性における世代間差[*]

新国佳祐[a]・和田裕一[b]・小菅智也[c]・小川芳樹[d]

新潟青陵大学[a]・東北大学[b,d]・秋田工業高等専門学校[c]

1. 導入

　日本語には，英語と違って，動詞や形容詞を名詞化する接辞が少ない代わりに，動詞句や形容詞句や節を補部に取り名詞句を作る形式名詞が数多く存在する．益岡・田窪（1992: 36）では，形式名詞は次のように定義される．[1]

> (1)　意味的に希薄で，修飾要素なしでは使えない名詞を「形式名詞」と呼ぶ．形式名詞は，概念や事物を指し示す働きよりも，文の組み立てにおける働きの方が重要であり，補足節，副詞相当句，副詞節を作ったり，判定詞と結合して助動詞を作ったりする．

現代日本語の形式名詞は，「こと」「ところ」「なか」「よう（に）」「とき」「通り」「限り」「はず」「わけ」「頃」「方」「者」「うち」「ばかり」「ため」など，極めて使用頻度の高いものに限っても 30 種類は優に超える．

　ところで，日本語には，主語に格を標示する方法として 2 種類がある．1 つは，通常の主格対格言語と同様，主語を主格で標示する方法であり，もう 1 つは，名詞に付随する（2a, b）のような節の中で，主語を属格で標示する方法である．

> (2) a.　太郎のいる部屋
> 　　 b.　太郎のかしこいこと

　* この研究は，科学研究費補助金（課題番号 JP16K02753, JP17K13438）によって一部支援されている．

[1] 筆者が知る限りでは，日本語の名詞を最初に普通名詞（実体言）と形式名詞（形式体言）に分類したのは山田（1908）であるが，山田では，「其の意義頗広汎にして，単独にては如何なる意義なるかを仔細に捕捉し難きまで見ゆるもの」と，定義づけを断念している．その後，木枝（1937），時枝（1950）などの研究を経て，松下（1961）が始めて「形式名詞」という名称を導入している．日本語の「形式名詞」をめぐる研究史は，井出（1967）に詳しい．

このうち，(2a) は属格主語を伴う関係節であり，(2b) は属格主語を伴う形式名詞節である．属格主語は，(3a) のような比較構文 (Watanabe (1996)) や (3b) のような述部の連体形を伴う定型表現 (Hiraiwa (2002)) の中でも認可されるとの主張もあるが，現代日本語においては，その生起環境の大半は，(2a, b) のいずれかに限定されるといってよい．[2]

(3) a.　太郎の読んだより多くの本を次郎は読んだ．
　　b.　日の暮れるにつれて，だんだん寒くなってきた．

　属格主語については，Harada (1971) 以来，言語変化が進行中であるとの観察や主張が複数なされている．例えば，Nambu (2014) は，属格主語の生起頻度が過去 100 年の間に顕著に減少してきていることを「国会会議録検索システム」の中に含まれる政治家の発言の分析結果から示している．また，Ogawa (2018) は，(2a, b) の中でも，(2a) の関係節の中よりも，(2b) の形式名詞節の中での方が，属格主語の頻度の減少率が大きいことを，1890 年代から 2010 年代までの 130 年間に刊行された新書・小説・自伝等の刊行物 130 冊の調査から観察している．

　これらの知見を踏まえて，本稿では，形式名詞「はず」の補文内に生じる (4b) のような属格主語の容認性に特に着目する．普通名詞「筈」からの文法化によって派生された形式名詞「はず」が，更なる文法化により名詞性を失いつつあるとの仮説を提示した上で，この通時的変化のために，(4b) の容認性には世代間差があるとの予測を立てる．そして，この予測と合致する大規模容認性調査の結果を報告する．また，「はず」も含めて形式名詞節の中での属格主語の減少率の方が関係節の中でのそれよりも大きい理由についても考察する．

(4) a.　　あの公園に太郎がいるはずがない．[3]
　　b.(%) あの公園に太郎のいるはずがない．

---

[2] Maki and Uchibori (2008), Miyagawa (2011) は，(3a, b) も，(ia, b) のように，「の」，または，より意味の濃い名詞表現を挿入する表現と置き換え可能であることから，形式名詞節の一種であると論じている．(3a) の比較節の名詞性については，Beck, Oda and Sugisaki (2004), Sudo (2014) も参照．
　(i) a.　太郎の読んだ<u>量／冊数</u>より多くの本を次郎は読んだ．
　　 b.　日の暮れる<u>の</u>につれて，だんだん寒くなってきた．
[3] 査読者によれば，一般に同じ格が複数現れると容認性が下がるという傾向があり，これには，音韻論でいうところの Obligatory Contour Principle (OCP) の影響もあるという．しかし，(4a, b) の対比で興味深いのは，「が」格が 2 回生じている (4a) のほうが，「が」と「の」が 1 回ずつ生じている (4b) よりも容認性が高いという事実である．

　本稿の構成は，以下の通りである．2節では，過去100年間での属格主語の
タイプ頻度とトークン頻度の減少を説明するためにOgawa（2018）が提案し
ている「属格主語文の縮約」の仮説を紹介する．3節では，「はず」の文法化に
より，「はず」節内で属格主語がどのように発達し衰退してきたかについての
小菅・小川（2015）の観察と分析を概観するとともに，上記の「属格主語文の
縮小化」とは独立に進行中の，「はず」の文法化に伴う統語構造の再分析につ
いての仮説を提案する．この構造変化によって，若い世代ほど（4b）タイプの
文における形式名詞「はず」が名詞性をもちにくくなっているため，その補文
内での属格主語の容認性が低くなると予測されるが，4節では，筆者たちが
行った大規模調査により，この予測を裏づける結果が得られたことを示す．5
節では，「はず」について進行中の統語変化と同様の変化が，「はず」以外の形
式名詞についても程度の差こそあれ現在も進行中であるとの仮説を提示し，関
係節と形式名詞節の中での属格主語の減少率の顕著な差を説明する方法を検討
する．6節は結語である．

2.　構文ごとの属格主語の頻度変化

　日本語で主語に与えられる格の形態は，過去1000年の歴史の中で劇的に変
化してきたことが知られている．おおむね平安時代までは，主格は「が」また
は「の」として一定の補文内でのみ生じる形態格であり，主節における主格は
ゼロ格であったが，鎌倉時代後期（14世紀）から「が」格が主節にも拡張する
とともに，「の」格は属格としての用法を確立させた（cf. 金水他（2011），
Ogawa（2018））．これ以降も，しばらくの間は，連体節および準体節（生成
統語論では，いずれもCP）の中で「の」格主語と「が」格主語の両方が許され
る状態が続いてきた．これが，いわゆる「主格属格交替」と呼ばれる現象であ
るが，このうち，属格主語文については，前節で述べたように，過去100年
間で劇的な衰退が見られる．

　そこで，Ogawa（2018）と小川（本書）では，特に，過去100年間での変化
に焦点を絞り，この変化を，属格主語文が，機能範疇Cを含む完全なCPで
あったのが，TP, vPを経てVP/APという小節にまで縮小しつつあることの
結果であると論じた．その詳細は，Ogawa（2018）と小川（本書）を参照して
頂くとして，概略のみ述べると，属格主語文の構造は，20世紀初頭までは，
（5a）のように，属格主語を認可する機能範疇Dがその補部にCPを取る構造
であったのが，顕在的な補文標識や名詞述部と共起する属格主語の頻度減少を
起因とするミクロパラメータの値の変化により，（5b）のように，Dがその補

部に TP を取る構造に縮小し，その後，特定の時間と場所で起きた 1 回限りの活動を表す述部と共起する属格主語の頻度減少を起因とするミクロパラメータの値の変化により，(5c) のように，D がその補部に vP を取る構造に縮小し，さらに最近になると，属格主語と共起する述部の大半が状態動詞か形容詞に限られるようになってきたことを起因とする，ミクロパラメータの値の更なる変化により，(5d) のように，D がその補部に VP/AP を取る構造に縮小しつつある，と論じている．

(5) a. Dialect A: $[_{DP} [_{CP} [_{TP} [_{VoiceP} [_{vP} [_{VP/AP} \text{DP-Gen V/A}] \text{v}] \text{Voice}] \text{T}] \text{C}]$ (NP) $D_{Gen}]$

b. Dialect B: $[_{DP} [_{TP} [_{VoiceP} [_{vP} [_{VP/AP} \text{DP-Gen V/A}] \text{v}] \text{Voice}] \text{T}]$ (NP) $D_{Gen}]$

c. Dialect C: $[_{DP} [_{vP} [_{VP/AP} \text{DP-Gen V/A}] \text{v}]$ (NP) $D_{Gen}]$

d. Dialect D: $[_{DP} [_{VP/AP} \text{DP-Gen V/A}]$ (NP) $D_{Gen}]$

普遍文法 (UG) と一次言語資料 (PLD) から個別文法 (PG) を幼児が獲得する際に，属格主語文の構造をより大きいサイズに同定するための肯定証拠の頻度が一定の下限を下回ると，属格主語文を分析する際に，CP と TP，TP とvP などの間で構造的曖昧性が生じる．[4] その際に，最小構造の原理 (Minimal Structure Principle (MSP); Bošković (1997)) により，同じ音韻的・意味的効果を生じるために必要な最小の構造が属格主語文の構造として同定されることの結果として，(5a) から (5d) に向かっての通時的変化が生じる，と Ogawa (2018) は論じている．肯定証拠の頻度をどのように数値化するか，頻度の下限をどこに設定するかなど未解決の問題が多いが，同一の統語環境で，主格主語と属格主語は交替可能であるものの両立はしないことから (*太郎がの買った本)，属格主語文の統語構造がより小さいサイズに修正される際に必要な肯定証拠は，特定の構文に生じる属格主語文の頻度そのものではなく，当該の属格主語文の頻度と，それに対応する主格主語文の頻度の差であるという可能性もある (cf. Snyder (2017))．いずれにせよ，(6a-d) のような特定の構文内に生じる属格主語の頻度が急激に減少し，一部は完全に消失したことや，当該の意味を主格主語文でしか表せなくなったことで，(5a-d) の変化は起きたと Ogawa (2018) は主張している．

---

[4] 例えば，$[_{DP} [_{?P}$ 背の高い] 男] という名詞句内の関係節の構造 (?P) のラベルは，原理的には CP でも TP でも AP でもあり得る．

(6) a. 蟹の猿を殺したのは私憤の結果に外ならない.
　　　　［「を」格との共起］　　　　　　　　　（芥川龍之介「猿蟹合戦」）

　　b. その内先刻お梅の仮に打った折釘が不意に抜けた.
　　　　［副詞の介在］　　　　　　　　　　　　　（志賀直哉「剃刀」）

　　c. 夜の明けるという事が，そう早く，来てはならないような心もち
　　　　がする.
　　　　［補文標識との共起］　　　　　　　　　（芥川龍之介「芋粥」）

　　d. 杉子の手の美しいといわれたことは歌のうまいと云うことと一緒
　　　　に忘れることのできない，自慢の一つだった.
　　　　［受動態／補文標識との共起］　　　　（武者小路実篤「友情」）

そして，何らかの肯定証拠の質と量の変化により，(5a-d) のようなミクロパラメータの値の変化が起きたとの仮説は，属格主語と共起する述部がより大きいサイズの統語構造を必要とすればするほど，年齢の若い世代のほうが高齢の世代よりも容認性が低いと判断すること (Ogawa et al. (2018))，属格主語と共起する述部の状態性が低いほど，どの世代でも容認性が低いと判断すること (新国他 (2017)) などの事実からしても，経験的に妥当な仮説であるといえるだろう.

　さて，上記にまとめた「節の縮約」の仮説が妥当であるとして，なお説明されずに残っている事実の 1 つに，関係節の中での属格主語の頻度も形式名詞節の中での属格主語の頻度も，過去 130 年間に減少してはいるものの，その減少率が大きく異なる，ということが挙げられる (Ogawa (2018)).[5] 具体的には，以下の図 1 にも示すように，属格主語全体の頻度は，過去 130 年間で 2295 PER MIL (PER MIL は 100 万字あたりの件数) から 625 PER MIL まで，73%減少しているものの，関係節内での属格主語の頻度は，同期間に 918 PER MIL から 413 PER MIL まで，55%の減少率にとどまっているのに対して，形式名詞節内での属格主語の頻度は，同期間に 1377 PER MIL から 211 PER MIL まで，85%も減少している.[6] この頻度変化の傾きの違いの結果と

---

[5] 関係節内と形式名詞節内での属格主語の認可条件が異なることは，すでに Harada (1971) で指摘されているが，そこでは頻度変化の違いの問題は取り上げられていない.

[6] 図 4 で後述するように，同様の頻度減少は，主格主語を伴う形式名詞節には見られず，こちらの頻度はほぼ一定している. また，小川 (2016) と異なり，Ogawa (2018) は，新書・小説・自伝等を含む複数のジャンルから 130 冊を選んでいるので，この頻度変化は，特定の書き言葉のジャンルに見られる文体の変化であるとも言えない. しいて言えば，この変化は，書き言葉で使用される文体の変化であって，言語システム自体に見られる変化ではない，という反論はあり得るかも知れないが，属格主語の頻度減少については，Nambu (2007, 2014)，南

して，形式名詞節・連体節内の「の」主語の頻度は，1890 ～ 1930 年代までは，関係節内の「の」主語の頻度よりも高かったのが，1930 年代から 1960 年代の間に両者が逆転し，現在では，前者は後者の半分程度にまで低下している．

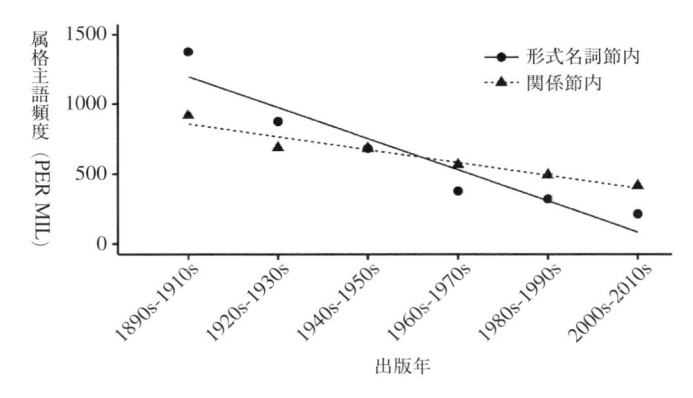

図 1. 形式名詞節と関係節の中での属格主語の出現頻度変化（Ogawa（2018）のデータより作成）．図中の実線，破線は形式名詞節，関係節それぞれにおける頻度を目的変数，出版年を説明変数とした回帰直線を示す（形式名詞節：$R^2 = .91$；関係節：$R^2 = .93$）．

ここでいう頻度は，トークン頻度のことであるが，タイプ頻度においても，形式名詞節内の「の」主語は漸減している．その原因の 1 つには，（7a-c）の「気づかい」「余慶」「もと」のように，当該の形式名詞自体が使われなくなり廃れたものがある，ということがある．

(7) a.　三十分か一時間は，どちらからも汽車の来る<u>気づかい</u>はない．
　　 b.　これは，船脚ののろい<u>余慶</u>であって，
　　　　　　　　　　（(7a, b) は，阿川弘之（1960）「空旅・船旅・汽車の旅」）
　　 c.　その墨絵の松の古びている<u>もと</u>に冬籠りしている人
　　　　　　　　　　（高浜虚子（1918）「俳句はかく解しかく味う」）

部（2016）が，「国会会議録検索システム」や「岡田コレクション」という話し言葉コーパスを調べて同様の結果を示しており，また，新国他（2017）は，20-29 歳，40-49 歳，65-74 歳の 3 世代の母語話者，計 300 名を対象とする容認性質問調査を行った結果として，若い世代ほど特定の属格主語文の容認性を低く判断する傾向があることを確認しているので，総じて，属格主語文の頻度減少は，属格主語文を生成する日本語母語話者の言語システム自体の変化の結果であると論じるべき根拠は十分にある．

しかし，それよりも，かつては属格主語を認可できていた形式名詞が，現代でも形式名詞としては使われるものの，現代に近づくにつれて，徐々に属格主語と共起しなくなり（または，共起する頻度が極端に減少し），主格主語のみと共起するようになった事例のほうが，はるかに多いと思われる．(8a-e) は，その一部を例示している（属格主語と共起する形式名詞の種類の通時的変化については，表4も参照）．

(8) a.　広田先生の使うために古人が作って置いた様な音がする．
　　 b.　さすがに樹の多いだけに気持が晴々した．

　　　　　　　　　　　　　　　((8a, b) は，夏目漱石 (1908)「三四郎」)

　　 c.　前置というものは … 必要のないのにむやみに置くべきものではない．
　　 d.　この家は冷泉の湧くので有名な薬師のあるところとすぐ近処で，

　　　　　　　　　　((8c, d) は，高浜虚子 (1918)「俳句はかく解しかく味う」)

　　 e.　これは榎本の悪いのではなく此方の卑劣というものだから，

　　　　　　　　　　　　　　　　　（福沢諭吉 (1897)「福翁自伝」)

　これらの形式名詞がなぜ急激に属格主語と共起しなくなり，主格主語のみと共起するようになったのかについては，3 ～ 4 節での議論を踏まえて，5 節で改めて立ち返るとして，次節では，形式名詞の中でも比較的その出現が新しく，かつ，属格主語と共起した期間が短いという意味で特殊である形式名詞「はず」を取り上げ，その通時的変化の過程と，現代日本語での「はず」の補文の統語構造における進行中の変化の様相について，検討したい．

3. 「はず」節内での属格主語

　「はず」はもともと「筈」と書き，「矢の端の，弓の弦につがえる切り込みのある部分，矢筈」を表す普通名詞であった（『デジタル大辞泉』）．それが，「矢筈と弦がよく合う」ところから，普通名詞からの文法化により，当然そうなるべき道理であることを表す形式名詞の用法が生じたとされる．

　現代日本語では，「はず／筈」は，主格主語とともに生じる場合には，(9a) のような肯定極性表現と，(9b) のような否定極性表現の2種類が可能である．

(9) a.　太郎は明日のパーティーに来るはずだ．
　　 b.　太郎は明日のパーティーに来るはずがない．

このうち，肯定極性表現と属格主語が共起する (10a) は，おそらくすべての母語話者にとって容認不可能であろうが，否定極性表現と属格主語が共起する

(10b) は，これを容認する人と容認しない人に分かれるのではなかろうか．

(10) a. ＊明日，太郎の来るはずだ．
   b. ％明日，太郎の来るはずがない．

しかし，もともとは，肯定極性表現の「はずだ」のほうが，否定極性表現の「はずがない」よりも，属格主語と共起するとしないとにかかわらず，初出例の出現時期は早かったことが確かめられている．

小菅・小川（2015）では，『日本語歴史コーパス』や，『好色一代女』などの文学作品の電子版で，「はず」が補文と共起する例を調べ上げ，その結果を，肯定極性表現と否定極性表現に分けて分類した．[7]

(11) a. 『日本語歴史コーパス』：「筈」を語彙素検索
   b. 好色一代女，好色五人女（1686 年）   ⎫ 「筈，はず，はづ」を
   c. 曽根崎心中（1703 年）   ⎬ 『kwic finder』で文字列検索
   d. 心中天の綱島（1720 年）   ⎭
   e. ふみくらコーパス（1781 ～ 1884 年） ⎫ 「筈，はず，はづ」を
   f. 女性雑誌コーパス（1895 ～ 1925 年） ⎬ 『ひまわり』で文字列検索
   g. 太陽コーパス（1895 ～ 1925 年）   ⎭

それによれば，「はず」が節に後続する例が初めて観察されるのは，1642 年の「虎明本狂言集」であり，[8] その後，属格主語との共起は 1686 年の『好色一代女』に，主格主語との共起は 1703 年の『曽根崎心中』に初出例が観察されるが，これらはいずれも肯定極性表現である．

(12)   爰元でつれを待合するはづじや程に，そなたはさきへおのぼりやれ
                                              （1642; 虎明本狂言集）
(13)   田舎者の目にも是は合點のゆかぬはづなり．   （1686; 好色一代女）

「はず」が否定極性表現として使用される例が初めて観察されるのは，1720

---

  [7] これは，小菅・小川（2015）を準備した 2015 年 3 月時点では唯一可能であった検索方法だが，その後，『日本語歴史コーパス』の改良が進み，現在では，(11e-g) に (11a) の中に統合されている他，(11a) の中に，鎌倉時代から江戸時代にかけての他の文学作品も複数追加収録されている．そこで，本稿を執筆している 2019 年 1 月時点で，『日本語歴史コーパス』の中を調べ直してみたが，否定極性の「はず」の初出例は 1798 年の『洒落本』であり，小菅・小川（2015）の調査結果から得られる主張を覆すものは見つかっていない．
  [8] 「はず」に関するこの事実は，「こと」「もの」などの他の形式名詞の大半が，『万葉集』の時代から節を補文に取り，属格主語も認可できた事実と対照をなす．

年の『心中天の網島』まで待たねばならない.

(14)　其鼻顔せふはづがない　　　　　　　　　　　　　　（1720; 心中天の網島）

その後，19 世紀末になると，「はず」の直前に「べき」といった Modal 要素が生じ，属格主語と共起する例も観察されるようになる.

(15)　何れ優り劣りの有るべき筈なく …　　　　　　　　　　（1895; 太陽）

これは，当時の「はず」が CP で修飾できたことを示す例であると考えられる.そして，小菅・小川（2015）によれば，肯定極性と否定極性の「はず」が主格主語，属格主語と共起する例，および，そのいずれでもない例（主語がない例，主語が「は」で標示される例など）の件数の通時的変化は，以下の表 1 のようになる.

表 1. 形式名詞「はず」の年代別出現件数（小菅・小川（2015）より）

		年代										
		1642	1686	1703	1720	1791	1875	1895	1901	1909	1917	1925
Pos	主格	0	0	1	0	0	0	5	8	36	45	37
	属格	0	1	0	1	0	0	3	0	3	1	3
	その他	4	6	2	2	1	0	157	199	220	177	152
Neg	主格	0	0	0	0	0	0	6	2	12	15	25
	属格	0	0	0	0	0	0	8	5	29	16	16
	その他	0	0	0	1	0	1	16	10	54	36	55

注）主格：主格を含む例，属格：属格を含む例，Pos：文全体が肯定極性（「S＋V＋はずだ」），Neg：文全体が否定極性（「S＋V＋はずがない」）.

この表からわかるのは，以下の 3 点である.（i）1642 年から 1703 年までは，「はず」は肯定極性表現にのみ生じていたが，1720 年以降は否定極性表現の中にも生じるようになっている，（ii）1686 年から 1925 年までの期間を通じて，「はず」は主格主語とも属格主語ともほぼ同程度に共起できる，（iii）1720 年から 1925 年までの期間を通じて，属格主語が肯定極性表現の「はず」節の中に生じる例よりも，否定極性表現の「はず」節の中に生じる例の方が多い傾向があるものの，肯定極性表現の「はず」節の中にも属格主語は一定の頻度で生じていた.

　一方，Ogawa（2018）の文献調査（1895 年から 2018 年までに刊行された 130 冊を対象）によれば，1990 年代頃までの刊行物には，（16）のように否定

極性の「はず」節内に属格主語が生起する事例は，（16a, b）のような例が 20 例ほど見つかるが，肯定極性の「はず」節内に属格主語が生起する事例はわずかに 3 例しか見つからない．しかも，それら 3 例はいずれも，「はず」がコピュラの「の」を伴って全体的に関係節に含まれる（17a, b）のような事例であるので，ここでは，属格主語を認可しているのは「はず」であるというよりも関係節を選択する機能範疇 D である可能性が高い．

(16) a. そんなに余裕のあるはずがない．（宮脇俊三（1985）「殺意の風景」）
　　 b. 大黒交通側に文句のあるはずがない．　　（東野圭吾（1998）「秘密」）
(17) a. 一番腕のないはずの私は，　　　　　（湯川秀樹（1960）「旅人」）
　　 b. 健康には自信のあったはずの二人．

　　　　　　　　　　（外山滋比古（1981）「フェスティナ・レンテ」）

つまり，肯定極性の「はず」は，否定極性の「はず」よりも，属格主語を認可しはじめた時期も早いが，認可しなくなった時期も早く，少なくとも 1925 年以降は属格主語を認可するべき名詞素性を保持していた証拠がない，といえる．

　この事実から，小菅・小川（2015）では，「はず」それ自体が，もともとは普通名詞（N）であったのが，文法化により，19 世紀には（関係節 CP により修飾され得る）法名詞（N/Mod）に再分析され，その後，20 世紀になると，肯定極性の「はず」は機能範疇 Mod へ，否定極性の「はず」は機能範疇 n（= nominalizer）へと，別々の方向に文法化が進んだ，と提案している．その上で，Mod まで文法化した肯定極性の「はず」は，もはや名詞素性をもたないので，属格主語を認可できなくなったが，n に文法化した否定極性の「はず」は，まだ名詞素性をもつので，依然として属格主語を認可できる状態が続いている，と分析している．

　また，小菅・小川（2015）の内省的判断の結果によれば，現代語で「はずがない」が属格主語と共起できるのは，述部が形容詞，状態動詞と非対格動詞の一部に限られ，非能格動詞や他動詞（の受動態）は許されない．

(18) a. 太郎 {が／の} 来るはずがない．　　　　　（VP; 外項なし）
　　 b. 太郎 {が／*の} 走るはずがない．　　　　 （vP; 外項あり）
　　 c. 太郎 {が／*の} 殴られるはずがない．　　 （VoiceP）
　　 d. （*今日）太郎の来るはずがない．　　　　（TP）
　　 e. 太郎に楽器 {が／*の} 弾けるはずがない．（TP）

これは，通常の属格主語文が，多少容認性は落ちる場合があるとはいえ，非能格動詞や他動詞（の受動態）とも一応共起可能である事実とは明確な対照をなす．

(19) a. 太郎 {が／の} 来た理由

    b. 太郎 {が／の} 走った理由

    c. 太郎 {が／の} 殴られた理由

    d. 今日太郎 {が／の} 来た理由

    e. 太郎に楽器 {が／の} 弾ける理由

　形容詞，状態動詞，非対格動詞はいずれも，外項をもたないという意味で，弱いフェイズを構成する vP 内に生じることから，当該の属格は，Miyagawa (2013) が主張する「弱い v と依存テンスが認可する属格」であるようにも見えるが，(18c) の受動態では属格主語が認可されないことから，この可能性も否定される.

　以上を踏まえて，小菅・小川（2015）では，「はず」節内での属格主語は，Miyagawa (2011) で論じられているように，機能範疇 D が選択する TP 節内で D によって認可されるわけでもなく，Miyagawa (2013) で論じられているように，弱い v と依存テンスにより認可されるわけでもなく，独自の統語環境で認可されると主張している．その統語構造とは，N/Mod から n に文法化した否定極性の「はず」が，その補部に，CP や TP や vP ではなく VP を選択する構造である．この提案によれば，主語が「が」であるときの (18a) と，主語が「の」であるときの (18b) は，それぞれ，(20a, b) の構造をもつことになる.

(20) a. [$_{CP}$ [$_{TP}$ [$_{NegP}$ [$_{nP}$ [$_{vP}$ 太郎が来る] はず（＝n)] が ない] T] C]

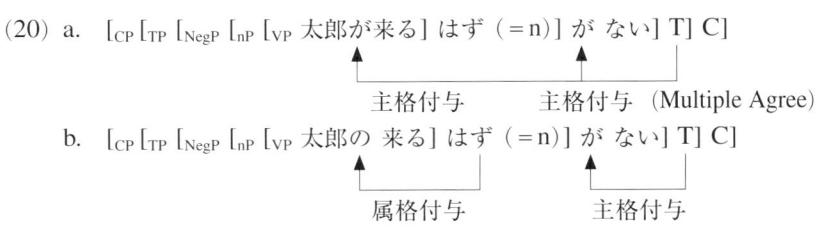

　　　　　　　　主格付与　　　　　主格付与（Multiple Agree)

    b. [$_{CP}$ [$_{TP}$ [$_{NegP}$ [$_{nP}$ [$_{vP}$ 太郎の 来る] はず（＝n)] が ない] T] C]

　　　　　　　　属格付与　　　　　主格付与

(20a) の主格主語の例では，Hiraiwa (2005) の提案する「多重一致（Multiple Agree)」により，主節の T から 2 つの主格名詞句が同時に認可される．「はず」を主要部とする句は nP であり，これは名詞句の一種であることから，格付与を受けることも可能であり，「はずがない」の「が」も，主節の T により認可される．一方，(20b) の属格主語の例では，「はず」それ自身が，n として「太郎の」の属格を認可するので，T は「はずがない」の主格のみを認可する.

　(20a, b) の構造は，通常の単文の構造では T が vP を補部に取るべきところで，vP の代わりに nP が生じている点でのみ異なっている．これは，節全体として，動詞の拡大投射（Grimshaw (2006)）の中に名詞的機能範疇が混在

していることを意味しており，一見奇妙な構造のように見えるが，このような単一節内での名詞的機能範疇と動詞的機能範疇の混在は，英語の動名詞句の構造である（21b, d）にも見られることから，「はず」に固有のアドホックな仮定ではない（cf. Ogawa (2001))．

(21) a.　John's fixing the sink
　　 b.　$[_{DP}$ John's$_i$ $[_{vP}$ t_i v (-ing; **Acc**) $[_{VP}$ V (fix) the sink]]]
　　 c.　John's fixing **of** the sink
　　 b.　$[_{DP}$ John's$_i$ $[_{nP}$ t_i n (-ing; **Gen**) $[_{VP}$ V (fix) the sink]]]

　さて，否定極性の「はず」に対して（20a, b）の構造が与えられるとして，次に問うべきは，属格主語を認可できる形式名詞「はず」の名詞素性は，「はず」の文法化が進行する中でも保持され続けているのか，ということである．肯定極性の「はず」は，1925 年前後には名詞素性を失って完全な Mod に文法化し，属格主語を認可できなくなったと述べたが，同じことが否定極性の「はず」に対しても進行中であるとすればどうであろうか．たとえば，否定極性の「はず」についても文法化がさらに進行し，機能範疇 n として名詞素性を保持していた状態から，肯定極性の「はず」と同様，法助動詞（Mod）へと更なる文法化が進行しているとすればどうであろうか．この予測が正しければ，「はずがない」の環境でも，属格主語は，若い世代ほど容認性が低いと判断されることになるはずである．

　実際，否定極性の「はず」についても更なる文法化が進行しつつあると考えるべき理由がある．というのも，否定極性の「はずがない」でも，主格の「が」は現代日本語では脱落する傾向があり，（22a, b）のような表現が可能であるが，NINJAL から公開されている『日本語歴史コーパス』と『現代日本語書き言葉均衡コーパス』の検索結果によれば，このような用例は，江戸時代以前には存在しなかったのが，19 世紀末から 21 世紀にかけて，増加傾向にある．

(22) a.　太郎は来るはずない．
　　 b.　太郎は来るはずありません．

『日本語歴史コーパス』と『現代日本語書き言葉均衡コーパス』の年代ごとの収録語数（短単位；記号を除く）と，『日本語歴史コーパス』，『現代日本語書き言葉均衡コーパス』のそれぞれの，語彙素読み「ハズ」＋書字形出現形「なし／ない／あり（ません）」の短単位検索結果のヒット件数，およびこれらの数値から計算できる頻度（PER MIL）をまとめると，以下の表 2 のようになる．

表 2.「はずない／はずあり（ません）」の年代別出現頻度

	年代					
	-1826	1874-1925	1970s	1980s	1990s	2000s
ハズない／ハズなし	0	22	3	11	48	130
ハズあり（ません）	0	0	0	3	2	11
計	0	22	3	14	50	141
PER MIL	0.00	1.58	1.35	1.62	2.39	1.93
収録語数（万語）	357	1,397	223	864	2,095	7,310

　「はずない」のような主格助詞も副助詞も介在させない表現の出現は，同じ否定極性表現であっても，「～に違い（*が）ない」の「違い」や「面目（*が）ない」の「面目」がそうであるのと同じように，「はず」が名詞素性を失い，後続する「ない」とともに一語化（univerbation）する変化が進行中であるため，と考えることができる（cf. Kishimoto and Booij（2014）).[9] そして，このような表現の頻度が増加しているときには，「はずがない」のように「が」を具現するときの「はず」も，名詞性を失い，後続する「ない」とともに一語化し，全体として法助動詞（Mod）へと二次的文法化（Brinton and Traugott（2005））を受けつつあると考えることも妥当である.[10]

---

[9] 実際，表 2 の中の同じ「ハズない／ハズなし」であっても，1874-1925 年の 22 例のうち 7 例は属格主語と共起している．一方，1970 ～ 2000 年代の 192 例の中には，属格主語と共起している例は 1 件もない．この差も，現代語の「はずない」の「はず」は，名詞素性を失い，後続する「ない」とともに一語化しているということを強く示唆する.

[10] 一語化した単位の中に格助詞がその機能を果たさずにイディオムの一部として残存し，随意的に具現する事例は，他にも，「仕方（が）ない」「だらし（が）ない」「申し訳（が）ない」「大人げ（が）ない」など多数存在する．ある語が後続の語とともに一語化しているか否かは，その構成素に対して，副詞の付加や移動などの統語操作が適用できるかどうかによって判断できる．（iia, b）の事実からしても，「はずがない」は，Kishimoto and Booij（2014）（K&B）の分類における Class II 形容詞（「疑似名詞編入（quasi-noun incorporation）」により派生される統語的複合語）と同じ特徴をもつ.
　　(i) a.　この部屋には太郎がいる場所が（全く）ない.
　　　 b.　太郎がいる場所がこの部屋にはない.
　　(ii) a.　この部屋には太郎がいるはずが（*全く）ない.
　　　 b. *太郎がいるはずがこの部屋にはない.
なお，K&B の Class II 形容詞は，（iiia）のように，主格属格交替を許す点で，完全に語彙化されている「しょうがない」のような Class III 形容詞と区別されるが，（iiib）のように主格与格交替を許さないという点で，完全に統語的な Class I 形容詞とも区別される.
　　(iii) a.　ケンが大人げ｛が／の｝ないこと
　　　 b.　ケンの態度｛が／*に｝大人げがない.

4.　大規模調査に基づく予測の検証

　本節では，「「はず」は 20 世紀以降，更なる文法化より名詞性を失いつつある」という仮説の妥当性を検証するために行った大規模 Web 容認性調査の結果を示す．この調査では，「○○の V/A はずがない」のような，否定極性の形式名詞「はず」と共起する属格主語文の容認性に世代間差が見られるかどうかを確かめることを主たる目的とする．もし上記の仮説が正しいならば，否定極性の「はず」と共起する属格主語文は，同じ現代を生きる日本語母語話者でも，年齢が若い世代の話者ほど容認しづらくなることが予測される．ただし，新国他（2017）は，（主格主語文に対して）属格主語文自体が全体的に，話者の世代が若くなるほど容認されにくくなっていることを示しており，仮に上記予測と合致する容認性世代間差が見られたとしても，それが否定極性「はず」と属格主語の共起に起因するものであるかどうかが判別できない．

　そこで，本調査では，属格主語に対応する述部に状態動詞「いる」を使用し，かつ対照条件として「○○のいる理由がない」のような，形式名詞でなく普通名詞（「理由」）と属格主語が共起する条件を用意する．「いる」や「ある」，「（取っ手が）ついた（コップ）」のような状態動詞が述部となる場合，普通名詞と共起する限りおいて，属格主語文（および主格主語文）の容認性に世代間差は現れないことが確認されている（Ogawa et al.（2018））．ゆえに，「○○のいる理由がない」のような［属格主語＋状態動詞＋普通名詞］条件では容認性世代間差は先行研究と一致して見られず，「○○のいるはずがない」のような［属格主語＋状態動詞＋形式名詞］条件でのみ容認性世代間差が見られれば，その世代間差がまさしく「はず」と属格主語との共起可能性に起因するものであると結論できる．同様に，形式名詞「はず」自体が属格主語との共起の有無に関係なく世代が進むほど容認されにくくなっている可能性を排除するため，「○○がいるはず／理由がない」のような主格主語条件を設ける．

4.1.　方法

4.1.1.　参加者

　インターネット調査会社（クロス・マーケティング社）のモニターに登録している 20 歳～ 69 歳の日本語母語話者 559 名が調査に参加した．参加者は全員，①東京都，埼玉県，千葉県，神奈川県（以下，東京圏）のいずれかの生まれであること，② 15 歳まで東京圏で育ったこと，③現在東京圏に居住していることの三つの基準をすべて満たしていた．参加者が行った容認性判断課題においては，以下で述べるターゲット・フィラー刺激文に関する項目の他に，

"これは回答チェック用の質問です．必ず x と回答してください．"（x は 0 または 4）という指示文を刺激文の代わりに挿入したダミー項目を 2 項目入れ込んだ．このダミー項目について，1 項目でも指示文通りの回答を行わなかった参加者のデータは分析対象から除外した．データの収集は，最終的な分析対象となる参加者数が，20 〜 29 歳，30 〜 39 歳，40 〜 49 歳，50 〜 59 歳，60 〜 69 歳の五つの年齢区分でそれぞれ 80 名（どの年齢区分においても男女同数），合計 400 名になるまで行われた．分析対象となった参加者の上記年齢区分別の平均年齢（標準偏差）は順に 25.2（2.8）歳，35.4（3.0）歳，44.7（2.6）歳，54.5（2.9）歳，64.1（2.8）歳であった．

4.1.2. 材料と手続き

ターゲットの刺激文として，以下（23）のような文を 16 セット用意した．先述のように，主格／属格主語の述部には状態動詞「いる」を統一して用いた．

(23) その公園に裕子たち {が／の} いる {はず／理由} がない．

ターゲットの刺激文はそれぞれ，以下 4 条件のうちのいずれかが割り当てられ，各参加者に一度だけ呈示された．

(i) 主格主語／「はず」条件：… 裕子たちがいるはずがない．
(ii) 主格主語／「理由」条件：… 裕子たちがいる理由がない．
(iii) 属格主語／「はず」条件：… 裕子たちのいるはずがない．
(iv) 属格主語／「理由」条件：… 裕子たちのいる理由がない．

刺激文への条件の割り当てはラテン方格法に従い 4 文単位で入れ替えることことによりカウンターバランスした．その結果作成されたターゲット刺激文への条件割り当てが異なる 4 つの刺激文リストそれぞれに，別途作成したフィラー文 32 文，および 4.1.1 節で示したダミー項目 2 項目を加え，項目順序を参加者単位でランダム化した．4 つの刺激文リストには，4.1.1 節で述べた 5 つの年齢区分および男女の比率がリスト間で同一になるよう参加者を割り当てた．以上からも分かるように，本調査の実験デザインは，2 つの参加者内要因（従属節主語格助詞：主格／属格，共起名詞：「はず」／「理由」）と 1 つの参加者間要因（年齢：連続変量）を含む 3 要因混合計画であった．

容認性調査はクロス・マーケティング社が提供する Web アンケートフォームを用いて実施した．参加者は Web ブラウザ上で，呈示される刺激文に対して，0：「（日本語の文として）不自然に感じる」〜 4：「自然に感じる」の 5 段階の Likert scale 上でその容認性を評定する課題を行った．刺激文は 1 ページ

にすべてが表示され，参加者は次のページに進まない限りは回答を何度でも変更できたが，全50項目（ターゲット文16，フィラー文32，ダミー項目2）に回答しなければ次ページに進み，回答を完了することはできなかった．

　調査は，東北大学大学院情報科学研究科人間対象研究倫理審査委員会の審査と承認を受けた後，2018年12月中旬〜下旬にかけて行われた．分析対象外となった者も含む全参加者から，調査への参加前にWebページ上でインフォームド・コンセントを取得した．データの収集は調査会社（クロス・マーケティング社）が行い，参加者は調査への参加に対して当該調査会社が定めるインセンティブを受け取った．

4.2.　結果

　まず，ターゲットの刺激文に関して，参加者すべての容認性評定の平均値を図2に示す．

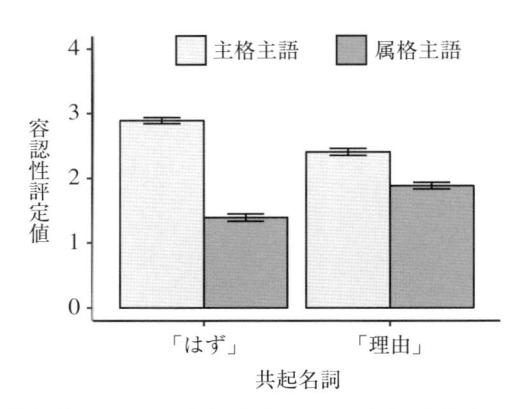

図2. 各実験条件における参加者すべての容認性評定の平均値．エラーバーは標準誤差を示す．

図2を見ると，共起名詞「はず」条件においては主格主語条件と比較して属格主語条件で明らかに容認性が低くなっているが，この結果から，「はず」の二次的文法化と「はずがない」の一語化が現時点でかなり進んでおり，属格主語を認可する名詞素性を失いつつあることが示唆される．対して，共起名詞「理由」条件では，同様に容認性評定値が主格主語条件 ＞ 属格主語条件ではあるものの，その差は「はず」条件よりもかなり小さくなっている．この結果は，普通名詞「理由」を選択する機能範疇 D には名詞素性があることを示唆しており，状態動詞を述部とし普通名詞と共起する属格主語文は，同条件の主格主

語文に対してそれほど容認性の低下を見せないとする新国他（2017）や Ogawa et al. (2018) の結果とも整合している。[11]

　次に，ターゲット刺激文に関して，容認性評定値（0 〜 4）を従属変数として，参加者と刺激文をランダム因子とする線形混合効果モデル分析（Baayen, Davidson and Bates (2008)）を行った結果を表 3 に示す．

表 3. 線形混合効果モデル分析の結果

	β	SE	t	p
切片	2.139	0.039	54.38	< .001
助詞（S_p）（S_i）	− 1.011	0.053	− 19.12	< .001
名詞（S_p）（S_i）	0.006	0.038	0.16	.877
年齢	0.004	0.038	0.10	.924
助詞×名詞（S_p）	0.986	0.062	15.88	< .001
助詞×年齢	0.151	0.053	2.86	.004
名詞×年齢	0.004	0.038	0.09	.926
助詞×名詞×年齢	− 0.180	0.062	− 2.90	.004

　注）助詞：従属節名詞格助詞，名詞：共起名詞，年齢：参加者の年齢．（S_p）は参加者，（S_i）は項目（刺激文）についてのランダムスロープを仮定した効果を示す．

表 3 に示したように，固定因子は，従属節主語格助詞（主格 = − 0.5／属格 = 0.5 にコード化），共起名詞（「はず」= − 0.5／「理由」= 0.5 にコード化），参加者の年齢（連続変量，標準化）とし，固定因子間の一次（格助詞×共起名詞，格助詞×年齢，共起名詞×年齢）および二次（格助詞×共起名詞×年齢）交互作用をすべて仮定した．ランダム効果構造に関しては，ランダム切片と，モデルが収束しうる限り多くのランダムスロープを含めた（表 3 を参照）．分析は，プログラミング言語 R（R Core Team (2018)）上で lmerTest パッケージ（Kuznetsova, Brockhoff and Christensen (2017)）を用いて行われた．

　図 3 は，最終的な回帰モデルの各係数の値から計算される実験条件ごとの容認性評定値の予測値を，参加者の年齢を横軸に取って示したものである．これを見ると，「はず」条件では主格主語条件，属格主語条件いずれにおいても

---

[11] 記述統計値から読み取れるこれらの傾向を支持するように，以降の線形混合効果モデル分析では従属節格助詞の主効果および従属節格助詞×共起名詞の交互作用効果が有意となっている（表 3 を参照）．また，これらの主効果および交互作用効果は，話者の年齢を固定効果に含めないモデル，および年齢と従属節格助詞・共起名詞との交互作用効果を仮定しないモデルにおいても依然として有意であった（いずれも $p < .001$）．

年齢による予測値の変動が観察されるのに対して,「理由」条件では年齢による予測値の変化はわずかである．表3を見ると，この傾向を支持するように，有意な格助詞×共起名詞×年齢の交互作用効果が得られている．そこで，この二次交互作用効果に関する下位検定として，共起名詞条件ごとに格助詞と年齢の単純主効果および格助詞×年齢の単純交互作用の検定を行った．単純主効果・交互作用の検定は，新井・Roland（2016: 224）に従い，分けて分析する要因を（0,1）および（1,0）にコーディングし直し，最終モデルによる推定を（ランダム効果構造は変更せず）再度実施することにより行った．

　まず，共起名詞「はず」条件での下位分析の結果，格助詞の主効果（$\beta = -1.50$, $SE = 0.07$, $t = -20.67$, $p < .001$）および格助詞×年齢の交互作用効果（$\beta = 0.24$, $SE = 0.07$, $t = 3.32$, $p < .001$）が有意であった．年齢の主効果は有意ではなかった（$\beta < 0.01$, $SE = 0.04$, $t = 0.05$, $p > .1$）．格助詞×年齢の交互作用効果が有意であったため，さらに格助詞条件ごとの年齢の単純・単純主効果の検定を行った．その結果，主格主語条件（$\beta = -0.12$, $SE = 0.05$, $t = -2.48$, $p = .014$），属格主語条件（$\beta = 0.12$, $SE = 0.06$, $t = 2.18$, $p = .030$）いずれにおいても，年齢の主効果が有意であった．

　次に，共起名詞「理由」条件で同様に下位分析を行った結果，格助詞の主効果は有意であったが（$\beta = -0.52$, $SE = 0.05$, $t = -11.00$, $p < .001$），年齢の主効果（$\beta = 0.01$, $SE = 0.05$, $t = 0.11$, $p > .1$）および格助詞×年齢の交互作用（$\beta = 0.06$, $SE = 0.05$, $t = 1.30$, $p > .1$）はいずれも有意ではなかった．

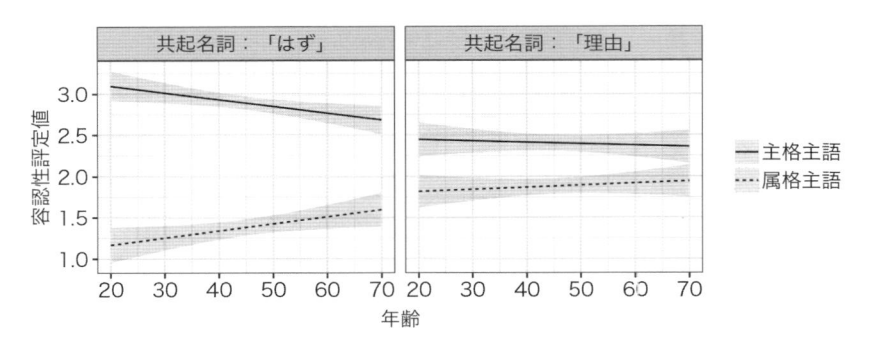

図3. 最終モデルから計算される平均容認性評定値の予測値．網かけ部分は95%信頼区間を示す．

上記分析結果と図3から分かるように，事前の予測と一致して，形式名詞「はず」と共起する場合，属格主語文は話者の年齢が若くなるほど（有意に）容認されにくくなることが明らかとなった．また，これも事前の予測の通り，普通

名詞「理由」条件では，そのような話者の年齢の効果は見られなかった．なお，分析の結果，「はず」——主格主語条件でも有意な年齢の効果が得られたが，図3からも分かるように，この条件では「はず」——属格主語条件とは逆に，話者の年齢が若くなるほど容認性が高くなる傾向がある．この結果については，次節で考察する．

5.　議論

5.1.　「はずがない」における文法化の進行と属格認可

　先述のように，Ogawa et al. (2018) は，（形式名詞でなく）普通名詞と共起する属格主語文の述部が状態動詞であった場合，その容認性に話者の世代による差は見られないことを報告している．本調査においても，ほぼ同条件の「～のいる理由がない」文ではその容認性に有意な世代間差（話者の年齢による効果）は得られておらず，その点では Ogawa et al. (2018) の結果が正しく再現されたと言ってよいだろう．一方で，同様に状態動詞「いる」を述部としているにもかかわらず，形式名詞「はず」と共起した場合には，属格主語文の容認性は話者の世代が若くなるほど低下することを示した本研究の結果は，まさに（否定極性の）「はず」と共起することにより，属格主語文の容認性に世代間差が生じることを意味している．この結果は，「はずがない」は全体として文法化が進んで一語化し，「はず」の名詞性が失われつつあるという仮説から導かれる予測と整合的であり，当該仮説の妥当性を，言語の「産出」の側面を反映するコーパスデータからだけでなく，言語の「理解」の側面を反映する文の容認性判断データからも実証することができた点で，本研究は重要な意義を持つと考える．

5.2.　主格主語文で生じた世代間差について

　ここで，一点考察が必要と考えられるのが，前節末尾でも触れたように，主格主語——形式名詞条件「～がいるはずがない」文では，その容認性に同属格主語条件とは逆の世代間差（年齢の高い話者ほど容認しにくくなる傾向）が見られたことである．この結果は，本研究の仮説からは予測されていなかった．というのも，主格主語文に与えられる統語構造は，話者の世代にかかわらず常にCPであることが仮定されるためである（cf. Ogawa (2018)）．実際，筆者らがこれまで行ってきた本研究と類似の容認性調査においては，属格主語文の容認性に世代間差が認められることはあっても，それに対応する主格主語文の容認性には有意な世代間差は一貫して認められていない（Ogawa et al. (2017,

2018))．本研究の結果は上記の仮定およびこれらの先行研究の結果と一致していない．一方で，属格主語文の容認性が（世代を追って）低下すれば，それといわばトレードオフのような関係で，代替表現である主格主語文の容認性が高まることは自然なことのようにも思える（cf. 小川（2016, 本書））．[12] 先行研究と本研究との結果の食い違いの原因は，先行研究では本研究とは異なり，主格主語文と属格主語文をつねにペアにして呈示していた（Ogawa et al.（2017, 2018））という実験パラダイムの違いにあるかもしれない．このような文の呈示方法の違いが容認性判断にどのような影響を及ぼすかについては今後検討する必要はあるが，現時点では，属格主語文において見られる容認性の世代間差にはコーパスデータからも支持されるような理論的説明が可能である一方で，主格主語文では明確な説明が与えられない以上，本研究で見られた主格主語文における容認性世代間差は，対応する属格主語文の容認性の世代間変化に伴って現れた副次的現象と考えておきたい．

5.3.　「はず」以外の形式名詞による属格主語認可

　本研究における調査では，形式名詞「はず」の特殊性が属格主語の容認性にどのような世代間差を生じさせるかを確かめることを主眼としたため，形式名詞は「はず」のみを調査対象としたが，属格主語と形式名詞の関係においては，より広い観点から考察すべき問題が残っている．というのも，2節の図1に示したように，形式名詞節内と関係節内での属格主語の頻度は，1940〜50年代を境に逆転し，前者はその後も頻度を減らし続けているからである．このことの原因のうち考えられる2つについては同節で論じた．実際，Ogawa（2018）にも示されるように，属格主語と共起する形式名詞の種類もまた，年代ごとに減少し，1890〜1910年代では1作品中に平均48種類の形式名詞と属格主語との共起があったのが，2000〜2010年代では平均12種類にまで低下してい

---

[12] 主格主語文と属格主語文の間の容認性のトレードオフが起きたことを直接示すデータはないが，過去100年間で，名詞修飾節内での主格主語と属格主語の頻度が逆転し，1900年代には属格主語のほうが1.5倍ほど多かったのが，2010年代には主格主語の方が4倍程度多くなっているということを，小川（2016）と新国他（2017: 396）は示している．この事実から推察するに，年齢が上の世代は，名詞修飾節内では属格主語を用いるのが無標であるような日本語を母語として獲得したが，若い世代になるにしたがって，名詞修飾節内でも，主節と同様，主格主語を用いるのが無標であるような日本語を母語として獲得するようになってきていることが，図3の結果にも表れている，とみることは可能であるように思われる．なお，「理由」に付随する名詞節では，どの年齢層でも主格主語文と属格主語文の間の容認性の差が「はず」節よりも小さい理由や，どの年齢層でも「理由」節内の主格主語が「はず」節内の主格主語よりも容認性が低い理由については，現時点では説明できない．

る．表4はそのデータを抜粋したものである．

表4. 1作品に出現する属格主語と共起する形式名詞の種類の平均値
（Ogawa（2018）より）

	出版年					
	1890s–1910s	1920s–1930s	1940s–1950s	1960s–1970s	1980s–1990s	2000s–2010s
形式名詞の種類	48.3	24.1	29.5	23.1	22.6	12.4
（作品数）	(7)	(9)	(14)	(18)	(32)	(50)

しかし，この期間に，（7a-c）のように，形式名詞それ自体が使われなくなったものは極めて少なく，大半は，（8a-e）のように，形式名詞としては使われ続けているものの，属格主語とは共起しない（主格主語とのみ共起する）ものへと変化しつつあるのであって，「はず」もその1つである．実際，小川（2016）が示している主語付き形式名詞節の頻度の過去100年間での推移は以下の図4の通りであるが，これが示すことは，属格主語を伴う形式名詞節の頻度が約9分の1に単調減少しているのに対して，主格主語を伴う形式名詞節の頻度は，900 PER MIL 前後でほぼ一定している，ということである．

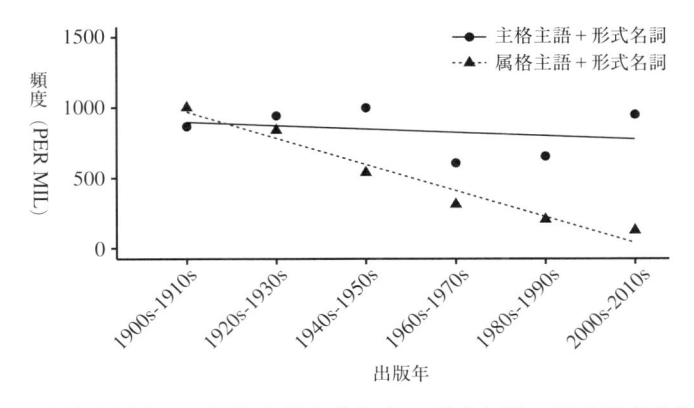

図4. 主格主語または属格主語と共起する形式名詞の出現頻度変化（小川（2016）のデータより作成）．図中の実線，破線は主格主語＋形式名詞，属格主語＋形式名詞それぞれの頻度を目的変数，出版年を説明変数とした回帰直線を示す（主格主語：$R^2 = .07$；関係節：$R^2 = .96$）．

では，これらの形式名詞の多くが，「はず」と同様，文法化の結果，ある時点までは機能範疇 n であったのが，後続要素とつながって一語化し，名詞素

性を失いつつあると主張することで，形式名詞節内での属格主語の頻度が激減しつつある理由を説明することはできるだろうか.

　たしかに，「こと」「ところ」「もの」「よう（に）」のように使用頻度の極めて高い形式名詞については，名詞性を失い，モダリティー，アスペクト，接続詞のような機能範疇としての用法を獲得しているものも少なくない. しかし，これらの代表的な形式名詞の用法には，「はず（が）ない」と違って，格助詞が省略できないものも多数ある. 「こと」と「ところ」を例に，それらが属格主語を認可するときの用法と認可しないときの用法の一部を以下に例示してみよう（cf. 井上（1978: 227-233））.

(24) a. どうしても買い物に現金 {が／の} 要ることがある.　　　　（機会）
　　 b. 君 {が／*の} 喋らないことには，この会議は始まらない.　　（条件）
　　 c. 明日，事務所には太郎 {が／*の} いることになっている.　（予定）
　　 d. このアパートは，一部屋に二人 {が／*の} 住むことができる.（可能）
(25) a. 弘前は私 {が／の} 生まれたところだ.　　　　　　　　　　（場所）
　　 b. いまさっき太郎 {が／*の} 帰ってきたところだ.　　　　　（完了）
　　 c. まもなく上野行き特急 {が／*の} 出発するところだ.　　　（予定）
　　 d. 君 {が／*の} 来たところで，この問題は解決しない.　　　（譲歩）

(24), (25) に示すように，形式名詞「こと」「ところ」は，本来は「事／事柄」「場所／処」の意味だが，いずれにも，格助詞やコピュラが後続する場合に，(b-d) のように，全体として意味の合成性（compositionality）を欠いた構文的用法となる場合が多い.[13] このことは，「〜ものだ」「〜ようだ」にも当てはまる. そして，コピュラの「だ／である」自体が助動詞「なり」から派生した現代語の語彙であり，これらの繋辞が使われ始めたのは概ね明治時代以降なので，文法化した「こと／ところ」の用法 (24b-d), (25b-d) が急増するのも，明治時代以降である. 以下の表5に示す『日本語歴史コーパス』と『少納言』の検索結果によると，いずれの表現も，平安時代から江戸時代までは0件で

---

[13] 類似の現象は英語にも見られる. 大室（本書）が指摘するように，(i) は2通りに多義である.

　(i)　The fact is that nobody knows.

1つめの読みは字句通りで，「事実は，誰も知らないということです」という解釈，もう1つは，The fact is の部分をモダリティと解釈して「実は，誰も知らないのです.」という解釈である. このうち後者の読みでは，(iia-c) のような書き換えも可能である.

　(ii) a.　In fact, nobody knows.
　　　 b.　Nobody knows, the fact is.　　　　　　　　　　　（Bolinger (1972: 67)）
　　　 c.　The fact is, nobody knows.　　　　　　　　　　　　　　　　　　（ibid.)

あったのが, 明治・大正時代には合計で 34.2 PER MIL, 1970 ～ 2000 年代には合計で 348.5 PER MIL まで急増していることがわかる.

表5. 属格主語を認可しない形式名詞の出現頻度

	年代			
	平安～室町	江戸	明治・大正	1970s–2000s
V＋る＋コトができる	0	0	70	20,812
V＋る＋コトになる	0	0	399	13,338
V＋た＋コトには,	0	0	0	215
V＋る＋トコロだ.	0	0	9	267
V＋た＋トコロだ.	0	0	0	177
V＋た＋トコロで,	0	0	0	1,748
計	0	0	478	36,557
PER MIL	0.0	0.0	34.2	348.5
収録語数 (万語)	101	22	1,397	10,491

また, 上記の構文には, 「～するということができる」「～するということになる」「～するということには」「～するというところだ」のように, 形式名詞補文内に顕在的補文標識を含むこともできるため, 「はずがない」の場合と違って, 補文が VP ではなく CP 投射をもつと言わざるをえない.

　そこで, 図1, 図4, 表4, および表5 に示された形式名詞節内での属格主語の急減に対しては, 2 つの説明方法が考えられる. 1 つ目は, 属格主語を認可する形式名詞としては元来, 最も頻度が多く目立ってもいる「こと／ところ」が, その一部の用法において, 形式名詞からモダリティ・アスペクトへと二次的文法化を受け, 名詞性を失ったために属格主語を認可できなくなり, かつ, その頻度が急増したことで, それに影響を受けて, 「こと／ところ」節だけでなく, すべての形式名詞節が, n が CP を補部に取る構造へと再分析されつつある, というものである. この場合, $[_{nP} [_{CP} \text{TP C}] \text{n}]$ という構造においては, フェイズ不可侵条件 (Chomsky (2001)) のために, n から TP 内への影響が及ばないため, 仮に n が名詞素性を保持していたとしても, TP 内の属格主語を認可できない, という説明ができる (cf. Miyagawa (2011)). この「形式名詞節の CP 化」とでもいうべき再分析が進行する速度のほうが, 関係節内で独

このような解釈を生むときの that 節はもはや, fact と同格の従属節ではなく, 主節の要素として再分析されているとみるべきである. この事実についての議論は, Bolinger (1972) と大室 (本書) を参照. また, (iib, c) と類似の英語の構文は, Shibasaki (2014) も参照.

立に進行しつつある「属格主語文の縮約」という再分析の速度よりも勝っているために，形式名詞節内での属格主語の頻度のほうが，より急な傾斜で減少しつつある，と考えるのである．

　2つ目は，上記のような属格主語を認可しない形式名詞節の頻度の急増そのものが，属格主語を認可できる形式名詞「こと／ところ」にも何らかの影響を及ぼしている，という可能性である．実際，Ogawa（2018）や小川（本書）でも論じているように，同一構文における主格主語の頻度が属格主語の頻度を上回ったことが，属格主語文の統語サイズに関するパラメータの値を変更させるための肯定証拠として働いたことが否めない現象は複数ある．例えば，小川（2016）が，Ogawa（2018）で調べた文学作品 130 冊の部分集合に当たる，1908 年から 2014 年までの間に刊行された小説 28 冊の中から，名詞修飾節内に生じる属格主語と主格主語をすべて収集し分類した結果によれば，関係節と形式名詞節では，主格主語と属格主語の割合が以下のように顕著に異なっていた．表 6 にその結果の要約を示す．これは，形式名詞節では主格主語優位，関係節では属格主語優位の傾向を示している．

表 6. 関係節内と形式名詞節内の主格主語と属格主語の出現割合
　　　（小川（2016）より）

	関係節		形式名詞節	
主格主語	995	（32.0%）	2,814	（66.9%）
属格主語	2,116	（68.0%）	1,394	（33.1%）
計	3,111	（100%）	4,208	（100%）

したがって，昭和期になって以降，(24b-d), (25b-d) のような（二次的文法化により名詞素性を失って）属格主語を認可できなくなった形式名詞節の用例の頻度上昇によって，個々の形式名詞に付与された［±属格主語認可］パラメータの値が，［＋属格主語認可］から［−属格主語認可］にドミノ倒し式に変更されていく勢いの方が，関係節内で独立に進行しつつある属格主語文の縮約という統語変化の速度よりも優っているために，形式名詞節内での属格主語の頻度減少の方が，より急な傾斜で進行しつつある，と考えることもできる．このいずれの可能性が正しいのかについての詳細な調査と分析は，今後の研究に委ねるしかないが，いずれにしても，その変化の結果としては，形式名詞節が，CP を含まず，属格主語を認可できる構造（(26a, b) など）から，CP を含み，主格主語のみを認可できる構造（(27a, b) など）へと変化したという点では共通している．

(26) a. [$_{CP}$ [$_{TP}$ [$_{nP}$ [$_{vP}$ DP-Nom/DP-Gen V] n（形式名詞）] T] C]（=（20a））

　　 b. [$_{CP}$ [$_{nP}$ [$_{TP}$ [$_{vP}$ [$_{vP}$ DP-Nom/DP-Gen V] v] T] n（形式名詞）] C]

(27) a. [$_{nP}$ [$_{CP}$ [$_{TP}$ [$_{vP}$ [$_{vP}$ DP-Nom/*DP-Gen V] v] T] **C**] n（形式名詞）]

　　 b. [$_{FinP}$ [[$_{ModP}$ [$_{TP}$ [$_{vP}$ [$_{vP}$ DP-Nom/*DP-Gen V] v] T] **Mod**（形式名詞）] Fin（だ）]]
　　　　　　　　　　　　　　　　　　　　（cf. Hiraiwa and Ishihara（2012））

（26a）から（26b）を経て（27a）に至る変化は，関係節で起きた「構造の縮約」とは逆の「構造の拡大」，または動詞的拡大投射の中に名詞的機能範疇が介在する有標の構造から通常の動詞的拡大投射へ向かっての「構造の無標化」とでも言うべき変化であり，[14]（26a）から（26b）を経て（27b）に至る変化は，n 自身が脱範疇化し，CP 領域の動詞的機能範疇（モダリティー，接続詞など）へと上方再分析（upward reanalysis; Roberts and Roussou（2003））を伴う二次的文法化である．両者は，厳密な意味では区別すべきだが，いずれの場合も，「CP 領域の通時的発達による属格主語認可構造の消失」という帰結を伴う共通の構造変化であるとは言える．[15]

6.　結語

　以上，本稿では，まず，小菅・小川（2015）の調査と分析に基づき，かつては肯定極性でも否定極性でも属格主語文を容認した形式名詞「はず」が，まずは肯定極性でこれを容認しなくなり，次いで，否定極性でもこれを容認しなくなりつつある事実について，形式名詞「はず」のもつ名詞素性の消失による二次的文法化が進行中であるとの説明を与えた．また，「はず」のみならず形式名詞節全体を関係節全体と比較したとき，前者も後者も過去 100 年間で属格主語文の頻度を減らしつつあるが，前者のほうが後者よりも急激に減少しつつある事実について，これを説明する 2 つの可能性を検討した．

---

[14] 南部・佐野（本書）も，本稿で提案する「構造の無標化」と類似の仮説に基づく，「が／を」交替（例：ケンは焼き鳥 {が／を} 食べたい）の通時的変化の説明を提唱している．

[15] これと対照的に，関係節では，主格主語よりも属格主語のほうが 2 倍ほど好まれるということを，表 6 は示している．主格主語の認可には CP が必要であるとの仮定（Miyagawa（2011））を踏まえると，この事実は，日本語の関係節は CP を持たない TP であることが好まれる，ということを示唆する（cf. Murasugi（1991））．Ogawa（2018）と小川（本書）は，これらの主張を発展させ，「属格主語文である関係節は，世代によっては，TP より小さいサイズでもあり得る」と主張している．

参考文献

新井学・Douglas Roland (2016)「言語理解研究における眼球運動データ及び読み時間データの統計分析」『統計数理』64, 201-231.

Baayen, Rolf H., Douglas J. Davidson and Douglas M. Bates (2008) "Mixed-Effects Modeling with Crossed Random Effects for Subjects and Items," *Journal of Memory and Language* 59, 390-412.

Beck, Sigrid, Toshio Oda and Koji Sugisaki (2004) "Parametric Variation in the Semantics of Comparison: Japanese vs. English," *Journal of East Asian Linguistics* 13, 289-344.

Bolinger, Dwight (1972) *That's That*, Mouton, The Hague.

Bošković, Željko (1997) *Nonfinite Complementation: An Economy Approach*, MIT Press, Cambridge, MA.

Brinton, Laurel J. and Elizabeth Closs Traugott (2005) *Lexicalization and Language Change*, Camrrdge University Press, Cambridge.

Bybee, Joan (2015) *Language Change*, Cambridge University Press, Cambridge.

Chomsky, Noam (2001) "Derivation by Phase," Ken *Hale: A Life in Language*, ed. by Michael Kenstowicz, 1-52, MIT Press, Cambridge, MA.

Grimshaw, Jane (2006) *Word and Structure*, CSLI Publications, Stanford.

Harada, Shin-ichi (1971) "*Ga-No* Conversion and Idiolectal Variation in Japanese," *Gengo Kenkyu* 60, 25-38.

Hiraiwa, Ken (2002) "Nominative-Genitive Conversion Revisited," *Japanese / Korean Linguistics* 10, 545-558.

Hiraiwa, Ken (2005) *Dimensions of Symmetry in Syntax: Agreement and Clausal Architecture*, Doctoral dissertation, MIT.

Hiraiwa, Ken and Shinichiro Ishihara (2012) "Syntactic Metamorphosis: Clefts, Sluicing, and In-situ Focus in Japanese," *Syntax* 15, 142-180.

井出至 (1967)「形式名詞とは何か」『講座日本語の文法 3』明治書院，東京.

井上和子 (1978)『変形文法と日本語（上）：統語構造を中心に』大修館書店，東京.

木枝増一 (1937)『高等國文法 —— 新講品詞篇 ——』東洋図書，東京.

小菅智也・小川芳樹 (2015)「形式名詞補部に生じる属格主語に関する統語論的考察」日本言語学会第 151 回大会口頭発表，名古屋大学.

Kishimoto, Hideki and Geert Booij (2014) "Complex Negative Adjectives in Japanese: The Relation between Syntactic and Morphological Constructions," *Word Structure* 7, 55-87.

Kuznetsova, Alexandra, Per B. Brockhoff and Rune H. B. Christensen (2017) "lmerTest Package: Tests in Linear Mixed Effects Models," *Journal of Statistical Software* 82, 1-26.

Maki, Hideki and Asako Uchibori (2008) "*Ga/No* conversion," *The Oxford Handbook of Japanese Linguistics,* ed. by Shigeru Miyagawa and Mamoru Saito, 192–216, Oxford University Press, Oxford.

益岡隆志・田窪行則 (1992)『基礎日本語文法』くろしお出版，東京．

松下大三郎 (1961)『標準日本口語法』白帝社，東京．

Miyagawa, Shigeru (2011) "Genitive Subjects in Altaic and Specification of Phase," *Lingua* 121, 1265–1282.

Miyagawa, Shigeru (2013) "Strong Uniformity and *Ga/No* Conversion," *English Linguistics* 30, 1–24.

Murasugi, Keiko (1991) *Noun Phrases in Japanese and English: A Study in Syntax, Learnability and Acquisition*, Doctoral dissertation, University of Connecticut.

南部智史 (2007)「定量的分析に基づく「が／の」交替再考」『言語研究』131, 115–149.

Nambu, Satoshi (2014) *On the Use of Case Particles in Japanese: Corpus and Experimental Study*, Doctoral dissertation, Osaka University.

南部智史 (2016)「従属節の主語表示「が」と「の」の変異」，相澤正夫・金澤裕之（編）『SP 盤演説レコードがひらく日本語研究』155–172，笠間書院，東京．

南部智史・佐野真一郎（本書）「「が／を」交替の定量的分析」

新国佳祐・和田裕一・小川芳樹 (2017)「容認性の世代間差が示す言語変化の様相：主格属格交替の場合」『認知科学』24, 395–409.

Ogawa, Yoshiki (2001) *A Unified Theory of Verbal and Nominal Projections*, Oxford University Press, New York.

小川芳樹 (2016)「属格主語を含む関係節・形式名詞節の通時的な状態化と語彙化について」，「言語変化・変異研究ユニット」第 3 回ワークショップ「内省判断では得られない言語変化・変異の事実と言語理論」口頭発表．
http://ling.human.is.tohoku.ac.jp/change/activity/workshop/03.html

Ogawa, Yoshiki (2018) "Diachronic Syntactic Change and Language Acquisition: A View from Nominative/Genitive Conversion in Japanese," *Interdisciplinary Information Sciences* 24(2), 91–179.

小川芳樹（本書）「属格主語文の通時的縮約とミクロパラメータ統語論」

Ogawa, Yoshiki, Keiyu Niikuni and Yuichi Wada (2017) "Nominative/Genitive Conversion in Japanese and Syntactic Clause Shrinking Now in Progress," paper presented at *LACUS 2017*, Hamilton University, Canada.

Ogawa, Yoshiki, Keiyu Niikuni and Yuichi Wada (2018) "Syntactic Gradience between Finite Clauses and Small Clauses: Evidence from a Diachronic Change in Genitive Subject Clauses in Japanese," paper presented at *The Shaping of Transitivity and Argument Structure: Theoretical and Empirical Perspectives*, University of Pavia, Italy.

大室剛志（本書）「コーパスからわかる英語における周辺構文の諸相──動的文法理論の立場から──」

R Core Team (2018) *R: A Language and Environment for Statistical Computing. R Foundation for Statistical Computing*, Vienna, Austria.

Roberts, Ian G. and Anna Roussou (2003) *Syntactic Change*, Cambridge University Press, Cambridge.

Shibasaki, Reijirou (2014) "On the Development of *The Point Is* and Related Issues in the History of American English," *English Linguistics* 31, 79–113.

Snyder, William (2017) "On the Child's Role in Syntactic Change," *Perspectives on the Architecture and Acquisition of Syntax: Essays in Honor of R. Amritavalli,* ed. by Gautam Sengupta, Shruti Sircar, Madhavi Gayathri Raman, and Rahul Balusu, 235–242, Springer, Dordrecht.

Sudo, Yasutaka (2014) "Hidden Nominal Structures in Japanese Clausal Comparatives," *Journal of East Asian Linguistics* 24, 1–51.

時枝誠記 (1950)『日本文法 口語篇』岩波書店, 東京.

Watanabe, Akira (1996) "Nominative-Genitive Conversion and Agreement in Japanese: A Cross-linguistic Perspective," *Journal of East Asian Linguistics* 5, 373–410.

山田孝雄 (1908)『日本文法論』宝文館, 東京.

「が／を」交替の定量的分析[*]

南部智史[a]・佐野真一郎[b]

モナシュ大学[a]・慶應義塾大学[b]

1. はじめに

　現代日本語では，特定の述部では（1）のように直接目的語が「が」または「を」で標示される（時枝（1950），久野（1973），柴谷（1978）ほか）.

- (1) a. 健は寿司 {*が／を} 食べた.
  - b. 健は焼き鳥 {が／を} 食べ<u>たい</u>.
  - c. 健は生魚 {が／を} 食べ<u>られる</u>.

　本稿ではこの現象（以下，「が／を」交替）について，既存のコーパスから得られたデータを用いて，変異理論（variation theory または variationist socio-linguistics, Tagliamonte（2012）ほか）の視点からその使用状況を定量的に分析するとともに現在進行中の言語変化の可能性について議論する.

　変異理論に基づく研究では，言語内的要因と言語外的（社会的）要因が言語変異の使用（変異形の選択）に与える影響を言語使用のデータから算出することで，言語と社会の関係および進行中の言語変化の分析を行う. その分析には，変異理論初期から variable rule（変異規則, Labov（1969），Cedergren and Sankoff（1974））の考えに基づいた統計手法が使用されており，近年では統計ソフト R や R を利用した Rbrul（Johnson（2009））を用いて一般線形混合効果モデル（Jaeger（2008））といった統計モデルを構築することで話者間の差を考慮するなどより精密な要因の効果の特定が行われている（Mackenzie（2018），Nambu（2019）など）.

　言語変化に関して変異理論では，例えば言語形式 A から B への変化にはどちらの形式も使用される期間がある（{A} → {A/B} → {B}）というように，すべての変化は必ず言語変異の過程を伴うことを踏まえて（D'Arcy（2013）），従

---

　* 本研究の一部は科研費課題番号 16K16831，16H03426 の助成を受けている.

来の歴史言語学における通時的視点に加えて現在使用されている言語変異の分析という共時的視点から言語変化のメカニズムの解明を目指している（Weinreich et al. (1968)）．後述するように，「が／を」交替にも複数の要因が関与していることと，進行中の変化が存在する可能性が先行研究で指摘されていたことから，本稿では変異理論の手法を用いて分析を進めることとした．

　変異理論で扱われる言語変化の現象に関しては，例えばアメリカ英語で起きている Northern Cities Vowel Shift (Labov et al. (2006)) のような音変化が主な研究対象となっているが，多くの形態・文法変異の変化も同様に分析されている（Lavandera (1978), Weiner and Labov (1983)）．日本語における言語変化の研究では，例えばガ行鼻音使用の減少（Hibiya (1988, 1995)），アクセントの平板化現象（Takano and Ota (2017)），ら抜き言葉やさ入れ言葉の使用の増加（Matsuda (1993), Sano (2011)）などが変異理論の立場から議論されている．

　なお，前述のように変異理論では言語内的要因と言語外的要因を扱うが，言語外的要因に関して本稿では書き言葉と話し言葉というレジスターと言語変化の検証に利用する話者・著者の生年のみ取り上げ，特定の社会集団や個人のアイデンティティに関わる社会的要因と言語使用との関係など近年盛んに取り上げられている議題（Eckert (2008) 参照）については今後の研究課題とする．

2.　先行研究

　「が／を」交替の統語的特徴に関しては，理論言語学の観点から多くの先行研究がある（Tada (1992), Koizumi (1994), Takano (2003), Nomura (2005), Takahashi (2010) など）．それら先行研究ではどのような統語的環境または統語操作で直接目的語に「が」格が付与されるかについて解明することが課題であるが，分析対象は主に動詞の可能形を述部とする場合である．また，言語使用のデータを用いた「が／を」交替の分析も先行研究に見られるが，いずれも対象を願望形の動詞（1b）（大江（1972），生田（1996），菅井・成瀬（2006））や可能形の動詞（1c）（田村（1993），青木（2008））に限定した考察となっている．本稿では述部の種類を 1 つに限定せずに分析を進めることとした．

　「が／を」交替における経年変化に関しては，渋谷（1993: 165–166）が土屋（1971）と高橋（1985, 1988）の観察に基づき，可能文の目的語標示は「が」から「を」へと変化しているのではないかと言及している．また，他言語に目を移すと，Eythórsson (2015) はアイスランド語やフェロー語に見られる対格主語から主格主語への変化など有標な格標示から無標な格標示へという格体系の

変化の動向に関する仮説を立てている（Case Directionality Hypothesis）．日本語の格体系を見ると，例えば従属節内の主語標示には「の」から「が」へという現在進行中の変化が確認されており（南部（2007），新国ほか（2017），Ogawa et al.（2018），Nambu（2019）），これは主語標示として有標な属格から無標な主格への変化として捉えられる．渋谷（1993）の仮説と合わせて考えて，日本語の目的語標示にも同様の流れで有標な主格から無標な対格へという変化が存在するか本稿では検証したい．

　以上のことから，本稿ではコーパスを用いて，まずどのような言語環境でどの程度「が／を」目的語が使用されるか定量的に把握した上で，「が」から「を」への変化が実際に起きているか検証する．その際，3 節で述べるように当該現象に影響を与える要因についても検討する．

3.　データ

3.1.　コーパス

　今回使用したコーパスは，「現代日本語書き言葉均衡コーパス」（Balanced Corpus of Contemporary Written Japanese，以後 BCCWJ，Maekawa et al.（2014））と「日本語話し言葉コーパス」（Corpus of Spontaneous Japanese，以後 CSJ，Maekawa et al.（2004））である．BCCWJ は新聞，雑誌，書籍，Yahoo! ブログなど多様なジャンルで 1976 年から 2005 年に出版・公開された総数約 1 億語の書き言葉コーパスであり，特に書き手の生年が幅広いことが言語変化の検証を行う本稿のデータとして有用である．今回はその中から本稿のプロジェクトの規模で取り扱いが可能な量であるコアデータ約 110 万語を分析対象とした．CSJ は 1999 年から 2003 年に収録された 661 時間の発話（独話および対話）の書き起こしデータで約 750 万語を含む．CSJ についても BCCWJ と同様の理由からコアデータとされる約 50 万語を分析対象とした．BCCWJ に加えて CSJ を採用することで，書き言葉と話し言葉という異なるレジスターが比較でき，言語変化の議論および言語外的要因の特定にも役立つと考えられる．

3.2.　データ抽出

　データ抽出の際には，どの「が」または「を」の使用を「が／を」交替と見なすかという抽出環境の特定が必要である（envelope of variation，Milroy and Gordon（2003））．変異理論ではいずれの変異形も出現しうる環境を分析対象とするため，「が」と「を」を取りうる可能性のある述部として先行研究で挙げ

られていた以下の項目を本稿の抽出対象とした（時枝（1950），久野（1973），柴谷（1978），庵（1995a, b），生田（1996），菅井・成瀬（2006），青木（2008），藤村（2009））．

(2)　抽出対象とした述部の種類
　　　可能形述部（動詞＋（ら）れる），願望形述部（動詞＋たい），動名詞＋できる，語彙述部（欲しい，できる，分かる，好きだ，嫌いだ）

　BCCWJ のデータ抽出は国立国語研究所のコーパス検索ツール「中納言」(https://chunagon.ninjal.ac.jp/) を用いて対象となる「が」および「を」目的語とその述部を含む箇所を抽出した．CSJ に関しては，「中納言」ではなくリレーショナルデータベース版（CSJ-RDB）から SQL クエリを用いて抽出を行った．なお，BCCWJ と CSJ のいずれの検索時にも係り受け関係を指定できないため，抽出後に係り受け関係のない目的語と述部など分析対象に該当しない結果は手作業で除去した．また，可能形述部の抽出のために「られ」の形で検索した場合は受け身や自発など異なる意味で用いられた例も検索結果に入ってしまうが，それらも抽出後のデータから手作業で除去した．また，検索の際はそれぞれの事例に本稿の分析に用いる著者・話者の生年や出版・公開年（BCCWJ の場合のみ）が伴うよう設定した．以上の手順で得られたデータは BCCWJ が 1,980 件，CSJ が 1,086 件であった．

4.　分析

　3.2 節の手順で得られたデータについて，目的語に付く助詞「が」「を」の選択に影響する可能性がある以下の要因を分析に利用した．

(3) a.　言語外的要因
　　　　レジスター（書き言葉，話し言葉），話者・著者の生年[1]
　　 b.　言語内的要因
　　　　述部の種類，主節・従属節の違い，目的語と述部の隣接性

---

[1] 生年の代わりに出版年（BCCWJ）または発話年（CSJ）を使用することも可能だが，出版年は 1976-2005 年，発話年 1999-2003 年と範囲が狭いため，言語変化の観察には向いていないと判断した．

　まず，言語外的要因のレジスターについては，言語変化により保守的と一般的に考えられる書き言葉より話し言葉のほうで革新形である「を」の使用がより多く観察されると予測される．話者・著者の生年に関しては，各人の言語使用はそれぞれの言語獲得期の言語の状態を反映しているという前提（Cukor-Avila and Bailey（2013））で言語変化の検証に利用した．

　言語内的要因の主節・従属節の違いについては，Matsuda（1998）と Bybee（2002）によると，古英語やドイツ語の語順，スペイン語やカナダ・フランス語の接続法，日本語のら抜き言葉など多くの言語変化において従属節が変化に対する保守性を示すことが確認されている．目的語と述部の隣接性について先行研究では，特に願望形の述部に関して目的語と述語が隣接していない場合，つまり目的語と述部の間に他の要素が介在する場合には「が」目的語の容認度が低下すると議論されている（田村（1969），久野（1973），Shibatani（1975），柴谷（1978），Nambu et al.（2018））．以下の節ではこれらの要因について，まずそれぞれの生起数を確認し，その後で統計解析を行い個々の要因の影響について検討する．

4.1.　述部の種類

　まず表1に「が／を」目的語の生起数を述部の種類ごとに示した．(4)–(11)は観察されたそれぞれの述部の事例である．

	可能形	願望形	動名詞＋できる	できる	分かる	欲しい	好きだ	嫌いだ
BCCWJ								
が	285 (53.0%)	43 (12.4%)	88 (33.8%)	528 (97.6%)	185 (97.9%)	31 (96.9%)	57 (95%)	12 (100%)
を	253 (47.0%)	305 (87.6%)	172 (66.2%)	13 (2.4%)	4 (2.1%)	1 (3.1%)	3 (5%)	0 (0%)
CSJ								
が	133 (73.5%)	7 (3.2%)	50 (51.5%)	271 (96.4%)	231 (97%)	7 (87.5%)	56 (93.3%)	2 (100%)
を	48 (26.5%)	212 (96.8%)	47 (48.5%)	10 (3.6%)	7 (3%)	1 (12.5%)	4 (6.7%)	0 (0%)

表1. 述部の種類と「が／を」目的語

(4)　可能形述部
　　　a.　ご自分の<u>画像</u>が見れますよ．
　　　b.　家でクーラー<u>を</u>つけれません．
(5)　願望形述部
　　　a.　GDP もあがるということ<u>が</u>言いたいのかな．
　　　b.　婦人科に行く前に，心の準備<u>を</u>したいので，教えてください．
(6)　動名詞＋できる
　　　a.　入金<u>が</u>確認できないのに支払うのは
　　　b.　デジタル接続で，マルチモニター環境<u>を</u>構築できる．
(7)　できる
　　　a.　いろいろお買い物<u>が</u>できます！！
　　　b.　自分にできないこと<u>を</u>できる人がいて，
(8)　分かる
　　　a.　それでも私の真実<u>が</u>分からなければ仕方はありません．
　　　b.　しかたなく食っているの<u>を</u>わかっているので<u>し</u>ょうか？²
(9)　欲しい
　　　a.　高校側も即戦力<u>が</u>欲しいのです．
　　　b.　その商品<u>を</u>欲しくて
(10)　好きだ
　　　a.　自己啓発本<u>が</u>好きでよく読みます．
　　　b.　日本の彼氏の事<u>を</u>好きじゃないのなら，別れたほうがいいです．
(11)　嫌いだ
　　　　水<u>が</u>嫌いなので大暴れして

表 1 を見ると，可能形述部の場合は「が」目的語が多く，願望形述部の場合は「を」目的語が多いことがわかる．また，「できる」「分かる」などの語彙述部は「が」目的語が圧倒的に多かったが，規範文法では通常認められない「を」目的語の使用も観察されたことは注目に値する．この語彙述部における「を」目的語の使用については，4.4 節で言語変化の観点から考察する．

---

² 査読者によると，「わかる」には「理解していない状態から理解した状態に変化する」（達成動詞），「恒常的に／相当期間にわたって理解している」（状態動詞），「気づく」（到達動詞）などの用法が見られる．異なる用法で「が」「を」の容認度判断が異なる話者も存在するとの指摘もあるが，そのような個人差には本稿で観察される言語変化が関係している可能性も含めて今後の課題としたい．

4.2. 隣接性

「が／を」目的語の使用に対する隣接性の効果を検討するため，表 2 と表 3 にその生起頻度を隣接，非隣接の場合に分けて示した．また，(12) と (13) にその事例を示した．

	隣接	非隣接
が	1,089 (64.4%)	140 (48.6%)
を	603 (35.6%)	148 (51.4%)

$$X^2 = 25.27, \ df = 1, \ p < .001$$

表 2. 隣接性と「が／を」目的語，BCCWJ

	隣接	非隣接
が	643 (73.3%)	114 (54.5%)
を	234 (26.7%)	95 (45.5%)

$$X^2 = 27.29, \ df = 1, \ p < .001$$

表 3. 隣接性と「が／を」目的語，CSJ

(12)　隣接環境
　　a.　ノートパソコンでもテレビでも録画が楽しめます．
　　b.　他の関数にある変数を呼び出せるのでしょうか？
(13)　非隣接環境
　　a.　流れがよく掴めない最初のうち
　　b.　その時代における不都合を必ず探し出せるくらい

　表 2 と表 3 から，先行研究から予測されるように非隣接環境では「が」目的語の使用が減少することがわかった．また，表 2 と表 3 それぞれで行ったカイ 2 乗検定の結果から，隣接と非隣接環境で「が」と「を」の使用頻度には有意差が確認された．

4.3. 節の種類

　主節・従属節ごとの「が／を」目的語の生起数を以下にそれぞれの事例とともに示した．表 4 と表 5 から明らかなように，主節と従属節では従属節のほうが「を」目的語の使用頻度が高い．また，その有意差はカイ 2 乗検定で確認された．

	主節	従属節
が	572 (73.3%)	657 (54.7%)
を	208 (26.7%)	543 (45.3%)

$$X^2 = 68.56, \ df = 1, \ p < .001$$

表 4. 主節・従属節と「が／を」目的語，BCCWJ

	主節	従属節
が	266 (93.3%)	491 (61.3%)
を	19 (6.7%)	310 (38.7%)

$$X^2 = 100.64, \ df = 1, \ p < .001$$

表 5. 主節・従属節と「が／を」目的語，CSJ

(14)　主節
　　a.　無料で着メロと歌詞が取れます．
　　b.　常に最新版を作れます．
(15)　従属節
　　a.　携帯に全く連絡が取れない場合は
　　b.　回答をいただける方は

4.4.　生年と言語変化

　「が／を」交替に進行中の変化があるか検証するため，図 1 に「が／を」目的語の使用を著者・話者の生年で示した．図中の線は「が／を」の割合の変化を表す回帰曲線であり，線に沿った灰色の部分は回帰曲線の 95％信頼区間を表し，灰色部分が広い箇所はデータ数の少なさから曲線の信頼性が落ちることを意味している．

　図 1 を見る限りでは，渋谷（1993）で議論されているような「が」から「を」への明示的な変化は確認できない．[3] ただし，図 1 の解釈には（i）「が／を」の使用には進行中の言語変化がない，（ii）変化は実際にはあるが，BCCWJ で生年データが利用できたのは 452 件，CSJ では 1,086 件とデータ数が少ないため確認できなかった，（iii）変化はあるが確認するには生年の幅が狭かった，という 3 つの可能性が考えられるため，ここで「が／を」交替には言語変化がないと現段階では結論づけられない．

---

[3] この結果は渋谷（1993）で変化の仮説が立てられた可能形述部に限ったデータでも同様で，今回のデータでは進行中の変化は観察されなかった．

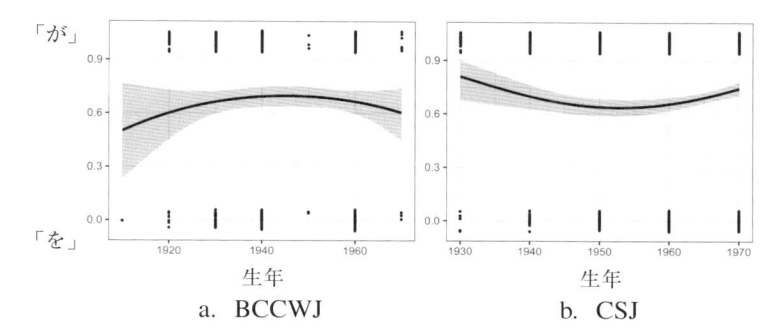

a.　BCCWJ　　　　　　　　　　b.　CSJ

図1. 著者・話者の生年と「が／を」の使用率の変化

　ここで，言語変化についてさらに吟味するため，規範文法と異なり語彙述部で使用が見られた「を」目的語に着目してみる．その使用を生年で確認するとBCCWJ では 1960 年代，CSJ では 1940 年代から出現し始めている．より近年になって初めて観察されたということは，「が」から「を」への変化の可能性を示唆するものである．また，その生起数は多くはないが，表 6 と表 7 のように主節と従属節に分けた場合，従属節のほうが「を」目的語の使用数が多いことがわかった．

	主節	従属節
が	423 （98.8%）	390 （96.1%）
を	5 （1.2%）	16 （3.9%）

$X^2 = 5.44$, $df = 1$, $p < .05$

表 6. 主節・従属節と語彙述部の「が／を」目的語，BCCWJ

	主節	従属節
が	224 （99.6%）	343 （94.2%）
を	1 （0.4%）	21 （5.8%）

フィッシャーの直接確率検定，$p < .01$

表 7. 主節・従属節と語彙述部の「が／を」目的語，CSJ

　次に，表 6 と表 7 のデータを著者・話者の生年を用いて図 2 に示したところ，語彙述部の「を」目的語の初出は従属節が先で，CSJ のデータでは主節が

その後に続いていることがわかった.[4]（16）と（17）は観察された事例である.

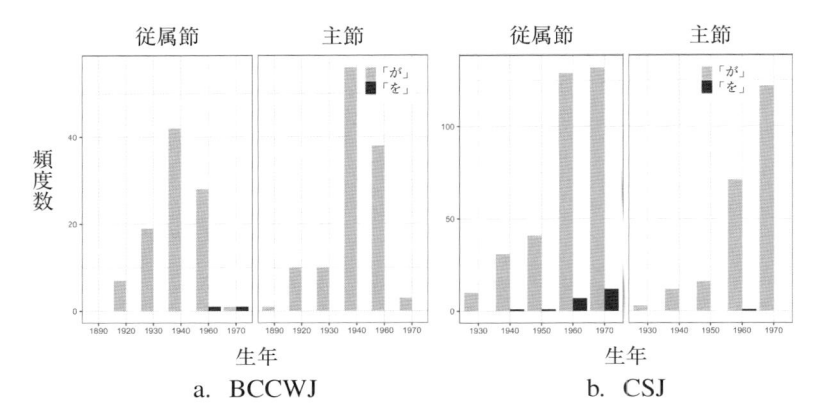

図 2. 生年ごとの主節・従属節における語彙述部の「が／を」目的語

（16）　主節×語彙述部
　　　a.　こちらから迷惑メールの対策設定が出来ます.
　　　b.　しかたなく食っているのをわかっているのでしょうか.
（17）　従属節×語彙述部
　　　a.　普通に避難などの対処ができた状況なら
　　　b.　みんなが決断をできるシステムをつくり上げている.

　この結果がもし「が」から「を」への変化を示唆しているならば，従属節は変化に保守的であるとする先行研究に基づく予測とは異なり，従属節が主節に先行する形で変化が進行していることになる.ただし，Bybee（2002）は，従属節であること自体が言語変化に保守的なのではなく，各々の革新形にとって従属節が持つ言語的特徴が有利に働かなかったことが原因であるとしている.このことを考慮すると，「が／を」交替に関しては従属節の特徴が主節より変化に有利に働いたと考えることもできるが，この可能性については今後別のデータを用いて検証する必要がある.[5]

---

[4]　前述のように BCCWJ では生年の情報が全てのデータで利用できるわけではないため，図 2a には生年の情報が利用できないデータは含まれていない.
[5]　査読者によると，関西弁に限ってはここでの議論で扱う語彙述部と共起する「を」目的語の格付与を主節の動詞が認可できるとの指摘がある（Ura（2007），long-distance ECM）.本稿で観察された事例が関西弁話者によるものかどうかコーパスに記載がないため確認できないが，表 6・7 および図 2 のデータすべては long-distance ECM とは異なる（17）のような事例であったため，これらの事例において従属節内の「を」目的語は語彙述部に認可されていると

4.5.　レジスター

表 8 に書き言葉（BCCWJ）と話し言葉（CSJ）それぞれにおける「が／を」目的語の生起数を示した.

	BCCWJ	CSJ
が	1,229 (62.1%)	757 (69.7%)
を	751 (37.9%)	329 (30.3%)
計	1,980	1,086

$X^2 = 17.58$, $df = 1$, $p < .001$

表 8. 書き言葉（BCCWJ）と話し言葉（CSJ）の「が／を」目的語

表 8 を見ると,「を」目的語は話し言葉（CSJ）より書き言葉（BCCWJ）でより多いことがわかる. もし書き言葉が言語変化により保守的であれば, この結果を「が」から「を」への変化と直接関連づけて考えるのは難しい. ただ, 4.4 節の表 6 と表 7 に示した語彙述部における「が／を」目的語の比較では特に書き言葉と話し言葉に顕著な差は見られない. また, 述部別に「が／を」目的語の生起頻度を示した 4.1 節の表 1 を見ると, コーパスでの出現数が他の述部より多い可能形述部において, BCCWJ の「を」目的語の生起数が CSJ より多いことから, もしかしたらそのことが BCCWJ と CSJ 全体の差の原因となっているかもしれない. このような他要因の影響を適切に考慮するため, 5 節では BCCWJ と CSJ の両データを用いてロジスティック回帰モデルを構築し, 他要因の影響を考慮した上で個々の効果について議論したい.

5.　回帰分析

4 節で「が／を」目的語の生起数の差から検討した要因の効果をより精密に算出するため, 本節では変異理論研究で長年活用されているロジスティック回帰モデルを用いて他要因の影響を考慮した形で個々の要因の効果を割り出す. なお, ロジスティック回帰モデルの構築には R（R Development Core Team (2016)）を用いた. 回帰モデルの従属変数は目的語に付く「が」か「を」の 2 値で, 独立変数は生年, レジスター（書き言葉, 話し言葉）, 述部の種類（可

考えられる.

能形，願望形，動名詞＋できる，語彙述部），節の種類（主節，従属節），隣接性（隣接，非隣接）の5つとした．表9にその結果を示した．

	推定値	標準誤差	Z	p
切片	16.74	15.35	1.09	.28
生年	−0.01	0.01	−1.22	.22
レジスター				
書き言葉	−0.75	0.22	−3.34	< .001
述部の種類				
語彙述部	6.52	0.37	17.87	< .001
動名詞＋できる	3.11	0.35	9.02	< .001
可能形	3.95	0.33	12.04	< .001
節の種類				
従属節	−1.21	0.23	−5.16	< .001
隣接性				
非隣接	−0.56	0.20	−2.81	< .01

表9. ロジスティック回帰分析の結果の要約

表9の推定値は数値がプラスの方向に大きいほど「が」を選択しやすくなると解釈される．まず，言語変化の検証に用いた生年の効果は有意ではなかった（p = .22）．これは4.4節の図1での観察を裏付ける結果であり，今回のデータ全体では「が」から「を」へと明示的に変化していないことが支持された．次にレジスターでは，書き言葉のほうが話し言葉より「が」の使用が少ないという方向での有意差が確認され，4.5節での観察を裏付ける結果となった．述部の種類は，基準値の願望形述部と比較して語彙述部，動名詞＋できる，可能形述部のほうが「が」の使用が多く，「が」の使用は語彙述部 ＞ 可能形 ＞ 動名詞＋できる ＞ 願望形の順で多いことが読み取れる．節の種類では，従属節のほうが主節より「が」の使用が少なく，隣接性では，目的語と述部が非隣接の場合に「が」の使用が少なくなることが確認された．

6.　まとめ

まず言語変化について，本稿で行ったコーパスデータの定量的分析では「が」から「を」への変化を示す直接的な証拠は得られなかった．しかし4.4節で見たように，語彙述部で「を」目的語の使用が従属節から徐々に増加しているという進行中の変化を示唆する結果が得られた．ただ，書き言葉のほうが話し言

葉より「を」目的語の使用が多いことは，「を」が変化の革新形であるという前提に立つと，言語変化の進行が一般的な予測に反して書き言葉のほうで先行していることになるため，語彙述部で観察された変化の動きはその他の述部にも当てはまるのか，述部ごとの考察も含めて変化についての更なる検討が必要である．最後に，「が」から「を」への変化がもしあるのだとすれば，この現象を含めて日本語の格体系における変化をより包括的に捉えるために，主語標示に見られる「の」から「が」への変化と絡めて今後大局的な視点で議論を展開する必要がある．

参考文献

青木ひろみ（2008）「可能表現の対象格標示「ガ」と「ヲ」の交替」『世界の日本語教育』18 号，133-146.

庵功雄（1995a）「ガ〜シタイとヲ〜シタイ──格標示のゆれに関する一考察──」『日本語教育』86 号，52-64.

庵功雄（1995b）「ガ〜シタイとヲ〜シタイ─直接目的語の格標示のゆれ─」『日本語類義表現の文法［上］』53-61，くろしお出版，東京.

生田裕子（1996）「願望表現における「を／が」の交替について」『名古屋大学人文科学研究』25 号，39-72.

大江三郎（1973）「願望のタイの前でのヲとガの交替」『文学研究』70 号，1-11，九州大学文学部.

久野暲（1973）『日本語文法研究』大修館書店，東京 .

柴谷方良（1978）『日本語の分析』大修館書店，東京.

渋谷勝己（1993）「日本語可能表現の諸相と発展」『大阪大学文学部紀要』33 巻 1 号，i-262.

菅井三実・成瀬厚司（2006）「希望表現における対象 NP の格標示に関する覚書」『兵庫教育大学研究紀要』29 巻，49-57.

高橋太郎（1985）「現代日本語のヴォイスについて」『日本語学』4 巻 4 号，4-23.

高橋太郎（1988）「動詞（6）」『教育国語』93 巻

田村すゞ子（1969）「日本語の他動詞の希望形・可能形と助詞」『早稲田大学語学教育研究所紀要』8 号，16-33.

田村泰男（1993）「『〜が〜できる』と『〜を〜できる』について」『広島大学留学生センター紀要』3 号，13-20.

土屋信一（1971）「東京語の語法のゆれ 児童生徒言語調査結果報告（2）」『NHK 文研月報』

時枝誠記（1950）『日本文法 口語篇』岩波全書，東京.

南部智史（2007）「定量的分析に基づく「か／の」交替再考」『言語研究』131，115-149.

新国佳祐・和田裕一・小川芳樹（2017）「容認性の世代間差が示す言語変化の様相：主

格属格交替の場合」『認知科学』24 巻 3 号，395-409.

藤村逸子（2009）「他動性再考 :「被動作主」を表示する「が」と「を」の交替」*Asian and African Studies* XIII, 1, 73-102.

Bybee, Joan（2002）"Main Clauses are Innovative, Subordinate Clauses are Conservative," *Complex Sentences in Grammar and Discourse*, ed. by Joan L. Bybee and Michael Noonan, 1-17, John Benjamins, Amsterdam.

Cedergren, Henrietta J. and David Sankoff（1974）"Variable Rules: Performance as a Statistical Reflection of Competence," *Language* 50(2), 333-355.

Cukor-Avila, Patricia and Guy Bailey（2013）"Real Time and Apparent Time," *The Handbook of Language Variation and Change*, ed. by J. K. Chambers and Natalie Schilling-Estes, 237-262, Wiley-Blackwell, Oxford.

D'Arcy, Alexandra（2013）"Variation and Change," *The Oxford Handbook of Sociolinguistics*, ed. by Robert Bayley, Richard Cameron and Ceil Lucas, 484-502, Oxford University Press, New York.

Eckert, Penelope（2008）"Variation and the Indexical Field," *Journal of Sociolinguistics* 12(4), 453-476.

Eythórsson, Thórhallur（2015）"Syntactic change" *The Bloomsbury Companion to Syntax*, ed. by Silvia Luraghi and Claudia Parodi, 365-372, Bloomsbury, London.

Hibiya, Junko（1988）*A Quantitative Study of Tokyo Japanese*, Doctoral dissertation, University of Pennsylvania.

Hibiya, Junko（1995）"The Velar Nasal in Tokyo Japanese: A Case of Diffusion from Above," *Language Variation and Change* 7(2), 139-152.

Jaeger, Florian（2008）Categorical Data Analysis: Away from ANOVAs（transformation or not）and towards Logit Mixed Models," *Journal of Memory and Language* 59(4), 434-446.

Johnson, Daniel Ezra（2009）"Getting off the GoldVarb Standard: Introducing Rbrul for Mixed-Effects Variable Rule Analysis," *Language and Linguistic Compass* 3 (1), 359-383.

Koizumi, Masatoshi（1994）"Nominative Objects: The Role of TP in Japanese," *MIT-WPL 24: Formal Approaches to Japanese Linguistics 1*, ed. by Masatoshi Koizumi and Hiroyuki Ura, 211-230, MITWPL, Cambridge.

Labov, William（1969）"Contraction, Deletion and Inherent Variability of the English Copula," *Language* 45(4), 715-762.

Labov, William, Sharon Ash and Charles Boberg（2006）*The Atlas of North American English*. De Gruyter Mouton, Berlin.

Lavandera, Beatriz R.（1978）"Where does the Sociolinguistic Variable Stop?" *Language in Society* 7, 171-182.

Mackenzie, Laurel（2018）"Variable Stem-final Fricative Voicing in American English Plurals: Different Pa[ð~θ]s of Change," *Language Variation and Change* 30, 147-

174.

Maekawa, Kikuo (2004) "Design, Compilation, and Some Preliminary Analyses of the Corpus of Spontaneous Japanese," *Spontaneous Speech: Data and Analysis*, ed. by Kikuo Maekawa and Kyoko Yoneyama, 87–108, The National Institute of Japanese Language, Tokyo.

Maekawa, Kikuo, Makoto Yamazaki, Toshinobu Ogiso, Takehiko Maruyama, Hideki Ogura, Wakako Kashino, Hanae Koiso, Masaya Yamaguchi, Makiro Tanaka and Yasuharu Den (2014) "Balanced Corpus of Contemporary Written Japanese," *Language Resources and Evaluation* 48(2), 345–371.

Matsuda, Kenjiro (1993) "Dissecting Analogical Levelling Quantitatively: The Case of the Innovative Potential Suffix in Tokyo Japanese," *Language Variation and Change* 5, 1–34.

Matsuda, Kenjiro (1998) On the Conservatism of Embedded Clauses. *Theoretical and Applied Linguistics at Kobe Shoin* 1, 1–13.

Milroy, Lesley and Matthew Gordon (2003) *Sociolinguistics: Method and Interpretation*, Blackwell, Malden.

Nambu, Satoshi (2019) "Japanese Subject Markers in Linguistic Change: A Quantitative Analysis of Data Spanning 90 Years and Its Theoretical Implications," *Linguistics* 57(5), 1217–1238.

Nambu, Satoshi, Hyun Kyung Hwang, David Y. Oshima and Masashi Nomura (2018) "The Nominative/Accusative Alternation in Japanese and Information Structure," *Journal of East Asian Linguistics* 27(2), 141–171.

Nomura, Masashi (2005) "Remarks on the Scope of Nominative Objects in Japanese," The Proceedings of the Sixth Tokyo Conference on Psycholinguistics, ed. by Yukio Otsu, 269–292. Hituzi Syobo, Tokyo.

Ogawa, Yoshiki, Keiyu Niikuni and Yuichi Wada (2018) Syntactic Gradience between Finite Clauses and Small Clauses: Evidence from a Diachronic Change in Genitive Subject Clauses in Japanese. Presented at STATS 2018.

R Development Core Team (2016) R: A language and environment for statistical computing. R Foundation for Statistical Computing, Vienna, Austria. http://www.R-project.org/.

Sano, Shin-ichiro (2011) "Real-Time Demonstration of the Interaction among Internal- and External Factors in Language Change: A Corpus Study," *Gengo Kenkyu* 139, 1–27.

Shibatani, Masayoshi (1975) "Perceptual Strategies and the Phenomena of Particles Conversion in Japanese," *Papers from the Parasession on Functionalism*, ed. by Robin E. Grossman, L. James San, and Timothy J. Vance, 469–480, Chicago Linguistic Society, Chicago.

Tada, Hiroaki (1992) "Nominative Objects in Japanese," *Journal of Japanese Linguis-*

tics 14, 91–108.

Tagliamonte, Sali (2012) *Variationist Sociolinguistics: Change, Observation, Interpretation*. Wiley-Blackwell, Oxford.

Takahashi, Masahiko (2010) "Case, Phases, and Nominative/Accusative Conversion in Japanese," *Journal of East Asian Linguistics* 19(4), 319–355.

Takano, Shoji and Ichiro Ota (2017) "A Sociophonetic Approach to Variation in Japanese Pitch Realizations," *Asia-Pacific Language Variation* 3(1), 5–40.

Takano, Yuji (2003) "Nominative Objects in Japanese Complex Predicate Constructions: A Prolepsis Analysis," *Natural Language and Linguistic Theory* 21(4), 779–834.

Ura, Hiroyuki (2007) "Long-Distance Case-Assignment in Japanese and Its Dialectal Variation," *Gengo Kenkyu* 131, 1–43.

Weiner, E. Judith and William Labov (1983) "Constraints on the Agentless Passive," *Journal of Linguistics* 19, 29–58.

Weinreich, Uriel, William Labov and Marvin Herzog (1968) "Empirical Foundations for a Theory of Language Change," *Directions for Historical Linguistics*, ed. by Winfred P. Lehmann and Yakov Malkiel, 95–195, University of Texas Press, Austin.

Part Ⅲ

方言研究・言語類型論と
コーパス

伊那方言「づら」

—時制句を補部にとる認識様態のモダリティ—*

村杉　恵子

南山大学

1.　はじめに

　世界の「言語」の数が減りつつある．2009年，ユネスコは消失危機言語として2500を挙げているが，その中には日本国内で話されているアイヌ語，八丈語，奄美語，国東語，沖縄語，宮古語，八重山語，与那国語も含まれている．しかし，多方言国家ともいえる日本において，言語消失の危機はこれら8つの言語にとどまらない．いわゆる「方言」を母語とする話者の数は，年々減少しつつあり，方言は，刻々とその多様性を失いつつある．

　長野県南部の伊那・飯田地方周辺の方言（本稿では伊那方言と称する）には独特の特徴がある．[1] その1つとして，(1)において下線で示した「づら」を挙げることができる．[2]（　）内は，その文のおおよその意味をいわゆる標準語で表したものである．

　＊ 本稿は，拙著「伊那方言「づら」：統語的特徴に関する予備的研究」において提示した記述と説明を基盤とし，新たな記述を加えて分析しなおしたものである．長野県南部伊那方言についての詳細な文法判断と記述については，実母（村杉恵美子氏）に伺いている．また，黒木邦彦氏，江口弥優（飯田方言話者）ならびに南山大学外国語学部英米学科演習（筆者担当）のゼミ生，森田芳夫氏（伊那方言話者），矢島規子氏（伊那方言話者）との方言についての談話から多くの示唆を得た．理論的な分析をするにあたっては，齋藤衛氏ならびに川村知子氏から貴重な示唆をいただいた．また，本稿全体について，匿名の査読者の方々に貴重なコメントをいただいた．ここに記して深く感謝する．本稿は，南山大学パッヘ IA 研究奨励金（2017-2019），科学研究費助成費（#17K0252）ならびに国立国語研究所共同研究プロジェクト（「日本語から生成文法理論へ：統語理論と言語獲得」）の研究プロジェクトの成果の一部である．

　[1]「づら」は長野県南部の他にも，静岡県や愛知県の一部でも用いられていると言われているが，本稿は，筆者の実母（村杉恵美子，昭和12年から昭和30年まで伊那地方に居住）の母語である伊那方言の文法判断に基づき，その文法を記述し，分析を試みるものである．

　[2] 多くの文献や記事においては「ズラ」と表記される場合が多い．しかし，本稿では「ズ」が共時的には，過去をあわわす「た」に関わると分析され，また通時的には完了の「つ」に推量の「らむ」の付いた「つらむ」の音変化である可能性もあることから，ここでは「づら」として統一的に表記する．

（1）a.　昨日えつ　あんた　畑に　行った<u>づら</u>

　　　（昨日あたりに，あなたは畑に行ったでしょう）

　　b.　明日は雨<u>づら</u>

　　　（明日は雨だろう）

ある方言に特有の言い回しが，実際の方言とは異なる用法で，小説，漫画，ア
ニメ映画などで（時に揶揄されるかのように）用いられることがあるが，「づ
ら」もまたその例外ではない．近年，小学生を中心として人気のある『妖怪
ウォッチ』のコマさんは，田舎から都会に出てきた妖怪として描かれているが，
彼の発話は，（2）に示すように，末尾に付加される「づら」によって強く印象
づけられる．しかし，それらの「づら」の用法は，実際の伊那方言では非文法
的な文あるいは不適格な文と判断されるものを多く含んでいる．#の付与され
た文は，伊那方言話者にとって（　）内の意味を表す文としては不適格である
と判断されることを示す．

　（2）a. #これ，いま，（自分が）食べる<u>づら</u>

　　　　（これを，今，（自分が）食べます）

　　b. #1づら！（点呼）

　　　（1！）

「づら」を用いる伊那方言話者には，（2）に示されているコマさんの「づら」の
用法は奇異に聞こえ，一様にこれを非文あるいは非適格文であると判断する．
　伊那方言には「づら」以外にも特有の文末表現は少なくない．伊那方言話者
は，多様な文末表現についても，例えば（3）に示すように「づら」と「だに」
を区別して用いている．「外は雪でしょうね」という推量の意味で「外は雪だ
に」とは言えず，また，外は「雪だよ」と話し手が聞き手の知らない情報を与
えるときには「外は雪づら」とは言えない．

　（3）a.　外は雪<u>づら</u>　（外は雪だろう）

　　b.　外は雪<u>だに</u>　（外は雪だよ）

　さらに（4）に示すように「だに」は「に」と似た意味で用いられるが，場合
によって「だに」がついたり「に」がついたりと，その分布には一定の規則的
な特徴がある．＊の付された文は，それが非文法的であることを示している．

　（4）a.　ざざむし，食べるに　　（ざざむし，食べるよ）

　　b. ＊ざざむし，食べるだに　（ざざむし，食べるよ）

伊那方言では「ざざむしを食べるよ」という意味を表すのに,「食べるに」とは言えるが「食べるだに」とは言えないのである.どういうときに「に」をつけて,どういうときに「だに」をつけるのか,伊那方言話者は,それがなぜかは説明できなくとも,例外なく等質の文法判断をするのである.

　現在,「づら」は,伊那・飯田地方周辺に居住する若者にはほとんど用いられていない.伊那方言を特徴づけていた「づら」は,現在は消失しつつあり,その意味で,伊那方言もまた,危機言語の1つであるといえよう.

　本稿は,消えゆく方言の1つである伊那方言の文末表現の特徴について,その文法を記述し,説明することを目的とする.本稿の第2節では,「づら」の統語的ふるまいについて,パラダイムを作り,母語話者に文法判断を仰ぐ形式で記述する.第3節ではその記述に基づいて,生成文法の枠組みで分析を与え,第4節では,残された問題に言及する.第5節で本論をまとめる.

2.　「づら」の統語的特徴

2.1.　「づら」のあらわれうる環境

　湯澤(2003)は,自身の母語である伊那方言について『おらが知ってる伊那の方言』の中で,「づら」(「ズラ」)について以下のように記述している.ここでは「づら」の表記法も含め,原本のまま引用する.

　　(5)　○○ズラ　　　　　○○ズラナエ
　　　　　○○でしょう　　○○でしょうかねえ?
　　　　　あれは仙丈ズラ(でしょう)　その右エ
　　　　　明日は　学校へ　行くんズラ?　　　ズラ?…は少し上げる.
　　　　　　　　　　　　　　　　　　　(説明をして念をおして確かめる)
　　　　　若いシユウは　ヨーサになると何処へ　行くズラ?
　　　　　ホンニ　どこへ　行くズラ　ナエ?　　ナエ?…は少し下げる.
　　　　　　　　　　　　　　　　　　　(同意を求めながら疑問を持って話す)

　湯澤(2003)の記述が明らかにすることは多い.「づら」は,統語的には名詞句(「仙丈」)や文を名詞化する要素の1つである「ん(の)」ならびに動詞句(「行く」)に後続し,また,統語部門と談話の中間にある発話/伝達のモーダルである「なえ」には先行することを示している.また,「づら」は,少なくとも意味的には,おおよそいわゆる標準語における「だろう」や「でしょう」に相当し,推量や推測,確認などをあらわし,認知的モーダル(井上(1976))と称されるものに通ずることがうかがえる.

　日本語には，主語とモダリティとの「呼応・一致」が見られるとする指摘が
ある（仁田（1991），上田（2007））．例えば，上田（2007）の示す「日本語で
は認識モダリティ（判断のモダリティ）が主語の人称を制限している」とする
例をみてみよう．

> (6) a.　きっと，{僕／*君／彼}は行く<u>だろう</u>．（推量）　［－二人称］
> 　　 b.　{僕／*君／彼}は行く<u>まい</u>．（否定推量）　　　［－二人称］
> 　　 c.　{僕／*君／彼}は行く<u>でしょう</u>．（推量）　　　［－二人称］

（6）は，「君」が主語として許容されないと判断され，それは，認識モダリティ
（判断のモダリティ）が，主語の人称を制限し，主語とモダリティとの「呼応・
一致」があるためであると説明される例である．

　この文法判断については，筆者ならびに査読者を含め，異なるとする意見が
あるが，少なくとも伊那方言の「づら」にもそのようなモダリティ表現と連動
した人称制限は，本研究のインフォーマントにおいて観察されない．意味的に
は（6a）や（6c）に示された「でしょう」「だろう」に相当する「づら」は，（1a）
に示すように，その主語として二人称（「君」，「あんた」など）が許容される．
では「づら」とはどのような特徴を持つ表現なのか．以下，典型的には文末に
あらわれる「づら」について，その特徴を整理していくことにしよう．

　まず，（7）と（8）に示すように「づら」は，（時制あるいはアスペクトを伴っ
た）動詞句ならびに形容詞句に後続することができる．

> (7) a.　今日えつ　あんたは　畑　行くづら
> 　　　　（今日あたり，あなたは　畑に行くでしょう？）
> 　　 b.　きのうえつ　あんたは畑　行ったづら
> 　　　　（昨日あたり，畑に行ったでしょう？）
> 　　 c.　今ごろ，電車に乗ってるづら
> 　　　　（今ごろ，電車に乗っているでしょう）
> 　　 d.　今ごろ，駅に着いてるづら
> 　　　　（今ごろ，駅に着いているでしょう）
> (8) a.　かわいいづら　　　　（かわいいだろうね）
> 　　 b.　かわいかったづら　　（かわいかっただろうね）

　さらに，「づら」は，（9）に示すように名詞句や形容動詞の語幹，さらに
（10）に示すように後置詞句に後続することができる．

(9) a.　あの人　誰づら　（あの人は誰でしょう）

　　 b.　明日は　雨づら　（明日は雨でしょうね）

　　 c.　あの娘は　けなげ　づら　（あの娘はけなげでしょうね）

(10) a.　あの電車は新宿からづら　（あの電車は新宿からでしょう）

　　 b.　コンサートは２時までづら　（コンサートは２時まででしょう）

　　 c.　（指を切ったんだって？）　この包丁でづら　（この包丁ででしょう）

　　 d.　（学校を休んだって？）　はやりのインフルエンザでづら

　　　　（はやりのインフルエンザででしょう）

(10) に示したように「づら」は場所や時の後置詞句のみならず，方法や理由の後置詞句にも後続してあらわれうる．さらに，「づら」は（11）に示すように副詞にも後続することができる．

(11) a.　がちゃがちゃにづら　（がちゃがちゃに（乱雑に）でしょう）

　　 b.　バタンとづら　（バタンとでしょう）

これらのパラダイムを見る限り，「づら」は，一見，文末であればどのような統語範疇にも後続しうる文末表現であるかのように見える．

　しかし，その分布を詳細に検討すると，「づら」は単純な文末表現ではなく，いくつかの特殊な性質を担うことがわかる．例えば，「づら」は，（12）に示すように繋辞（「だ」）や形容動詞，ならびにいくつかの文末助詞には後続することができない．

(12) a.　外は雪（*だ）づら

　　 b.　（あの娘は）けなげ（*だ）づら　（けなげでしょう）

　　 c.　（あの娘は）けなげ（*な）づら　（けなげでしょう）

　　 d.　*ほんにどこにいくん　なえ　づら　（本当にどこにいくんだろうね）

(12) に示した繋辞（「だ」）や形容動詞，ならびにいくつかの文末助詞に後続することができないという特徴は，「づら」の文末表現としての特徴をどのように示すのだろうか．なぜ，「づら」は繋辞（「だ」）や形容動詞，文末助詞に後続することができないのだろう．

　次節では，他の文末表現と比較することによって，「づら」の統語的な特性を検討してみよう．

2.2.　他の文末表現との共通点と相違点

　「づら」はいわゆる標準語の（特に女性語に特徴的な）文末表現「わ」の特徴

と（意味は異なるが）統語的特性において重なる部分がある．

(13) a.　明日は　きっと　晴れる　づら　なえ
　　　　　（明日はきっと晴れるでしょうね）
　　　b.　明日は　きっと　晴れる　わ　ね
　　　c.　かわいかった　づら　（かわいかったでしょうね）
　　　d.　かわいかった　わ

例えば，(13) に示すように，「づら」も「わ」も，（時制を伴った）動詞句や形容詞句に後続し，文末助詞の中でも構造的に高い位置で対人モダリティを表す「な」「ね」（「なえ」）などに先行する点において共通する．すなわち，「づら」と「わ」はいずれも時制を持つ句を選択する．また両者とも形容動詞の連体形に後続できず ((14))，また名詞化辞の「の」や疑問詞の「の」に選択されることはない ((15)-(16))．

(14) a. *（あの娘は）けなげな　づら　（けなげでしょう）
　　　b. *（あの娘は）けなげな　わ
(15) a.　芳夫は，またスイスに行く　づら
　　　b.　芳夫は，またスイスに行く (*づら) のを楽しみにしている
　　　c.　三和子は，またスイスに行く　わ
　　　d.　三和子は，またスイスに行く (*わ) のを楽しみにしている
(16) a.　芳夫は，またスイスに行く　の？
　　　b.　芳夫は，またスイスに行く (*づら) の？
　　　c.　芳夫は，またスイスに行く (*わ) の？

　しかし，「わ」と「づら」には相違点もあるようである．まず，「づら」と異なり「わ」は，(17a-c) に示すように名詞句や後置詞句，副詞に後続することができない．一方，(12a-b) や (17d-e) から明らかなように，「わ」は繋辞の終止形「だ」に後続できる．

(17) a. *明日は　雨　わ　（明日は雨でしょうね）
　　　b. *あの電車は新宿から　わ　（あの電車は新宿からでしょう）
　　　c. *がちゃがちゃに　わ
　　　d.　明日は雨 (*だ) づら
　　　e.　明日は雨だわ

　また，(18a-b) に示すように「わ」は補文標識「か」に選択されることはできない一方で，「づら」はそれが可能であり，(18d) に示すように「づら」は補文

内にもあらわれ得る.

(18) a. *外は雪だ　わ　か？

　　 b. *明日　規子さんが来る　わ　か　電話できいてみよう

　　 c. 　外は雪づら　か？　（外は雪だろうか）

　　 d. 　明日　規子さんが来るづら　か　電話できいてみよう

すなわち「づら」と「わ」はともに時制句（TP）を選択する点において共通する特徴を持つものの,「づら」は単純に主文の文末表現であるとはいえず, ここに「づら」には, 文末表現「わ」とは異なる統語的性質がある.

2.3. 「づら」の統語的特性に関する記述と一般化

　では「づら」は, いったいどのような位置にあらわれるのだろうか. 3節では裸句構造理論に基づいて分析を進めるが, その分析を進める基礎として, 句構造的に,「づら」がどのような構造的位置にあらわれうるのかについて考えてみよう. 上記の観察事実から, 1つの記述的一般化がひきだされる. それは,「づら」は（19）に示すように, 繋辞「だ」のあらわれうる位置のあたりで推量などの法性を表しているというものである.〈だ・づら〉は,「だ」ならびに「づら」のいずれもが〈　〉の位置に生起できることを示している.

(19) a. 　あれは誰　〈だ・づら〉

　　 b. 　明日は雨　〈だ・づら〉

　　 c. 　（あの娘は）けなげ　〈だ・づら〉

　　 d. 　あの電車は新宿から　〈だ・づら〉

　　 e. 　コンサートは2時まで　〈だ・づら〉

　　 f. 　（壁を塗ったんだって？）　べとべとに　〈だ・づら〉

　　 g. 　（指を切ったんだって？）　この包丁で　〈だ・づら〉

　　 h. 　（学校を休んだって？）　はやりのインフルエンザで　〈だ・づら〉

　　 i. 　ガチャガチャに　〈だ・づら〉

　　 j. 　バタンと　〈だ・づら〉

ところが,「づら」は（7）ならびに（8）（(20a-b)に再掲）にみたように,（時制やアスペクトを伴った）動詞句や形容詞句に後続する一方で,「だ」はこの位置にはあらわれえない. この一見矛盾するかのように見える言語事実は, どのように統一的に説明されうるのだろうか.

　（9）,（10）, ならびに（11）などの例（(20c-g)に再掲〕の分布に鑑み, 繋辞「だ」は「づら」の前では音声的にあらわれないとする仮定に基づくと,「づら」

は文を補部とする要素として，その分布が統一的に説明される．以下の例において，［だ］は，繋辞「だ」が音声的に表出されていないことを示している．

(20) a.　今ごろ，電車に乗ってる　づら　（＝(7c)）
　　　b.　かわいい　づら　（＝(8a)）
　　　c.　あの人　誰　［だ］　づら　（＝(9a)）
　　　d.　明日は　雨　［だ］　づら　（＝(9b)）
　　　e.　あの娘は　けなげ　［だ］　づら　（＝(9c)）
　　　f.　あの電車は　新宿から　［だ］　づら　（＝(10a)）
　　　g.　がちゃがちゃに　［だ］　づら　（＝(11a)）

繋辞「だ」と「づら」が隣接することができず，繋辞が「づら」の前では音声的にあらわれないという特徴は，本稿の冒頭で紹介した「だろう」の特徴に通ずるものである．すなわち「づら」は，認識様態のモダリティ（epistemic modality）を表す「だろう」と意味的な共通点があるのみならず，統語的な分布においても共通するところがあるのである．

(21) a.　今ごろ，電車に乗ってる　だろう
　　　b.　かわいい　だろう
　　　c.　あの人　誰　［だ］　だろう
　　　d.　明日は　雨　［だ］　だろう
　　　e.　あの娘は　けなげ　［だ］　だろう
　　　f.　あの電車は　新宿から　［だ］　だろう
　　　g.　がちゃがちゃに　［だ］　だろう

　では，伊那方言の「づら」は，「だろう」と共通する統語的な特性を持つのだろうか．次節では，「だろう」と「づら」の統語特性について対照的に考察しつつ，上記に示した記述について，より詳細に分析してみよう．

3.　モーダル表現としての「づら」：ミニマリスト理論に基づく分析

　前節では「づら」の持つ意味的特徴は，文末にあらわれる「わ」とは性質を異にし，「だろう」と同様に認識様態のモダリティ（epistemic modality）である可能性があることを示した．上記の記述に基づいて，以下では「づら」に見るモーダルとしての特異性に鑑みつつその統語的特徴を分析してみたい．
　Saito (2015) は，上田 (2007)，Haraguchi (2012)，Saito and Haraguchi (2012) など多くの先行研究で観察されてきた法表現についての階層性が，生

成文法のミニマリスト理論のもとで，自然に説明される可能性を示唆している．

　上田（2007）は，モーダルが（22）のような構造をもっていると提案している．ここで日本語のモーダルと称されるものは，時制を担わないがモーダル的な意味を持つ要素であり，「してもよい」「かもしれない」などの（時制を伴う）形容詞的活用を含む表現や「できる」などの（時制を伴う）動詞は含まれない．

(22)　[$_{\text{U-modalP}}$ [$_{\text{E-modalP}}$ [$_{\text{TP}}$ ... T] E(pistemic)-modal] U(tterance)-modal]

上田（2007）は，E(pistemic)-modals には「だろう」「でしょう」「（否定推量の）まい」，U(tterance)-modals には「ろ」「え」「なさい」「（否定命令の）な」「よう」「ましょう」などが含まれるが，1つの句に2つのモーダルは共起できないと指摘している．

(23) a.　君はそこへ　行くだろう　(*な)
　　　　（君はそこに行ってはならないでしょう）
　　 b.　太郎はそこへいく　まい　(*だろう)
　　　　（太郎はそこへは行かないだろうと思う）

　Saito（2015）は，この一般化が，句構造規則によって構造的位置が最初から決まっているとする枠組みを仮定せずしても，ミニマリスト理論の下で説明されうることを指摘している．例えば英語の例をみてみよう．

(24) a. *John may can solve the problem
　　 b.　John may be able to solve the problem

現代英語において，単文に法を表す助動詞は1つしか含まれえないとする観察はよく知られている事実である．しかしなぜ1つしかあらわれないのかについては，説明が与えられる必要がある．

　句構造規則を仮定すれば，一定の法があらわれる構造的な場所が1つしかないという説明も可能となるだろう．しかし，裸句構造理論に基づくミニマリスとアプローチでは，この選択肢はない．Saito（2015）は，英語の法助動詞の場合と同様に，日本語モーダルの特徴もまた，その形態的・意味的性質の帰結として説明が与えられなければならないと論じている．具体的には，日本語モーダルが，TP（時制を伴う命題）あるいはvP（時制を伴わない命題）を補部として選択すると仮定することにより，上田（2007）の一般化を捉えることができると提案している．（詳細は Saito（2015）を参照されたい．）

　本稿では，Saito（2015）の提案の中で，本論に直接関係する認識様態のモダリティ（epistemic modality）を表す「だろう」に絞って考察することにしよ

う．Saito（2015）は，「だろう」などの表現は，その特性として，その補部に，TP（Tense Phrase）を選択すると分析している．主要部である T は，現在あるいは過去のいずれをも担い，具体的には動詞「－る」形あるいは「－た」形，もしくは形容詞「－い」形，あるいは「－かった」形を選択する．

(25) a.　太郎はそれを食べるだろう
　　　b.　太郎はそれを食べただろう
　　　c.　そこの冬は寒いだろう
　　　d.　そこの冬は寒かっただろう

(26) にみるように，認識様態のモダリティ（epistemic modality）を示す「だろう」は動詞や形容詞の語幹に接辞としてあらわれることはできない．

(26) a. ＊太郎はそれを食べだろう
　　　b. ＊そこの冬はさむだろう

Saito（2009, 2015）によれば，「だろう」は，時制を伴う命題を補部として選択し，この特徴が上記の（23）に示された ModalP が 1 つしかあらわれない性質についても説明すると論じている．すなわち，T（時制）を選択する認識様態のモダリティ（epistemic modality）「だろう」は，時制を欠く ModalP を補部にとることができないためであると考えられている．

　この分析は，伊那方言の「づら」についても説明力を持つ．伊那方言においても，単文には 1 つの法表現しか許されない．

(27)　　太郎はそこへいく　まい（＊づら）
　　　（太郎はそこへは行かないだろうと思う）

また，「づら」は，時制（T）を伴った命題を選択し，動詞や形容詞の語幹に認識様態のモダリティ（epistemic modality）「づら」が接辞としてあらわれることはない．

(28) a.　太郎はそれを食べるづら
　　　b.　太郎はそれを食べたづら
　　　c.　そこの冬は寒いづら
　　　d.　そこの冬は寒かったづら
(29) a. ＊太郎はそれを食べづら
　　　b. ＊そこの冬はさむづら

　このことは，（20c–g）と（21c–g）に述べた繋辞に関する共通点も説明しう

る．先にも触れたように「だろう」と「づら」は，共に音声的にあらわれない
繋辞「だ」に導かれた句に後続する．［だ］は，「だ」が音声的には表れないこ
とを示している．以下に（20）と（21）を再掲する．

(20) a.　今ごろ，電車に乗ってる　づら　（＝(7c)）
　　　 b.　かわいい　づら　（＝(8a)）
　　　 c.　あの人　誰　［だ］　づら　（＝(9a)）
　　　 d.　明日は　雨　［だ］　づら　（＝(9b)）
　　　 e.　あの娘は　けなげ　［だ］　づら　（＝(9c)）
　　　 f.　あの電車は　新宿から　［だ］　づら　（＝(10a)）
　　　 g.　がちゃがちゃに　［だ］　づら　（＝(11a)）
(21) a.　今ごろ，電車に乗ってる　だろう
　　　 b.　かわいい　だろう
　　　 c.　あの人　誰　［だ］　だろう
　　　 d.　明日は　雨　［だ］　だろう
　　　 e.　あの娘は　けなげ　［だ］　だろう
　　　 f.　あの電車は　新宿から　［だ］　だろう
　　　 g.　がちゃがちゃに　［だ］　だろう

「だろう」や「づら」に先行する「だ」が形態・音韻的な理由によって発音さ
れないとすると，（30c）ならびに（31c）が示すように，繋辞の時制が過去
（「だった」）であるときには，そのままの形で音声化されることを予測する．
実際，その予測は言語事実と矛盾しない．

(30) a.　雨　［だ］　だろう
　　　 b.　雨　［だ］　づら
　　　 c.　雨　だった　づら
(31) a.　東京から　［だ］　だろう
　　　 b.　東京から　［だ］　づら
　　　 c.　東京からだった　づら

また，冒頭（5）で紹介した湯澤（2003）の観察「明日は学校へ行くんずら」
といった「ん（の）」を「づら」が選択する点においても，「づら」の特徴は「だ
ろう」（「明日は学校にいくのだろう」）の特徴と共通する．

(32) a.　明日は学校へ行くん　［だ］　づら
　　　 b.　明日は学校へ行くの　［だ］　だろう

「ん［だ］づら」は「の［だ］だろう」と同じ意味を持つ．ここに，「づら」は「だろう」と同様に，TP を補部にとる接辞であると分析される．「づら」は「だろう」と意味的にも統語的にも共通する特徴を持ち，「づら」は「だろう」と同様に時制句（TP）を補部として選択する．このことは，Saito（2015）の提案が，伊那方言「づら」の特性についても，説明力を持つ可能性を強く示唆するものである．[3]

　しかし，「づら」と「だろう」には，相違点もある．「づら」と「だろう」が何を選択するかについては，共通した特徴を持つ．両者は Saito（2015）の述べるように時制を含む命題を選択する．しかし，「づら」と「だろう」が，何に選択されるのかには違いがあるようなのである．（33b）と（34b）に示されるように，「づら」は複合名詞句の中にあらわれることはできない．

(33) a. ?わざわざ雨が降るだろう週を選んで，行くことはない
　　　b. *わざわざ雨がふるづら週を選んで，行くことはない
(34) a. ?あの子が毎週通うだろう道を　念のため歩いてみた
　　　b. *あの子が毎週通うづら道を　念のため歩いてみた

「だろう」は，時に文修飾句としての複合名詞句内にあらわれることができるとする話者もいるが，伊那方言では，（少なくとも今回のインフォーマントによれば）関係節あるいは文修飾句の一部として「づら」はあらわれえない．「づら」を選択しうるものは，「だろう」のそれとは異なるのである．これについては今後の課題としたい．

4.　過去のみのをあらわす「つら」

　伊那方言には，「づら」の他に「つら」という静音の異形と，「つ（づ）」を伴わない「ら」も存在する．

---

[3] 日本語のモーダルは，時制を持たない要素であると定義されている．上述したように，「～かもしれないだろう」「～してもよいだろう」はモーダル的意味を有するが，「しれない」ならびに「よい」は形容詞であると考えられる．したがって，「かもしれないだろう」，「～かもしれなかっただろう」，「～してもよいだろう」「～してもよかっただろう」といった文は文法的に適格である．同様に伊那方言においても以下のような例は文法的である．
　(i)　明日 晴れるかもしれないづら
　(ii)　こんなふうにしてもいいづら
この記述は，「だろう」や「づら」が時制を含む要素を選択するとする分析によって説明されうる．

(35) a.　いっつら　（いっただろう）
　　　b.　あっつら　（あっただろう）
　　　c.　いったら　（いったでしょ？）
　　　d.　あったら　（あったでしょ？）

一見すると自由変異であるかのように見える3つの接辞には，意味的文法的
に相違点があることに触れておこう．
　まず，「づら」と「つら」という清音の異型とを比較してみよう．「づら」と
「つら」は，意味的には推量を含むという点において，伊那方言では2つの形
式が共存しているように見える．（36）に示された例はすべて文法的であり，
（36a）と（36b），ならびに（36c）と（36d）の意味に差はない．

(36) a.　きのうえつ　畑　いったづら　（きのうあたりに畑にいったでしょう）
　　　b.　きのうえつ　畑　いっつら　（きのうあたりに畑にいったでしょう）
　　　c.　さぞ，つらかったづら　（さぞ，つらかったでしょう）
　　　d.　さぞ，つらかっつら　（さぞ，つらかったでしょう）
　　　e.　きのう，おたぐり食べたづら　（きのう，おたぐりを食べたでしょう）
　　　f.　きのう，おたぐり食べつら　（きのう，おたぐりを食べたでしょう）

ここで特に興味深いのは，「つら」は，（時制やアスペクトを持つ）動詞に自由
につく「づら」とは異なり，動詞や形容詞の語幹につき，それが過去あるいは
過去完了の意味しか持たない点である．

(37) a.　明日えつ，畑にいくづら　（明日あたりに　畑にいくでしょう）
　　　b.　*明日えつ　畑　いっつら　（明日あたりに　畑にいくでしょう）

「づら」がどんな時制やアスペクトを担う動詞とも共起できるのに対し，（37b）
のように「明日」という未来の時を表す副詞と「いっつら」は共起できない．
ここで導き出される一般化は，「づら」が過去のみならず未来についても表す
生産的な表現であるのに対して，「つら」は，動詞の語幹に接辞としてつき，
過去あるいは過去完了の意味でしか用いられないということである．
　「つら」と「づら」が共存していることに筆者が気付いたのは，湯澤（2003）
の集めた伊那方言の膨大な発話資料を整理していたときのことである．ここ
に，方言を記録し，記述し，文字化して後世に残す意義が見いだされる．湯澤
（2003）の挙げた例を示しておこう（例文は，原本のままである）．

(38) a.　食べたくなってキッツラ．たけだのオタグリはうまいぜ．
　　　b.　コネエダ　一緒に電気館で　映画を見ツラ？

（38a）は，「食べたくなってきたでしょう．たけだのおたぐり（馬の腸を煮込んだ伊那谷に伝わる郷土料理）はおいしいよ」という意味であり，（38b）は，「このあいだ，一緒に電気館で映画をみただろう？」という意味である．この記述をもとにして，今回の研究プロジェクトのインフォーマントに，（37）ならびに（39）のパラダイムを示したところ，上記の一般化と矛盾しない文法判断が得られている．

　　（39）a.　来月，電気館で，映画をみるづら？
　　　　　　　（来月は電気館で映画を観るでしょう？）
　　　　　b. *来月，電気館で，映画をみつら？
　　　　　　　（来月は電気館で映画を観るでしょう？）

（37b）ならびに（39b）は，いずれも非文であると母語話者に判断されているが，それは，明らかに未来を示す副詞的な要素と「つら」が共起できないという文法知識を，母語話者が無意識にもっているためである．

　以上の議論をふまえると，「つら」が動詞などの語幹を選択するのに対して，時制句を選択する「づら」と述べることができる．

　最後に，動詞などの語幹を選択する「つら」と，（繋辞を含む）時制句を選択する「づら」との中間的な特徴を示す「ら」.のふるまいについても触れておこう．「ら」は聞き手の同意を求める意味をもつ．

　「づら」は前述したように繋辞「だ」のあらわれうる位置のあたりで推量などの法性を表す．〈だ・づら〉は，「だ」ならびに「づら」のいずれもが〈　〉の位置に生起できることを示している．一方，「ら」は，「づら」とは異なり，名詞句や後置詞句のような名詞性を伴う統語範疇に後続することができない．この経験的事実は〈　〉の位置において〈*ら〉として記す．

　　（40）a.　あれは誰　〈だ・づら・*ら〉
　　　　　b.　明日は雨　〈だ・づら・*ら〉
　　　　　c.　（あの娘は）けなげ　〈だ・づら・*ら〉
　　　　　d.　あの電車は新宿から　〈だ・づら・*ら〉
　　　　　e.　コンサートは2時まで　〈だ・づら・*ら〉
　　　　　f.　（指を切ったんだって？）　この包丁で　〈だ・づら・*ら〉
　　　　　g.　（学校を休んだって？）　はやりのインフルエンザで　〈だ・づら・*ら〉

ところが，「ら」は（時制やアスペクトを伴った）動詞句や形容詞句には後続する．

(41) a. 今日えつ　あんたは　畑　行くら

　　　　　（今日あたり，あなたは　畑に行く（ん）でしょ？）

　　 b. きのうえつ　あんたは畑　行ったら

　　　　　（昨日あたり，畑に行った（ん）でしょ）

　　 c. 今ごろ，電車に乗ってるら　（今ごろ，電車にのっているよね）

　　 d. 今ごろ，駅に着いてるら　（今ごろ，駅に着いているよね）

　　 e. 明日は雨だら　（明日は雨でしょ？）

　　 f. 昨日は雨だったら　（昨日は雨だったでしょ？）

(42) a. かわいいら　（かわいいでしょ？）

　　 b. かわいかったら　（かわいかったでしょ？）

「づら」が推量の意味を強く持つのに対して，「ら」は相手に同意や同感を求める伊那方言話者の内省は，東京方言において「でしょう」と「でしょ」の相違に近い．それは「つら」と「ら」においても同様であり，例えば下に示すパラダイムにおいて，3つの文の意味のニュアンスは異なる．

(43) a. 来年　引っ越すって　ゆったづら

　　 b. 来年　引っ越すって　ゆっつら

　　 c. 来年　引っ越すって　ゆったら

伊那方言話者によると（43a）と（43b）は「来年には引っ越すと言ったでしょう」という過去に推論した未来におこりうる出来事を表すのに対して，（43c）は，聞き手を責めているようなニュアンスを含みうる文で，「来年には引っ越すっていったでしょ」（「引っ越すと言ったのに，引っ越さないの？」）と念を押すような文であるという．

　このような意味の差を持つ「づら」と「ら」は，統語的にもそれらが選択する要素に差がある．2節と3節で論じた「づら」は繋辞「だ」の後にはあらわれないが，「ら」は繋辞「だ」の後にあらわれうる．ミニマリスト理論の下では，「づら」は，繋辞「だ」を含む時制句を補部に取るのに対して，「ら」は繋辞「だ」を含まないが，少なくとも（時制を伴う）形容詞や動詞を選択すると一般化することができる．

　仮に本論で提示した分析が説明力を持つとしても，残された問題がある．そのうちの一点について，最後に指摘しておきたい．それは，なぜ「（っ）つら」が，現代日本語において，過去の意味しか持たないのかという問題である．

　齋藤衛氏（p.c.）は，それは「つら」には「た」と「づら」の一部が音声的に縮約された過程を含むためである可能性を筆者に指摘している．すなわち，

「た」の一部 /t/ と「づら」の一部 /ura/ が縮約された結果生じた /t(s)ura/（つら）」が，動詞の語幹を選択するとするものである．

　この仮説は「つら」が動詞の語幹を選択すると提案する本論の分析と矛盾するものではない．

(44)　　動詞の語幹（Stem）＋ ta ＋ dura
　　➡　　Stem ＋ /t/ ＋ ⟨a ＋ d → φ⟩ ＋ /ura/
　　➡　　Stem ＋ /tura/

この示唆は，少なくとも現代日本語の動詞活用の特徴と「つら」の分布を正しく説明する．

(45) a.　書いつら　　（kak(i)-t ＋ ⟨a ＋ d → φ⟩ ＋ ura）
　　　b.　見つら　　　（mi-t ＋ ⟨a ＋ d → φ⟩ ＋ ura）
　　　c.　食べつら　　（tabe-t ＋ ⟨a ＋ d → φ⟩ ＋ ura）
　　　d.　泳いづら　　（oyog(i)-t ＋ ⟨a ＋ d → φ⟩ ＋ ura）
　　　e.　呼んづら　　（yob-t ＋ ⟨a ＋ d → φ⟩ ＋ ura）
　　　f.　読んづら　　（yob-t ＋ ⟨a ＋ d → φ⟩ ＋ ura）

さらに，この縮約仮説は，なぜ「つら」が過去の推量の意味しか持ちえないのかについて自然な説明を与えうる．それは，「つら」には基底に「た」（過去）と「つら」（推量）という両方が含まれ，それが音声的縮約を受ける過程を経ると考えられるためである．この音声的縮約は，他の言語現象にも広く説明力をもつ可能性があるが，これについては，今後の研究課題としたい．

　いうまでもないことであるが，伊那方言話者がそのような文法を意識的にもっているとは考えにくい．伊那方言話者が無意識にもつ文法知識に，本稿で述べたような文法が実在するとすれば，それは方言が言語と同じステイタスをもって言語理論に貢献できることを意味するだろう．

5.　まとめにかえて

　持続可能な社会は，多様性をみとめあうことにおいて実現可能となりうる．言語は人のアイデンティティであり，方言の多様性をみとめ，守ることは，持続可能な社会を築くための基礎となる．

　本稿は，消えゆく方言の特徴を記録することの緊急性に鑑み，伊那方言を特徴づけてきた「づら」の文法について，湯澤（2003）のデータを整理し，それを基礎として記述した．生成文法理論を背景として，パラダイムを作り，母語

話者に文法判断を仰ぐことによって，伊那方言の文法を記述し，一般化し，そこで観察された事実と一般化について，生成文法理論の枠組みで説明することを試みた．

　本稿では，伊那方言「づら」は認識様態のモダリティ（epistemic modality）の表現であり，その選択の特性に関して「だろう」と共通することを示している．Saito（2015）においては，「だろう」などのモダリティ（epistemic modality）がその補部に TP（Tense Phrase）を選択すると提案されている．本稿では，その分析が，伊那方言「づら」についても説明力を持つことを論じ，伊那方言「づら」の統語的分布もまた，選択的な特性によって説明されうることを示唆するものである．

参考文献

Haraguchi, Tomoko (2012) "Distributions of Modals and Sentence Final Particles: Selection or Something Else?" Presented at the Thirteenth Workshop of the International Joint Research Project on Comparative Syntax and Language Acquisition (February 20, 2012), Center for Lingusitics, Nanzan University.

井上和子（1976）『変形文法と日本語 上・下』大修館書店，東京．

仁田義男（1991）『日本語のモダリティと人称』ひつじ書房，東京．

村杉恵子（2018）「伊那方言「づら」：統語的特徴に関する予備的研究」『アカデミア』103, 1-27，南山大学．

Saito, Mamoru (2009) "Selection and Clause Types in Japanese," Presented at the International Conference on Sentence Types: Ten Years After (June 26-28, 2009), Goethe Universität Frankfurt am Main.

Saito, Mamoru (2015) "Cartography and Selection: Case Studies in Japanese," *Beyond Functional Sequence*, ed. by Ur Shlonsky, 255-274, Oxford University Press, New York.

Saito, Mamoru and Tomoko Haraguchi (2012) "Deriving the Cartography of the Japanese Rightperiphery: The Case of Sentence-final Discourse Particles," *Iberia* 4(2), 104-123.

上田由紀子（2007）「日本語のモダリティの統語構造と人称制限」『日本語の主文現象——統語構造とモダリティ』，長谷川信子（編），261-294，ひつじ書房，東京．

湯澤敏（2003）『おらが知ってる伊那の方言』しんこう社，伊那市．

東インドネシア言語の繰り上げ述語の複文構造*

西山　國雄

茨城大学

1. はじめに

英語の seem のような，繰り上げ述語（raising predicates）は複文構造を持つと言われている．これは以下の文の曖昧性からも確認できる．

(1)　Someone seems to be singing.

これは someone が seem より広いスコープを持つ解釈（誰かがいて，その誰かが歌っているようだ）と，seem のほうが広いスコープを持つ解釈（状況から判断して誰かが歌っているようだが，誰かがいることまでは断定しない）がある．後者の解釈は，(2) の複文に相当し，(1) の主節主語が元は従属節の主語であったことを示唆する．

(2)　It seems that someone is singing.

本稿では，東インドネシアの2つの言語（ラマホロト語とムナ語）においても，繰り上げ述語は複文構造を持つことを示す．具体的には，ラマホロト語では再述代名詞（resumptive pronoun）が証拠となり，ムナ語では一致（agreement）が証拠となる．

2. ラマホロト語とムナ語

具体的な話の前に，ラマホロト語とムナ語について簡単に説明しておく．2つはインドネシアの少数民族の言語だが，ラマホロト語はフローレス島の東部で，ムナ語はスラウェシ島南部の近くのムナ島で話されている．共にオースト

---

*　貴重なコメントをいただいた2名の査読者に感謝申し上げる．本研究は科学研究費（K1502470）の補助を受けている．

ロネシア語族に属し，前者は中央マラヨ－ポリネシア，後者は西マラヨ－ポリネシアの下位分類に入る（Blust（1993））．この分類は語彙の比較によるものだが，これと文法的特徴は必ずしも一致しない．例えば，よく知られたインドネシア語やタガログ語は西マラヨ－ポリネシアで，豊かな受け身の体系を持つが，同じ西マラヨ－ポリネシアでもムナ語は受け身を持たない．これは中央マラヨ－ポリネシアの特徴である．このことは，ラマホロト語とムナ語の共通する文法的特徴は，系統によるものではなく，地域的特徴と考えられる．

　つまり，東インドネシアは系統とは異なる「言語地域」を形成する訳だが，これは近隣で話されるパプア言語の影響が大きいと考えられる．パプア言語の話者は数万年前から住んでいたが，彼らは人類が出アフリカ後に地球全土に広がる第一波の中でやってきた，狩猟の民である．これに対し，オーストロネシアの話者は農耕の民で，源流の地である台湾から5千年ほど前に移住を開始して，太平洋に広まっていった．つまり，オーストロネシアの話者は後発隊であり，東インドネシアに着いた頃は，既にパプア言語の話者がいたということになる．このような状況の下で，言語接触が起こり，言語地域が形成された．この地域の文法的特徴として，VOAux の語順や後置所有語があるが，それぞれ西山（2016），Nishiyama（2018）を参照されたい．本稿の例文は全て，ラマホロト語は Nishiyama and Kelen（2008），ムナ語は van den Berg（1989）から引用している．

3.　ラマホロト語の繰り上げ述語

　ラマホロト語は状況判断述語として tvngv hama を使う．

(3)　Bala pe'en **tvngv-na hama** gvmbira
　　　B.　the　see-3sg　same　happy
　　　'Bala seems to be happy.'

tvngv は本来は 'see' を意味するが，状況判断述語では文法化を経て元の意味は薄れている．例えば以下のように，無生物主語でも用いられる．

(4)　dos pe'en **tvngv-na hama** ba'a
　　　box the　see-3sg　same　heavy
　　　'The box seems to be heavy.'

ここで重要なのは，同じ意味で（4）の他に2通りの表現があるということである．

(5) a. **tvngv-na hama** dos pe'en ba'a
　　　see-3sg　same box the　　heavy
　　　'The box seems to be heavy.'

　　b. dos pe'en **tvngv-na hama** <u>na</u> ba'a
　　　box the　　see-3sg　same it heavy
　　　'The box seems to be heavy.'

（5a）では主語と tvngv hama の順序が（4）とは逆になっている．（5b）では tvngv hama の後に 3 人称単数の代名詞の na が出ている．（tvngv に付いている na は一致のマーカーである．）

　上の 3 つのパターンは，以下の構造で分析される．

(6)　　　　　　移動
　　（主語 1）　seem [（主語 2）述語]
　　　　　　　　　↓
　　　　　　再述代名詞 na

この構造では，主語には 2 つの位置がある．従属節の主語（主語 2）は述語とともに命題（括弧の部分）を形成する．これが状況判断の文脈で現れると，tvngv hama 'seem' が前に置かれる．この時に（5a）が得られる．英語とは違い，ラマホロト語には明示的な虚辞はないが，空範疇としての虚辞はあり，これがデフォルトの 3 人称単数の一致を引き起こしていると考えられる．[1]（4）は従属節の主語が主節の主語（主語 1）まで移動した時に得られる．通常は移動の元位置にあったものは音形がないが，（5b）のように代名詞が現れた場合は，再述代名詞（resumptive pronoun）と考える．

　査読者は以下の文を引用し，（5b）の代名詞は必ずしも移動によるものではないと指摘する．

(7)　John seems as if he is happy.

この英語の文では，補文が時制節なので，通常の分析では移動はおこっていないとされる．ラマホロト語で時制節と不定節の区別は明確ではないが，（5b）が（7）とは違う証拠がある．つまり na は 3 人称単数の代名詞だが，通常無生物には使われない．[2] にもかかわらず，（5b）では 'the box' を受けている．通

---

[1] 次節でムナ語にも同様のデフォルト一致があることを見る．
[2] ラマホロト語は主語の省略がないので，談話上で，旧情報の無生物を受ける時は，同じ名詞を繰り返すしかない．

常の，単に旧情報の名詞を受けるという使用と異なるので，(5b) の na は再述代名詞と考えられる．

　また別の査読者は，(5b) で主語が主題化している可能性に言及する．ラマホロト語は日本語のような topic-prominent language ではないが，(5b) での移動が主題化の役割も担う可能性も排除はできない．ただ，上で述べた代名詞の特徴により，移動があることは確かだろう．更に scrambling の可能性については，ラマホロト語は主語の scrambling はないので，この可能性は考慮しない．

　以下で触れるが，通言語的に再述代名詞は Wh 疑問文や関係節で現れるが，状況判断の文で現れるというのは極めて稀だと思われる．ラマホロト語は状況判断の文における 2 つの主語位置を示す興味深い例と言える．Wh 疑問文や関係節は理論的に A-bar 移動と言われ，再述代名詞は A-bar 移動に限定されるというのが一般的見解である．ラマホロト語の状況判断文の移動が A 移動か A-bar 移動かはっきりしないが，この移動の本質の解明は今後の課題である．

　ラマホロト語の状況判断文の移動は不明な点が多いが，典型的な A-bar 移動でもラマホロト語は元位置に再述代名詞を出すので，以下でその特徴を示す．通言語的に再述代名詞は「主節主語制約」(highest subject restriction, McCloskey (1990: 210)) に従う．

(8)　主節主語制約
　　　再述代名詞は主節の主語に現れないが，目的語あるいは動詞に選択される従属節の主語には現れる．

これはアイルランド語 (McCloskey (1990))，ヘブライ語やアラビア語 (Shlonsky (1992)) で観察されるが，以下で示すように，ラマホロト語もこの制約に従う．

(9)　a.　Bala yang (*na) bvrin go
　　　　　B.　　that　　he　hit　　me
　　　　　'It is Bala that hit me.'
　　b.　Bala yang go persaya (na) bvrin go
　　　　　B.　　that　I　believe　he　hit　　me
　　　　　'It is Bala that I believe hit me.'
　　c.　Bala, go bvrin (na)
　　　　　B.　　I　hit　　him
　　　　　'Bala, I hit (him).'

   d. Bala yang go bvrin（na）

      B.   that I hit   him

      'It is Bala that I hit (him)．'

（9）は分裂文だが，ラマホロト語は明示的な虚辞も be 動詞もないので，焦点を受ける名詞から文が始まる．（9a）で主節の主語に再述代名詞は現れないが，（9b）では従属節の主語に現れることができる．（9c, d）は目的語だが，主節，従属節に関わらず再述代名詞は現れる．これらは（8）の制約通りである．

　（8）と（9）について，いくつか補足しておく．（8）で「動詞に選択された従属節」とあるのは，'say' や 'believe' などの bridge verb に選択されたものを指す．再述代名詞の文献ではよく関係節が用いられるが，これも厳密には従属節だが，動詞に選択されていないので，highest subject を含む主節とみなされる．同様に（9a, c, d）で Complementizer の yang に導入される節は，（8）で言う主節であり，（9b）の persaya 'believe' に選択された節のみが，（8）で言う従属節である．また分裂文について，本稿では特定の分析を支持するものではない．なんらかの移動を含み，その痕跡に再述代名詞が現れる言語の1つにラマホロト語も入る，というのが主張である．また，分裂文の派生は A 移動だという主張でもなく，一般に言われる A-bar 移動という分析に異を唱えるものでもない．むしろ奇妙なのは，（5b）のように一般には A 移動と言われている状況の述語を含む文に再述代名詞が現れることである．この理論的考察は今後の課題だということは先に述べたが，本稿はフィールドワークにより発掘したデータを，たとえ分析は不完全でも提示するということに主眼をおく．

　もう1つの通言語的な再述代名詞の特徴として，Wh 疑問文で現れる時，'which' に相当する疑問詞を伴う時のみ可能だ，ということがある．Sharvit（1999: 591）はヘブライ語でこの特徴があると示すが，ラマホロト語も同様である．

  （10）a. hege yang Bala bvrin（*na）

        who that B. hit   him

        'Who did Bala hit?'

      b. inamvlake ga'e yang Bala bvrin（na）

        man   which that B. hit   him

        'Which man did Bala hit?'

（10）は目的語の Wh 疑問文だが，'who' を使う（10a）では再述代名詞は現れないが，'which man' を使う（10b）では可能である．

4.   ムナ語の繰り上げ述語

　本節では一致を基に，ムナ語の繰り上げ述語の複文構造を見る．具体的な例に入る前に，本稿で仮定する一致のメカニズムを述べておく．一致は以下のような指定部と主要部の関係で起こる．

(11)
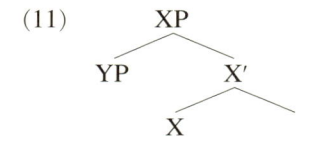

ここで指定部にある YP は一致を引き起こすもの (agreement trigger) で，主要部の X は一致を受けるもの (agreement host) である．

　ムナ語では述語のタイプにより，その前にある語の一致が義務的，随意的，不可能の 3 種類に大別される．まず一致が義務的な述語は以下である ((12a, b) の R は Realis を表し，(14a) の 1sI の I は Irrealis を表す)．

(12) a.　**do**-wolo　　**do**-ere
　　　　　3pR-finish 3pR-leave
　　　　　'They have all left.'
　　 b.　**a**-ghindulu **a**-fumaa
　　　　　1sR-first　　 1sR-eat
　　　　　'I eat first.'

ここでは 2 番目に出てくる動詞のみならず，最初の語も一致を示す．最初の語がどの品詞に属するかの議論は，後で戻る．
　一致が随意的な述語は以下である．

(13) a.　**ao**-nea　　 **a**-leni
　　　　　1sR-usual 1sR-swim
　　　　　'I usually swim.'
　　 b.　**no**-nea　　 **a**-leni
　　　　　3sR-usual 1sR-swim
　　　　　'I usually swim.'

ここでは同じ語が最初の語に来ているが，(13a) では一致が 2 回起こっているのに対し，(13b) では一致は 2 番目の動詞に起こっているだけである．(13b) の no は 3 人称単数の一致表示だが，これはデフォルトの表示と考えられる．

一致が不可能な述語は以下である．

(14) a. **ne**-taa-mo   **a**-s[um]uli-mo
3sR-good-PF 1sI-return-PF
'I had better go home.'

　　b. **no**-hali   **do**-pesua we kamali
3sR-hard 3pR-enter loc palace
'It is hard for them to enter the palace.'

ここでは一致するのは2番目の動詞のみで，最初の述語は一致せず，デフォルトの3人称単数の一致表示が出る．

　上述の3種類の一致は，以下の構造で分析される．

(15)　2つの一致

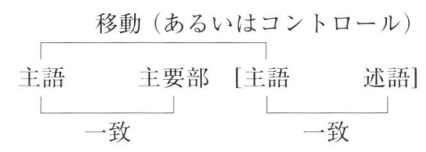

(16)　1つの一致

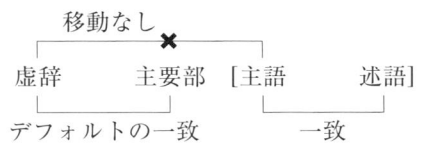

(15) と (16) はそれぞれ2つの一致と1つの一致を示す．(12a, b) や (13a) のように一致が2回起こる時は，(11) の仮説の下ではそれぞれの一致の受け手の指定部の位置に音形のない主語が現れているということを示す．このように主語の位置が2つあることは，(15) のように移動あるいはコントロールで捉えられる．一方 (13b) や (12a, b) のように一致が1つの時は，最初の語の指定部には主語はなく，(16) のように音形のない虚辞があると考えられる．虚辞はデフォルトの一致を起こすので，一致は1つとなる．まとめると義務的一致の (12) は (15) の構造を持ち，述語の一致が不可能な (14) は (16) の構造を持つ．随意的一致の (13) は (15) と (16) の両方の構造を随意的に取れると考えられる．

　次に (12) から (14) までの最初の語（つまり (15) と (16) の「主要部」）の品詞の問題に移る．まず通言語的に一致は動詞に限定され，動詞の定義の1つに一致を入れる考えもあることから，これらの語は動詞だという可能性があ

る．これらの語の中には，意味的に副詞に近いものもあるので，この定義は意味には言及しない，形式的な定義である．この定義の下では，(15) と (16) の分析は一致に基づいた補文構造の証拠ということになる．

　一方，査読者が指摘するように，通言語的な傾向や定義だけでは不十分で，各言語（ムナ語）における独立した動詞としての証拠が必要だという考えもある．残念ながら van den Berg の文法書にはこの証拠が見当たらず，これらの語の一部は副詞の可能性も否定できない．この場合は通言語的にめずらしい副詞の一致ということになるが，[3] (15) と (16) は複文ではなく単文になる．そしてこの分析が示すのは，主語が 2 つの位置を示すという，移動あるいはコントロールの証拠のみということになる．あるいは，たとえこれらの語が単独で動詞として使われているとしても，(12) から (14) まででは再構築 (restructuring) が起こり，同じ語が機能範疇化して助動詞になっている可能性もある (Cinque (2006))．この場合も，(15) と (16) は複文の証拠ではなく，移動あるいはコントロールの証拠のみということになる．

　上記の 3 種類の一致はどのように決まるのか．以下で意味的な基盤を考える．次の表は，van den Berg (1989) に挙げられている他の例も含めて，3 種類の一致と意味的な関係を示したものである．

(17)

一致のタイプ	意味	グロス
義務的	アスペクト	'begin', 'go first', 'stop', 'finish'
不可能	無生物主語対応	'happen to', 'good', 'hard', 'rare'
随意的	雑多	'tired', 'fast', 'ready', 'can', 'may', 'serious', 'more'

義務的一致では，述語はアスペクトを表すのに対し，一致が不可能な述語は「有生性」'animacy' に無関係な，無生物主語にも対応できるものである．後者の特徴は，seem などの繰上げ動詞に見られるもので，繰り上げ動詞の主語位置は意味的には空で，虚辞（英語では it）が占めると通常分析される．このことから，(16) の構造が支持される．アスペクトの統語分析はいくつかあり，語彙範疇か機能範疇か (Cinque (2006))，語彙範疇ならコントロール構造か繰り上げ構造か (Perlmutter (1970))，さらにコントロールなら移動を含むか否か (Boeckx, Hornstein and Nunes (2010)) で分かれる．本稿ではこれには立ち入らないが，これらの分析の中から特定のものを選び出さずとも，(15)

---

[3] 副詞の一致の分析としては，(11) の仮定を実行するためには，Cinque (1999) の，副詞は主要部であると言う仮説が最も整合する．

の分析は保持できると思われる．

　（15）と（16）の差で重要なのは，後者では上方の主語に虚辞があり，最初の語と空範疇の下方の主語で局所的な関係が確立できないのに対し，前者では空範疇の下方の主語の先行詞（これも空範疇）が，上方主語の位置にも存在し，最初の語と局所的な関係が持てる，ということである．（15）では移動を仮定したが，コントロールでもこの関係は可能であり，したがって，アスペクトを表すものが語彙範疇か機能範疇かという問題にも，中立である．今後の課題として，（16）において，上方の主語位置に下方の主語が来ることを妨げる虚辞の存在を独立して示すことがあるが，少なくとも（12）から（14）が示すのは，一致のタイプと述語の意味に相関があり，これは2つの主語の位置，つまり（1つの定義の下では）複文構造の結果だということである．

5.　考察と理論的意味合い

　以上，ラマホロト語とムナ語の繰り上げ述語が持つ複文構造を，それぞれ再述代名詞と一致の観点から見てきた．本節ではまずこの2つの関係について考察する．ムナ語に再述代名詞があるかは，van den Berg（1989）の記述からははっきりしないが，ラマホロト語にも一致はあり，しかも非常に豊かな体系を持っている（Nishiyama（2011）参照）．そこでまず起こる疑問は，なぜラマホロト語では一致が複文構造を認識する手段とならないか，ということである．これは一致のメカニズムが，各言語で異なることにも起因するが，大きな要因として，ラマホロト語の一致は必ずしも全ての述語に現れるわけではない，ということがある．多くの品詞が一致を示すラマホロト語だが，一致を示さない，あるいは示しても随意的である語が多い．これが，ラマホロト語では一致が複文構造を認識する手段とならない理由と思われる．[4]

　最後に本稿の理論的意味合いについて考える．これまで複文構造は様々な形で示されてきた．冒頭に挙げたスコープの他にも，日本語では「自分」の解釈により，使役文は複文であることがわかっている．本稿はこの他にも，各言語の特徴に応じて，複文構造を認識することは可能だということを示した．

---

[4] 査読者は，両言語の違いに関して，状況判断の述語はムナ語ではどうなっているかという疑問を呈する．これは興味深い点だが，文法書にはこの記述は見当たらない．これは記述文法書を基に分析をする際の宿命のようなもので，自身でフィールドワークに行かない限り，書いてあること以上のことを知る術はないということである．

参考文献

Blust, Robert (1993) "Central and Central-Eastern Malayo-Polynesian," *Oceanic Linguistics* 32, 241–293.

Boeckx, Cedric, Norbert Hornstein and Jairo Nunes (2010) *Control as Movement*, Cambridge University Press, Cambridge.

Cinque, Guglielmo (1999) *Adverbs and Functional Heads*, Oxford University Press, Oxford.

Cinque, Guglielmo (2006) *Restructuring and Functional Heads: The Cartography of Syntactic Structures* 4, Oxford University Press, Oxford.

McClosky, James (1990) "Resumptive Pronouns, A'-binding, and the Levels of Representation," *The Syntax of Modern Celtic Languages, Syntax and Semantics* 23, ed. by Randall Hendrick, 199–248, Academic Press, New York.

Nishiyama, Kunio and Herman Kelen (2007) *A Grammar of Lamaholot, Eastern Indonesia: the Morphology and Syntax of the Lewoingu Dialect*, Lincom, Munich.

Nishiyama, Kunio (2011) "Conjunctive Agreement in Lamaholot," *Journal of Linguistics* 47, 381–405.

西山國雄 (2016)「ラマホロト語の助動詞の語順」『コーパスからわかる言語変化変異と言語理論』, 小川芳樹・長野明子・菊地朗 (編), 345–351, 開拓社, 東京.

Nishiyama, Kunio (2018) "Possessive Nominal Phrases in Lamaholot," *Topics in Theoretical Asian Linguistics*, ed. by Kunio Nishiyama, Hideki Kishimoto and Edith Aldridge, John Benjamins, Amsteram, 207–225.

Perlmutter, David (1970) "The Two Verbs *Begin*," *Readings in English Transformational Grammar*, ed. by Roderick A. Jacobs and Peter S. Rosenbaum, 107–119, Ginn and Co, Waltham.

van den Berg, René (1989) *A Grammar of the Muna Language*, Doctoral dissertation, University of Leiden. [Published by Mouton.]

Sharvit, Yael (1999) "Resumptive Pronouns in Relative Clauses," *Natural Language and Linguistic Theory* 17, 587–612.

Shlonsky, Ur (1992) "Resumptive Pronouns as a Last Resort," *Linguistic Inquiry* 23, 443–468.

ケセン語における
-$(r)agasu$ 型動詞の形態統語論分析*

新沼　史和

盛岡大学

1．序

　日本語のみならず，動詞の自他交替という現象は，言語学の中で頻繁に論じられている問題の 1 つである．Jacobsen（1992）が論じているように，日本語には 15 の自他交替のタイプがあるが，その多くは，ある一種の形態音韻的な規則性があると指摘されている（西山（2000），Oseki（2017）を参照のこと）．その中の 1 つの形態素の中に -$kasu$ がある．この -$kasu$ が付加されている，いわゆる「カス」型動詞と呼ばれるこの動詞は，現在日本語においても多数存在し，実際，Jacobsen（1992）のリストの 13 番目に登場する．[1] この形態素は，阪倉（1946）によると，異分析によって生じた「膠着肥大した接尾語」であり，「従来の語形を以てしては表し得ない特殊の色調を附加せんとした」ものである，と論じられている．それでは，この「特殊の色調」とはどのようなものであろうか．日本国語大辞典の「カス」の項には，（1）のように書かれてある．

　（1）　動詞を下接することによって意味がどのように変化するかは，必ずしも一様ではないが，その動作を行なうことに意外性が込められたり，あえてやるという点が強調されたり，他者の動作への非難や自己の動作への自嘲・反省といったマイナスの価値観が伴ったりすることが多い.

---

　* 本稿は，2016 年 12 月 10‒11 日に南山大学で開催された Comparative Syntax and Language Acquisition（CSLA）#6 における発表および 2017 年 8 月 9‒11 日に Seoul National University で開催された SICOGG 19 におけるポスター発表に加筆，修正を加えたものである．有益なコメントをいただいた聴衆の皆様，および，牧秀樹先生，大関洋平先生，そして，匿名査読者に心より感謝申し上げる．

　[1] 一例を挙げると，「明かす」，「沸かす」，「なびかす」，「冷やかす」，「とどろかす」，などが「カス」型動詞と呼ばれている（青木（2010），蜂矢（2010）を参照のこと）．

このマイナスの評価観というのは，松本（1977）でも指摘されているところである．一方，全文全訳古語辞典には，

(2)　　動作を加える意や，使役の意を強めた他動詞を作る．

とあり，使役という表現を用いていないものの，デジタル大辞泉にも同様の指摘がある．

　加えて，青木（2010: 76）は，「カス型動詞は，本来の他動詞に比べ，動作主をより強く表出させた表現」である，と論じている．青木（2010）の重要な帰結は，カス型動詞の主語は，人物，あるいはそれに準じる存在である，ということである（駒走（2017）を参照）．

　このように，「かす」の阪倉（1946）が言うところの「特殊な色調」には様々な説があることがわかる．

　本稿では，ケセン語における -(r)agasu 型動詞の特性を明らかにすることを目的とする．[2] その動詞の意味は，「自分の意図とは無関係にある出来事が引き起こされてしまう」であるということを指摘する．それに加えて，普通の他動詞には見られない 4 つの特徴があることを指摘する．そして，その特徴が，ドイツ語，ギリシア語，イタリア語などで見られる，斜格使役者構文（oblique causer construction，以下 OCC）と同一であると論じ，その構造を提案する．また，ケセン語では，母音に挟まれた無声音が有声音に変化するというルールがあり，「カス」から -(r)agasu という音が派生された，と考えることができるため，ケセン語の -(r)agasu 型動詞と，青木（2010）で詳細に論じられている中世における「カス」型動詞との関係性について考察する．

　本稿の構成は以下の通りである．第 2 節では，ケセン語の -(r)agasu 型動詞が OCC と同一の特徴を示す，ということを指摘する．第 3 節では，OCC に対する 3 つの先行研究を比較検討し，第 4 節において，ケセン語の -(r)agasu 型動詞の構造を提案し，OCC との相違点についての考察を行う．第 5 節では，前節で行った分析を踏まえつつ，中古日本語の「カス」型動詞の分析の 1 つの可能性を示す．最後に，本稿のまとめを第 6 節で行う．

---

[2]　ケセン語とは，東北地方の方言であり，山浦（1989）が，岩手県気仙地方（大船渡市・陸前高田市・住田町）の方言を一つの言語として見なし，名付けたものである．本稿では，山浦（1989）に従い，ケセン語という名称を使用する．

2.　ケセン語の -(r)agasu 型動詞

2.1.　山浦 (1989, 2000, 2006)

　ケセン語は，岩手県大船渡市と陸前高田市を中心とした地域で話されている言葉で，ネイティブスピーカーは 2006 年の時点で 8 万人いるとされている．その言語の記述を詳細に行った山浦（1989）では，ケセン語には 2 種類の使役形がある，と指摘されている．その 1 つの形が，標準日本語でも使用している -(r)ase[3] という形であり，もう一方が -(r)agas-u である．山浦（1989）によると，-(r)ase は標準日本語で使われている使役形態素 -sase と音韻的な違いがあるだけであって，意味的，あるいは統語的な違いはない，と述べている．一方，-(r)agasu は，ケセン語では非常に生産的な形態素であり，一般的には自動詞に付加されると指摘されている．以下が山浦（1989, 2000, 2006）で挙げられていた例である．

(3)　非対格動詞―他動詞のペア
    a.　ひねくれる（捻くれる）―ひねくらがす
    b.　ひかる（光る）―ひからがす
    c.　あらげる（荒げる）―あらげらがす
    d.　たまげる―たまげらがす
    e.　こちける[4]―こちけらがす
    f.　ふくれる（膨れる）―ふくれらがす
(4)　非能格動詞―他動詞ペア[5]
    a.　はねる―はねらがす
    b.　はせる―はせらがす

(3) では，いわゆる非対格動詞に -(r)agasu が結合したものであり，一方，(4) では，非能格動詞と結合してできた動詞である．[6]

---

[3] 日本語では，一般的に -sase が使役形態素であると言われているのに対して，ケセン語では -(r)ase であると山浦（1989）が述べていることは非常に興味深い．実際，大野（2015）は，北海道で話されている -raseru が一般的に言われている「サル表現」の形態素 -rasaru と対になっているという分析を行っている．

[4] 「複雑になる」という意味である．

[5] 「はねる」「はせる」ともに「走る」という意味である．

[6] 竹沢（1991）が指摘しているとおり，「走る」は，非対格動詞の特徴を持つことがあり，また，他言語を見ても「走る」が非対格性の性質があると指摘があることから，-(r)agasu は非対格動詞とだけ結合できると言えるかもしれない．しかし，本稿では，「走る」を非能格動詞として扱うこととし，この問題に深く立ち入らないことにする．

（5）の例は，有対自動詞であるにもかかわらず，-(r)agasu 型動詞を形成しているという例である．したがって，1 つの自動詞（非対格動詞）に対応する他動詞が 2 種類ある，ということになる．[7]

（5）非対格動詞—2 つの他動詞
 a. さめる（冷める）—さます，さめらがす
 b. くさる（腐る）—くさらす，くさらがす
 c. あめる（腐る）—あめらす，あめらがす
 d. こまる（困る）—こまらす，こまらがす
 e. かれる（枯れる）—からす，かれらがす

2.2. -(r)agasu 型動詞の意味的特徴

次に，意味的側面について考えてみよう．山浦（1989, 2000, 2006）は，-(r)agasu 型動詞には通常の使役の意味と，許容の意味の 2 種類の意味があると述べている．[8] ここでの許容というのは，主語が意図的ではなく，ある出来事を引き起こしてしまった，というような意味である．次の例を見てみよう．

（6）a. くらしまで　まなぐ　ひからがす．
  "真っ暗で目が光っている"
 b. まりも　ままがら　あらがれらがす．
  "ボールも土手から（勝手に）転がっていく"
 c. せっかくこしらえだ甘酒，さっぱり飲まねであめらがした．
  "せっかく作った甘酒を全く飲まないで腐らせてしまった"
 d. あんまりわらしおごって，ひねくれらがすな．
  "あまり子どもを怒って，ひねくれてしまうようにはするな"

(山浦（1989）)

使役と許容の意味の他に，ケセン語の -(r)agasu 型動詞には興味深い特徴が 4 つある．第一に，-(r)agasu 型動詞は，「わざと」といったような意図性を持った副詞句とは共起できない．したがって，（7b）に挙げたように，「うっかり」といった非意図性の副詞句とのみ共起可能ということになる．

---

[7] このような例はケセン語だけに特有のものではなく，現代日本語でも見られることである．須賀（1980）を参照のこと．

[8] しかしながら，山浦（1989）は，通常の使役の意味を持つ -(r)agasu 型動詞の例を挙げていないため，「腐らがす」が「腐らす」と同等の意味を持つのかについては疑問が残る．また，本稿で述べているように，「腐らがす」と「腐らす」には統語的に明確な違いがある．

(7) a. *わだし－あ　わざど　　にもの　あめらがしだ.
　　 b. 　わだし－あ　うっかり　にもの　あめらがしだ.

第二に，「薬で」のような道具を表す表現と共起できない.

(8) a. *わだし－あ　薬で　雑草　かれらがしだ.
　　 b. 　わだし－あ　薬で　雑草　からしだ.

第三に，(9) に示しているように，通常の使役とは異なり，-(r)agasu 型動詞の主語は必ず人間でなければならない.

(9) a. 　わだし－あ　にもの　あめらがしだ.
　　 b. *湿気－あ　にもの　あめらがしだ.
(10) a. 　わだし－あ　にもの　あめらしだ.
　　 b. 　湿気－あ　にもの　あめらしだ.

　最後に，ケセン語の -(r)agasu 型動詞は，他動詞であるにもかかわらず，受身を許さない. 一方，「腐らせる」のように，通常の as を使った他動詞であれば，受身は可能である.

(11) a. 　わだし－あ　にもの　あめらがしだ.
　　 b. *にもの－あ　あめらがされだ.
(12) a. 　わだし－あ　にもの　あめらしだ.
　　 b. 　にもの－あ　あめらされだ.

　以上のように，ケセン語の -(r)agasu 型動詞が，通常の他動詞とは異なった特徴を持っていることがわかる. この特徴は，-(r)agasu という使役の形態素の形態統語的特徴と密接に関わっていると考えることができる. 次節では，インド・ヨーロッパ語族で見られる OCC の特性を概観し，その構文が，ケセン語の -(r)agasu 型動詞を含んだ文と全く同じ特徴を有しているということを指摘したい.[9]

---

[9] 山田（1976）は，名古屋方言の -akasu 型動詞について概観し，-akasu 型動詞が使われている文の出来事が意図的ではなく引き起こされるという意味を持つと述べている. 名古屋方言の -akasu 型動詞が非意図性を有するということは，ケセン語の -(r)agasu 型動詞と共通するところである. さらに山田（1976）は，以下の (i) と (ii) の例を挙げ，-akasu 型動詞とそれに対応する他動詞の場合に内項に対する選択が異なるということを指摘している.
　(i)　家を／魚を　焼く
　(ii)　家を／*魚を　やからかす

3.　斜格使役者構文 (OCC)

3.1.　OCC の特徴

　イタリア語，ドイツ語，ギリシア語など，多くのインド・ヨーロッパ語族の言語で斜格使役者構文と呼ばれる構文の存在がしばしば報告されている (Cuervo (2003), Rivero (2004), Kallulli (2006) を参照)．この構文の特徴は，斜格名詞句（言語によって与格，あるいは属格として具現化される）が使役主の役割を果たし，動詞は非対格動詞となっており，その内項が主格で具現化される，というものである．(13) は，ドイツ語，イタリア語，そしてギリシア語の例である．OCC で表される出来事が非意図的に引き起こされる，という意味を持っている，ということが非常に興味深い．したがって，(14) にあるように，斜格名詞句は，意図性を持った副詞句と共起できない．

(13) a. Dem　　　Mann zerbrach die　　　Vase　　　　　　　(German)
　　　　the.Dat man　broke　　the.Nom vase
　　　　'The man unintentionally caused the vase to break.'

　　　b. A Francesca si　　　ruppe　　　il　　vaso　　　　(Italian)
　　　　to Francesca REFL broke.3SG the　vaso
　　　　'Francesca unintentionally caused the vase to break.'

　　　c. Tu　　　Ben tu　　　kaike　　　i　　supa　　　(Greek)
　　　　the.Gen Ben he.Gen burnt.NACT the soup.Nom
　　　　'Ben unintentionally caused the soup to burn.'

　　　　　　　　　　　　　　　　　　　　　　　(Schäfer (2009, 2012))

(14) a. Der　　　　Mann zerbrach die　　　Vase
　　　　the.Nom man　broke　　the.Acc vase
　　　　(absichtlich / aus Versehen / um die Versicherung zu kassieren)
　　　　on purpose / by mistake / in order to collect the insurance

　　　b. Dem　　　Mann zerbrach die　　　Vase
　　　　the.Dat man　broke　　the.Nom vase
　　　　(*absichtlich / aus Versehen / *um die Versicherung zu kassieren)
　　　　on purpose / by mistake / in order to collect the insurance

　　　　　　　　　　　　　　　　　　　　　　　　　　　(ibid.)

(14a) では，他動詞の例であるが，意図性を持った副詞句と共起可能になっているが，斜格が主語になっている (14b) では，それが不可能になっている．
　非意図性に加えて，OCC は，道具を表す PP とも共起不可能である，とい

うことが指摘されている（Schäfer (2009, 2012)）．一般的に，道具を表す PP は，動作主を要求する動詞と共起可能である，とされており，道具を表す PP と共起できないということは，OCC が非意図性を表すことを意味している．

(15) a. Der　　Mann zebrach die　　　Vase versehentlich　mit
　　　 the.Nom man　broke　the.Acc vase unintentionally with
　　　 einem Hammer
　　　 a　　hammer
　　　 'The man unintentionally acted with the hammer so that the vase broke.'

　 b. Dem　　Mann zebrach die　　　Vase versehentlich
　　　 the.Dat man　broke　the.Nom vase unintentionally
　　　 (*mit einem Hammer)
　　　 (with a　　　hammer)
　　　 'The man unintentionally caused (with a hammer) the vase to break.'　　　　　　　　　　　　　　　　　　　　　　　　　　(ibid.)

さらに，斜格名詞句は，必ず人間でなければならないという制限がある．次の例で示されているように，(16a) の主格主語の場合には「地震」という無生物主語が容認されるが，一方，(16b) のように斜格名詞句になった場合にはそれが許されない．

(16) a. Das　　　Erdbeden　zerbrach die　　　Vase
　　　 the.Nom earthquake broke　　the.Acc vase
　　　 'The earthquake broke the vase.'

　 b. *Dem　Erdbeden　zerbrach die　　　Vase
　　　 the.Dat earthquake broke　　the.Nom vase　　　　　(ibid.)

今までのところをまとめると，OCC には，3 つの特徴があることがわかった．1 つ目は，動作主を含意する副詞類と共起できないこと，2 つ目は，道具を表す PP と共起不可能であることである．そして 3 つ目は，斜格名詞句が必ず人間でなければならない，ということである．この特徴は，ケセン語の -(r)agasu 型動詞と共通するものであり，統一的に説明すべきである．そこで，次に，OCC を扱った Kallulli (2006) と Schäfer (2009, 2012)，そして Shushurin (2017) を概観する．

3.2. OCC の先行研究

3.2.1. Kallulli (2006)

　Kallulli (2006) は，主格名詞句と斜格名詞句との「意図性」の違いに着目し，その違いは，機能範疇 v の素性に原因がある，としている．具体的には，主格名詞句の場合の v は [+intentional] という素性を持ち，斜格名詞句の場合には [+intentional] という素性がないというものである．したがって，主格名詞句も斜格名詞句も v の主要部に存在することになり，構造的な違いは全くない．以下が Kallulli (2006) が想定している通常の他動詞の構造と OCC の構造である．

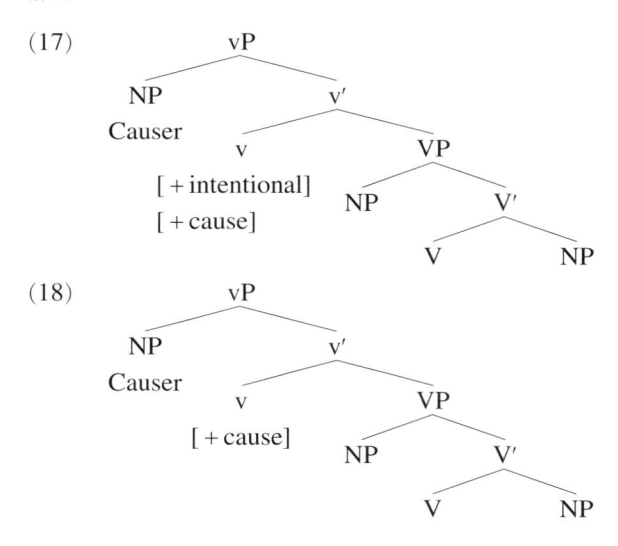

3.2.2. Schäfer (2009, 2012)

　Schäfer (2009, 2012) は，ドイツ語の OCC が非対格動詞から派生することができることを挙げ，Kallulli (2006) の分析の問題点を指摘している．

(19) a.　Das Kartenhaus 　　　ist umgefallen
　　　　　the house of cards is toppled down
　　　　　'The house of cards has toppled down.'

　　 b. *Hans hat das Kartenhaus 　　umgefallen
　　　　　Hans has the house of cards toppled down
　　　　　'John caused the house of cards to topple down.'

c.　Das Kartenhaus　　　ist ihm　　　versehentlich umgefallen
　　the　house of cards　is　him.DAT by mistake　　toppled down
　　'He unintentionally caused the house of cards to topple down.'

(Schäfer (2009: 301))

(19a) にある umgefallen は，非対格動詞である．(19b) にあるように，この
動詞を使役化することは不可能であるが，(19c) のように OCC にすることは
可能である．このことが意味していることは，斜格使役者が動詞によって選択
されたものではなく，他の要素によって認可されている，ということである．
この考察に基づき，Schäfer (2009, 2012) は，(20) にある適用句主要部 (ap-
plicative head) を介在した統語構造を提案し，斜格名詞句が状態変化の出来
事とある種の所有関係を有している，と論じている．

(20)

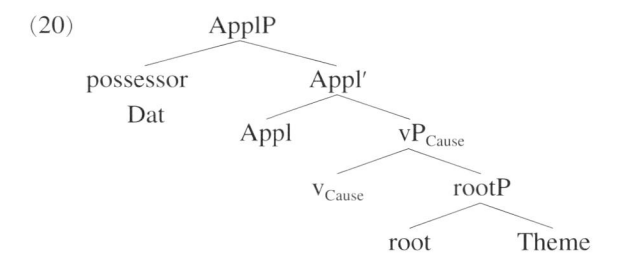

Schäfer (2009, 2012) は，Alexiadou et al. (2006) に従い，他動詞と同様，
非対格動詞においても，causer が存在するが，非対格動詞の場合には使役主が
顕在化していない，と仮定している．vP_Cause の上にある適用句主要部のおかげ
で斜格名詞句が認可されるという構造である．この適用句主要部を用いた構造
は，斜格が適用句主要部によって認可されると提案している Anagnostopoulou
(2005)，McFadden (2004)，McIntyre (2006) などと同一である．また，斜
格名詞句が人間でなければならないという制限も所有関係を表す適用句主要部
を想定すると説明できる，と Schäfer (2009, 2012) は論じている．なぜなら，
状態変化を表す出来事を人間以外のものが引き起こすことを想定することが難
しく，その意味で，人間のみが状態変化を表す出来事を所有するということに
なる．[10] また，所有関係を表すということは，OCC は，状態性を有すること

---

[10]　例えば，(i) のような，経験者目的語をとる心理動詞は，その例外になる．なぜなら，人
間以外のものが状態変化を表す出来事を引き起こすからである．経験者目的語をとる心理動詞
の存在を指摘いただいた匿名査読者に感謝申し上げたい．

となるため，意図性を持った副詞句や動作主の存在を含意する道具を表す PP句と共起不可能となる．

3.2.3.　Shushurin (2017)

Shushurin（2017）は，レズギアン語（サミュール語）の OCC について論じ，ドイツ語との一番の違いは，OCC が他動詞でも可能であるということを指摘している．したがって，非対格動詞，あるいは，状態性が OCC の決定的な要素ということにはならないということになる．[11]

(21)　Kerin-awaj　pul　　gu-n　　　　xa-na
　　　 Kerim-Adel money bring-MSD become-AOR
　　　 'Kerim unintentionally brought the money.'

(21) から分かる通り，レズギアン語の OCC では，become を表す軽動詞 (light verb) を用いている．Shushurin（2017）は，(22) の構造を提案し，v にある軽動詞と root である動詞がいわゆる複合動詞を形成し，奪格主語をライセンスするという分析を行っている．[12]

(22)

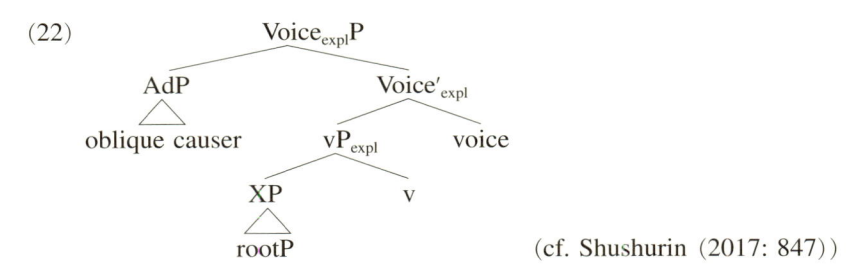

(cf. Shushurin (2017: 847))

この構造において，Voice_expl は音形を持たず，奪格を持った前置詞句が VoiceP の指定部にある．Shushurin（2017）は，この Voice_expl が，動作主を持たない v とのみ結合することが可能である，と提案し，v にある意味を持たない軽動詞 xun がレズギアン語の OCC には必要である，ということを説明している．

　本稿では，Shushurin（2017）の分析の詳細な説明を行わないが，重要な点が 2 つある．1 つ目は，OCC が必ずしも状態性を持たなくてもよい，という

　　(i)　a.　The snow amused Bill.
　　　　b.　This worries John.
[11] レズギアン語では，使役者が与格ではなく，奪格 (adelative, ablative) が付与されている．
[12] Shushurin（2017）は，XP には rootP のほかに VoiceP も現れる場合もある，と論じている．詳細な分析は Shushurin（2017）を参照されたい．

ことである．これは，ケセン語の -(r)agasu 型動詞とも共通していることである．そして，2つ目は，Shushurin（2017）が，Schäfer（2009, 2012）と同様，使役者が通常の Voice とは異なる機能範疇によって認可される，ということを主張していることである．

4.　提案[13]

Schäfer（2009, 2012）は，非対格動詞からも OCC が派生可能である，ということで Kallulli（2006）の問題点を指摘し，適用句を用いた分析を行っている．一方，Shushurin（2017）が指摘しているように，OCC は，非対格動詞からも派生可能であり，また，必ずしも状態性を持たなくてもよい．

ケセン語の -(r)agasu 型動詞は，山浦（1989）が指摘している通り，非対格動詞から形成されており，それは，ドイツ語と共通である．しかし，-(r)agasu 型動詞は，ドイツ語とは異なり，状態性を持っておらず，これは，レズギアン語の OCC と共通である．これらを踏まえ，本稿では，Shushurin（2017）の分析を一部修正し，以下の構造を提案する．

(23)

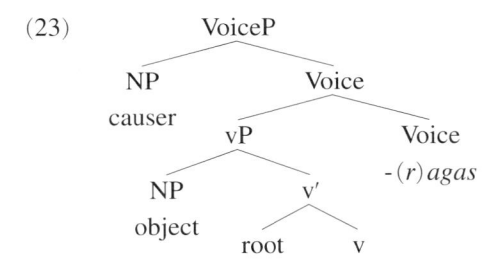

まず，-(r)agasu を -(r)agas（使役を表す形態素）と -u（現在時制）とに分解し，-(r)agas は Voice に現れる機能範疇とする．[14]　これは，また，Borer（2014），

---

[13]　本稿での分析の可能性について，匿名査読者から多くの貴重なご指摘をいただいた．心より感謝申し上げたい．
[14]　Kitagawa and Fujii（1999）は，標準日本語の -akasu 型動詞は -ak and -as というように分解できる，と論じている．彼らの分析を応用し，-as が語彙的使役の機能範疇であるため，-as が Voice の主要部にあり，-ag が verbalizer に存在するという分析も可能であるのかもしれない．従って，-as は通常の他動詞を形成する機能範疇であるとすると，-(r)agasu も通常の他動詞と同じふるまいをすることが予測される．しかしながら，前述の通り，ケセン語の -(r)agasu 型動詞が人間以外の主語を許さないなど，通常の他動詞とは異なる特徴を持っていることから，Kitagawa and Fujii（1999）の分析の妥当性に疑問が残る．Kitagawa and Fujii（1999）の研究をご教示いただいた，大関洋平氏に感謝申し上げたい．

Alexiadou（2014）などに従い，root は項と結合せず，verbalizer と結合すると仮定する．加えて，Marantz（1997），Oseki（2017）に従い，verbalizer は機能範疇であり，root を動詞化し，イベントを導入すると仮定する．また，Schäfer（2009, 2012）に従い，内項の NP は，verbalizer の Spec の位置に基底生成されると仮定する．一方，使役主の NP は VoiceP の指定部に生成されるとする．[15]

　使役主が人間でなければならない理由であるが，この構文が持つ特徴である，ということを提案したい．具体的には，この -(r)agasu 型動詞が現れる場合の Voice には，使役主と出来事との間にある種の所有関係がある，ということである（Schäfer（2009, 2012），Shushurin（2017）を参照のこと）．そして，その出来事が使役主の意図に反して引き起こされる，という意味を持っている，ということである．

　次に，意図性を持った副詞句や動作主の存在を含意する道具を表す PP 句と共起不可能であるということも，-(r)agasu 型動詞が表す出来事に意図性がない，という理由で説明できる．これは，Pesetsky（1995）によって論じられた，英語の経験者目的語（Experiencer Object）を持つ心理動詞に課される Target/Subject Matter（T/SM）Restriction と平行的である．

(24) a. *The article in the Times angered Bill at the government.
　　 b. *The Chinese dinner satisfied Bill with his trip to Beijing.
　　 c. *The problem of lexical entries bores John with his life as a lin-
　　　 guist.　　　　　　　　　　　　　　　　　　　（Pesetsky（1995:60））

また，-(r)agasu 型動詞が受動化することができない理由も非意図性から説明が可能であると思われる．以下の例を見られたい．

(25) a. 　太郎が（自分で）ATM でお金を（引き）出した．
　　 b. 　ATM でお金が太郎によって（引き）出された．
(26) a. 　木が（??自分で）目を出した．
　　 b. *芽が木によって出された．

(25a) の主語である「太郎」は，「自分で」とも共起可能であることから，自分で意図的にお金を引き出したと解釈される．一方，(26a) の主語である「木」

---

[15] 匿名査読者のご指摘の通り，ケセン語における -(r)agasu 型動詞は，「自分の意図とは無関係にある出来事が引き起こされてしまう」という意味を有しているという本稿の主張と，OCC の持つ状態性とは相容れない部分がある．

は、「自分で」が入ると容認度が下がることから、非意図的であると言える．そして、(25b) と (26b) の受身の容認度の差は意図性に起因すると考えることができる．[16]

　しかし、ケセン語の -(r)agasu 型動詞の文と OCC には大きな違いがある．それは、OCC の場合には斜格や奪格名詞句が使役主、そして主格名詞句が対象として具現化されているのに対して、-(r)agasu 型動詞の場合には、主格名詞句が使役主、対格名詞句が対象として具現化されている、ということである．Niinuma and Takahashi (2013) で指摘しているが、ケセン語話者の内省によると、与格主語の容認度は非常に低い．さらに、山浦 (1989) は、ケセン語では、主格目的語を許さないということを指摘している．したがって、ドイツ語のように与格が付与されて使役主に加えて主格目的語を許さないので、ケセン語においてドイツ語のような名詞句の格の具現以外の具現方法を考えなければならない．そのように考えると、ケセン語の -(r)agasu 型動詞を用いた文において、格の具現化は、使役主に主格、そして対象に対格を付与する方法が適切であり、その結果、-(r)agasu 型動詞が他動詞と同じようになることになる．

5.　日本語の「カス」型動詞の歴史的変遷

　前節では、ケセン語の -(r)agasu 型動詞がインド・ヨーロッパ語族の言語に見られる OCC と類似性がある、ということを指摘した．この節では、前節の分析を踏まえて、中古日本語の「カス」型動詞を考察していく．

　青木 (2010) によると、「カス」型動詞は、平安時代に登場し、(27) にあるように、ほとんどの動詞が非対格動詞から形成されていたという．[17] さらに興味深いことに、(28) にあるように、カス型動詞のほとんどが、対応する他動詞を持つ自動詞があり、結果として、1 つの自動詞に対して 2 つの他動詞が作られた、ということになる．さらに、青木 (2010) は有対自動詞の形式を調査し、13 語が釘貫 (1996) のいうところの第 III 群形式によるものであり、すべ

---

[16] OCC の場合、動詞の形がすでに非対格動詞になっていることに注目していただきたい．一般的に、受身は、非対格動詞と同様、内項を主語位置へ移動させるものであるため、非対格動詞をさらに受身にすることはできない．また、興味深いことに、ギリシア語においては、非対格動詞と受身の形が同一である．Embick (2004) によれば、非対格動詞と受身の違いは、動作主性に違いによるものであり、構造的には類似していると論じている．従って、ケセン語の「らがす」型動詞と同様、OCC を受身形にすることはできないと思われる．

[17] 青木 (2010) は、吉田 (1959) に従い、「ししこる」という語形が文献上には現れない語形であるが、「ししこる」も自動詞として分析している．

てが，(u-asu) の形式である，と述べている。[18]

(27)　中古の文献資料（青木 (2010: 72)）

 a.　自動詞であるもの … 16 語

  あらはる（顕），いかる（嗔），おくる（後），おびゆ（脅），くゆる（燻），さかゆ（栄），たぶる（誑），ちる（散），つひゆ（費），にほふ（匂），のがる（逃），はふる（放），まぎる（紛），まどふ（惑），めぐる（廻），もどる（戻）

 b.　他動詞であるもの … 0 語

 c.　自動詞あるいは他動詞としての用例が見当たらないもの … 1 語
  ししこる

(28)　対応する他動詞を持つかどうか（青木 (2010: 73)）

 a.　有対自動詞（対応する他動詞を持つ自動詞）　　　　 15 語

 b.　無対自動詞（対応する他動詞を持たない自動詞）　　 1 語（さかゆ）

(29)　有対自動詞の形式

 a.　第 I 群形式（活用の種類の違いによる自他交替）　　 0 語

 b.　第 II 群形式（語尾の違いによる自他交替）　　　　　 2 語

 c.　第 III 群形式（語幹増加と語尾付接による自他交替） 13 語

ここで 1 つの疑問が生じる．対応する他動詞がすでにあるにもかかわらず，なぜその自動詞からもう 1 つの他動詞を作らなければならなかったのだろうか．現代日本語においても，1 つの自動詞から 2 つの対応する他動詞が存在するが，その意味は異なっている．

(30) a.　絵の具を油で溶く．

 b.　絵の具を油で溶かす．　　　　　　　　　　　　　（須賀 (1980: 39)）

(31) a.　*鉄を溶く．

 b.　鉄を溶かす．　　　　　　　　　　　　　　　　　　　　　 (ibid.)

---

[18] 青木 (2010) は，中古以降の「カス」型動詞の発達について，自動詞だけではなく，他動詞からも派生した「カス」型動詞，そして，無対自動詞から派生した「カス型動詞」が登場，そして，近世になり，「ちゃうらかす（からかう）」「ちょがらす（なぶる，もてあそぶ）」のように，動詞ではないものから派生した「カス型動詞」が登場した，と指摘している．また，近世になり，「たぶらかす」「だまかす」「ふくらかす」「しゃべりちらかす」「いひはぐらかす」「ひやかす」といったような，いわゆる「マイナス評価」としての表現を担うようになった，と述べている．

(32) a.　花びらが散った.
　　 b.　強い風が花びらを散らした.
　　 c. *強い風が花びらを散らかした.

また，平安時代に書かれた文献では，現代日本語の「冷やかす」とは異なり，「マイナス評価」の意味では使われていなかった，と青木（2010）は指摘している.（33）と（34）を比較されたい.

(33)　　寒心　ムネヒヤカス.　　　　　　　（観智院本類聚名義抄・法下 47）
　　　　「寒い心が胸を冷たくする」
(34)　　彼女は私を冷やかした.

ここで，ケセン語の -(r)agasu 型動詞の分析を応用し，中古の「カス」型動詞は，斜格使役者構文である，という説を提案したい. そのように考えることによって，1 つの自動詞から 2 つの他動詞が派生されるということが自然に説明できる. また，青木（2010）の分析の帰結である，「カス」型動詞の主語が人間あるいはそれに準じた存在でなければならない，ということも自然に説明できる.

　青木（2010）にも用例が出ているが，源氏物語の蜻蛉には，薫と匂宮の板挟みとなった浮舟が身を投げた直後の場面において，「後らかす」が使われている部分がある. この部分は，右近が話している場面で，「浮舟が自分の力ではどうしようもなく私（右近）を残してこの世を去っていく」という意味を有しているように感じる. 実際，谷崎潤一郎訳の「源氏物語」では，次のように訳されている.

(35)　　さればよ. 心細きことは聞こえたまひけり. 我に，などかいささかのたまふことのなかりけむ. 幼かりしほどより，つゆ心置かれたてまつることなく，塵ばかり隔てなくてならひたるに，今は限りの道にしも，我を後らかし，けしきをだに見せたまはざりけるがつらきこと
(36)　　さればこそあのような心細いこともおっしゃったのだ，でも何として私に一言打ち明けて下さらなかったのだろう，幼い頃から露ばかりも分け隔てを遊ばさず，こちらも塵ほどの隠し立てもせず慣れ親しんでお仕え申して来たのに，今日を限りという死出のたびに私を置き去りになすって，気振りをさえお見せにならなんだとはあんまりなと，

また，「カス」型動詞が動作主をより強く表出させた表現である，と青木 (2010) が指摘している用例を考えてみよう．該当箇所を下線で示してある．

(37)　　入道，「己ハ，口ヅ丶ニ侍レバ，人ノ咲ヒ給フ許ノ物語モ知リ不侍ラ．然ハ有ドモ，咲ハムトダニ有ラバ，咲（ワラハカ）シ奉ラムカシ」ト云ケレバ，女房ハ，「否不為，只咲ハカサムト有ルハ，猿楽ヲシ給フカ．其レハ物語ニモ増ル事ニテコソ有ラメ」ト云テ咲ケレバ，入道，「然モ不侍ラ．只咲カシ奉ラムト思フ事ノ侍ル也」ト云ケレバ

　　　　　　　　　　　　　　　　　　（今昔物語集・巻 24・22）

(38)　　入道が　私は口下手なので，人を笑わせるような話は，できません．けれども，笑いたいだけなら笑わせてあげます　と言うと，お話はしないの，なのに，笑わすだけって，猿楽でもするのですか　それならお話よりおもしろいでしょう　とまだ何もしないうちから笑うと　そういうことでもありません　ただ笑わせてさしあげようと思うだけです　　　　　　　　　　（日本古典文学摘集　巻第十四）

この場面は，入道が算術を用いて女房を笑わせようとしているところで，「笑はかす」が用いられている．その理由を青木 (2010) は，動作主である入道の力をより強く感じさせるために用いられたのではないか，と論じている．しかし，その前段で，入道は口べたであり，人を笑わせるような話をすることはできない，と述べていることから，入道の力を強調しているのではなく，むしろ，「意図に反して女房が笑ってしまう」ようなことを入道がやって差し上げましょう，と解釈することはできないだろうか．

　中古における「カス」型動詞が実際にどのように使用されていたのかは推論の域を超えず，紙面の都合上，詳細な検討は今後の研究に委ねるが，ケセン語の -(r)agasu 型動詞と同様，斜格使役者構文である，という説を探求する価値は大いにあると思われる．[19]

---

[19] 駒走 (2017) は，ゴンザ資料における薩摩方言の「カス」型動詞の特性について論じ，その主語は，人物，あるいはそれに準じる存在であると指摘している．本稿の分析が正しければ，薩摩方言の「カス」型動詞も，ケセン語の -(r)agasu 型動詞や斜格使役者構文と共通の特性を有するということになる．

6.　まとめ

　本研究は，ケセン語の -(r)agasu 型動詞における形態統語的分析を行った．-(r)agasu 型動詞は，通常の他動詞とは異なり，人間のみを主語に要求すること，意図的な副詞句と共起できないこと，そして受身を許さないことを指摘した．そして，分析として，形態素 -agas は，Voice 主要部にあり，その指定部には使役主を要求する，ということ，そして，その補部には vP を要求する構造を提案した．それにより，意図的な副詞句と共起できないこと，そして，受身を許さないことが説明できることを論じた．

　この分析が正しければ，名詞句の格の具現が OCC の決定的な要因の一つではない，ということになる．前述の通り，ドイツ語やギリシア語の場合には，使役主が斜格として具現化されるが，ケセン語は，与格主語がそもそも許されない言語であるため，主格がその代用形として使用される．したがって，通常の他動詞と同じ名詞句の格の具現となるものの，OCC と同じ特徴を示す場合がある，ということである．

　しかしながら，問題点も残っている．匿名査読者のご指摘の通り，この分析では，なぜケセン語や中古日本語の Voice が与格を付与できないのかという疑問が残る．もっと言えば，OCC の使役主が与格の場合もあれば，奪格の場合もあれば，主格の場合もある，ということであり，OCC のメカニズムの探究にケセン語が重要な役割を果たしていると言える．また，OCC や -(r)agasu 型動詞に課される制約が，Pesetsky（1995）が論じている T/SM restriction と類似した現象であることから，ある種の使役動詞に課される形態論的制約があるのかもしれない．いずれにしても，ケセン語の -(r)agasu 型動詞が使役動詞研究に新しい光を与えることができる，と言えるのではないだろうか．

参考文献

Alexiadou, Artemis（2014）"Roots Don't Take Complements," *Theoretical Linguistics* 40, 287–298.

Alexiadou, Artemis, Elena Anagnostopoulou and Florian Schäfer（2006）"The Properties of Anticausatives Crosslinguistically," *Phases of Interpretation*, ed. by Mara Frascarelli, 187–212, Mouyton, Berlin.

Akimoto, Takayuki（2018）*The Morphosyntax of Transitivity in Japanese*, Doctoral dissertation, Chuo University.

Anagnostopoulou, Elena（2005）"Cross-linguistic and Cross-categorial Variation of

Datives," *Advances in Greek Generative Syntax: In Honor of Dimitra Theopha-nopoulou-Kontou*, ed. by Melita Stavrou and Arhonto Terzi, 61-126, John Benjamins, Amsterdam.

青木博史（2010）『語形成からみた日本語文法史』ひつじ書房，東京．

Borer, Hagit（2014）*Structuring Sense: Vol III: Taking Forms*, Oxford University Press, Oxford.

Cuervo, Maria Cristiana（2003）*Datives at Large*, Doctoral dissertation, MIT.

蜂谷真郷（2010）『国語派生語の語構成論的研究』墻書房，東京．

Jacobsen, Wesley（1992）*The Transitive Structure of Events in Japanese*, Kurosio, Tokyo.

Kallulli, Dalina（2006）"Unaccusatives with Dative Causers and Experiencers: A Unified Account," *Datives and Other Cases*, ed. by Daniel Hole, André Meinunger and Werner Abraham, 271-301, John Benjamins, Amsterdam.

Kitagawa, Chisato and Hideo Fujii（1999）"Transitivity Alternations in Japanese," *MIT Working Papers in Linguistics* 35, 87-115.

駒走昭二（2017）「ゴンザ資料におけるカス型動詞」『日本語の研究』13(4), 35-50.

釘貫亨（1996）『古代日本語の形態変化』和泉書院，東京．

Kuno, Susumu（1973）*The Structure of the Japanese Language*, MIT Press, Cambridge, MA.

Marantz, Alec（1997）"No Escape from Syntax: Don't Try Morphological Analysis in the Privacy of Your Own Lexicon," *University of Pennsylvania Working Papers in Linguistics*, volume 4, 201-225.

松本なおみ（1977）「接尾語『＝かす』の表現価値」『成蹊国文』10.

McFadden, Thomas（2004）*The Position of Morphological Case in the Derivation: A Study on the Syntax-morphology Interface*, Doctoral dissertation, University of Pennsylvania.

McIntyre, Andrew（2006）"The Interpretation of German Datives and English *have*," *Datives and Other Cases*, ed. by Daniel Hole, André Meinunger and Werner Abraham, 185-211, John Benjamins, Amsterdam.

Niinuma, Fumikazu and Shigeki Taguchi（2012）"Accusative NPs in Kesen," *Proceedings of the 14th Seoul International Conference on Generative Grammar*, 298-312.

Niinuma, Fumikazu and Hideya Takahashi（2013a）"External Cause and the Structure of vP in Japanese Dialects and Korean," *Proceedings of the 15th Seoul International Conference on Generative Grammar*, 297-316.

Niinuma, Fumikazu and Hideya Takahashi（2013b）"The Syntax of Spontaneous Sentences in Japanese Dialects and Its Implications for the Structure of vP," 『日本言語学会第 147 回発表予稿集』, 200-205.

新沼史和・木戸康人（2016）「コーパスを利用した日本語の ar 自動詞の形態統語論的分析」『コーパスからわかる言語変化・変異と言語理論』，小川芳樹・長野明子・菊地

朗（編），266-282，開拓社，東京．

西尾寅弥（1954）「動詞の派生について —— 自他対立の型による —— 」『国語学』15, 105-117.

西山國雄（2000）「自他交替と形態論」『日英語の自他の交替』，丸田忠雄・須賀一好（編），145-165, ひつじ書房，東京．

大野公裕（2016）「北海道方言「ラサル」の形態統語論」日本言語学会第 152 回大会口頭発表．

Oseki, Yohei (2017) "Voice Morphology in Japanese Argument Structures," ms., New York University.

Pesetsky, David (1995) *Zero Syntax: Experiencers and Cascades*, MIT Press, Cambridge, MA.

Rivero, Maria-Luisa (2004) "Datives and the Non-Active Voice / Reflexive Clitics in Balkan Languages," *Balkan Syntax and Semantics*, ed. by Olga. Mišeska-Tomić, 237-267, John Benjamins, Amsterdam.

阪倉篤義（1946）「接尾語の一考察」『国語国文』15(11).

佐藤文治（1965）『気仙ことば』大船渡市立博物館．

Schäfer, Florian (2009) "The Oblique Causer Construction across Languages," *NELS* 38, 297-308.

Schäfer, Forian (2012) "Two Types of External Argument Licensing: The Case of Causers," *Studia Linguistica* 66, 128-180.

Shushurin, Philip (2017) "The Oblique Causer Construction in Lezgian," *Acta Linguistica Petropolitana* 13, 830-861.

須賀一好（1980）「併存する自動詞・他動詞の意味」『国語学』120, 31-41.

竹沢幸一（1991）「受動文，能格文，分離不可能構文と「ている」の解釈」『日本語のヴォイスと他動性』，59-81, くろしお出版，東京．

山浦玄嗣（1989）『ケセン語入門』共和印刷企画センター．

山浦玄嗣（2000）『ケセン語大辞典』無明舎出版．

山浦玄嗣（2006）『ケセン語の世界』明治書院，東京．

山田達也（1976）「意義素研究ノート 3　派生語尾「らかす」の意味分析」『人文社会研究』20, 19-29.

吉田金彦（1959）「ししこらかす —— 中古語彙研究（一）—— 」『愛媛国文研究』8, 23-27.

Part Ⅳ

言語獲得とコーパス

英語における VP 削除の認可条件の獲得[*]

杉崎鉱司・黒上久生

関西学院大学・メリーランド大学大学院

1. はじめに

　英語では（1）に例示する 3 種類の主要な削除現象が存在することが広く知られている（Merchant (2018: 20)）.

- (1) a. スルーシング（Ross (1969)，Merchant (2001) など）
   Lauren can play something, but I don't know what ___ .
  b. VP 削除（Hankamer and Sag (1976)，Fiengo and May (1994) など）
   Lauren can play the guitar and Mike can ___ , too.
  c. NP/N′ 削除（Lobeck (1990)，Saito and Murasugi (1990) など）
   Lauren can play five instruments, and Mike can play six ___ .

これらの文は，それぞれ，（2）に提示された文に相当する意味を持つ.

- (2) a. Lauren can play something, but I don't know what Lauren can play.
  b. Lauren can play the guitar and Mike can play the guitar, too.
  c. Lauren can play five instruments, and Mike can play six instruments.

　* 本稿は，Sugisaki and Kurokami (2017) に基づくものである. 匿名の査読者および小川芳樹氏からの詳細なコメントに謝意を表したい. また，本研究の実施にあたり，杉崎は JSPS 科研費（16K02764）および国立国語研究所プロジェクト「日本語から生成文法理論へ：統語理論と言語獲得」（プロジェクトリーダー：村杉恵子）の助成を受けている.

（1）の文は下線部が発音されていないにもかかわらず（2）に示されるような一定の意味を持つことから，削除現象においては音形と意味のずれが生じていると考えられ，それゆえ削除現象を司る知識は，幼児にとって，言語経験から直接学習することが難しいと推測される．一方で，英語を母語とする成人話者の誰もが（1）の文が（2）に相当する意味を持つという知識を身につけていることから，削除現象には生得的な母語獲得の仕組み（「普遍文法（UG）」）が深く関与していると考えられる．そして，まさにこの理由により，削除現象は生成文法理論に基づく理論的研究及び母語獲得研究において中心的な課題の1つとして位置付けられてきた．

　Merchant（2018）は，削除現象に関する理論的研究における主要な課題として，以下の3つの問いを挙げている．1つ目の問いは，「構造に関する問い（the structure question）」で，（1）の下線部分にも発音されていない構造が存在しており，その構造から相当する意味が導かれているのか，それともその部分には構造が全く存在せず，発音に現れている部分になんらかの意味的メカニズムが適用されることによって相当する意味が導かれているのかを問う問題である．2つ目の問いは，「同一性に関する問い（the identity question）」と呼ばれる問いで，削除部分とその先行詞となる文の該当部分は，どのようにそしてどの程度同一でなければならないかという問いである．具体的には，削除部分とその先行詞となる部分との間に要求される同一性が統語的なものであるのかそれとも意味的なものであるのかといった問いが含まれる．3つ目の問いは，「認可に関する問い（the licensing question）」であり，文内のどのような構造的位置が削除を許容するのかという問いである．これらの3つの問いは，削除現象を司る知識の本質を明らかにするためにはいずれも重要であるが，実際には，1つ目と2つ目の問いに研究がやや集中しており，「認可に関する問い」を扱った研究はそれらに比べると数が少ないというのが現状である．

　本研究では，このような背景を受け，「認可に関する問い」の答えを明らかにするのに貢献しうる新たな事実を，母語獲得過程から提供することを目的とする．具体的には，Lobeck（1995）および Saito and Murasugi（1990）で提案されている，「主要部とその指定部が一致（agreement）を起こしている場合にのみその補部の削除が可能となる」という UG の制約に対し，英語獲得の観点からその妥当性を示すことに取り組む．それにより，UG の制約が観察しうる最初期から母語獲得過程に関与しているという仮説（Crain（1991），Otsu（1981）など）を支持する新たな証拠を提示する．

2.   削除に対する認可条件

　文内のどのような構造的位置が削除可能であるのかという「認可に関する問い」に対し，非常に影響力の強い仮説を提案した研究として Lobeck（1995）および Saito and Murasugi（1990）がある．提案の細部は異なるものの，これらの研究は共通して，(3) に述べるような認可条件の存在を主張している．

　　(3)　　削除に関する認可条件：
　　　　　機能範疇である主要部が指定部に句を持ち，その指定部にある句と
　　　　　主要部とが一致の関係を持つ場合にのみ，その補部が削除可能となる．

ここでの機能範疇は T(ense)，D(eterminer) および C(omplementizer) を含み，例えば Saito and Murasugi（1990）では以下のように述べられている．

　　(4)　　Saito and Murasugi（1990: 299, note 8）
　　　　　[…] Hence, it seems that functional heads such as D and C can license an empty complement only when they agree with an item in the SPEC position.

(3) の認可条件に含まれる 2 つの制約，つまり「指定部に句を持たねばならない」という制約と「主要部が指定部と一致の関係を持たねばならない」という制約に関し，それぞれの存在を支持する事実は以下の通りである．まず，指定部を埋める句の必要性は，(5) と (6) にあげたスルーシングを含む例文の間に見られる文法性の差によって示される（Lobeck（1995: 54–55）に基づく）．

　　(5)　a.　Even though Mary's not sure [$_{CP}$ who [$_{TP}$ ___]], she thinks someone interesting is speaking tonight.
　　　　b.　Sue asked Bill to leave, but [$_{CP}$ why [$_{TP}$ ___]] remains a mystery.
　　　　c.　Although [$_{CP}$ how [$_{TP}$ ___]] is unclear, Sue thinks that John made it to work on time.
　　(6)　a.　*Even though Mary hopes [$_{CP}$ that [[$_{TP}$ ___]], she doubts that anyone interesting is speaking tonight.
　　　　b.　*Sue asked Bill to leave, and [$_{CP}$ for [$_{TP}$ ___]] was unexpected.
　　　　c.　*Although [$_{CP}$ if [$_{TP}$ ___]] is unclear, Sue thinks that John made it to work on time.

(5) の文に現れている *who, why, how* などの *wh* 句が（発音に現れていない）C の指定部に存在する一方，(6) において埋め込み文を導いている *that, for*

および *if* は主要部である C に位置しているという仮定のもとでは，(6) の下線部は，指定部になんら句を持たない C の補部ということになる．したがって，(6) の文の非文法性は，指定部を占める句の欠如から生じているものと考えられ，「指定部に句を持たねばならない」という制約の必要性を示していると解釈できる．

　機能範疇である主要部とその指定部との間に一致が必要であるという点については，Bošković (1997) および Martin (2001) などによって証拠が議論されている．(7) に示されるように，コントロール構文と ECM 構文との間には VP 削除に関して文法性の差が観察される．

(7) a.　I don't know if I can understand this, but I'll try [PRO to [$_{VP}$ ___]].
　　b. *I don't know if John understands this, but I believe [him to [$_{VP}$ ___]].

上記の研究によると，(7a) のようなコントロール構文では，不定詞節の主要部である T の位置を占める *to* が不定詞節の主語位置にある PRO と一致して抽象格を与えているのに対し，(7b) のような ECM 構文では，不定詞節の主語 *him* は主節の動詞 *believe* から抽象格を受け取っており，不定詞節の主要部である *to* とは一致の関係を持っていない．この分析が正しければ，機能範疇の指定部に句が存在することに加えて，その句が主要部である機能範疇と一致の関係を成立させていることがその補部の削除にとって不可欠であることがわかる．

　(6) や (7b) のような文が非文法的であるという情報が英語を獲得中の全ての幼児に必ず与えられるとは考えにくいことを踏まえると，(3) に述べた削除の認可条件は，生得的な UG の属性を反映したものであると考えられる．そうであるならば，(3) の認可条件は，観察しうる最初期から幼児の母語知識の中に存在することが予測されるが，果たしてこの予測は正しいものであろうか．次節では，この予測を確かめるための準備段階として，英語の獲得における助動詞 *do* の一致に関する事実を確認する．

3.　英語獲得における助動詞 *do* の一致に関する誤り

　英語の獲得過程において観察される誤りの1つとして，助動詞 *do* と主語との一致に関する誤りがある．英語を母語として獲得中の3歳前後の幼児は，(8a) に例示されるように，三人称単数の主語を伴った文において，助動詞 *do* をその主語と一致させることなく，*do* として表出させることが頻繁に観察さ

れる．一方で，(8b) が示すように，同時期には *does* という正しい形式も観
察される．

  (8) a.   Robin don't play with pens.   (Adam 28, 3;04:01)

        b.   So Paul doesn't wake up.   (Adam 28, 3;04:01)

このような一致に関する正しい形式と誤った形式の共存は，助動詞 *do* に限っ
たことではなく，(9a) の誤った文と (9b) の文法的な文に示される通り，動
詞に関しても観察される．そのため，助動詞 *do* に関する幼児の誤りは，過去
にはあまり注目を浴びることはなかった．

  (9) a.   Robin break it(.) your pen.   (Adam 28, 3;04:01)

        b.   And the motor comes out.   (Adam 28, 3;04:01)

   しかし，Guasti and Rizzi (2002) の研究により，助動詞 *do* と主語との一
致に関する誤りについて，非常に興味深い新たな事実がもたらされた．彼らに
よると，英語獲得における (8) のような一致に関する正しい形式と誤った形
式の共存は，助動詞 *do* を含む否定文においては数多く観察されるものの，助
動詞 *do* を含む疑問文（*yes/no* 疑問文および *wh* 疑問文）においては全くと
言っていいほど観察されず，幼児は三人称単数の主語と一致した *does* という
正しい形式のみを発話している．つまり，(10b) のような文のみが観察され，
(10a) のような誤った文は幼児の発話にごくわずかしか現れない．

  (10) a. #Do he go?[1]

       b.   Does dis [: this] write?   (Adam 28, 3;04:01)

   助動詞 *do* の誤りに関する Guasti and Rizzi (2002) の一般化を支える事実
は以下の通りである．彼らは，CHILDES データベース（MacWhinney (2000)）
に含まれる7名の英語を母語とする幼児の自然発話コーパスを分析対象とした．
そのうちの2名（Eve と Shem）は，コーパスの最初から正しい形式のみを発話
していたため，表1に示される5名の幼児についてのみ詳細な分析を実施し
た．分析に際しては，幼児の発話から *do/does/did* のいずれかを含む発話を，
CLAN プログラムの中の検索コマンドである COMBO を使用して全て見つけ
出し，その中から三人称単数の主語を伴う文を目視によって見つけ出した．そ
の際，"Does it broke?" のような時制を二重に含む文は考慮から外された．

---

[1] # は発話に現れないことを示す．

表 1： Guasti and Rizzi (2002) で分析された自然発話コーパス

幼児名	コーパス作成者	分析対象ファイル	年齢の範囲
Adam	Brown (1973)	1–40	2;03-3;11
Sarah	Brown (1973)	1–138	2;03-5;01
Nina	Suppes (1973)	1–56	1;11-3;03
Ross	MacWhinney (2000)	20–53	2;06-4;06
Peter	Bloom (1970)	1–20	1;09-3;01

　このような分析によって得られた結果は，表 2 の通りであった．分析対象となった 5 名の幼児は全員，主語が三人称単数であるにもかかわらず助動詞が *do* となっている文を比較的多く発話したが，その誤りの大部分は否定文において現れ，疑問文ではほとんど観察されなかった．したがって，これら 5 名の幼児の結果からは，英語獲得過程において生じる助動詞 *do* の一致に関する誤りは否定文に限定され，疑問文においては現れないという非対称性を持った誤りであることがわかる．

表 2： Guasti and Rizzi (2002) による分析の結果：幼児の発話

幼児名	分析対象ファイル	否定文		疑問文	
		doesn't	**don't*	*does*	**do*
Adam	11–33	8	12	78	3
Sarah	50–137	55	40	76	1
Ross	24–50	72	20	51	1
Nina	12–51	65	65	62	0
Peter	15–18	20	7	3	0
合計		220 (60%)	144 (40%)	270 (98%)	5 (2%)

　幼児英語において観察される否定文と疑問文との間の誤りに関する非対称性がどのような仕組みから生じているのかという問いは非常に重要な問いであるが，次節以降の削除に対する認可条件の獲得についての議論とは直接的には関係しないので，ここでは棚上げにしたい．[2,3] 次節以降の議論にとって重要なの

---

　[2]　英語獲得における助動詞 *do* の一致に関する誤りに見られる非対称性がどのように説明されうるかについては，Guasti and Rizzi (2002) や Schütze (2010) および杉崎 (2016) による研究を参照されたい．

　[3]　査読者が指摘する通り，「否定文において生じる助動詞 *do* の一致に関する誤りがどのように消失していくのか」は残された重要な問いの一つである．Guasti and Rizzi (2002) は，文構造の中に一致を司る機能範疇である AGR の存在を仮定し，疑問文の場合には T が AGR

は，英語獲得における助動詞 *do* の一致に関する誤りが不規則な言い誤りの一種ではなく，統語的な原因から生じている規則的な誤りであるという点である．そうであるならば，英語を母語とする幼児が VP 削除を含む文において助動詞 *do* の一致に関する誤りを示すかどうかを調べることによって，(3) に示した削除の認可条件の生得性に関して，有益な知見が得られるはずである．次節では，この点に関する調査の方法と結果について議論を行う．

4.　削除に対する認可条件：英語獲得の観点から

4.1.　英語獲得に対する予測

　2 節で議論した通り，Lobeck (1995) および Saito and Murasugi (1990) によると，削除に対しては (3) に述べた認可条件 ((11) として再掲) が課されており，この制約は生得的な UG の属性を反映したものであると考えられる．

(11)　削除に関する認可条件：
　　　機能範疇である主要部が指定部に句を持ち，その指定部にある句と主要部とが一致の関係を持つ場合にのみ，その補部が削除可能となる．

　また，前節で概観した Guasti and Rizzi (2002) の研究によると，助動詞 *do* と三人称単数形の主語との一致に関する誤りは否定文においてのみ観察され，疑問文においては観察されない．つまり，(12a) のような誤りは英語を母語とする幼児の発話に現れるが，(12b) のような誤りはほぼ現れることがない．

(12)　a.　Robin don't play with pens.　　　　　　　(Adam 28, 3;04:01)
　　　b.　#Do he go?

　削除の認可条件 (11) の生得性と，英語獲得に見られる助動詞 *do* の一致に関する誤りとの相互作用から，興味深い予測を導くことが可能となる．削除の認可条件 (11) が UG の属性を反映したものであるなら，その条件は生得的な知識を反映したものであり，幼児は観察しうる最初期からその条件を満たしているはずである．したがって，英語を母語として獲得中の幼児は，VP 削除を

を経由して C まで移動するため，UG の制約によって一致が形態的に具現されるが，否定文の場合には，T が移動せず，AGR と併合することがないため，このような場合に形態的な一致が表出するかどうかは，幼児が言語経験に基づいて学ぶべき言語間変異の一つである，としている．したがって，Guasti and Rizzi (2002) の分析のもとでは，否定文に見られる誤りは，幼児が言語経験に基づいて，この場合にも一致を表出する必要があるという知識を身につけることによって消失することになる．

含む文においては，疑問文の場合と同様に，助動詞 *do* の一致に関する誤りを示さないことが期待される．具体的には，英語を母語とする幼児が発話する VP 削除を含む発話においては，(13a) のように正しく *does* という形式を含む文は観察されるが，(13b) のような一致の誤りを伴う（つまり *do* という形式を含む）文は観察されないことが予測される．

(13) a.　John speaks English, and Mary <u>does</u>, too.
　　 b. *John speaks English, and Mary <u>do</u>, too.

4.2.　自然発話分析

前節で述べた英語獲得に対する予測の妥当性を調査するために，CHILDES データベースに収められている，英語を母語とする幼児の自然発話コーパスから 19 名分を選び出し，分析を実施した．[4] 分析対象となった幼児は表 3 の通りである．

分析方法として，まず *do/does/don't/doesn't* のいずれかを含む幼児の発話を CLAN プログラムの 1 つである COMBO を用いて検索した．その検索結果を目視によりすべて確認し，三人称単数の主語を含む否定文・疑問文・VP 削除文を見つけ出して，一致の有無について分析した．そして，各幼児に関する分析は，*do* の誤りが全く観察されなくなった時点か，コーパスの終わりのいずれかのうち，先に到達したほうまで継続した．

表 3： 分析対象となった幼児発話コーパス

幼児名	コーパス作成者	分析対象ファイル	年齢の範囲	幼児の発話数
Abe	Kuczaj (1976)	001–095	2;04:24–3;04:19	16,645
Adam	Brown (1973)	01–55	2;03:04–5;02:12	45,520
Anne	Theakston et al. (2001)	01a–23b	1;10:07–2;05:25	13,595
Aran	Theakston et al. (2001)	01a–34b	1;11:12–2;10:28	17,111
Becky	Theakston et al. (2001)	01a–34b	2;00:07–2;11:15	23,295
Carl	Theakston et al. (2001)	01a–34b	1;08:22–2;08:15	25,629
Dominic	Theakston et al. (2001)	01a–34b	1;10:25–2;10:16	21,085
Eve	Brown (1973)	01–20	1;06–2;03	10,856
Gail	Theakston et al. (2001)	01a–34b	1;11:27–2;11:12	16,940

---

[4] この 19 名には，Guasti and Rizzi (2002) で分析対象となった幼児 5 名のうちの 4 名も含まれている．

Joel	Theakston et al. (2001)	01a–34b	1;11:01–2;11:11	17,857
John	Theakston et al. (2001)	01a–34b	1;11:15–2;10:24	13,303
Liz	Theakston et al. (2001)	01a–34b	1;11:09–2;10:18	16,547
Naomi	Sachs (1983)	01–76	1;02:29–2;11:12	11,716
Nicole	Theakston et al. (2001)	01a–34b	2;00:25–3;00:10	16,930
Nina	Suppes (1973)	01–44	1;11:16–3;00:16	24,845
Peter	Bloom (1970)	01–20	1;09:08–3;01:20	23,016
Ruth	Theakston et al. (2001)	01a–34b	1;11:15–2;11:21	20,094
Sarah	Brown (1973)	001–139	2;03:05–5;01:06	30,945
Warren	Theakston et al. (2001)	01a–34b	1;10:06–2;09:20	16,587

　分析の結果，対象となった19名のうち，16名の幼児が（i）三人称単数の主語と（ii）*do* ないし *does* を伴った VP 削除の両方を含む文を発話していたことが明らかとなった．詳細な結果は表4の通りである．否定文においては，正しい形式である *doesn't* と誤った形式である *don't* がほぼ同じ程度に発話されているのに対し，VP 削除を含む文においては，疑問文と同様，正しい形式である *does* が90％以上を占めていた．統計的にも，否定文における *doesn't* の使用と VP 削除を含む文における *does* の使用には有意な差が見られた（$t(15) = 6.646$, $p < .000$, $d = 1.661$）．この結果は，幼児の発話する否定文には助動詞 *do* の一致に関する誤りが頻繁に見られるのに対し，同様の誤りは疑問文に加えて VP 削除を含む文においてもほとんど現れないことを示している．幼児が実際に発話した VP 削除を含む文の例は（14）と（15）のとおりである．

表4：　自然発話の分析結果：幼児の発話数

幼児名	否定文		疑問文		VP 削除を含む文	
	doesn't	**don't*	*does*	**do*	*does*	**do*
Abe	15	20	25	0	9	0
Adam	79	28	208	2	11	1
Anne	3	5	6	0	5	0
Aran	4	20	7	3	8	0
Becky	34	4	110	0	22	1
Carl	2	9	0	0	1	0
Dominic	23	20	0	0	10	5
Eve	3	1	3	1	0	0
Gail	4	6	4	0	9	0
Joel	5	2	7	0	6	1

John	0	4	0	0	0	0
Liz	3	4	6	0	3	0
Naomi	7	5	3	0	2	0
Nicole	2	29	3	0	8	1
Nina	45	56	30	0	18	0
Peter	35	12	17	0	3	0
Ruth	0	5	0	0	0	0
Sarah	45	36	69	1	5	3
Warren	7	9	0	0	2	0
合計	316 (53%)	275 (47%)	498 (99%)	7 (1%)	122 (91%)	12 (9%)

(14)　Abe の発話例：
　　　a. *FAT:　　it scares you?
　　　　 *CHI:　　sure it does.　　　　　　　　　　　　（abe 019, 2;07）
　　　b. *EDN:　　doesn't it taste like grapes?
　　　　 *CHI:　　yeah ‡ tastes like grape and strawberries.
　　　　 *CHI:　　it sure does.　　　　　　　　　　　（abe 047, 2;10:12）
(15)　Adam の発話例：
　　　a. *URS:　　that looks like you're making a salad(.) Adam.
　　　　 *CHI:　　just like Mommy do.　　　　　　　（Adam 23, 3;10:26）
　　　b. *MOT:　　just try it and see if you can get the block to stay there.
　　　　 *CHI:　　yes it does.
　　　　 *CHI:　　yes(.) it stays.　　　　　　　　　（Adam 34, 3;07:07）

　幼児英語に見られる否定文と VP 削除文との間の一致に関する誤りの差は，幼児が削除に関する認可条件にしたがっていることから生じている可能性に加えて，検討すべき可能性がもう 1 つ残されている．それは，助動詞 *do* の一致に関する誤りは，否定辞（*not* あるいは *n't*）の存在と密接に関係しており，それゆえ否定文においてのみ頻繁に生じているという可能性である．この可能性が正しければ，否定辞を含む場合には，VP 削除を伴う文においてさえも助動詞 *do* の誤りが頻繁に観察されることが予測される．具体的には，英語を獲得中の幼児は，（16a）のような正しい文と（16b）のような誤った文を同じような頻度で発話するはずである．

(16) a.   John speaks English, but Mary <u>doesn't</u>.

    b. *John speaks English, but Mary <u>don't</u>.

　この予測の妥当性を確かめるため，表3に示した幼児発話コーパスを再度分析し，(i) 三人称単数の主語と (ii) *don't* ないし *doesn't* を伴った VP 削除の両方を含む文の発話数を調査した．分析対象となった19名のうち，16名の幼児が該当する文を発話した．分析結果は表5に示した通りである．

表5: 否定文と VP 削除を含む文における *doesn't* と *don't* の発話数

幼児名	否定文		VP 削除を含む文	
	doesn't	**don't*	*doesn't*	**don't*
Abe	15	20	3	0
Adam	79	28	4	1
Anne	3	5	4	0
Aran	4	20	0	5
Becky	34	4	10	0
Carl	2	9	0	0
Dominic	23	20	2	2
Eve	3	1	0	0
Gail	4	6	1	0
Joel	5	2	1	0
John	0	4	0	0
Liz	3	4	1	0
Naomi	7	5	0	0
Nicole	2	29	1	0
Nina	45	56	4	1
Peter	35	12	4	0
Ruth	0	5	0	0
Sarah	45	36	8	1
Warren	7	9	1	0
合計	316 (53%)	275 (47%)	44 (81%)	10 (19%)

　表5から分かるとおり，否定辞を含む場合に限って否定文と VP 削除を含む文を比較したとしても，VP 削除を含む文においてはやはり一致に関する誤りが非常に限られており，否定文における正しい形式 *doesn't* の使用と VP 削除を含む文における正しい形式 *doesn't* の使用との間には統計的に有意な差が

見られた（t(13) = 4.468, p < .000, d = 1.194）.[5] この観察は，否定文と VP 削除を含む文の間に見られる助動詞 *do* の一致に関する誤りの差が否定辞の存在から生じているという可能性を排除するものである．したがって，VP 削除を含む文において助動詞 *do* の一致に関する誤りがごくわずかであるという観察は，英語を母語とする幼児が観察しうる最初期から削除に関する認可条件にしたがっていることから生じていると考えられる．

5.　削除に対する認可条件：残された課題[6]

前節で得られた結果は，削除に対する認可条件（11）の存在に対する英語獲得からの証拠と解釈することができるが，本節では，この認可条件に対して理論的・経験的な問題となりうる点について議論を行う．

Chomsky（2000, 2001）では，（17b）のような英語の *there* 構文の分析などに基づき，一致は機能範疇である主要部とその指定部にある名詞句との間で起こるという仮説が破棄され，一致は主要部とそれが c-command する位置にある名詞句との間での素性照合操作（Agree）に基づくものへと変化を遂げた．

(17) a.　Three girls are in the garden.
　　 b.　There are three girls in the garden.

もし Chomsky（2000, 2001）が主張するように，一致が c-command に基づく素性照合によるものであるとすると，本論文でその妥当性を検討してきた（18）の認可条件は，主要部と指定部の間の関係に基づくものであるため，その理論的な存在場所を失う可能性が大きい．

(18)　削除に関する認可条件：
　　　機能範疇である主要部が指定部に句を持ち，その指定部にある句と主要部とが一致の関係を持つ場合にのみ，その補部が削除可能となる．

しかし，Guasti and Rizzi（2002）が述べるように，フランス語の *there* 構文は，英語と異なり，*be* 動詞の後に現れている名詞句ではなく，T の指定部位置を占める *il* 'there' との一致を示す．

---

[5] Aran は VP 削除を含む文においても，一貫して *don't* という誤った形式を発話しており，予測に反している．それがなぜなのか，そしてこのパターンがどのくらい一般的なのかについては今後の課題としたい．

[6] 本節は，小川芳樹氏からのコメントに基づくものである．

(19) a.   Toris filles sont arrivées.
            three girls   are   arrived-FEM-PL
      b.   Il est arrivé   trois filles.
            it is   arrived-MSC-SG three girls
            'Three girls arrived.'

　また，Guasti and Rizzi (2002) によると，標準アラビア語では，動詞の前
（つまり T の指定部位置）に主語名詞句がある場合にのみ，主語名詞句と動詞
との一致が見られるが，アラビア語レバノン方言では，主語名詞句は，動詞の
前・動詞の後ろのいずれの位置に存在する場合でも，動詞との一致を示す.

(20)   標準アラビア語
      a.   SV: *ʔal-ʔawlaad-u   naama
                   the children   slept-3MASC-SG
      b.   SV: ʔal-ʔawlaad-u   naamuu
                   the children   slept-3MASC-PL
      c.   VS: Naama   l-ʔawlaad-u
                   slept-3MASC-SG   the children
      d.   VS: *Naamuu   l-ʔawlaad-u
                   slept-3MASC-PL   the children
(21)   アラビア語レバノン方言
      a.   SV: *lE-wlaad   neem
                   the children   slept-3SG
      b.   SV: lE-wlaad   neemo
                   the children   slept-3PL
      c.   VS: *Neem   lE-wlaad
                   slept-3SG   the children
      d.   VS: Neemo   lE-wlaad
                   slept-3PL   the children

　Guasti and Rizzi (2002) は，上記の観察に基づき，「音形に反映される形で
（つまり顕在的統語部門で）移動が生じた場合には，一致の形態的な具現が義
務的となるが，それ以外の場合には，一致が形態的に具現されるか否かは言語
によって異なる」という一般化を提案している. この一般化が正しいとすると，
一致の形態的な具現に関しては，機能範疇である T の指定部に名詞句が存在
することが大きな影響を持つことがうかがえる. したがって，Chomsky (2000,

2001）以前に仮定され，（18）の認可条件にも含まれている「機能範疇である主要部とその指定部にある名詞句との間の一致」という概念は，なんらかの形で現在の統語理論にも組み込まれることが必要となる可能性が高い．もしそうであれば，（18）に述べた認可条件は，現在の理論の中でも，その存在を維持できることになると考えられる．

　次に，経験的な問題となりうる事実について考えたい．本論文で議論しているVP 削除現象ではなく，スルーシング現象の場合には，一致の形態的な表出が削除を阻止してしまう事実が報告されている．Lobeck（1995）によると，ドイツ語バイエルン方言（Bavarian German）では，埋め込み文の CP の指定部に現れた wh 句は，埋め込み文の主語との人称・数の一致を示す接辞を伴う．しかしながら，スルーシングによって埋め込み文の TP が削除される場合，wh 句にこの接辞が付加されてしまうと非文になる．

(22) a. Du　woidd-st doch kumma, owa mia wissn ned wann-st
　　　　you wanted PRT come　　but we know not when-2SG
　　　　（du）　kumma woidd-st.
　　　　（you） come　　wanted-2SG
　　　　'You wanted to come, but we don't know when you wanted to come.'
　　b. Du　woidd-st doch kumma, owa mia wissn ned wann(*-st).
　　　　you wanted PRT come　　but we know not when(2SG)

　上記の現象の場合，wh 句に接辞として具現している一致は，後続する主語との一致であり，補文標識（COMP）とその指定部にある wh 句との一致と言えるかどうかは定かではないため，この現象が（18）にある削除の認可条件にとって経験的な問題となりうるかどうかは，現時点では明らかではないように思われる．なぜ主語との一致を示す接辞が wh 句に付加された場合にスルーシングが不可能となるかは非常に重要な問題ではあるが，本論文での議論とはやや独立の問題であると考えられるため，今後の課題としたい．

6.　結論

　本研究では，Lobeck（1995）および Saito and Murasugi（1990）によって提案された削除に関する認可条件（23）の生得性について，英語獲得の観点から検討を加えた．

(23)　削除に関する認可条件：
機能範疇である主要部が指定部に句を持ち，その指定部にある句と
主要部とが一致の関係を持つ場合にのみ，その補部が削除可能となる.

英語を母語とする幼児 19 名の自然発話を詳細に分析した結果，これらの幼児
が否定文においては主語が三人称単数であるにも関わらず誤って助動詞を *do*
という形式で頻繁に発話するのに対し，VP 削除を含む文においてはこのよう
な誤りが非常に限られており，主語と正しく一致した *does* という形式を用い
ることが明らかとなった. この発見は，削除の認可には一致が必要であるとす
る Saito and Murasugi (1990) および Lobeck (1995) の提案に対して，英語
獲得の観点から証拠を与えるものである. また，英語獲得において助動詞 *do*
の一致に関する誤りが VP 削除を含む文では生じないという事実は，(23) に
述べた削除に関する認可条件が観察しうる最初期から母語獲得を制約している
ことを示しており，この認可条件が生得的な UG の属性を反映したものであ
る可能性を高めるものと言える.
　本研究での発見は，削除に関する認可条件の理論的分析に対しても新たな示
唆を与える. Richards (2003) および Saito (2017) による研究では，(24) お
よび (25) のような事実をもとに，削除に関する認可条件から一致の必要性を
排除し，(26) のような条件として述べ直している.

(24) a.　I don't know if John (really) understands this, but he$_1$ seems [$_{IP}$ t_1
　　　to [$_{VP}$ ___]].
　　b.　John does not like math but Mary$_1$ seems [$_{IP}$ t_1 to [$_{VP}$ ___]].
　　　　　　　　　(Richards (2003: 223), Wurmbrand (2014: 406))
(25) ?They say that Mary doesn't like raisins but Bill believes [$_{IP}$ her to
　　　[$_{VP}$ ___]].　　　　　　　　　(Wurmbrand (2014: 406))
(26)　削除に関する認可条件 (Richards (2003), Saito (2017))：
機能範疇である主要部が指定部に句を持つ場合にのみ，その補部が
削除可能となる.

(24) は上昇構文であり，*but* 以下の文の主語は埋め込み節の中の動詞句内か
ら移動の適用を受けている. その主語が一致の関係を持つのは移動後であり，
移動前の動詞句内の位置では一致の関係を持たないにもかかわらず，VP 削除
が可能となっている. また，2 節では，ECM 構文 (7b) が VP 削除を許容し
ないことを観察し，それは不定詞節の主語が主節の動詞から抽象格を受け取っ
ており，不定詞節の主要部である *to* とは一致の関係を持っていないためであ

ると述べた．しかし，Wurmbrand（2014）によると，（25）に示される通り，ECM 構文でも VP 削除を許容する場合がある．上昇構文や ECM 構文が VP 削除を許容するという観察は，削除に関する認可条件には一致の必要性が含まれていないという立場を支持するものである．

　このように，削除に関する認可条件に一致の必要性が含まれるか否かについては，それぞれの立場を支持する事実があり，さらなる研究を要する課題である．本研究で明らかになった英語獲得からの事実は，削除の認可条件には一致の必要性が含まれるという立場とより整合性が高く，したがって Richards（2003）および Saito（2017）によって提案されている（26）のような制約ではなく，Saito and Murasugi（1990）および Lobeck（1995）によって提案された（23）のような制約が妥当である可能性を高めるものである．このように，母語獲得研究は，対立する理論的分析が存在する場合に，どちらがより妥当であるかを検討するのに有益なデータをもたらす可能性を持つものである．

参考文献

Bloom, Lois（1970）*Language Development: Form and Function in Emerging Grammars*, MIT Press, Cambridge, MA.

Bošković, Željko（1997）*The Syntax of Nonfinite Complementation: An Economy Approach*, MIT Press, Cambridge, MA.

Brown, Roger（1973）*A First Language: The Early Stages*, Harvard University Press, Cambridge, MA.

Crain, Stephen（1991）"Language Acquisition in the Absence of Experience," *Behavioral and Brain Sciences* 14, 597–612.

Chomsky, Noam（2000）"Minimalist Inquiries: The Framework," *Step by Step: Essays on Minimalist Syntax in Honor of Howard Lasnik*, ed. by Roger Martin, David Michaels and Juan Uriagereka, 89–155, MIT Press, Cambridge, MA.

Chomsky, Noam（2001）"Derivation by Phase," *Ken Hale: A Life in Language*, ed. by Michael Kenstowicz, 1–52, MIT Press, Cambridge, MA.

Fiengo, Robert and Robert May（1994）*Indices and Identity*, MIT Press, Cambridge, MA.

Guasti, Maria Teresa and Luigi Rizzi（2002）"Agreement and Tense as Distinct Syntactic Positions: Evidence from Acquisition," *Functional Structure in DP and IP: The Cartography of Syntactic Structures, Volume 1*, ed. by Guglielmo Cinque, 167–194, Oxford University Press, New York.

Hankamer, Jorge and Ivan Sag（1976）"Deep and Surface Anaphora," *Linguistic Inquiry* 7, 391–426.

Kuczaj, Stan (1976) *-ing, -s, and -ed: A Study of the Acquisition of Certain Verb Inflections*, Doctoral dissertation, University of Minnesota.

Lobeck, Anne (1990) "Functional Heads as Proper Governors," *Proceedings of the 20th Annual Meeting of the North East Linguistic Society (NELS 20)*, ed. by Juli Carter, 348–263, GLSA Publications, Amherst, MA.

Lobeck, Anne (1995) *Ellipsis: Functional Heads, Licensing, and Identification*, Oxford University Press, New York.

MacWhinney, Brian (2000) *The CHILDES Project: Tools for Analyzing Talk*, Lawrence Erlbaum Associates, Mahwah, NJ.

Martin, Roger (2001) "Null Case and the Distribution of PRO," *Linguistic Inquiry* 32, 141–166.

Merchant, Jason (2001) *The Syntax of Silence: Sluicing, Islands, and Identity in Ellipsis*, Oxford University Press, New York.

Merchant, Jason (2018) "Ellipsis: A Survey of Analytical Approaches," *The Oxford Handbook of Ellipsis*, ed. by Jeroen van Craenenbroeck and Tanja Temmerman, 19–45, Oxford University Press, New York.

Otsu, Yukio (1981) *Universal Grammar and Syntactic Development in Children: Toward a Theory of Syntactic Development*, Doctoral dissertation, MIT.

Richards, Norvin (2003) "Why there is an EPP," *Gengo Kenkyu* 123, 221–256.

Ross, John Robert (1969) "Guess Who?" *Papers from the Fifth Regional Meeting of the Chicago Linguistic Society*, ed. by Robert I. Binnick, Alice Davison, Georgia M. Green and Jerry L. Morgan, 252–286, Chicago Linguistic Society, University of Chicago, Chicago.

Sachs, Jacqueline (1983) "Talking about the There and Then: The Emergence of Displaced Reference in Parent-Child Discourse," *Children's Language Volume 4,* ed. by Keith E. Nelson, 1–28, Lawrence Erlbaum Associates, Hillsdale, NJ.

Saito, Mamoru (2017) "Ellipsis," *Handbook of Japanese Syntax*, ed. by Masayoshi Shibatani, Shigeru Miyagawa and Hisashi Noda, 701–750, Mouton De Gruyter, Berlin.

Saito, Mamoru and Keiko Murasugi (1990) "N'-deletion in Japanese: A Preliminary Study," *Japanese/Korean Linguistics 1*, ed. by Hajime Hoji, 285–301, CSLI Publications, Stanford.

Schütze, Carson T. (2010) "The Status of Nonagreeing *don't* and Theories of Root Infinitives," *Language Acquisition* 17, 235–271.

杉崎鉱司 (2016)「英語獲得に見られる助動詞 do の一致に関する誤り──素性継承に基づく分析──」『コーパスからわかる言語変化・変異と言語理論』，小川芳樹・長野明子・菊地朗（編），354–371，開拓社，東京．

Sugisaki, Koji, and Hisao Kurokami (2017) "On the Nature of the Syntactic Condition on Ellipsis Sites: A View from Child English," *Proceedings of the 41st Annu-*

al Boston University Conference on Language Development (BUCLD 41), ed. by Maria LaMendola and Jennifer Scott, 602–614, Cascadilla Press, Somerville, MA.

Suppes, Patrick (1973) "The Semantics of Children's Language," *American Psychologist* 88, 103–114.

Theakston, Anna L., Elena V. M. Lieven, Julian M. Pine and Caroline F. Rowland (2001) "The Role of Performance Limitations in the Acquisition of Verb-Argument Structure: An Alternative Account," *Journal of Child Language* 28, 127–152.

Wurmbrand, Susi (2014) "Tense and Aspect in English Infinitives," *Linguistic Inquiry* 45, 403–447.

Part V

色の認知・色名の発達にかんする通時的変化

the blues とは何か

―― 意味の履歴を探る ――

新谷 真由

文京学院大学

1. はじめに

　「ブルース」といえば誰もが歌や曲のことを思い浮かべるだろう．日本でも昭和初期に市民権を得始めたこのことばは，その響きから英語の借入語であることが分かる．さて，ここで日本語の「ブルース」の元になった英語の名詞 blues の意味や用例を（1）の辞書中に見てみよう．すると，意味は歌や曲だけではないことが分かる．

(1)　blues[1]
　　a.　［単数／複数］ブルース（米国南部の黒人の間に起こった歌・楽曲の一形式；【用法】音楽形式を意識している時は通例 the をつける；個別の歌曲をいう時には可算であり，複数形は blues）
　　　　用例：sing the [a] *blues* ブルースを（一曲）歌う．
　　b.　[the 〜]《口語》気のふさぎ，憂鬱
　　　　用例：She has [She's got] *the blues.* 彼女はふさぎ込んでいる．

（『新英和中辞典（第 7 版）』）

（1b）は日本語の「ブルース」にない意味である．実は，英語においては（1b）の意味が 19 世紀頃に先に成立してから，20 世紀初頭に（1a）の意味が成立している．歌・楽曲の一形式としての blues は，〈気のふさぎ・憂鬱〉を音楽として表現するものだからである．

　次に用例に注目する．辞書によると，blues が（1b）を意味する際は定冠詞の the を伴うとあるが，これはなぜだろうか．実は後期近代英語（LME: Late Modern English）の頃，the blues は blue devils と綴られていた．時代が下るにつれて，現在の the blues という表記に収束していったのである．した

---

[1] 筆者が記号など一部改変している．

がって，the blues とは blue devils の省略語であり，日本語なら「<u>あの青いや</u><u>つ</u>」程度の意味にでもなろう．

　ここで新たな疑問がわいてくる．the blues の元になる blue devils，すなわち，字義的には〈青い悪魔〉を意味するこのことばは，どのような経緯で〈気のふさぎ・憂鬱〉の意味を持つことになったのか．Bolinger（1977）の「形式と意味の一対一対応の原則（one form-one meaning principle）」に基づくと，ことばに意味はひとつしかない．すると，〈青い悪魔〉と〈気のふさぎ・憂鬱〉は別個の意味ではなく，なんらかの関係性があることになる．おそらく多くの多義語と同様に，この関係性はメタファー的拡張によるものと推測できるだろう．しかし，仮にそうであるとしても，メタファー的拡張を可能にする含意（entailment）や動機づけの解明が重要になろう．本論文では（2）のリサーチクエスチョン（RQ）に答える形で，〈青い悪魔〉が〈気のふさぎ・憂鬱〉に拡張する動機づけを明らかにしたい．

> (2)　英語の blue devils には拡張された意味として〈気のふさぎ・憂鬱〉があるが，その動機づけとして，
>
> a.　【RQ1】なぜ悪魔（devil(s)）なのか，
> b.　【RQ2】なぜ青（blue）なのかを明らかにするとともに，
> c.　【RQ3】英語と同じ西洋文化圏にあり，影響を与え合ったフランス語において〈気のふさぎ・憂鬱〉を表すことばの特徴を探ることで，英語とフランス語の相違点も明らかにする．

　次に方法論を提示する．本論文は，認識主体が自分たちを包囲する文化・社会的環境と共振することで，現象に意味づけを行う――意味を創発させる――という観点に立つ．すなわち，主体がある現象に対しあることばを関連付ける際，そこには主体による環境の理解や介入の仕方が深く関わっていることになる．したがって，ある現象をあることばで表す際，選択の仕方は完全に恣意的ではないと考える．本論文では意味の創発理由を探る上で，次の3点に注力する．（i）主体による現象とことばの関連付けの中に，同時進行した社会・文化的文脈の反映がないか調べる，（ii）ことばに潜む，主体による概念化の履歴を調べる，[2]（iii）現象を概念化する主体の認知能力（身体を基盤とした知覚能力）がことばに反映されていないか調べる．なお，本論文ではコーパスや辞書

---

[2]　瀬戸ほか（2016: 20–21）によると，ことばの意味は概念化の履歴を含んでいる．例えば「下駄箱」や「筆箱」は過去の話者の概念化の履歴が含まれる．

をデータとして用いることで，意味拡張の経緯を探ってゆく.[3]

2. 悪魔と〈気のふさぎ・憂鬱〉の接点

2.1. 文献への登場と当時の意味

blue devils はいつ頃文献上に現れ，またどのように使用されたのだろうか．図 1 はコーパス（Google Books（British English））における blue devils の年代別出現率の推移である．[4]

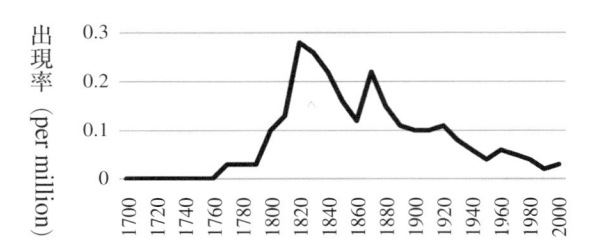

図 1　Google Books 中の blue devils の出現率推移（1700 〜 2000 年）

図 1 の示すところによれば，blue devils はおおよそ 18 世紀後半から現われ始め，19 世紀初頭に急激に増えてピークを迎えるが，20 世紀が始まる前から緩やかに落ちている．1950 年代以後も低調には現れ続けているが，使用例を見ると固有名詞（1950 年代以降に設立されたマーチングバンドやスポーツチーム）に関するため，今回の研究からは除外する．観察対象はピークを迎える LME での使用であろう．LME が使用された 19 世紀は，個人の感情描写に重きを置くロマン主義文学の時代であり，〈気のふさぎ・憂鬱〉を意味する blue devils は当世の気風に合ったため多用されたと推測する．(3) は LME の例であり，いずれも文脈から〈気のふさぎ・憂鬱〉を表すと考えられる．

(3) a.　Thinking ... that generous wine will destroy even the *blue devils*.

（Francis Burney, *Diary 2 July*, 1781）

　　b.　Do the *blue devils* your repose annoy?

（William B. Rhodes, *Bombastes Furioso*, 1800）

---

[3] 本論文中の例文は文末に記載のコーパスおよび辞書から引用している．使用コーパスは必要に応じて本文中で言及している．また，例文の和訳や英訳はすべて筆者による．

[4] 年代で総語数が異なるため出現率で提示している．

    c.　Soon after he was troubled with *blue devils*, and was very sad
       after reading the newspapers.
       (Albany Fonblanque, *England Under Seven Administrations*, 1837)

    d.　He got discontented and had fits of *blue devils*.

       (*Weekly Dispatch* 8 *February*, 1880)

（3a, b）と（3c, d）では定冠詞の有無により表現に揺れがあるものの，文法上で複数扱いになるのは共通している．現代英語（PdE: Present day English）で〈気のふさぎ・憂鬱〉を意味する the blues が複数扱いなのはこの名残である．一方，PdE で楽曲を意味する際は単数と複数の両方で現れる．これは曲を個別のモノ（discrete entity）と数えることに基づく．[5]

　　（3）は blue devils が文献上に現れる最初期の例であるが，それ以前の初期近代英語（ENE: Early New English / Early Modern English）においては（4）に示すように，単数形の blue devil が用いられることがあった．

    (4)　　Alston, whose life hath been accounted evil,
        And therefore calde by many the *blew devil*.
      (*The Times' Whistle: Or, A New Daunce of Seven Satires*, 1616 [1871])

（4）では邪な魂を持つ人物（Alston）が blew devil（PdE *blue devil*）であるため，抽象的な意味としての〈気のふさぎ・憂鬱〉ではなく，字義通りの具体的な〈悪魔〉を意味している．他方，（5）は時代が下った LME の例であり，blue devils は複数形ではあるものの，追い払う（chased away）対象，魂を売りとばす（sell）相手，憑依する（camp）者を指しているため，ここでも字義通りの〈悪魔〉を意味していると考えられる．

    (5) a.　David's harp chased away *blue devils* from Saul, and Louisa's
       harp has conjured blue ruin from Sir Samuel.
       (Albert Smith & George Cruikshank, *Bentley's Miscellany*, 1840)

    b.　… have you sold yourself body and soul to the *blue devils*?

       (James Kirke, *Madmen All*, 1847)

    c.　… the *blue devils* that camped nightly on his worried and ha-
       rassed soul …

       (Peter B. Kyne, *Long Chance*, 1914)

---

[5]　楽曲を意味する場合，文法上は単数扱いであるが屈折接辞の -s を付与する（a blues）．楽曲の意味は，blue devils から the blues が派生された後に生じたためである．

(3) と (5) は共に LME の例であるが，blue devils は，具体的な意味と心理的経験の抽象的な意味との両方で用いられている．このため，19 世紀は具体から抽象へと意味拡張をとげる移行期であったと考えられる．

　では，blue devils はどのような経緯で心理的経験を表す意味に拡張したのであろうか．このからくりを解明するにあたり，LME の話者が記したことばを (6) に提示したい．(6) は blue devil を含む例文であるが，それがもたらす心理的経験についての証言にもなっている．

(6)　Your English climate sometimes gives your English *blue devil* to foreign men like me. I have got *him* now—an English *blue devil* in a German inside?

(Wilkie Collins, Poor Miss Finch, 1872)

(6) の文を解釈すると「元はといえば天候が原因なのだが，憂鬱な気分は blue devil / him が自分に乗り移ることで生じている」となる．この時代の話者は，気のふさぎや憂鬱は，blue devil(s) が人に憑依するせいで起こると考えていたようである．したがって，この証言から次のような動機づけが導きだせよう．すなわち，blue devils が〈気のふさぎ・憂鬱〉に意味拡張を遂げたのは，メトニミー的指示のずれが関わるためである．言い換えれば，原因としての blue devils を指示しながらも，その結果として生じる〈気のふさぎ・憂鬱〉に言及している．ここで PdE の the blues に立ち戻ってみよう．the blues は，元は blue devils のことであり，また，かつての主体の概念化の履歴を含む表現である．PdE の話者が I have got the blues などと口にする時，「私は悪魔に憑りつかれています」と言っているのに同じである．

2.2.　悪魔が人とことばに与えた影響

　LME の話者の持つ，気のふさぎや憂鬱は悪魔によってもたらされるという考え方は，現代人の我々から見ると大変不可解に感じられる．当時の主体による現象の解釈の仕方を少しでも理解するため，17 世紀のイギリスの学者である Robert Burton が記した The Anatomy of Melancholy（1638 [1875]）を参照したい．本書は哲学，神学，古生理学，中世の病理学等から，Burton 自身も悩まされていた憂鬱症の解説を試みた書物である．

　Burton（第 1 部第 1 章 1 節〜第 3 節）によると，古代ギリシャより，西洋医学は憂鬱症を病気とみなしてきたが，時に狂気や譫妄状態と一括りし，その違いは熱があるか否か，暴力的か否かなど，程度の差によるものと考えてきた．同書の示す 17 世紀頃の（人々が抱く）憂鬱症の症状は，悲観的になる，意気

消沈する，気怠さを感じる，怒りっぽくなる，悪意に満ちる，恐怖を感じる，腹を立てるなど多岐に渡ったため，現代医学や心理学の定義づけより，かなり広範囲に症状が及ぶものと捉えられていたようである．これに加え，当時の知識人たちは，古代生理学の知識に基づき，憂鬱症をその名の通り「黒胆汁」（メランコリー）の劣化に起因するものと考えたり（第 1 部第 1 章第 3 節），宗教的観点からは悪魔の憑依に起因すると考えたり，あるいは，黒胆汁の劣化はそもそも悪魔が身体に入りこんで内臓を操作することで生じるというような，複合的な考えを持つに至ったりもした（第 1 部第 2 章第 1 節）.[6]

　当時のキリスト教は，憂鬱症を鈍重，無気力，あるいは非生産的状態をもたらす疾患とみなしていた（岡村ほか（2007: 49））．また，非生産的で怠惰（acedia）な状態を「七つの大罪（Septem peccata mortalia）」のひとつとみなし（De Vries（1976: 133）），このような罪は人ではなく，もっぱら悪魔の仕業によるものと考えてきた．古来の西洋社会には，憂鬱症に限らず，人の邪悪な思考はもとより精神異常に至るまで，全て悪魔のせいにしてきた背景がある．この考え方はルネサンスの唯物論以後に破棄され，精神や身体の不調は自分自身に起因するという近代的な思考方法に移行していった（赤祖父（1976: 103）).

　さて，悪魔と心理的経験の関連性は，ことばの変遷にどの程度反映されているだろうか．図 2 は blue devils と the blues の時代別出現率の推移である．

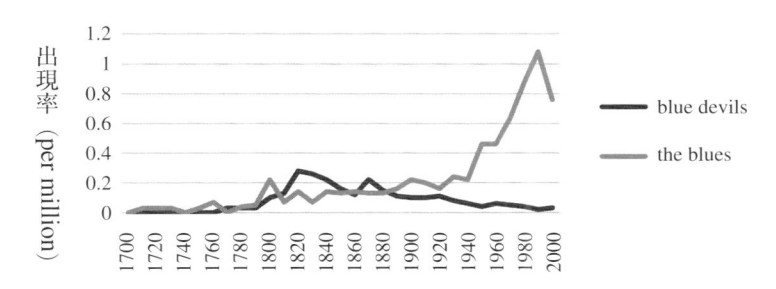

図 2　Google Books 中の blue devils / the blues の出現率推移（1700 〜 2000 年)[7]

---

[6] 同書によると，西洋医学に影響を与えたイスラム哲学者の Avicenna から 16 世紀オランダ人医師の Jason Van de Velde に至るまで，知識階層は黒胆汁の変化には悪魔が関連すると唱え続けてきた．旧約聖書の時代より，あらゆる疾病は悪霊の仕業と解釈されてきたため，憂鬱症も病である限り，そのような存在と関連付けられたのは自然な流れと言える．

[7] 図 2 の集計方法値については図 1 と同じである．また blue devils の値は図 1 と同一である．

図 2 の the blues のデータには楽曲としての「ブルース」も含まれるため，楽曲が広まる 1900 年代前半以前の使用状況に着目したい．LME において，blue devils が使用される傍ら，the blues も併用されていたことが分かる．blue devils は 1880 年辺りを堺に落ち込む一方，the blue の使用は増えていった．この変化には 2 つの動機づけが考えられよう．ひとつは 18 世紀に唯物論が始まったことで，悪魔が徐々に想像の産物となったことである．イギリスの神秘学研究家の Gettings（1988: 18）は，悪魔は時代の気風や先入観を反映するという．PdE において〈気のふさぎ・憂鬱〉を表すのにもはや blue devils を用いないのは，近代的な先入観（科学観）に影響を受けているためであろう．悪魔の実在性が乏しくなり，悪魔と心理的経験のメトニミー的な共起性が想起されにくくなったためといえる．もうひとつの動機づけとしては，過去の話者が悪魔の存在を信じて疑わなかったことがあげられる．悪魔の存在を信じる者にとって，devil ということばは辞書に記載されている以上の意味を持つ．したがって，はっきりとことばにするよりは，正体不明の the blues に形をとどめておくのを良しとしたのではないだろうか．この証拠として（7）の例文をあげておく．〈気のふさぎ・憂鬱〉としての blue devil が，忌みことばとみなされているがゆえに，伏字となっている．

(7)   He had greatly habituated himself to sighing, which Richmond called the *blue d—l*.

(William Toldervy, *The History of two orphans*, 1756)

the blues ということばは画期的な発明品であった．定冠詞を伴っているのは，それが何を指しているか皆に見当がついたためである．このように考えると，the blues は婉曲表現の一種ともいえるだろう．

3. 青と〈気のふさぎ・憂鬱〉の接点

3.1. 古代と中世における色の秩序と青

秩序だった色彩といえば何を思い描くだろうか．空に整然と弧を描く 7 色の虹を思い浮かべる人もいれば，箱の中で行儀よく陳列された色鉛筆を想像する人もいるかもしれない．ところで虹や色鉛筆が「整然と」「行儀よく」しているのを「秩序だっている」とみなすのは，近現代の科学知識の賜物である．17 世紀にニュートンがプリズムを用いて白色光を分光し，光の波長を現前化したことが我々の知る色彩の秩序の始まりである．この理論によると，色彩は波長の長い順に赤，橙，緑，青，紫と並んでおり，また，黒や白は色彩ではな

い.[8]

しかしながら，この秩序は古代から中世を生きた西洋人にとっては意味をなさない．図3に示すのは彼らが生きた時代の色彩の秩序である．

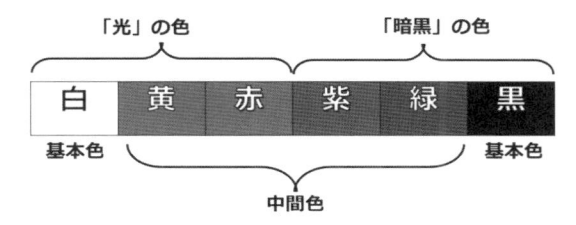

図3　古代から中世前期の西洋における色彩の秩序

彼らの知識によると，白と黒は（場合によっては赤も）すべての色の「基本色」であり，黄，赤，紫，緑はその中間に位置する色であった．また，白，黄，赤は「光の色」，そして紫，緑，黒は「暗黒の色」というように，宗教的教義，社会的文脈，そして染色を含む科学分野において，色彩は常に象徴とリンクしていた（Pastoureau（2000: 81–83），徳井（2006: 32–34））．このように，当時の人にとって色彩の秩序とは波長の順ではなく，象徴的な理解に基づく序列のことであった．

ところで図3には欠けている色がある．本論文で中心的事項として取り扱う青である．青は，中世の終わりまでに緑色と黒の間に浮かび上がってくるが，西洋の歴史においては象徴としてだけではなく，ことばとして現れ出るのも遅かったようである．例えば，古典ラテン語（CLat: Classical Latin）には PdE の blue が持つような，無標の〈青〉を表すことばはなかった．[9] これは大陸に限った話ではなく，ブリテン島の古期英語（OE: Old English）においても同様である．PdE の blue は，古フランス語（OF: Old French）の一方言であるアングロノルマン語（AN: Anglo-Norman）の blef に由来しており，ME（Middle English: 中英語）の頃に blew として借入された．[10] その一方で AN の blef 自

---

[8] 近現代の科学では，白色光が全て吸収された状態は黒で，すべて反射された状態は白である．

[9] 無標の〈青〉（Berlin and Kay（1969: 5–7）の「基本色としての青（blue as a Basic Color Term）」に相当するが，本論文では「無標の〈青〉」の表記に統一）は CLat には存在しなかったが，時代が下った 11 世紀の中世ラテン語（MLat: Medieval Latin）の頃に blāvus（< PGmc *blēwa-）として登場した．MLat には他に青系の色を表す azurium（11 世紀），persus（8 世紀），indicum（12 世紀）もあったが，染色された布の産地（Persia, India）や物質（アラビア語（al-）lazward「ラピスラズリ」）に由来する．これらは ME にも借入されたが，明度や彩度が異なる色を表したため，無標の〈青〉を意味する blew に置きかわった．

[10] AN の blef は複数の綴り方（bleu, blew, ble 等）があるが，写字生の好みもあり一定し

体もまた借入語であり，大陸側（5世紀）のゲルマン祖語（PGmc: Proto-Germanic）の *blēwa や，ゲルマン語の一種である古フランク語（OFrank: Old Frankish）の *blāo に由来する．しかしながら，これらも無標の〈青〉ではなく，むしろ〈黒〉〈灰色〉〈鉛色〉〈青白い色〉〈暗い青〉などの幅広い色の領域を意味するような包括色彩語（macro-color term）であった．[11]

ことばや象徴性における青の不在理由は，古代人に青色が見えなかったためではない．これには2つの可能性が考えられる．ひとつは，歴史家のPastoureau（2000: 23-30, 38-42, 62）によると，ローマ人にとって青は野蛮な色（ゲルマン人およびケルト人が染料として用いたタイセイや彼らの瞳の色）であったため，回避すべき色とみなしたことである．この価値観は，後のキリスト教化したローマ社会にも引き継がれ，宗教的見解の一部としてヨーロッパ全体に浸透している．[12] またもうひとつは，〈青〉の領域を意味する語が包括色彩語であったため，現代人が抱くような無標の〈青〉の概念自体が欠如していた可能性である．基準に置くべき色（Berlin and Kay (1969) の言うところのfocal color）が意識されなかったため，意味の線引きが曖昧になっていたのではないだろうか．

3.2. 包括色彩語としての青の普遍的特徴とメタファー的拡張

〈青〉の領域を含む語が包括色彩語であったことは，古代や中世社会に共通して見られる特徴のようである．[13] 例えば PdE で〈空色〉を意味する cerulean は CLat の caerŭlĕus に由来するが，この語は無標の〈青〉ではなく，〈暗い青〉や〈緑がかった青〉を表していた．さらに遡ると，caerŭlĕus 自体も具体的事物である cera〈蜜蝋〉から派生された語である．このため，元来は〈白〉〈茶色〉〈黄色〉の領域を意味する語であったが，次第に〈緑色〉や〈黒〉を表すよ

ない．しかしながら Frantext（フランス語コーパス）上で手に入る AN 文学の中では blef（fem. *bleve*）と綴られることが多いため，本論文では当表記を採用することにした．

[11] PdE *blue* < AN *blef* < OFrank **blao* < PGmc **blēwa-*．PGmc および OFrank は再建語であるが，派生後のことばの意味と照らし合わせると，無標の〈青〉を指す語ではなく包括色彩語であったと推測される（Etymological Dictionary of Proto-Germanic の *blēwa-* を参照）．

[12] カトリックの教義における青の不在は典礼色にも認められる．13世紀に在位した教皇インノケンティウス3世は，白，赤，黒，緑を教義上の基本色とみなし，祭服の色を典礼内容に合わせて定めた．それぞれ，白は純潔，赤は受難，黒は死者，緑は中間色がゆえに日常（通常の典礼）を象徴している．今日ではこれに紫も加わるが，伝統的に青は用いられない．

[13] §3.2の古代・中世社会の諸言語に共通する〈青〉の意味範疇の曖昧性や中間的性格，および他概念領域へのメタファー的投射については，匿名査読者からの指摘と貴重なコーパスデータの提供により，大部分の修正と加筆が可能になった．

うに領域が移動していったと考えられる（Pastroureau（2000: 26））．また，OE においても〈青〉の領域を含む語は包括色彩語であった．OE には古ノルド語（ON: Old North）に由来する hæwen（< OE *har* < ON *hárr*）が存在したが，Biggam（1997, 2006: 173-174）によると，〈くすんだ青色〉〈くすんだ緑色〉〈灰色〉を意味する語であったようだ．[14] AF にも似たような現象がある．後のセクション（§3.3）で詳しく述べるが，blue の派生元である blef も文献登場当初は〈灰色〉〈鉛色〉〈青白い色〉〈白〉を表す包括色彩語であったし，また，この語の派生元である PGmc の *blēwa や OFrank の *blāo も，前述のとおり包括色彩語であった．

　ある語が包括的に〈青〉を含む現象は，ヨーロッパに限らず，地理的にかなり離れた日本においても古代から中世にかけて見られた．『小学館国語大辞典第二版』には，古代日本語の「アヲ（青）」は〈黒〉〈緑色〉〈青〉〈紫色〉〈灰色〉〈白〉の領域を表したとの記載がある．また，佐竹（2000: 98-100）の説明によると，古代日本語における色名の発生は，光の 2 系列の両極を表す語の転用に基づいており，それぞれ「アヲ（漠）」は「シロ（顕）」と対立し，「クロ（暗）」は「アカ（明）」と対立していた．このため，佐竹は「アヲ」は元々「朦朧な《蒼白（pâle）》といったあたりに落ちる」色であったと見ており，それは〈蒼白〉は明るい側から見て仄明るく，暗い側から見て薄暗く，中間で曖昧な〈漠〉の概念に相当するためである．

　「アヲ」は線引きされない中間的で曖昧な〈漠〉の語として，古代から平安時代へ，そして現代へと受け継がれていく．（8）と（9）は，上代および平安時代に連体修飾語として「アヲ（青）」が現れる例である．例によると，上代では「アヲ」は〈灰色〉や〈緑を帯びた色〉を表していたが，平安時代には〈青色〉の領域も含んでいったようである．（8）は「萬葉集」（759 年成立）からの引用で，（8a, b）の「青馬」と「青雲」は〈灰色〉を表し，（8c, d）の「青葉」と「青海原」は〈緑がかった色〉を表している．（9）は平安時代の例で，（9a, b）の「青海原」と「青朽葉（若いまま朽ちた葉の色）」は（8c, d）と同じく〈緑がかっ

---

[14] hæwen は社会階級により意味する色相が異なったようである．支配階級の AN 話者は，MLat で無標の〈青〉を表す blāvus を OE に翻訳する必要があったため，hæwen を無標の〈青〉とみなすことにしたが，庶民には依然として包括色彩語のままであった．この理由により，Biggam（1997, 2006）は hæwen を基本的色彩語（Basic Color Term）とみなしていない．また，hæwen の大陸側の同族語（cognate）は青い色相を表す語ではなかったため，やはり無標の〈青〉であったことは疑われる．hæwen はその後，ME の haue（11-12 世紀）（>北部 ENE haw（17 世紀））に発展したが，しばらくして廃用となる．その理由は，一般的に AN の話者は MLat や AN で文書をあらわす習慣があり，AN 由来の blef をより好んだためである．

た色〉を表し，(9c) の「青裾濃」は，染色や織りの状態により〈緑がかった青色〉もしくは〈青色〉のいずれかを表すと考えられる.[15]

(8) a. おのれ故罵らえて居れば青馬（あをうま）の面高夫駄に乗りて来べしや
   b. 弥彦おのれ神さび青雲（あをぐも）のたなびく日すら小雨そほ降る
   c. 秋の露は移しにありけり水鳥の青葉（あをば）の山の色付く見れば
   d. 青海原（あをうなばら）風波なびき行くさ来さつつむことなく船は早けむ

(9) a. 青海原（あをうなばら）ふりさけみれば春日なる三笠の山に出でし月かも

   「土佐日記」，934 年成立）

   b. 薄色の裳，青朽葉（あをくちば）などをとかく紛らはして，御台はまゐる

   「源氏物語」，1010 年成立）

   c. 番の采女の青裾濃（あをてそご）の裳，唐衣，裙帯，領布などして …

   「枕草子」，1001 年成立）

現代日本語でも〈緑色〉のモノに対し「青物」「青畳」「青信号」と言ったりするが，これは「青」が包括色彩語としての意味の履歴を歴史的に含むためである.

　包括色彩語という出発点から無標の〈青〉へ進むという発展の経路は，生物としての人間の発達史上，何らかの認知的な普遍原則を反映しているように思える. 諸言語において現在は専ら〈青〉を表すようになった語の原義は，実は「〈漠〉や〈中間的／曖昧な〉状態」のことであり，ここから諸々の抽象的意味が拡張されていったと考えられる. 例えば，現代日本語には〈未熟な〉を意味する「青臭い」や「青二才」がある. これは「青」の含意（entailment）である「色の範疇として〈漠〉および〈中間的／曖昧な〉状態」が他の経験領域，すなわち，「人の技量／精神における成長の状態」の含意と写像関係にあるため，両者に類似性が見出されることで成立したメタファー表現であろう. 言い換えれば，我々は〈一人前の／成熟した〉状態ではない〈中間的／曖昧な〉状態を「青」で理解しようとしているのである. また，「青息吐息」という表現も「生

---

[15] 平安時代は藍による生葉染の技法が発達した時代である. 染色工程を重ねることで，緑がかった青色からより深い青色まで布を染めることができた.『日本古典文学全集第 18 巻 枕草子』(1997: 203) は，「青裾濃」を「青色で裾の方を濃く染めたもの」と解説しているが，『有職故実図典』(1995: 26) および『着物と日本の色』(2005: 100) は，青緑色の可能性を指摘している. 平安時代において，布の青は縦糸に蓼藍で染めた糸と，横糸に黄檗で染めた糸で構成した織色だったからである. 現代の我々が知るような藍単一染による青色の布地は，江戸時代に現れたとされる. 本論文では，文脈から判定できなかったため，〈緑がかった青色〉と〈青色〉のいずれの可能性も考慮した.

と死の〈中間的／曖昧な〉状態」との写像関係に基づくメタファー表現と解釈できる．この場合，人の顔色も生と死を跨ぐような「朦朧な《蒼白（pâle）》（佐竹（2000: 98)）」となっているはずであり，メトニミー的指示のずれ（生産者の様態と生産物の様態の隣接関係）も複合的に含んでいるだろう．

さて，ここで英語において devil と blue が結びつく動機づけを考えたい．おそらく人間にとって devil は〈漠〉で〈中間的／曖昧〉な存在であるために，blue が用いられたのではないか．彼らは地上（堕天使ならば天上）と地下を彷徨い，人を善から悪の方向へと導き，実在と架空の間を漂うような掴みどころのない存在である．人はこのような devil の性質や属性を blue で理解しようと努めたのではないか．図4は，〈漠〉で〈中間的／曖昧〉な状態が，「青」やblue で理解されることのベースとなる含意間の写像関係を表している．

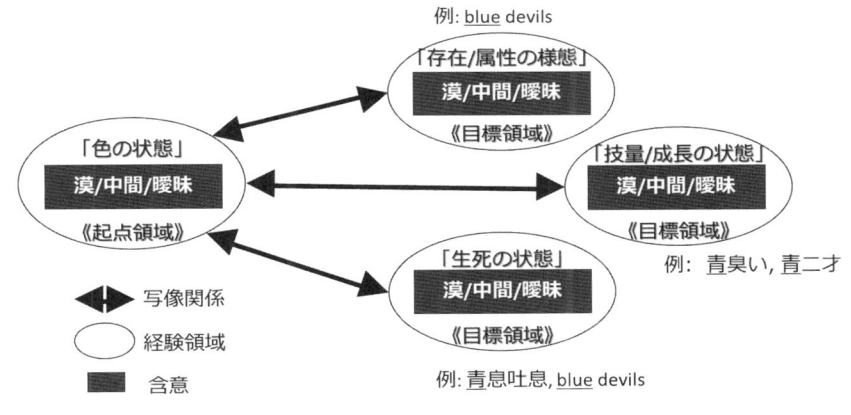

図4　各領域の写像関係

悪魔はことばだけではなく，視覚的にもしばしば〈漠〉で〈中間的／曖昧な〉様態で示された．悪魔は中世やルネサンス美術において半人半獣の姿で描かれたり，青や緑色の（色彩の秩序における）中間色で塗られたりする習慣があった（カラー口絵図5参照）[16]．「青は漠／中間的／曖昧である」というメタファー思考は，捉えどころのない現象を身近な色にまつわる知識で理解しようと努めた古代・中世人による認知的方略だったのではないか．

---

[16] Gettings（1988: 84–86）は，西洋画で悪魔が常に腹の出た毛深い半人半獣として描かれる原因は，ギリシャ神話の牧神 Pan がモデルであったためと見ている．Pan は下半身がヤギで上半身が人間の，好色で不道徳な神であり，キリスト教から見ると異教の神である．

3.3.　派生経路から探る **blue** の意味

　英語の blue は日本語に借入されて「ブルー」という語になった.「ブルー」は色だけではなく「ブルーな気分」のように,〈悲観的な〉という抽象的意味でも比較的良く用いられる. 英語でも feel blue や blue day の表現があることから, この意味は英語からそのまま借入されたのであろう. ところで, 英語の blue も歴史を遡れば借入語ということになるが, 借入元のフランス語の bleu には今も昔も〈悲観的な〉という意味はない. フランス語においては伝統的に, 黒を表す noir がその意味を担っているからである (e.g. les idées noires〈悲観的な考え〉).[17] そうすると, 英語の blue の〈悲観的な〉の意味は英語の中で独自に創発したことになるが, どのような経緯があったのだろうか. 本セクションでは blue devils (および the blues) が〈気のふさぎ・憂鬱〉を意味することのひとつの動機づけとして, blue の持つ〈悲観的な〉の意味の源泉を探る.

　ME への blew (PdE blue) の正確な借入時期は, ME 初期の文献の少なさからはっきりしない. おそらく 13 世紀頃, AN 話者がコードスイッチを経て借入したものと考えられる (Biggam (2006: 163, 167), Schendl (2002: 51-54)). 文献を後世に残すことになる教養ある AN 話者は, 中世ラテン語 (MLat: Medieval Latin) と英語 (OE または ME) も操る三言語話者であった. MLat には無標の〈青〉を表す blāvus が存在する一方, OE (または ME) にそのような語がなかったため, blew を借入したものと推察する (ibid.). (10) は blew の最初期 (14 世紀頃の ME) の例である.[18]

(10) a.　Bright was the day and *blew* the firmament.

　　　　　　　　　　　(Geoffrey Chaucer, *Canterbury Tales*, 1007, 1395)

　　b.　He ... dyede hongynge on þe roode-treo, bolned, *blu* and blodi.

　　　　　　　　　　(*Charter of the Abbey of the Holy Ghost*, 362, 1390)

　　c.　Wyth teres *blewe*, and with wounded herte
　　　　Taketh your leve ...

　　　　　　　　　(Geoffrey Chaucer, *The Complaint of Mars*, 8-9, 1385)

---

[17] 匿名査読者より, 英語において blue が〈悲観〉の意味を請け負ったのは, すでに黒を表す語 (OE および ME では sweart または blæc) に別の意味が付随していたためではないかとの指摘があった. 中世における黒の抽象的意味の解明については今後の課題としたい.

[18] MLat の blew は複数の綴り方 (blw, blu 等) があるが, 辞書の見出しの blew に統一する.

d. For here hertes bothe *blw* and blak they were, eche man for here
   frendis dethis there, ...   (*Merlin*, 10, 10224, 1410)

(10a, b) の blew および blu は，firmament（PdE *sky*）および木からぶら下
がった死体の色を表しているため，具体的な色を意味している．その一方で，
(10c, d) の blewe および blw は，修飾の対象が teres（PdE *tears*）および
herte（PdE *heart*）であるため，[19] いずれも具体的な色ではなく〈悲観的な〉心
理状態を意味すると考えられる．[20] ここからわかることは，ME の段階で
blew はすでに〈悲観的な〉という心理的経験を表す意味を獲得しており，更
に借入からそう遠くない時期に成立していたということである．

　ある 2 つの語が借入関係にある場合，次第に異なる意味を持つようになる
のは，類型異義語（e.g. PdE *menu*「献立表」，F *menu*「コース料理」）として
よくある現象である．英語の blue は借入元のフランス語と全く異なるのでは
なく，単に〈悲観的な〉という意味を追加しただけである．借入間もない頃に
既にこの意味が成立していたことを考えると，コードスイッチを行った当時の
話者達が，創発の経緯に何らかのヒントを提供してくれそうである．コーパス
上で手に入る AN や ME の文献は決して多くないが，考えられる仮説を 2 点
提供したい．図 6 はインドヨーロッパ祖語の *bhle- から ME の blew に至る
までの，語の派生経路である．[21]

---

[19] (10c, d) の blew/blw はいずれも後続する文脈（(10c) PdE *with wounded heart, Take your leave*; 10d) PdE *For their hearts all being blue and black*）から，〈悲観的な〉心理状態に言及するものと考える．

[20] 現代では，水をしばしば青系の色と捉えるが，中世から近代の西洋社会においては白や緑と認識していた．たとえば，中世の紋章ではしずくの意匠に白を用いたり（徳井 (2006: 38–41)），地図や絵画では湖や海の部分を緑に塗ったりする習慣があった（Pastroureau (2013: XIX-XX)，小林 (2003: 102)）．この伝統は 19 世紀末まで続き，マネは自身の作品『Argenteuil (1874)』において，水の色を緑ではなく青で塗ったことで，周囲から批判を浴びた（小林 (2003: 102)）．したがって，(10c) では後続する文脈から「悲しい涙」と解釈するのが妥当である．

[21] 図 6 は文末に記載のコーパス（Frantext, The Internet Archive, Corpus of Middle English Prose and Verse, Helsinki Corpus）および辞書から抽出した文を参照しながら作成した．カッコ内の英訳は筆者によるものである．なお，AN については Frantext および The Internet Archive から AN であると判断可能な文献からコーパスを作成して，文と意味とを抽出した．

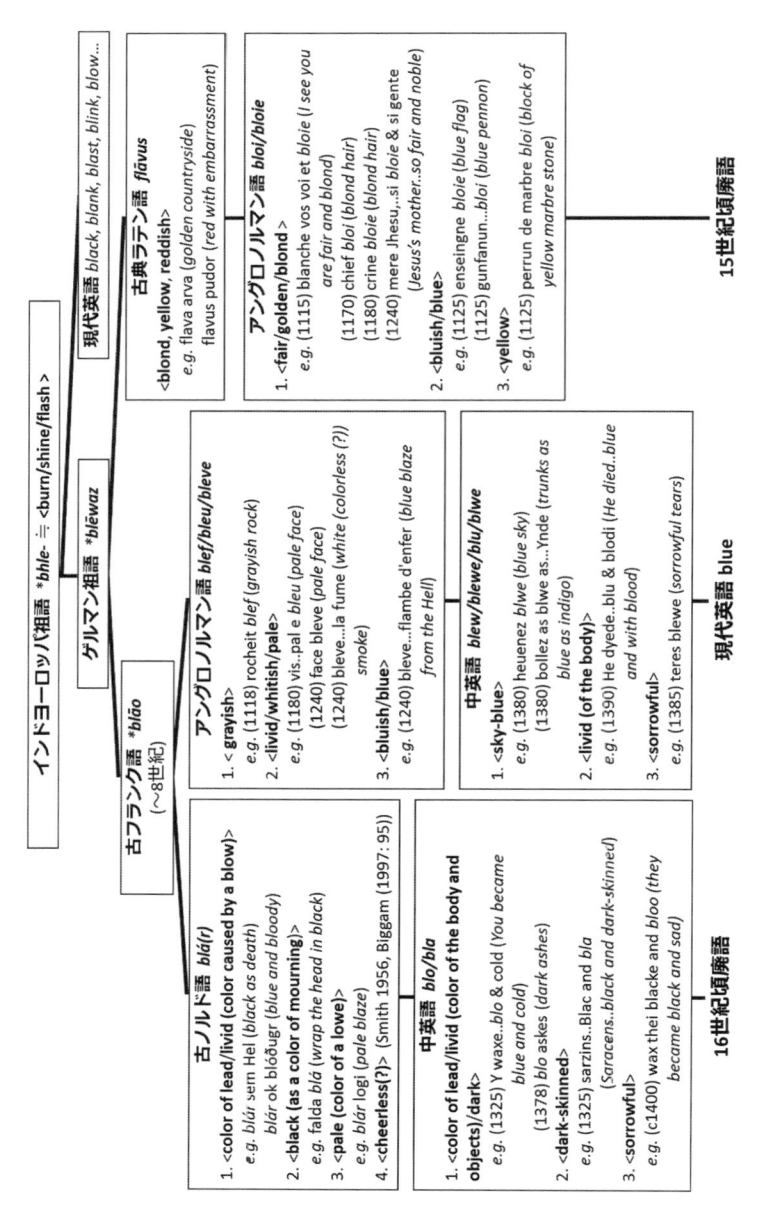

図6　インドヨーロッパ祖語の *bhle- から ME の blew に至るまでの派生経路と他の同族語との関係

図6には同族語（cognate）の派生経路も併せて提示しているが，これは同族語同士が借入出により影響し合った結果，新たな意味を派生させる可能性があるためである。[22] ここでは図6を活用しながら同族語の影響を考慮することで，身体に現れ出る不調の色がメトニミー的操作を経て，心理的に不調な状態を形容するに至った可能性を提示したい。[23]

まずひとつめの仮説として，AN において bloi と blef がお互いに影響した可能性をあげる。AN の blef は ME に借入され blew となり，PdE の blue に発展する一方で，AN の bloi は廃語となった。理由は定かではないが，同族語ゆえに音形や意味が似通っていたために淘汰された可能性がある。bloi と blef は共にぼんやりした色味を表し，また，〈灰色〉〈青白い色〉〈白っぽい色〉〈黄色〉などを表す包括色彩語であったため，しばしば使用面で混同が起こった。[24] しかしながら，コーパス上で確認できる限り，bloi は身体に現れる〈血の気のなさ〉を意味する例が他の意味の例より多かったため，これが bloi の原義であったと考えられる。bloi は大陸側の文学も含めて 1200 年代初期に使用が見られなくなった。おそらく，blef は bloi の意味を吸収しながら無標の〈青〉を表す ME の blew に発展していったと推測できよう。ME の blew は無標の〈青〉を意味しつつ，身体に現れる不調の色も表すようになったことで，心理的な不調も表す方へ至ったのではないだろうか。

ふたつめの仮説は，古ノルド語（ON: Old Norse）の blá(r) に由来する ME の blo が，blew に影響を与えた可能性である。blo は ME になってから文献に登場したが，AF から blew が借入される前から一般庶民に浸透していたことばである（Biggam (2006: 167)）。blo は〈灰色〉〈暗い青〉のほかに，身体的不調を表す〈鉛色〉や，当時の西洋人が敵対していた異邦人の〈褐色の肌色〉も表していた。他方，同族語である ON の blá(r) においても，身体に現れるダメージの色，喪を象徴する暗い色，不吉な薄暗い炎の色などを形容していたた

---

[22] 例として英語における shirt と skirt の関係性などがあげられる。

[23] 心の不調が身体に現れ出る色（blue）で言い表されるのは，主体が身体と心の間にある類似性を積極的に見出すからである。身体に健康的な状態があるように，心にも健康な状態があり，また身体が不調をきたす存在ならば，心も不調をきたす存在であると理解されるためである。これは，主体が身体と心が地続きの関係にあると認識するためである。blue がメタファー的投射により〈悲観〉を意味する基盤については新谷（2013: 49–52）を参照されたい。

[24] 図6の bloi と blef の意味に〈bluish/blue〉をあげたが，これは，コーパス上の AN 文学において，両者とも青い色を指すと思しき例が複数件あったことによる。他方，AN 文学の Chanson de Roland (1125) では同一文献中にもかかわらず，bloi が青だけでなく黄色を示す例もあった。

め，いずれの語も否定的な意味で使用されることが多かったと推測する.[25] ME
のコーパス上で blo の主な使用状況を確認したところ，[26] 打撲症や死体の色な
ど身体に現れる暗い色を表す例が最も多く（51件），次に光のない暗い様子を
表す例が多かった（13件）．また，少数ではあるが〈悲観的な〉の意味で用い
られている例もあった（2件）．blo はやがて blew の浸透の裏で廃語となるが，
blew に意味が統合していく中で，blo が元来備えていた身体に現れる不調の意
味が吸収され，blew が心の不調を形容するに至ったのではないだろうか.

　本セクションでは，英語の blue が〈悲観的な〉という心理的経験を意味す
るようになった理由を借入の過程や同族語の影響の中に求めてきた．この意味
の創発は，身体的現象が心理的現象と呼応関係にあるという見解に基づくが，
中世の人は（哲学的には二元論を支持しつつも）現代人と同様に，両者を地続
きのものと無意識に捉えていたようである．この証拠に，Chaucer と同時代を
生きた John Travisa のことばを（11）に引用する．Travisa は黒胆汁の割合が
優位になる，すなわち悲観的になると，青または黒い色が体表に浮き出てくる
と述べている.

(11)　If þis humour (PdE *black bile*) haue maistrye .. þe colour of þe
　　　 skyn chaungiþ in to þe blake or into *bloo* colour.

　　　　　　　　　　(John trevisa, *Bartholomaeus's De Proprietatibus Rerum*, 1398)

悪魔の憑依を信じる人々は，気のふさぎの要因を外的な悪魔に押し付けようと
する一方で，心の不調は自らの身体的反応に基づくことをことばに反映させて
いたようである.

4.　フランス語の〈気のふさぎ・憂鬱〉—繰り返される借入—

4.1.　青 vs. 黒

　本セクションではフランス語で〈気のふさぎ・憂鬱〉を意味する表現の歴史
的変遷を探ることで，英語との相違点を浮き彫りにする．（12）は後期近代フ
ランス語および現代語の例であり，悲観は noir で表されている.

---

[25] Smith (1956) および Biggam (1997: 95) は ON の blá(r) には〈cheerless（陰気な）〉の
意味があったとしているが，文末に示す古ノルド語の辞書にこの意味は確認できなかった.

[26] Corpus of Middle English Prose and Verse でコーパスを作成し，件数を確認した.

(12) a. … tu perdras tes *idées noires*, et tu me rempliras cette triste nuit par tes poèmes.

(訳：… your *black ideas* will vanish, and for me the sad night will be filled with your poems.)

(Honoré de Balzac, *Le Cousin Pons*, 1847)

b. Concevez-vous ce regard toujours porté vers un *avenir noir*?

(訳：Can you see the gaze always looking towards a *black future*?)

(Alain, *Propos*, 1936)

大陸側のフランス語話者にとって，青い悪魔の憑依は対岸の火事にすぎなかったようである．(13) はロマン主義のイギリス文学からの例であり，青い悪魔などフランスに存在しないとフランス人が皮肉る場面である．

(13)　… vous êtes si tristes—so sad you English gentlemens. Always ces maudits *blue devils*! We have no *blue devils* in France, …

(George Soane, *The Last Ball and other Tales, Woking*, 1843)

そうは言うものの，フランス人達も当世の気風には逆らえなかったようで，〈気のふさぎ・憂鬱〉はフランス文学にも登場した．その際，英語を翻訳した diables bleus（PdE *blue devils*）や，フランス語の感覚により馴染んだ pappillons noirs（PdE *black moths*）が用いられたりした．コーパス（Frantext）上で確認できる限り，diables bleus の初出は 1836 年であり，16 件の使用があるが，1916 年を境に見られなくなった．diables bleus は英語と同じく「憑依する悪魔」の意味で使用されており，気のふさぎをもたらす元凶と考えられたようである．[27] しかしながら，16 件中 9 件は同一作家によるため，この表現がフランス語に浸透していたとは言い難い．一方，よりフランス語らしい papillons noirs は 44 件の使用があり，初出は 1791 年で，1937 年を境に見られなくなっている．papillons noirs は主体の目前や頭の中を舞う存在として登場し，これに憑りつかれると狂気や憂鬱を生じさせた．このため，英語における blue devils に類似の存在と考えられる．[28] papillons noirs は diables bleus に

---

[27] 以下の例はフランス語の diables bleus も人に憑りつき憂鬱症をもたらすことを示す．

(i)　… elle aimait à être toute seule, toujours, «avec ses *diables bleus*»

（訳：… she liked being alone, always "with her *blue devils*"）

(Edmond de Goncourt, *Les frères Zemganno*, 1879)

[28] Flaubert (1868 [1954]: 95) によると papillons noirs は人生に疲れた時，灰色の空を見上げるとふと目前に舞う黒い点のことであると述べている．蛾（papillon de nuit）であろうか．

比べて使用件数が多いため，より好まれていたともいえるが，現代フランス語
には残っていない．他方，メタファー表現ではない idée(s) noire(s) (PdE
black idea(s)) は，初出を 1733 年とするが，2012 年に至るまで 195 件が確認
できるため，日常的にも良く使う表現と判断できる．このことから，フランス
語ではメタファー表現よりも，より直接的な言い方を好む傾向があるともいえ
る．

4.2.   姿をかえた青い悪魔

diables bleus はロマン主義の衰退とともにフランスから駆逐されたようで
あるが，この原因は青と悲観が結びつかなかったためであろう．しかしなが
ら，現代になり，青い悪魔はそれとは分からぬ形でこっそり再上陸を果たして
いるようである．(14) は現代フランス語で le bleus が〈気のふさぎ・憂鬱〉
を表す例である．

(14) a. Elles vous téléphonent...quand elles ont *le blues*.
          (訳：… They call you on the phone … whenever they have *the blues*.)

                              (Nicole de Buron, *Chéri, tu m'écoutes?*, 1998)
      b. … ça medépayse quand même un peu. Ça écume *le blues*.
          (訳：It changes my habits a little even though. It cleans up *the blues*.)

                              (Jean-Louis Decaudenzi, *Zone*, 1987)

le blues は英語の the blues からの借入語である．コーパス上では 1975 年か
ら〈気のふさぎ・憂鬱〉の意味として出現し，2011 年までに 59 件が確認でき
る．正体不明の姿形をしているが，実は青い悪魔である．[29]

フランス語になった le blues は英語の the blues とは異なる特徴がある．綴
りは英語のままで，複数の屈折接辞の -s が付与されているが，文法上は単数
扱いである．これには意味派生の順番の違いが関わっており，フランス語は
blues をあくまで音楽用語として借入したためである．[30] 楽曲や歌を意味する
場合，数えられる名詞として単数か複数 (un blues / des blues) になる点は英

---

[29] Frantext で確認．熟語の場合は定冠詞を付けないこともあるため（例：un coup de *blues*
(PdE *a fit of the blues*)），blues をキーワードに検索した．一方，歌や楽曲を意味する blues
は 135 件の確認ができる．
[30] 1946 年の初出から 1973 年までは楽曲の意味でしか現れていない．

語と同じであるが，〈気のふさぎ・憂鬱〉は音楽形式としての le blues から派生されたため，必ず単数扱いとなる.[31] 図 7 は，英語の the blues とフランス語の le blues の意味の派生方向の違いを図示したものである.

英語の the blues の派生経路

13世紀: *blew* <青の> ➡ 17世紀以後: [単/複] *blue devil(s)* <青い悪魔> ➡ 18世紀以後: [複] *(the) blue devils/ the blues* <気のふさぎ・憂鬱> ➡ 20世紀前半以後: [単/複] *blues* <ブルース(音楽形式/曲)>

フランス語の le blues の派生経路

12世紀: *bleu* <青の> ➡ 断絶 ➡ 20世紀前半以後: [単/複] *blues* <ブルース(音楽形式/曲)> ➡ 20世紀後半以後: [単] *le blues* <気のふさぎ・憂鬱>

図 7　英語の the blues とフランス語の le blues の派生の違い

フランス語の話者にとって，le blues はあくまで「悲観的な内容を歌う音楽形式の一種」に過ぎない. 彼らにとって青は悲哀を感じさせる色ではないのだろう.

5. おわりに

　本論文では，the blues および blue devils の成り立ちを，心理現象の捉え方の変化，青色の範疇の発展や変化，語の借入出の関係などから明らかにしようとした. 現象を意味づける際にことばが選択されていく過程は，決して恣意的な作業ではない. 意味づけ行為には，認知能力の総合体としての人と，それを取り巻く文化・社会的な環境の存在が常に存在し，また意味づけの過程はことばの中に履歴として残っている. 最後に，本論文で提供した動機づけや仮説だけが唯一の正解ではないことを申し添えておきたい. 色の概念化とことばの選択については未だ明らかになっていないことが多いため，多くの分野で探求の余地が残されている.

参考文献

Berlin, Brent and Paul Kay (1969) *Basic Color Terms: Their Universality and Evolution*, University of California Press, Berkeley.

---

[31] カナダのフランス語では，英語から翻訳した複数形の les bleus が〈気のふさぎ・憂鬱〉を表すこともある (Mollard-Desfour (2013: 77)).

Biggam, Carol P. (1997) *Blue in Old English: An Interdisciplinary Semantic Study*, Runetree Press, London.

Biggam, Carole P. (2006) "Political Upheaval and a Disturbance in the Colour Vocabulary of Early English," *Progress in Colour Studies*, Volume I: *Language and Culture*, ed. by Carole P. Biggam and Christian J. Kay, 159-179, John Benjamins, Philadelphia／Amsterdam.

Bolinger, Dwight (1977) *Meaning and Form*, Longman, London.

Burton, Robert (1638 [1875]) *The Anatomy of Melancholy*, W. J. Widdleton, New York. ［岡村眞紀子・岡田典之・川島伸博（訳）「憂鬱の解剖」『京都府立大学学術報告（人文・社会）』第 59 号（2007），35-50；第 60 号（2008），159-187；第 61 号（2009），67-99.］

Flaubert, Gustave (1868) *Correspondance: Supplément (1866-1868)*, L. Conard, Paris.

小林康夫（2003）『青の美術兄』平凡社，東京．

松尾聰・永井和子（1997）『日本古典文学全集 18 巻 枕草子』小学館，東京．

Mollard-Desfour, Annie (2013) *Le Bleu*, CNRS, Paris.

Pastoureau, Michel (2000) *Bleu*, Éditions du Seuil, Paris.

Pastoureau, Michel (2013) "Préface: Histoire d'une Couleur," *Le Bleu*, ed. by Annie Mollard-Desfour, XIII-XX, CNRS, Paris.

佐竹昭宏（2000）『萬葉集抜書』岩波書店，東京．

Schendl, Herbert (2002) "Mixed-Language texts as Data and Evidence in English Historical Linguistics," *Studies in the Historyof the English Language: A Millennial Perspective*, ed. by Donka Minkova and Robert Stockwell, 51-78, Mouton de Gruyter, New York.

瀬戸賢一・山添秀剛・小田希望（2016）『解いて学ぶ認知言語学の基礎』大修館書店，東京．

新谷真由（2013）「英語の blue における抽象的意味〈悲観的な〉の創発をめぐる一考察 ─歴史と文化と身体性から読み解く青と悲観の関係性─」『論叢 現代語・現代文化 第 11 号』39-60.

Smith, Albert. H (1956) *English Place-Name Elements* (Series Vol. 25-6), ed. by English Place-Name Society, Cambridge University Press, Cambridge.

鈴木敬三（1995）『有職故実図典』吉川弘文館，東京．

徳井淑子（2006）『色で読む中世ヨーロッパ』講談社，東京．

コーパス

The Internet Archive <archive.org>

BYU British National Corpus <corpus.byu.edu/bnc/>

BYU Google Books: British English

BYU Early English Books Online <corpus.byu.edu/eebo/>

Corpus of Middle English Prose and Verse <quod.lib.umich.edu/c/cme/>

Frantext

Project Gutenberg <gutenberg.org>

Helsinki Corpus <ota.ox.ac.uk/desc/1477>

国立国語研究所（2019）『日本語歴史コーパス』ver. 2019.3 <chunagon.ninjal.ac.jp>

辞書・辞典・図録

赤祖父哲二（1976）『英語イメージ辞典』三省堂，東京．

L'Atilf（2015）*Dictionnaire du Moyen Français*, ed. By CNRS and Université de Lorraine. <www.atilf.fr/dmf/>

Cleasby, Richard and Gudbrand Vigfusson（1874）*An Icelandic-English Dictionary*, ed. by Germanic Lexicon Project. <lexicon.ff.cuni.cz/texts/oi_cleasbyvigfusson_about.html>

De Vries, Ad（1976）*Dictionary of Symbols and Imagery*. Elsevier, New York.

Gaffiot, Félix and Pierre Flobert（2000）*Le grand Gaffiot: Dictionnaire latin-français*, Hachette-Livre, Paris.

Geir T., Zoëga（2004）*A concise dictionary of Old Icelandic*, Dover Publications, New York.

Gettings, Fred（1988）*Dictionary of Demons: A Guide to Demons and Demonologists in Occult Lore*, Trafalgar Square Pub, North Pomfret.

Kempf Damien and L. Gilbert Maria（2015）*Medieval Monsters*, London, British Library.

北原保雄（2003）『日本国語大辞典（第 2 版）』小学館，東京．

Kroonen, Guus（2013）*Etymological Dictionary of Proto-Germanic,* Leiden, Brill.

Kurath, Hans and Sherman M. Kuhn（2018）*Middle English Dictionary*. <quod.lib.umich.edu/m/med/>

Rey, Alain et al.（2016）*Dictionnaire Historique de la Langue Française*, Le Robert, Paris.

Rothwell, William et al.（2006）*The Anglo-Norman Dictionary*, 2nd ed. <www.anglo-norman.net>

Shimpson, John A. and Edmund Weiner（2013）*Oxford English Dictionary*, 3rd ed. <www.oed.com>

竹林滋・東信行・市川泰男・諏訪部仁（2003）『新英和中辞典（第 7 版）』研究社，東京．

色カテゴリーの獲得・変容と色名
—— クラスター解析と乳幼児の脳機能計測による研究 ——*

栗木　一郎

東北大学　電気通信研究所

1.　はじめに

　人間（ヒト）が色を見分けることのできる最小の差（色差弁別閾）と，世の中に存在する色の範囲（色立体）を比較すると，計算上は数十万色の色を見分けることができることになる．しかし，日常的に色についてコミュニケーションを取る際には高々数十の色のことば「色名」しか使用しない．これは類似した多数の色をグループとして扱っていることを意味しており，この色のグループは専門的には「色カテゴリー」と呼ばれる．一方，この「色カテゴリー」は，必ずしも色名と 1：1 では対応しない．例えば，果樹園の農業者が摘果時期の判断に果実の色を用いていた場合，摘果すべきカテゴリーに含まれるか否か，果実の色カテゴリー判断を日常的に行っていることになる．別の例として，鍛冶職人は約 1,000 度付近の鉄の温度を見かけの色から 5 度程度の精度で推定できると言われている．鉄の色を見て打つべき温度か否かを遅滞なく判断し，作業を進めている．これらの判断に失敗すれば正しい成果を得ることはできないため，それぞれの作業の従事者にとっては死活問題でもある．これらの適否の判断に職人が用いる色は，誰もが使う色名で全て表現できるだろうか？　これらの事例は，単純に言葉で言い表せない色カテゴリーも存在する事の証左である．

　一方で，我々が色の見えかたについて情報を交換する時に，日常的には色名を用いる．色名を用いたコミュニケーションが成立するためには，色名によって各自が想起する色が概ね共通している必要がある．すなわち，色名と色カテ

---

　* 本稿で紹介した研究（Yang et al. (2016)，Kuriki et al. (2017)）の共同研究者の皆様，特に Delwin T. Lindsey，Angela M. Brown 両氏に心から感謝します．一連の研究は，東北大学電気通信研究所の共同プロジェクト研究（国際型）H26/A25（代表者・内川惠二）および，日本学術振興会・科学研究費補助金（課題番号 24330205，15H03460：いずれも代表者・栗木一郎）による助成を受けて行われました．

ゴリーの結びつきが重要になる．1つの言語／文化圏の中で，全ての色カテゴリーを指す色名が完全に1：1で対応し個人差が無ければ，完全なコンセンサスが得られるが，現実的にそのような状況は無い．従って，色名だけを調べても，色カテゴリーだけを調べても，コミュニケーションにおける色の役割に関する考察は不完全になる．

　改めて考えると，各個人が持っている色カテゴリーに関する情報を引き出すには，色名を使う方法が最も近道である．この方法で，前述のように生業で必要とされる色カテゴリーは取り出せるのだろうか？　いま仮に，当人には重要な意味があるが他者と共有する必要がない色カテゴリーが存在する場合を想定する．他者と共有する必要／機会がないため，他者と共通の色名を使う必要はなく，自分の中で特別な意味を持つ一群の色（＝色カテゴリー）に対して，頭の中で何らかの識別子（ラベル）をつければ済む．もし自由な色名による呼称を許せば，そのようなカテゴリーに固有のラベルとして何らかの色名が使用される可能性がある．さらに，各自が固有の色名を使っていながら，実は複数の人が同様の色のグループすなわち色カテゴリーを保有している可能性もある．具体的には，摘果の時期の色の見え方に基づく判断について同業者間で暗黙の一致が成り立っているような場合である．同業者の間では共通のカテゴリーやそれを指す業界用語が存在する場合も，地域や流派によって用語が違う場合も容易に想像できる．このように，複数人が暗に共有している色カテゴリーがある場合，言葉の同一性に拘泥すると本質を見失う可能性が否定できない．

　日本人話者の大多数が共有する色カテゴリー，また複数人が暗に共有している色カテゴリーは，どれだけあるのか？　また，そうした色カテゴリーはどのように発生・形成されるのか？　これらの疑問へのヒントとなると思われる，我々の研究を2件紹介する．

2.　日本語話者の基本色カテゴリー

　Berlin and Kay（1969）が，語彙が成熟した主要言語に共通すると主張した11の基本色名（basic color terms：赤，緑，黄，青，紫，オレンジ，ピンク，茶，白，灰，黒）は，各言語の語彙の研究により導出された．しかし，日本語でも「ピンクと桃色は同じ基本色カテゴリーか」など，言葉自体に拘泥すると色カテゴリーの本質を見失いがちになる例はいくつも思い当たる．さらに，先に記したように，色カテゴリーが色名と必ずしも対応する場合だけではないことを考慮すると，色名だけに依拠した方法ではカテゴリーの見落としが生じうる．そこで我々は，数値的な解析手法を日本語のデータに適用することを試みた．

　近年，クラスター解析の手法を用いた色カテゴリーに関する興味深い研究がある．Lindsey and Brown (2006, 2009) は，Berlin and Kay らの研究を世界的規模に展開した色名の研究 World Color Survey (WCS: Kay et al. (2009)) のデータを k-平均法というクラスター解析の手法を用いて分析した（2.1 節にて詳述）．その結果，1 つの言語に複数の色カテゴリー類型（モチーフ）が存在し，いくつかのモチーフは複数の言語に共通することを示した．Lindsey and Brown (2006, 2009) の研究の特徴は，一度色名を外したデータを数値的に解析する点にある．解析の中で，色カテゴリーは「同一グループに束ねられた色票群」を示す数値ベクトルで表され，同じ色票群であれば色名・言語は関係ない，という立場を取りうる．その結果，言語に拘らずに色カテゴリー比較が可能になる．前述の「複数人が暗に共有する色カテゴリー」のように，言葉の同一性／相違では捉えにくいカテゴリーが抽出できる可能性があり，また英語話者 (Lindsey and Brown (2014)) と日本語話者など，多言語間の色カテゴリーの直接比較 (Kuriki et al. (2017)) も可能となる．

　前述の色カテゴリー類型（モチーフ）の研究 (Lindsey and Brown (2006, 2009)) では，青／緑／紫の色領域において最も顕著に各モチーフの特徴が現れた．例えば，日本語のように 11 基本色名をもつ言語では，青／緑／紫の異なる 3 つの色カテゴリーとして現れる．しかし Lindsey and Brown (2009) の研究で得られた最もカテゴリー数の少ないモチーフでは，これら 3 色を同一カテゴリーと扱っていた．また，紫は区別するが，青と緑を同一カテゴリーとして扱うモチーフも存在した (Lindsey and Brown (2009))．カラー口絵 図 1 (b) は WCS で使用された色票（カラー口絵 図 1 (a)）に対する色名呼称を解析した結果を示しており，四角形の中の位置は WCS の色票の違いを示している．この青と緑を混同する色カテゴリーは，「grue (green と blue の結合による造語)」カテゴリーと呼ばれる (Berlin and Kay (1969), Kay et al. (2009))．

　日本語では「青信号」，「青菜」，「青虫」のように，緑色のものを「あお」と呼ぶ習慣があり，「青々とした新緑[1]」といった言葉まで存在する．こうした日本語話者の習慣を知らない人や日本語を母語としない人が文字通りに受け止めれば，日本語話者は青と緑を混同した grue カテゴリーを持つ，と指摘されても否定できない．Berlin and Kay (1969) は色名語の獲得順序に関する仮説を提案しているが，その中では grue の時期から青と緑を区別する語彙へ移行す

---

[1] 中国語では，「青 (qing)」は「青みがかった緑」を指すため，概念的に矛盾しない．しかし，日本語の「青 (あお)」は英語の blue や中国語の藍 (lan) の色カテゴリーを指すため，色カテゴリーの観点から矛盾するラベルが付与されている問題を含んでいる．

る過程がどの言語にも含まれると述べている．例えばイギリス英語では，13世紀頃まで grue カテゴリーを指す hæwen と green を意味する grene が混在していたことが知られている．Biggam (1997) によると，hæwen は，教育を受けたエリートの間では blue のみを意味していたが，一般階級（common people）では主に現代の green, blue, gray とおそらく purple も包含した grue 語だったと述べている．のちにノルマン・フランス語から bleu が輸入され，現在の blue と green が定着したと考えられている．言葉の経緯に違いこそあれ，青と緑を同一の色カテゴリーで扱う事態はどの言語も共通に経過する．しかし現代日本語に存在する青と緑の混用を見るにつけ，grue カテゴリーが抽出される可能性を否定できない．我々はこの点にも着目し，日本語話者の色名呼称データにクラスター解析を適用した（Kuriki et al. (2017)）．

2.1. 方法

WCS のデータ収集手続き（Kay et al. (2009)）に従い，マンセル色票セット（The book of Mansell color chips）から抜き出した 330 色を用いた．これはマンセル色票セットのうち，40 色相（マンセル表色系の Hue）・8 明度（同 Value）において彩度（同 Chroma）が最大の色票を抜き出し，さらに無彩色（白，黒，灰色）の色票 10 枚を加えたものである（図 1 (a)）．彩度の低い色票は主に低明度と高明度に存在する．1 枚ずつ中明度の灰色（N5/）の台紙に載せたものを作成し，実験参加者に 1 枚ずつ呈示して一語の自由色名による呼称を行なってもらった．ただし WCS に従って「単一語彙（monolexemic）の制約」を適用し，複数の色名を組み合わせた言葉（例：黄緑）と修飾語（例：薄い紫）の使用を禁止した．色名の組み合わせと修飾語の使用を禁じた理由は，組み合わせ色名（例：「黄緑」）が独立の色カテゴリーを指すのか，元の色名（「黄」と「緑」）カテゴリーと重複するのかが不明となることを避けるためである．また，同じ制約に従って集められた他のデータとの直接比較を可能にするため WCS の制約条件（Kay et al. (2009)）に従った．合計 57 名（男性 32 名，女性 25 名）の日本語を母語とする実験参加者によるデータを収集した．

解析には k-平均法（k-means method）を用いた．この方法は，予め定めた k 個のクラスターにデータを自動的に分類する計算アルゴリズムである．[2] ク

---

[2] ベクトル空間における距離に基づき，全データを k 個（k は任意の自然数）のクラスターに分割する計算アルゴリズム．初期値として k 個の参照点をランダムに決め，各データ点について k 個の参照点までの距離を計算し，最も近い参照点と仮に対応づける．全てのデータ点について参照点との対応づけの計算（1 ターン）が終わったところで，各参照点に結びつけられたデータ点の重心を計算し，次のターンにおける k 個の参照点として用いる．ターンの終

ラスター数 k の最適値を求めるには様々な方法があるが，ここでは Tibshirani et al.（2001）による Gap 統計量を使う方法を用いた．Gap 統計量はデータを k 個のクラスターに分類した後の残差に着目する．ここで残差はクラスターの重心（centroid）と要素ベクトルの距離の二乗和により定義される．クラスター数 k が最適値より小さいと，k を 1 つ増やす事により残差の減少が生じる．逆に，k が最適値を越えると残差が増大し始める．そこで，k を 1 つ繰り上げる事により残差の減少が生じる最大すなわち残差の増大の直前となる k を最適のクラスター数と評価する方法である（Tibshirani et al.（2001））．

　K-平均法では，色名呼称データを 0/1 の 2 値で表したベクトルを用いた．具体的には，ある実験参加者がある 1 つの色名で呼んだ色票群に対し，呼ばれた色票に 1，それ以外に 0 を割り当てる．1 人の実験参加者の 1 人の色名回答に対し，330 次元の 2 値ベクトルが作成された．その中で解析の都合から無彩色（白，黒，灰色）に相当するベクトルを除外し，合計 528 のベクトルを解析した．

2.2.　結果と考察

　実験参加者 1 人あたりの色名の使用数は平均で 17.7 色名であった．主要な色名の使用者数を表 1 に示す．14 位までは比較的使用者数が多い（約 70% 以上）色名であり，うち「水（10 位），肌（13 位），黄土（14 位）」を除く 11 色名は Berlin and Kay（1969）が主張した世界共通の基本色名である．

表 1. 色名とその使用者数（Kuriki et al.（2017）より改変）.

順位	色名	人数	順位	色名	人数	順位	色名	人数
1	緑	57	11	黒	53	21	朱	11
2	紫	57	12	灰	52	22	空	8
3	青	57	13	肌	48	23	橙	8
4	茶	57	14	黄土	36	24	ベージュ	8
5	白	57	15	紺	21	25	藤	7
6	黄	57	16	クリーム	17	26	カーキ	7
7	赤	57	17	グレー	15	27	桃	6
8	オレンジ	56	18	抹茶	12	28	オリーブ	5
9	ピンク	55	19	山吹	12	29	エメラルド	4
10	水	55	20	エンジ	11	30	紅	4

わりで k 個の参照点全ての位置が更新されなくなるまで，この手順を繰り返す．各参照点に結び付いたデータ点がクラスターを形成し，最終的に k 個のクラスターに分割される．

　各色名について使用者数に基づく順位解析（図2）を行うと，基本色に数色を加えた辺りで急峻な低下が生じた．日本語の場合は上位の平坦部分すなわちほぼ全員が共通して用いる色名と，1段階の直線で近似できる使用者数が比較的少ない色名の2群に分けられた．北米英語（Lindsey and Brown（2014））では，全員が共通して用いる色名と，使用者数の低下が2段階の直線で近似される3群が現れた．また斜辺の傾きは日本語の方が英語よりも急峻であり，個人により使用頻度が異なる色票の数が少なく共通して使われる色名が多いことを示している．これは日本語話者が用いた色名が比較的均質であったことを示している．

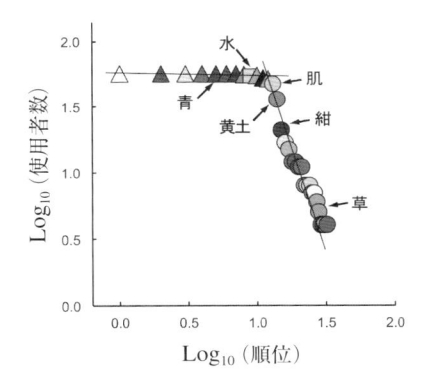

図2. 色名の順位解析（Kuriki et al.（2017）より改変）．横軸は表1に示した順位，縦軸はその色名を使用した実験参加者数を，いずれも対数軸で示したもの．2本の直線で近似できる．平坦な部分はほとんどの参加者によって使用された色名．△シンボルは基本色名，□と○シンボルは非基本色名を表す．

　k-平均法による解析では，Gap 統計量による評価の結果から有彩色のクラスター数は $k=16$ が最適になることがわかった．クラスター解析では2値ベクトルを作成する際に一度色名を外しているため，導出されたクラスターには色名がない．そこで結果を示す際には，各クラスターに振り分けられた個人データの中で，最も多く使われた色名に引用符（" "）をつけた「ラベル」として用いた．その結果，16の有彩色クラスターは基本色名の"赤"，"緑"，"青"，"黄"，"紫"，"オレンジ"，"茶"，"ピンク"，および"水"，"肌"，"黄土"，"紺"，"クリーム"，"抹茶"，"エンジ"，"山吹"であった（図3）．これに"白"，"黒"，"灰"を加えると，全部で19の色カテゴリーが導出されたことになる．図2に示した16の有彩色カテゴリーは，各実験参加者のデータを色票分布が最も近い16の色カテゴリーのいずれかに割り振った後の平均値であり，明暗の階調はその頻度を示している．

　今回の日本語のデータで特徴的なのは"水"カテゴリーの存在である．「水（色）」という色名は98%の実験参加者が用いており，図1の解析でも大多数が共通して用いる色名（水平の領域）に含まれている．この明るい青の色カテ

ゴリーに対して用いられた色名は「水」または「空」で，2つのカテゴリーは
ほぼ完全に重複していた（Kuriki et al. (2017) の Figure 7）．

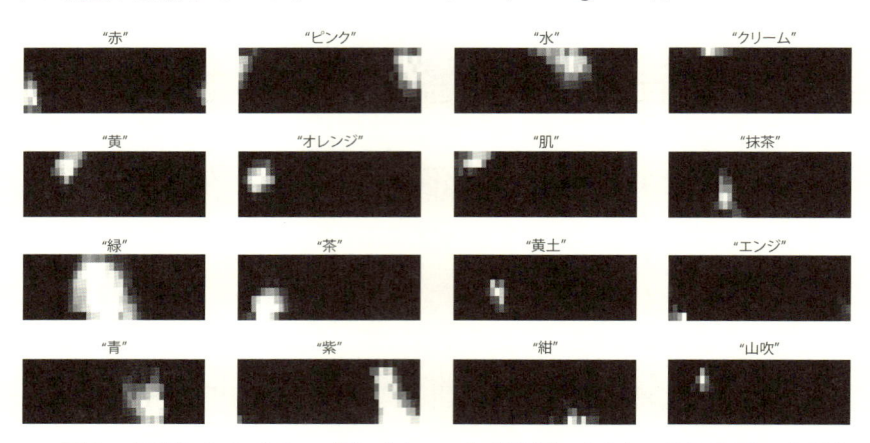

図3. 有彩色カテゴリー（Kuriki et al. (2017) より）．各四角形の内側が
　　　WCS 色票セットにおける有彩色の位置（図1 (a)）を示している．濃
　　　淡は，それぞれのカテゴリーに分類された実験参加者の度数分布を
　　　示し，明るいほど頻度が高い．左の8色がいわゆる基本色名である．
　　　引用符（" "）で囲まれた色名は，各クラスターに分類されたデー
　　　タのうちもっとも多くの実験参加者が使った色名で代表したラベル．

一方，約30年前の Uchikawa and Boynton (1987) による日本語の色カテゴ
リーに関する研究では，「水（色）」あるいは「空（色）」と呼ばれた色票群は青
との重複率が約80％と高かったために基本色カテゴリーと認定されなかった．
先行研究（Uchikawa and Boynton (1987)）とサンプル数を揃えて比較するた
め，本研究のデータにおいて57名から10名をランダムに抽出し"水"カテゴ
リー（水または空）と"青"カテゴリーの間（"水"／"青"と表記）の重複率を
計算する過程を 10,000 回行った．具体的には，ある色票に対し1人の実験参
加者が X と呼称し別の実験参加者が Y と呼称した場合を数え，X と Y の両
方で呼称された色票の割合を X/Y の重複率として計算した．今回のデータで，
"水"／"青"の重複率の中央値は約60％であり，Uchikawa and Boynton (1987)
で基本色に分類されていた2色"ピンク"／"赤"の重複率とほぼ同じであった
（図4）．従って，現代の「水」と「青」の重複率は従来から基本色と認められ
る色どうし（赤／ピンク）の重複率とほぼ同レベルであり，"水"カテゴリーは
基本色カテゴリーと考えて差し支えないと思われる．同じく"緑"／"青"の重

複率を導出した結果，約 20％と低い値を示した．従って，現代の日本語では青と緑は全く別の色カテゴリーと認識されていることが改めて示された．青と緑の混用が終わった時期の考察については 5 節にて改めて詳述する．

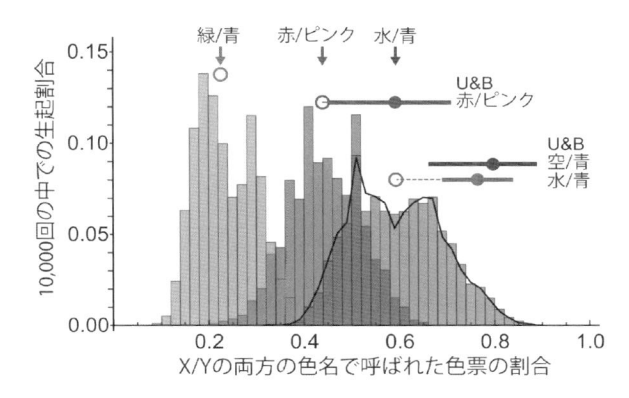

図4. 色名の重複率（Kuriki et al.（2017）より改変）．左から，緑／青，赤／ピンク，水／青（実線）のヒストグラムであり，それぞれの中央値がヒストグラムの上部の○印と矢印で示されている．横棒のついた丸は 1987 年の研究（Uchikawa and Boynton（1987）；U&B）における重複率（●印）と 95％信頼区間（横棒）を示す．

3.　脳内の色カテゴリー（乳幼児での研究）

　そもそも色カテゴリーはどのような発達過程で獲得されるのか．Matsuzawa（1985）は，チンパンジーが基本色による“色名呼称”課題を実施した事例を報告している．具体的には，チンパンジー「アイ」に対し，コンピュータ画面上に表示した色パッチと記号が描かれたキーの関係を基本 11 色について学習させた．十分に学習が進んだ後，学習時に使用していなかった多数の色パッチについてもテストした結果，ヒトの実験参加者とほぼ同様の結果を示した（図5（a））．Komatsu et al.（1992）はマカクサルの下側頭（IT）皮質において，一群の類似色すなわち色カテゴリーに選択性を示す神経細胞を発見したが，特に青のカテゴリーに対して選択的な細胞の色選択性は，Uchikawa et al.（1998）が測定したヒトの色カテゴリーと酷似していた（図5（b））．これらの研究結果は，色カテゴリーの形成に言語が必須ではないことを示している．

　一方，ヒトの乳幼児は大人の使用する言語に触れながら成長し，色名や色カテゴリーを獲得していく．乳幼児の色カテゴリーの存在を示した研究は過去に

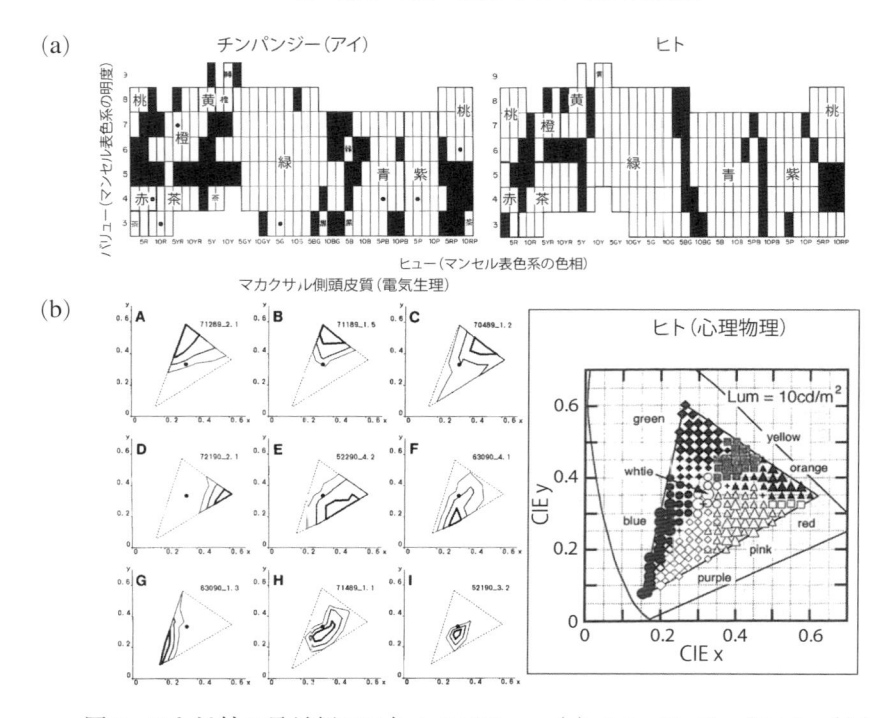

図 5. ヒト以外の霊長類での色カテゴリー. (a) チンパンジー「アイ」(左)
とヒト (右) の比較 (Matsuzawa (1985)). 図の配置は WCS (図 1
(a)) と同じ. チンパンジー (左) の結果の中の黒い点は,色名 (キー)
との対応の学習時に用いた色票を示している. (b) マカクサルの電気
生理 (Komatsu et al. (1992)) とヒトの心理物理学 (Uchikawa et
al. (1993)) による結果の比較. いずれも CIE xy 色度図で三角形は
カラーディスプレイの色表示範囲を示し,3 つの頂点は上から時計
回りに緑,赤,青の原色に対応する. マカクサル (左) のパネル G
とヒト (右) の blue など,よく似た選択性を示す細胞がある.

数多く報告されてきた (Bornstein et al. (1976) など) が,選好注視を用いた
行動実験による検証が中心であった. その中では言語半球との関連が議論され
ている.[3] コンピュータの画面上に複数の視標 (四角形など) を表示し,そのう

---

[3] 成人の場合,右利きの人のほとんどは左半球に言語関連の領野 (発話に関わるブローカ野,
言語理解に関わるウェルニッケ野など) が集中する. さらに,脳半球と視野は左右反転して対
応するため,言語半球と対応する視野は注視点より右側に相当する.

ち 1 つの視標（ターゲット）だけ色を変えておく．ターゲット以外の視標（妨害刺激）とターゲットが同じ色カテゴリーに属する場合より，ターゲットが妨害刺激と異なる色カテゴリーに属する場合には，ターゲットを見つけ出す時間が短くなる「カテゴリー効果」があると報告され，しかも言語半球に対応する右視野にターゲットが存在する場合に効果が顕著と報告された．Franklin et al. (2008) はこの半視野におけるカテゴリー効果の優位性が乳幼児では逆で，言語獲得に伴って成人と同じ右半視野優位になる，と報告した．もしヒトの色カテゴリーが言語由来ならば，脳の言語半球と色カテゴリーに対応した神経応答が何らかの対応関係を示すはずである．しかし Franklin らのグループによる脳波を用いた乳幼児の脳活動研究（Clifford et al. (2009)）では，半球間で脳活動に有意差が示されておらず，視野と対応したカテゴリー効果および半球優位性との関係が明らかにされていなかった．

　そこで我々は，言語獲得前の乳幼児において，色カテゴリーが同じ色ペアと異なる色ペアを呈示した時の脳活動を先行研究と異なる技術で計測して色カテゴリー条件間の脳活動を比較し，その傾向に半球間の有意差が存在するかを検証する研究を行った．

3.1.　方法

　両親または親戚に色覚異常がない（保護者の申告による[4]）生後 5-7 ヶ月の健康な乳幼児の参加者に対し，近赤外分光法（near infrared spectroscopy: NIRS）を用いて脳活動を計測した（Yang et al. (2016)）．先行研究によると，生後 8 週間（2 ヶ月）前後で赤と緑の色の識別が可能となり，4 ヶ月前後で青と黄の識別が可能になると報告されている（Zemach et al. (2007)，Brown and Lindsey (2013)）．そこで，少なくとも色空間の 2 軸に対する識別が可能となる月齢である 5 ヶ月から言語を使い始める手前の 7 ヶ月児を対象とした．呈示する色刺激は先行研究（Bornstein et al. (1976)，Franklin et al. (2008)，Clifford et al. (2009)）と同じ青と緑のカテゴリー境界をまたぐ 2 色（B1, G1）と緑 2 色（G1, G2）を元に，色度図上で S-錐体のみを選択的に刺激する方位を示す直

---

[4]　先天性色覚異常は伴性遺伝であり，X 染色体に色覚を決める遺伝子が存在する．正常な X 染色体を持っていれば，色覚異常の遺伝子を持つ劣性の X 染色体を同時に持っていても色覚異常にはならないため，女性には色覚異常がほとんどいない．日本人男性の約 5％が劣性の遺伝子を持つ X 染色体を持つが，この染色体は母方に由来する（詳細は栗木 (2019) を参照）．従って母方の親戚に色覚異常がいない場合，高い確率で乳幼児の色覚は正常である．さらに次の脚注に記した，色覚異常の多くの場合の原因となる錐体があるが，この 2 つに依存しない色の組み合わせを用いており，色覚異常であっても実験結果に影響が出ないように設計している．

線上にて,[5] 隣り合う 2 色の間はほぼ同じ色差となるように色度を定めた．等エネルギー白色を背景とする画面上に B1 と G1 または G1 と G2 が 1 秒おきに交代する刺激を 10 秒ずつ複数回呈示し，1 人の実験参加者が各々の色ペアに対し 7 秒以上の注視を 3 回以上行ったデータのみを有効として 12 名の実験参加者から有効なデータを得た．また，比較のため成人実験参加者 6 名でも同じ視覚刺激に対する脳活動を計測した．側頭後頭部（国際 10-20 法の T5／T6 付近：Occipito-Temporal: OT）と，乳幼児のみ後頭部（国際 10-20 法の Oz 付近）の測定も行った（図 6 上）．

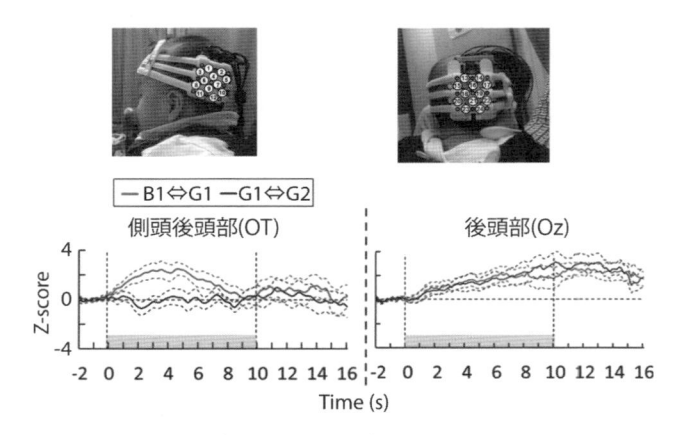

図 6. 乳幼児の脳活動（Yang et al.（2016）より改変）．（上段）NIRS プローブの設置位置．左：側頭後頭部（OT），右：後頭部（Oz）．（下段）各部位での NIRS 信号変化．横軸は色変化の開始からの経過時間（秒），縦軸は色刺激呈示直前の平均値と分散で NIRS 信号値を正規化した Z スコア．明るい線が色カテゴリー間の変化を含む 2 色（青⇔緑），暗い線がカテゴリー内の 2 色（緑⇔緑）の変化に対する応答．破線は 95％信頼区間．

3.2.　結果と考察

　側頭後頭（OT）領域における NIRS 測定の結果は，カテゴリー間で交代す

---

[5] ヒトの網膜に備わる 3 種類の光センサー（錐体）は，感度ピーク波長の長い方から順に L-, M-, S-錐体と呼ぶ．実験では，S-錐体の応答のみが変化する方向に並ぶ 3 色（青と緑 2 色）を使用した．一方，色覚異常は L- または M-錐体の欠落や機能不全に起因するため，S-錐体のみが変化するように色を選ぶことで色覚異常による特異な知覚や脳活動の影響を回避した．

る2色（B1/G1）を呈示した際に左右両側で有意な信号上昇が認められたが，カテゴリー内で交代する2色（G1/G2）に対しては信号上昇が生じなかった（図6下）．成人でも同様であり，乳幼児・成人ともに左右半球間での脳活動の有意差は検出されなかった．したがって，この信号上昇は言語性の脳活動ではない可能性が高い．

　一方，乳幼児の視覚系は成長途上で，成人と異なる感度を持つ可能性がある．例えば水晶体の透過率は成人よりも高く，特に短波長（青い光）における透過率が高いため，網膜に到達する青い光の強度比率は成人より高い．我々が実験に用いた3色は成人において等輝度になるように設定したが，見かけの明るさなど何らかの低次の視覚特徴の違いが原因で脳活動に差が生じた可能性を排除できない．そこで乳幼児の初期視覚皮質の脳活動を見るため，後頭極付近（Oz：直下に第一次視覚野がある）にプローブを配置してNIRS応答を記録した．その結果，いずれの色交代に対しても同様の信号上昇を示したが，カテゴリー内／間の2つの色ペアにおける差は認められなかった．この結果は，乳幼児の視覚系は2種類の色ペアの交代に対して同様の感度を持ち，色の違いがあることは認識しているものの，初期視覚野は色カテゴリーの違いに対して反応が変化しないことを意味している．

　さらに，B1/G1の間に色カテゴリーの境界が存在することも，馴化法を用いた乳幼児の行動実験により確認した．成人にとって異なる色カテゴリー（青と緑）に属する2色ペアでも，乳幼児が同じように色カテゴリーの差異を認識している保証はない．馴化法では，2色ペアのうち1色を長時間呈示しした後に2色を同時に示した場合，長時間呈示しなかった方の色をより長く注視する傾向があれば，2色を別の色カテゴリーと認識していると解釈する．同一カテゴリー内の2色ペア（G1/G2, B1/B2）と，青または緑カテゴリーの境界をまたぐ2色ペア（B1/G1）を用いた結果，長時間呈示しなかった色に対し注視時間の偏りが生じたのはB1/G1ペアのみであった（Yang et al.（2016）のFig 3）．

　以上より，言語獲得前にあたる5-7ヶ月の乳幼児の脳内において，色カテゴリーに対応した神経応答が存在し，言語野との関連が見られないことが示された．言語野の活動は12-13ヶ月において言葉に対応した活動を示すが，5-6ヶ月では音韻のカテゴリーに対する脳活動が生じると報告されている（Minagawa-Kawai et al.（2007））．成人においても同じ刺激に対する脳活動に左右半球間の差が見られなかったことも合わせて考えると，今回発見した色カテゴリーに対応する脳活動（Yang et al.（2016））は，非言語性の脳活動であったと考えられる．

4.　色カテゴリーの分離と神経情報の対応

　前節に示したように，言語獲得前の乳幼児の脳内において色カテゴリーに対応した脳活動の変化が見られた（Yang et al. (2016)）．また，訓練されたチンパンジーでも色カテゴリーの概念を理解し"色名呼称"課題が可能であることが報告されている（Matsuzawa (1985)）．さらに，言語を共有しないマカクサルの下側頭皮質で発見された神経細胞は，ヒトと酷似した色カテゴリー選択性を示している（Komatsu et al (1992)，Koida and Komatsu (2007)）．これらは，色カテゴリーの獲得には必ずしも言語は必要ではないことを示している．

　一方で，日本語の色カテゴリーに見られた，最近 30 年間での水カテゴリーの青カテゴリーからの分離（Uchikawa and Boynton (1987)，Kuriki et al. (2017)）を神経情報の表現としてどういう形で生じていると捉えたらよいのか．1 つの細胞が青の色カテゴリーに対応していたとすると，その細胞が青の明るい／暗い部分に選択性をもつように変化し，新たに別の細胞が残りの部分に選択的に応答するようになるのだろうか？　マカクサルの生理学データ（Komatsu et al. (1992)）を詳細に見ると，緑カテゴリーに応答する細胞が 2 種類見られ，1 つは青みがかった緑（図 5 (b) パネル A），もう 1 つは黄色っぽい緑（同　パネル B）に選択性を示している．もし 1 語で色名呼称を行うなら，この 2 つを合わせて緑と呼称されるだろう．従って，色名に合わせた色カテゴリーは，こうしたサブカテゴリーに対応した神経細胞の応答を寄せ集めることにより神経情報として表現されている可能性が考えられる．

　ここから以下のような考察ができる．まず，個々の色カテゴリーと色名は，言語および文化の習得に伴い，小規模な色カテゴリーを束ねて色名との対応を学習することによって得られると思われる．この考え方は，色カテゴリーは自然に獲得され言語／文化による修飾を受けることを示す多くの先行研究と矛盾しない．

　次に，緑と青の分離のように，どの言語／文化にも共通で生じる色カテゴリーの分離について考えてみる．そもそも，生理学的に共通する何らかの構造（神経基盤）と生育環境により自然発生的に獲得された色カテゴリー選択性をもつ神経細胞が多数あるとする．ある境界線のコンセンサスが言語／文化コミュニティ内で得られると，より小さい色カテゴリー（の集合）に対し個別の色名との対応付けが定着する．色名レベルでは，分離が生じたように見えうる．

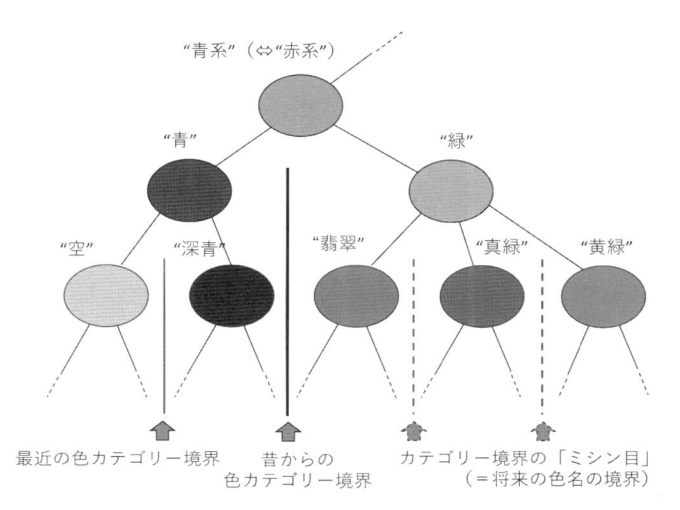

図7. サブカテゴリーと上位カテゴリーとの関係.“　”は各色カテゴリーのラベル.青系／赤系といった大まかなカテゴリー分けから,詳細なカテゴリーまで,それぞれに対応する神経細胞（楕円形）が存在すると考えられる.

したがって実態は色名の分離ではなく,もともと神経情報の表現として分離していた（＝あらかじめ「ミシン目」がついていた：図7）色カテゴリーに対し,言語／文化の状況に適応して神経細胞の束ね方とラベルづけが変わったと考えるのが自然である.一度分離した色カテゴリーが再結合しないことも,同じ構造に基づいて説明できる.明るい青（水色／空色）と濃い青の色カテゴリーの分離（Kuriki et al（2017））は,ロシア語など他の言語／文化圏と共通する現象（Winawer et al（2007））であることから,何らかの生理的基盤に基づいて分離が生じた可能性が考えられる.

　整理すると,色名だけの変化（青から,青と水へ）に注目すると言葉が分裂したかのような印象を受けるが,変化したのは色カテゴリーに対する共通認識であり,色名はあくまで色カテゴリーのラベルと考えるべきである.明るい青に「水（色）」をつかわず「空（色）」と呼ぶ実験参加者もいた.30年前の日本語の色カテゴリー研究（Uchikawa and Boynton（1987））で多数の実験参加者が用いていた「草（色）」は現在ではほとんど使われず,同じ黄緑色のカテゴリーには「抹茶」が多く使われた.桃とピンク,橙とオレンジのように,外来語に置き換わる例も多い.また「肌（色）」のように,使用の自粛が10年以上

にわたって続けられているにも関わらず残存している例もある．各色カテゴリーにどのラベル（色名）を当てるかは，実際に使う人々の間の合意（コンセンサス）が決めるものと考えるべきだろう．

5.　日本語における青と緑の分離に関する考察

　古い日本語における色名は赤，青，白，黒の 4 つだったと言われている（小松（2001））．その頃の色カテゴリーでは，現在の青と緑は青に分類される．万葉集など 8 世紀頃の和歌を見ると，緑のものに対して青（あを）の語が用いられているものが多い（下線筆者）．つまり青と緑を包含した grue カテゴリーのラベルとして「青（あを）」という色名が用いられている．

　　　・「家持集（「三十六人集」巻の一）」より
　　　　君恋ふと 伏しゐもせぬに ほととぎす 青山辺より 鳴き渡るなり
　　　　　　　　　　　　　　　　　　　　　　　（大伴家持：718-785）

10-12 世紀になると，緑の物を緑と表現する和歌が散見される（下線筆者）．

　　　・「古今和歌集（905 / 912 年成立）」より
　　　　わがせこが 衣はるさめ ふるごとに 野辺のみどりぞ 色まさりける
　　　　　　　　　　　　　　　　　　　　　　　（紀 貫之：872-945）
　　　・「後拾遺和歌集（1086 年成立）」より
　　　　松風は 色や緑にふきつらむ 物おもふ人の 身にぞ志みぬる
　　　　　　　　　　　　　　　　　（堀川女御，藤原延子：985-1019）
　　　・「永久百首（1117 年成立）」より
　　　　宮人の 翳してかへる葵草 紫野まで緑なるかな
　　　　　　　　　　　　　　　　　（源 兼昌：生没年不詳；平安中期から後期）
　　　・「六百番歌合（1192 年頃）」より
　　　　左方：立わたる 野邊の霞を煙にて もえ出にける これや若草
　　　　　　　　　　　　　　　　　　　　　（中山兼宗：1163-1242）
　　　　右方：もえ出づる 野邊の春草 末わかみ 空と丶もにぞ淺緑なる
　　　　　　　　　　　　　　　　　　　　　（藤原家房：1167-96）

　長沼（2007）は，10-11 世紀頃に大陸から伝えられた青空を指す語「碧空」に「みどりのそら」という語を当てた経緯について詳細に考察している．それ

によると主に，空を「あをい」と形容する表現が和歌にそぐわなかった[6]という理由で「碧」の字に「みどり」という言葉が当てられたという．例えば，先に引用した六百番歌合の右方の波線の下線部「空とともにぞ」はこの慣例に従い，若草の緑色と空を共に「みどり」と形容している．このように「あを」という色名を意図的に避けて「みどり」を用いたことからも，12 世紀頃には少なくとも和歌を詠む人々の間では「みどり」と「あを」が別の色名と認識されていたと考えられるのではないだろうか．

　さらに時代を下り，16 世紀末にポルトガル人のキリスト教宣教師が作成した日本語辞書「日葡辞書」（邦訳・土井ら（1980））における「青」と「緑」の項を見ると，以下のとおりに記述されている．

　　・Auoi. アヲイ（青い）濃い青色のもの．また緑色のもの．
　　・Midori. ミドリ（緑）木々の若枝，または，木々の新芽．

これは現代の青／緑の用法と全く同じである．日葡辞書はキリスト教宣教師が日本国内での布教活動を行うために作成された日本語辞書で，当時日常的に使われていた約 32,000 語をポルトガル語で解説している．支配階級のみならず，方言や庶民の言葉も広く収録されており，当時の生活感を彷彿とさせる非常に興味深い資料である．この辞書の性格を考慮した上で青と緑の項目の説明を見る限りでは，江戸幕府が開かれた 17 世紀頃には，青と緑が別の色名として定着し現代と同じように用いられていたことがわかる．

6.　おわりに

　最後に，疑問が残る 2 点について問題提起・展望を述べて結びとしたい．

6.1.　なぜ色カテゴリーに対応した神経細胞が自発的に形成されるのか

　まず，なぜ「カテゴリー」が存在するのかを考えてみる．言語獲得前の乳幼児（Bornstein et al. (1976)，Franklin et al. (2008)，Clifford et al. (2009)，Yang et al. (2016)）のみならず，ヒト以外の霊長類にも色カテゴリーの存在が確認された（Matsuzawa (1985)，Komatsu et al. (1992)，Koida and Komatsu (2007)）ことから，これは生存に必要な機能と考えるのが自然である．生き物

---

[6]　大正から昭和にかけて作成された万葉集の解説書「万葉集新考」（井上（1915））によると「あをぐも」という言葉は「晴れた空に薄雲がかかる様子．青いそら（あをきそら）と同義」と解説されているが，「あをきそら」という和歌の表現はそもそも存在しない．

は誕生して以降，周囲からの様々な刺激（光，音，圧力）に暴露され，その中で的確に利得（食料，伴侶，等）を得て生存し子孫を残していく．重要な岐路において利得を得るべく的確な判断を下すには，その場で受けた刺激に対する評価を適切に行う必要がある．適切な評価のためには，過去の経験や知識と現在の刺激を照合する必要がある．したがって過去の経験や知識を効率良く蓄え，適切に引き出すことは生物に重要な能力であり，そのため膨大な刺激経験を後で使いやすいように整理しておく必要がある．その過程で生まれるのがカテゴリーだと思われる．

マカクサルの研究（Komatsu et al.（1992））で報告された色カテゴリーに対応した選択性を示す神経細胞は，下側頭皮質（inferior temporal cortex: IT 皮質）で発見されたが，IT 皮質は海馬の直前にあり視覚情報の流れの中では比較的最終段に近いステージに相当する．視覚情報処理は後頭部に位置する第一次視覚野から始まり，IT 皮質を経て海馬に至り記憶・蓄積される．つまり IT 皮質は記憶のための準備をしている部位とも言える．内川らは，色の記憶実験においてカテゴリー性が非常に強く現れることを示す実験を行なった．基本色カテゴリーの境界線上にある色を 1 つ示し，実験参加者に記憶させる．60 秒以上経った後で色票を全て（OSA 色票セット 424 枚）渡して記憶した色を検索させ，4 段階での色の絞り込みの過程を観察した．すると最終的な 1 枚の回答に絞る直前の候補色群は，必ず片方の色カテゴリーにのみ集中した．もし色の記憶に伴う「ノイズ」が色カテゴリーと関係なければ，最終段階の絞り込みに残る色は記憶させた色から等距離に散らばるはずである．しかし，例えば黄緑色の色票を記憶させると，最終段階では黄か緑の一方しか残らなかった．この現象は色カテゴリーと記憶の密接な関係を示唆しており，カテゴリー化は経験した刺激を「何らかの法則性」に従い，できるだけ効率良く記憶するために行われていると考えられる．この「法則性」を明らかにする事が今後の重要な研究課題である．

WCS チャート（図 1（a））は，隣り合う色どうしの差（色差）が感覚的に均等になるように設計された Mansell 色票系を使っている．なぜ色カテゴリーはこのチャート上で均等分割にならず（図 3），黄色は小さく緑や青は大きい領域になるのか？ カテゴリー化の過程では，おそらく環境と生理学的な制約がその形態を決めていると思われる．そう考える 1 つの理由は，チンパンジーやマカクサルの色カテゴリーとヒトの色カテゴリーの類似性（図 5；Matsuzawa（1985），Komatsu et al.（1992））にある．ただしチンパンジーやマカクサルは比較的ヒトに近い視細胞や眼球・大脳皮質の構造を持っており，その点では同様の制約を受けていると考えられる．

　また環境からの刺激を効率良く分類することだけがカテゴリーの形を決める制約条件だったとすると，例えば「人工知能」の代名詞ともなった深層学習（deep neural network: DNN）に代表される機械学習でも，基本色と同じような色選択性を示すノードが見つかっても良いように考えられる．近年の深層学習による画像認識は驚くほど進歩し，対象物のカテゴリー（動物，植物，機械，建物，人物など）をヒトと同様に分類できる．写真から顔領域の切り出しを自動で行う場合等では，色カテゴリーも分類の大きな手がかりの1つとなる．機械学習による画像分類では，できるだけ多くの入力画像を与えてその特徴を学習させ画像の認識・分類に用いるが，学習の過程では我々の周囲にある事物と同じ自然画像を用いている．自然画像を無慮数千も集めれば，自然を分類するのに必要とされる環境の画像特徴として，ヒトと同様な色カテゴリーが導出されても良さそうなものである．しかし，現時点ではそのような発見に至っていない．[7] つまり，環境に分布している色の統計的性質だけではなく生理学的なメカニズムの特徴が重畳されて初めて，霊長類が「カテゴリー化の必要を迫られる色信号」になることを考慮する必要がある．言い換えれば，ヒトを含む霊長類の視覚系がもつ生理学的な特徴と環境における色分布の両方が合わさって初めて図3や図5のような不均等な色空間の分割になるのだろうと思われる．

6.2.　色カテゴリー選択的な神経細胞は後から獲得されるか

　色カテゴリーに対する選択性を持つ細胞と色名の関係について，すでに存在するサブカテゴリー選択的な神経細胞の応答が束ねられ，言語的な色名と対応づけられると述べた．しかし，これは既に存在が認められる事実（例：黄緑と青緑に選択的なマカクサルの神経細胞）に基づいて考察した場合の話である．全くの推測を元に記せば，冒頭に例に挙げた果樹園や鍛治職人のように訓練によって技能を獲得した場合には，獲得されたカテゴリーは後天的に獲得されると考えるのが自然であろう．その素地となるのはおそらく網膜で生じる反対色信号（赤／緑，青／黄）の組み合わせと，その閾値（非線形）処理だと思われ，それを示唆する最近の研究も存在する（Skeleton et al. (2017)）．

　色カテゴリーは，言語／文化の成熟に伴うより詳細な区分に対するコンセンサスの確立によって分離が進んでいくと考えられる．色名においても，橙／オ

---

[7]　Yendrikhovskij（2001）は，ある計算ルールに従って自然画像の色を分類すると，導出したクラスターの「重心」が人間の色カテゴリーに近かった，という論文を発表している．しかし，色カテゴリーの「境界線」については言及しておらず，自然画像の統計的性質のみから，人間での色カテゴリー境界線の模倣に成功したアルゴリズムの報告例は無い．

レンジ，桃色／ピンク，草色／抹茶など，時代の趨勢に対応した変化が見られ
る．類似の現象は他言語でも見られ，日本語の茶色，英語の brown に対応する
中国語は「棕」または「褐」が従来の辞書による訳だが，最近の若い人の間で
はコーヒーを意味する「咖啡」が頻繁に用いられる．こうした言語の変化が逆
に，脳内における神経情報表現に対して影響を与えるかは興味深い課題である．

参考文献

Berlin, Brent and Paul Kay (1991) *Basic Color Terms: Their Universality and Evolution,* University of California Press, Oakland, CA.

Biggam, Carole Patricia (1997) *Blue in Old English: An Interdisciplinary Semantic Study* (Costerus New Series 110), Rodopi, Amsterdam.

Bornstein, Marc H., William Kessen and Sally Weiskopf (1976) "Color Vision and Hue Categorization in Young Human Infants," *Journal of Experimental Psychology: Human Perception and Performance* 2(1), 115-129.

Brown, Angela M. and Delwin T. Lindsey (2013) "Infant Color Vision and Color Preferences: A Tribute to Davida Teller," *Visual Neuroscience* 30(5-6), 243-250.

Clifford, Alexandra, Anna Franklin, Ian R.L. Davies, Amanda Holmes (2009) "Electrophysiological Markers of Categorical Perception of Color in 7-month Old Infants," *Brain and Cognition* 71(2), 165-172.

土井忠生・森田武・長南実 (1980)『邦訳 日葡辞書』岩波書店，東京．

Franklin, Anna, Glida V. Drivonikou, Alexandra Clifford, Paul Kay, Terry Regier and Ian R. L. Davies (2008) "Lateralization of Categorical Perception of Color Changes with Color Term Acquisition," *Proceedings of the National Academy of Sciences* 105(47), 18221-18225.

井上通泰 (1915)『万葉集新考』(国立国会図書館デジタルコレクションにて参照)

Kay, Paul, Brent Berlin, Luisa Maffi, William R. Merrifield and Richard Cook (2009) *The World Color Survey*, CSLI Publications, Stanford.

Komatsu, Hidehiko, Yoshie Ideura, Shinji Kaji and Shigeru Yamane (1992) "Color Selectivity of Neurons in the Inferior Temporal Cortex of the Awake Macaque Monkey," *Journal of Neuroscience* 12(2), 408-424.

小松英雄 (2001)『日本語の歴史』笠間書院，東京．

Kuriki, Ichiro, Ryan Lange, Yumiko Muto, Angela M. Brown, Kazuho Fukuda, Rumi Tokunaga, Delwin T. Lindsey, Keiji Uchikawa and Satoshi Shioiri (2017) "The Modern Japanese Color Lexicon," *Journal of Vision* 17(3), 1-1.

栗木一郎 (2019) 脳科学辞典「色覚」<https://bsd.neuroinf.jp/wiki/色覚>

Lindsey, Delwin T. and Angela M. Brown (2006) "Universality of Color Names," *Proceedings of the National Academy of Sciences* 103(44), 16608-16613.

Lindsey, Delwin T. and Angela M. Brown (2009) "World Color Survey Color Naming Reveals Universal Motifs and Their Within-language Diversity," *Proceedings of the National Academy of Sciences* 106(47), 19785–19790.

Lindsey, Delwin T. and Angela M. Brown (2014) "The Color Lexicon of American English," *Journal of Vision* 14(2), 17–17.

Matsuzawa, Tetsuro (1985) "Colour Naming and Classification in a Chimpanzee (Pan Troglodytes)," *Journal of Human Evolution* 14(3), 283–291.

Minagawa-Kawai, Yasuyo, Koichi Mori, Nozomi Naoi and Shozo Kojima (2007) "Neural Attunement Processes in Infants during the Acquisition of a Language-specific Phonemic Contrast," *Journal of Neuroscience* 27(2), 315–321.

長沼英二 (2007)「漢語訓読と和歌表現——〈碧空〉は，なぜ「あをきそら」でないのか」『表現研究』第 86 号，32–41.

Skelton, Alice E., Gemma Catchpole, Joshua T. Abbott, Jenny M Bosten and Anna Franklin (2017) "Biological Origins of Color Categorization," *Proceedings of the National Academy of Sciences* 114(21), 5545–5550.

Tibshirani, Robert, Guenther Walther and Trevor Hastie (2001) "Estimating the Number of Clusters in a Data Set via the Gap Statistic," *Journal of the Royal Statistical Society: Series B (Statistical Methodology)* 63(2), 411–423.

Uchikawa, Keiji and Robert M. Boynton (1987) "Categorical Color Perception of Japanese Observers: Comparison with That of Americans," *Vision Research* 27 (10), 1825–1833.

Uchikawa, Keiji, Ichiro Kuriki and Hiroyuki Shinoda (1996) "Categorical Color-name Regions of a Color Space in Aperture and Surface Color Modes," *Journal of Light and Visual Environment* 20(1), 26–35.

Winawer, Jonathan, Nathan Wittholft, Michael C. Frank, Lisa Wu, Alex R. Wade and Lera Boroditsky (2007) "Russian Blues Reveal Effects of Language on Color Discrimination," *Proceedings of the National Academy of Sciences* 104(19), 7780–7785.

Yang, Jiale, So Kanazawa, Masami K. Yamaguchi and Ichiro Kuriki (2016) "Cortical Response to Categorical Color Perception in Infants Investigated by Near-infrared Spectroscopy," *Proceedings of the National Academy of Sciences* 113(9), 2370–2375.

Yendrikhovskij, Sergej. N (2001) "Computing Color Categories from Statistics of Natural Images," *Journal of Imaging Science and Technology,* 45(5), 409–417

Zemach, Iris, Suzan Chang and Davida Y. Teller (2007) "Infant Color Vision: Prediction of Infants' Spontaneous Color Preferences," *Vision Research,* 47(10), 1368–1381.

索　引

420

執筆者紹介

（五十音順）

秋元　実治（あきもと・みのじ）

東京大学大学院人文科学研究科博士課程満期退学．青山学院大学より論文博士（文学）授与．現在，青山学院大学名誉教授．専門分野は，英語の共時的・通時的研究．

主要業績：『増補文法化とイディオム化』（ひつじ書房，2014 年），『日英語の文法化と構文化』（秋元実治・青木博史・前田満編，ひつじ書房，2015 年），"On the Functional Change of *Desire* in Relation to *Hope* and *Wish*"（*Developments in English: Expanding Electronic Evidence*, ed. by Irma Taavitsainen, Merja Kytö, Claudia Claridge and Jeremy Smith, Cambridge University Press, 2015），『Sherlock Holmes の英語』（開拓社，2017 年），など．

大室　剛志（おおむろ・たけし）

筑波大学大学院文芸言語研究科博士課程単位取得退学．現在，名古屋大学人文学研究科教授．専門分野は生成文法，動的文法理論，概念意味論，統語論・意味論インターフェイス．

主要業績：『ことばの基礎 2：動詞と構文』（研究社，2018 年），『概念意味論の基礎』（開拓社，2017 年），「第 3 章　多義語の分析 I」（『語はなぜ多義になるのか』，中野弘三編，朝倉書店，2017 年），「第 3 章　文の意味 I」（『意味論』，中野弘三編，朝倉書店，2012 年），「第 3 章　概念意味論」（『入門　生成言語理論』，田中伸一・阿部潤・大室剛志著，ひつじ書房，2000 年），など．

小川　芳樹（おがわ・よしき）

東北大学大学院文学研究科博士後期課程修了．現在，東北大学大学院情報科学研究科教授．専門分野は，生成文法，形態統語論，語彙意味論，史的統語論．

主要業績：*A Unified Theory of Verbal and Nominal Projections*（Oxford University Press, 2001 年），"The Stage/Individual Distinction and (In)alienable Possession"（*Language* 77, 1-25），『言語はどのように変化するのか』（原著：Joan Bybee (2015) *Language Change*，小川芳樹・柴﨑礼士郎監訳，開拓社，2019 年），「日英語の名詞的繋辞構文の通時的変化と共時的変異」『レキシコン研究の新たなアプローチ』（岸本秀樹・影山太郎編，くろしお出版，2019 年）など．

金澤　俊吾（かなざわ・しゅんご）

東北大学大学院情報科学研究科博士後期課程修了．現在，高知県立大学文化学部准教授．専門分野は，認知言語学，語彙意味論，コーパス言語学．

主要業績：「いわゆる転移修飾表現再考」（『英語コーパスシリーズ第 4 巻　コーパスと英文法・語法』，深谷輝彦・滝沢直宏編，ひつじ書房，2015 年），「NP-V-NP-AP 構文の意味的性質について」（『英語語法文法研究』第 10 号，70-86，2003 年），「英語における live a/an Adj life と lead a/an Adj life に見られる意味的違いについて」（『英語コーパス研究』第 26 号，1-17，2019 年），など．

岸本　秀樹（きしもと・ひでき）

神戸大学大学院文化学研究科博士課程文化構造専攻修了．現在，神戸大学大学院人文学研究科教授．専門分野は，統語論，語彙意味論．

主要業績： "Split Intransitivity in Japanese and the Unaccusative Hypothesis" (*Language* 72, 248-286), "Binding of Indeterminate Pronouns and Clause Structure in Japanese" (*Linguistic Inquiry* 32, 597-633), 『統語構造と文法関係』（くろしお出版，2005 年），*Handbook of Japanese Lexicon and Word Formation* (ed. by Taro Kageyama and Hideki Kishimoto, De Gruyter Mouton, 2016 年），など．

栗木　一郎（くりき・いちろう）

東京工業大学大学院総合理工学研究科博士課程修了．現在，東北大学電気通信研究所准教授．専門分野は，視覚科学，特に色覚の脳内情報処理メカニズムに関する研究．

主要業績： "Emergence and Separation of Color Categories: A NIRS Study in Prelingual Infants and a K-means Analysis on Japanese Color-naming Data" (*Current Opinion in Behavioral Sciences* 30, 21-27), "The Modern Japanese Color Lexicon" (*Journal of Vision* 17(3), 1, 1-18), "Cortical Response to Categorical Color Perception in Infants Investigated by Near-infrared Spectroscopy" (*Proceedings of The National Academy of Sciences of U.S.A.* 113(9), 2370-2375), "Hue Selectivity of Neurons in Human Visual Cortex Revealed by BOLD fMRI" (*Cerebral Cortex* 25, 4869-4884), など．

黒上　久生（くろかみ・ひさお）

三重大学大学院人文社会科学研究科修士課程修了．現在，メリーランド大学大学院言語学科博士課程所属．専門分野は，生成文法・母語獲得．

主要業績： "On the Nature of the Syntactic Condition on Ellipsis Sites: A View from Child English"（共著者：Koji Sugisaki, *Proceedings of the 41st Boston University Conference on Language Development*), "Indexical Shifting in Kansai Japanese via Wh-Movement under Nominalization"（共著者：Shintaro Hayashi, Satoshi Ito, Koji Shimamura, and Ayaka Sugawara, *Proceedings of FAJL8: Formal Approaches to Japanese Linguistics*), など．

小菅　智也（こすげ・ともや）

東北大学大学院情報科学研究科博士課程後期 3 年の課程修了．現在，秋田工業高等専

門学校創造システム工学科一般教科人文科学系講師．専門分野は，生成統語論，史的統語論．

　主要業績："The Syntax of Japanese Reciprocal V-V Compounds: A View from Split Antecedents"（*English Linguistics* 31, 45–78, 2014 年），*A Diachronic Syntax of Complex Predicate and Case Alternation in Japanese*（Doctoral dissertation, Tohoku University, 2016 年），「日本語の「V1＋て＋V2」形式の通時的発達に関する統語論的考察」（『コーパスからわかる言語変化・変異と言語理論』，小川芳樹・長野明子・菊地朗編，251–267，開拓社，2016 年），など．

佐野　真一郎（さの・しんいちろう）

上智大学大学院外国語学研究科言語学専攻博士後期課程修了．現在，慶應義塾大学商学部准教授．専門分野は，音声学・音韻論，社会言語学，コーパス言語学．

　主要業績："Real-time Demonstration of the interaction among Internal- and External Factors in Language Change: A Corpus Study "（『言語研究』139, 1–27），"Identity Avoidance and Lyman's Law"（*Lingua* 150, 71–77，共著者：Shigeto Kawahara），"Durational Contrast in Gemination and Informativity"（*Linguistics Vanguard* 4 (s2)），「コーパスと統計」（『基礎日本語学』，衣畑智秀編，ひつじ書房，2019 年），など．

柴﨑礼士郎（しばさき・れいじろう）

米国カリフォルニア大学サンタ・バーバラ校大学院言語学科博士課程修了（Ph.D.）．現在，明治大学総合数理学部教授．専門分野は，歴史言語学，談話分析，言語類型論．

　主要業績：『言語はどのように変化するのか』（原著：Joan Bybee（2015）*Language Change*，小川芳樹・柴﨑礼士郎監訳，開拓社，2019 年），"From the Inside to the Outside of the Sentence"（*New Trends on Grammaticalization and Language Change*, ed. by Sylvie Hancil et al., John Benjamins, 2018），"From Parataxis to Amalgamation,"（*Grammar—Discourse—Context: Grammar and Usage in Language Variation and Change*, ed. by Ruth Moehlig Falke and Kristin Bech, De Gruyter Mouton, in press [2019]），など．

新谷　真由（しんたに・まゆ）

筑波大学大学院人文社会科学研究科一貫制博士課程現代文化・公共政策専攻単位取得退学．同大学院より博士（言語学）授与．現在，文京学院大学経営学部准教授．専門分野は，認知言語学，歴史言語学，英語教育学．

　主要業績：「フランス語の『bout』における多義性——空間・時間・概念における『末端』のイメージ——」（『日本認知言語学会論文集 第 10 巻』），「英語の blue における抽象的意味〈悲観的な〉の創発をめぐる一考察——歴史と文化と身体性から読み解く青と悲観の関係性——」（『論叢現代語・現代文化 第 11 巻』），"Image Schema-based Instruction in English Grammar" (*Focus on the Learner*, ed. by P. Clements, A. Krause, and H. Brown, JALT, 2016 年), 「図式モデル教材とオンライン即時訂正を組み合わせたリメディアル英文法教育の試み」(『日英言語文化研究 第 6 号』), など.

杉浦　克哉 (すぎうら・かつや)

名古屋大学大学院文学研究科博士後期課程修了. 現在, 愛知学院大学教養部講師. 専門分野は, 生成統語論, 史的統語論.

主要業績："Synchronic and Diachronic Aspects of Retroactive Gerunds: With Special Reference to *Worth*" (『近代英語研究』第 29 号, 21-41, 近代英語協会, 2013 年), 「名詞を前位修飾する現在分詞の範疇と派生に関する一考察」(*JELS* 34, 日本英語学会, 2017 年), "A Generative Analysis of Reduced Relative Clauses in English" (*JELS* 36, 日本英語学会, 2019 年), など.

杉崎　鉱司 (すぎさき・こうじ)

コネチカット大学大学院言語学科博士課程修了 (Ph.D.). 現在, 関西学院大学文学部教授. 専門分野は, 生成文法, 母語獲得.

主要業績：『はじめての言語獲得－普遍文法に基づくアプローチ』(岩波書店, 2015 年), "On the Acquisition of Prepositions and Particles" (*The Oxford Handbook of Developmental Linguistics*, ed. by Jeffrey L. Lidz, William Snyder, and Joe Pater, Oxford University Press, 2016 年), "Quantifier Float and Structure Dependence in Child Japanese" (*Language Acquisition* 23, 75-88), など.

田中　智之 (たなか・ともゆき)

名古屋大学大学院文学研究科博士課程後期課程中退. 現在, 名古屋大学大学院人文学研究科教授. 専門分野は, 生成文法, 史的統語論.

主要業績："On the Development of Transitive Expletive Constructions in the History of English" (*Lingua* 110, 473-495), "The Rise of Lexical Subjects in English Infinitives" (*Journal of Comparative Germanic Linguistics* 10, 25-67), "The Rise of a Functional Category in Small Clauses" (共著者：Azusa Yokogoshi, *Studia Linguistica* 64, 239-270), 『文法変化と言語理論』(共編者：中川直志・久米祐介・山村崇斗, 開拓社, 2016 年) など.

竝木　崇康 (なみき・たかやす)

東京教育大学大学院文学研究科博士課程中退. 現在, 聖徳大学文学部教授. 専門分野は, 生成文法理論による英語と日本語の派生形態論.

主要業績：『語形成』(新英文法選書第 2 巻, 大修館書店, 1985 年), 『単語の構造の秘密――日英語の造語法を探る――』(開拓社, 2009 年), "Morphological Variation in Japanese Compounds: The Case of *Hoodai* and the Notion of 'Compound-Specific Submeaning'" (*Lingua* 120, 2367-2387), など.

縄田　裕幸（なわた・ひろゆき）

名古屋大学大学院文学研究科博士課程後期課程修了．現在，島根大学教育学部教授．専門分野は，生成文法，史的統語論，形態統語論．

主要業績："Clausal Architecture and Inflectional Paradigm: The Case of V2 in the History of English"（*English Linguistics* 26, 247–283），「I know not why── 後期近代英語における残留動詞移動 ──」（『文法変化と言語理論』田中智之・中川直志・久米祐介・山村崇斗編，開拓社，2016 年），「英語主語位置の通時的下方推移分析」（『コーパスからわかる言語変化・変異と言語理論』小川芳樹・長野明子・菊地朗編，開拓社，2016 年），"Quirky Subject Experiencer Construction as Locative Inversion"（『近代英語研究』35, 111–139）など．

南部　智史（なんぶ・さとし）

大阪大学大学院より論文博士（文学）授与．現在，Monash University, School of Languages, Literatures, Cultures, and Linguistics, Lecturer．専門分野は，言語変異理論，統語論，心理言語学．

主要業績："Japanese Subject Markers in Linguistic Change"（*Linguistics* 57），"The Nominative/Accusative Alternation in Japanese and Information Structure"（共著者：Hyun Kyung Hwang, David Y. Oshima, and Masashi Nomura, *Journal of East Asian Linguistics* 27(2), 141–171），"Focus Prosody of Telephone Numbers in Tokyo Japanese"（共著者：Yong-cheol Lee, Sunghye Cho, *The Journal of the Acoustical Society of America* 143(5), EL340–346），など．

新国　佳祐（にいくに・けいゆう）

東北大学大学院情報科学研究科博士課程後期修了．現在，新潟青陵大学福祉心理学部助教．専門分野は，認知心理学，心理言語学．

主要業績：「容認性の世代間差が示す言語変化の様相：主格属格交替の場合」（共著者：和田裕一・小川芳樹，『認知科学』24, 395–409），"The Role of Punctuation in Processing Relative-clause Sentence constructions in Japanese"（共著者：岩崎祥一・邑本俊亮, *Proceedings of the EuroAsianPacific Joint Conference on Cognitive Science*, 692–697），"Effects of Punctuation on the Processing of Temporarily Ambiguous Sentences in Japanese"（共著者：邑本俊亮, *Japanese Psychological Research* 56, 275–287），など．

新沼　史和（にいぬま・ふみかず）

コネチカット大学大学院言語学科博士課程修了．現在，盛岡大学文学部英語文化学科教授．専門分野は，生成文法，形態統語論，ケセン語．

主要業績："Conditions on Agreement in Japanese"（共著者：Cedric Boeckx, *Natural Language and Linguistic Theory* 22, 453–480），"Across-the-Board and Parasitic Gap Constructions in Romanian"（*Linguistic Inquiry* 41.1, 161–169），"The

Syntax of Middle Voice in Kesen"（共著者：Hideya Takahashi, *Proceeding of WAFL* 12, 2017 年），など．

西山　國雄（にしやま・くにお）

コーネル大学大学院言語学科博士課程修了．現在，茨城大学人文社会科学部教授．専門分野は，形態統語論，音韻論，オーストロネシア言語．

主要業績："Adjectives and the Copulas in Japanese"（*JEAL* 8, 183–222），*A Grammar of Lamaholot, Eastern Indoensia*（共著者：Herman Kelen, Lincom, 2007 年），"The Theoretical Status of Ren'yoo (Stem) in Japanese Verbal Morphology"（*Morphology* 26, 65–69），*Topics in Theoretical Asian Linguistics*（共編者：Hideki Kishimoto and Edith Aldridge, John Benjamins, 2018 年），など．

三上　傑（みかみ・すぐる）

筑波大学大学院一貫制博士課程人文社会科学研究科文芸・言語専攻修了．現在，東北大学高度教養教育・学生支援機構講師．専門分野は，統語論．

主要業績："The Locative Inversion Construction in English"（*English Linguistics* 27, 297–328），"Heavy NP Shift in English and A-Movement in Subject-Prominent Languages"（*English Linguistics* 29, 259–284），「英語の結果構文が示す『非能格性』：非能格動詞結果構文が許容する二つの解釈と構造的曖昧性」（『英文学研究』95, 53–71），など．

村杉　恵子（むらすぎ・けいこ）

コネチカット大学大学院言語学科博士課程修了（Ph.D.）．現在，南山大学外国語学部教授．専門分野は，生成文法理論，心理言語学，統語論．

主要業績："Japanese Complex Noun Phrases and the Antisymmetry Theory,"（*Step by Step: Essays on Minimalist Syntax in Honor of Howard Lasnik*, 231–264 (Chapter 7), MIT Press, 2000），"Root Infinitive Analogues in Child Chinese and Japanese and the Emergence of Full Syntactic Structure"（*Chinese Syntax in a Cross-Linguistic Perspective*, 375–398, Oxford University Press, 2014），"Children's 'Erroneous' Intransitives, Transitives, and Causatives: Their Implications for Syntactic Theory"（*Valency Alternations: Studies on Japanese and Beyond*, 313–340 (Chapter 10), De Gruyter Mouton, 2016），『ことばとこころ――入門心理言語学』（みみずく舎・TECOM, 2014 年），『日本語文法ハンドブック』（共編者：齋藤衛・宮本陽一・瀧田健介，開拓社，2016 年），"Parameterization in Labeling: Evidence from Child Japanese"（*The Linguistic Review*（in press）），など．

柳　朋宏（やなぎ・ともひろ）

名古屋大学大学院文学研究科博士課程後期課程修了．現在，中部大学人文学部英語英米文化学科教授．専門分野は英語史的統語論，生成文法，形態統語論，コーパス言

語学.

主要業績：“Ditransitive Alternation and Theme Passivization in Old English” (*Outposts of Historical Corpus Linguistics: From the Helsinki Corpus to a Proliferation of Resources*, ed. by J. Tyrkkö et al., VARIENG, 2012), “Intermittence of Short-distance Cliticization in QPs: A Case Study of Language Change from the North” (*Language Contact and Variation in the History of English*, ed. by M. Uchida et al., Kaitakusha, 2017), 『英語の歴史をたどる旅』(風媒社, 2019 年) など.

和田　裕一 (わだ・ゆういち)

東北大学大学院情報科学研究科博士課程後期修了. 現在, 東北大学大学院情報科学研究科准教授. 専門分野は, 認知心理学, 教育工学.

主要業績：「クロスモーダル知覚」(『スタンダード感覚知覚心理学』, 綾部早穂・熊田孝恒編, サイエンス社, 2014 年), “Multisensory Integration of Vision and Touch in Nonspatial Feature Discrimination Tasks” (*Japanese Psychological Research* 52, 12-22), 「マンガの読みにおける状況モデルの更新」(共著者：三浦知志・窪俊一, 『マンガ研究』24, 93-114), など.

コーパスからわかる言語変化・変異と言語理論 2

編　者	小川芳樹
発行者	武村哲司
印刷所	日之出印刷株式会社

2019 年 11 月 27 日　第 1 版第 1 刷発行©

発行所	株式会社　開 拓 社	〒113-0023　東京都文京区向丘 1-5-2 電話　（03）5842-8900（代表） 振替　00160-8-39587 http://www.kaitakusha.co.jp